한국의 전투부대 파병정책

− 김대중·노무현·이명박 정부의 파병정책결정 비교 −

한국의 전투부대 파병정책

– 김대중 · 노무현 · 이명박 정부의 파병정책결정 비교 –

초판 1쇄 발행 2016년 7월 30일

지은이 ㅣ 박동순
펴낸이 ㅣ 윤관백
펴낸곳 ㅣ 도서출판 선인

등록 ㅣ 제5−77호(1998.11.4)
주소 ㅣ 서울시 마포구 마포대로 4다길 4 곳마루 B/D 1층
전화 ㅣ 02)718−6252 / 6257   팩스 ㅣ 02)718−6253
E-mail ㅣ sunin72@chol.com
Homepage ㅣ www.suninbook.com

정가 32,000원
ISBN 978-89-5933-999-0 93300

· 잘못된 책은 바꿔 드립니다.

한국의 전투부대 파병정책

- 김대중 · 노무현 · 이명박 정부의 파병정책결정 비교 -

박동순

도서출판 선인

책을 내면서

한 국가가 군대를 외국에 파견한다는 것은 매우 중차대한 외교정책 중 하나이다. 정치적 민주화와 경제적 선진화를 동시에 이룩한 한국은 탈 냉전기 이후 국제평화활동에 다양하고 활발하게 참여해오고 있다. 그동안 한국은 북한이라는 실재적인 안보위협을 해소하기 위해 미국과 굳건한 동맹을 유지하고 있는 동시에 유엔 평화유지활동(UN PKO), 다국적군파병활동(MNF PO), 국방교류협력활동(DCA) 등 다양한 임무와 지역에서 국제평화활동의 영역을 확대하고 있다.

이 책은 1991년 한국의 유엔 가입 후 이루어진 주요 전투부대의 파병정책결정에 대한 연구서이다. 한국은 1999년 김대중 정부에서 동티모르에 상록수부대를, 2004년 노무현 정부에서 이라크에 자이툰부대를, 그리고 2011년 이명박 정부에서 UAE에 아크부대를 각각 파견하였다. 한국의 전투부대 파병은 그 때마다 파병의 명분과 장병의 안전, 향후 외교적 영향 등으로 인해 찬반의 논란이 반복되었다. 그리고 이러한 군사외교의 일환인 파병정책은 국제적 수준과 국내적 수준의 협상과정에서 협상 참여자들의 상호작용에 의해 결정되어졌다.

이 책에서 채택한 연구 사례는 한국의 각각 다른 정부에서 추진한 서로 다른 유형의 파병으로 약 5년여의 시간차를 두고 실시한 전투부대의 파병이다. 퍼트남(Robert D. Putnam)이 양면게임이론(The Logic of Two-Level Games)에서 밝힌 대로 I수준(국제)협상과 II수준(국내)협상이 동시에 진행되면서 정책결정의 참여자인 대통령, 정부관료, 국회, 여론 등 4개의 주요변수가 어떻게 상호작용을 하면서 파병정책이 결정되는가를 규명해 보았다.

김대중 정부의 동티모르 파병은 대통령이 인권 및 평화애호 국가 이미지를 위해 주도한 사례이며, 노무현 정부의 이라크 파병은 미국과의 협상에서 국내여론과 민주적인 절차를 중시한다는 방침 하에 파병규모와 성격, 시기 및 지역 등을 결정함에 있어 '한국의 독자적 안'을 이끌어 낸 협상사례였다. 이명박 정부의 UAE 파병은 비 분쟁지역에 양국 간의 군사협력증진을 위한 '새로운 개념의 파병'이었다.

연구결과를 요약하면 첫째, 한국의 전투부대 파병정책 결정은 4개의 주요결정 요소 중 대통령-여론-정부-국회의 순으로 영향을 미치고 있다. 둘째, 전투부대 파병정책결정과정에서 대통령이 핵심적인 역할을 하였으며, 여론은 직접적인 결정과정에는 참여하지 않았으나 모든 기능과 협상의 진행과정에 영향이 확대되고 있다.

정책적 함의로 한국의 파병정책은 보다 전략적이고 적극적으로 패러다임을 전환해야 할 것과 파병에 대한 범국민적인 공감대의 형성이 요구되며, 해외파병 산출과정의 최적 공개 및 해외파병에 관한 법적·제도적 정비 등이 필요하다고 인식했다. 특기할 사항으로 UAE 파병은 최근에 파병되어 임무수행 중일 뿐 아니라, 최초의 연구였다는 데서 정책결정과정에 관련된 사실(fact)에 대한 자료가 제한되어 많은 어려움이 있었다. 향후 추가적인 자료를 확보하여 다양한 측면에서의 연구가 필요하며, 해외파병의 성과를 측정하여 정책에 feed-back 시킬 수 있는 연구 또한 이루어져야할 것이다. 이 책을 통해 파병협상과정에서 국내·외적인 환경요인과 협상행위자들 간의 상호작용에 의해 상이한 협상결과가 도출됨을 확인할 수 있었다. 특히 '새로운 파병의 유형'이라 할 수 있는 '국방교류협력'에 의한 UAE 아크부대 파병정책결정에 대해 최초의 연구였다는 점에서 의의가 있다고 할 수 있다.

이 책이 세상에 나오기까지 각별하게 지도해 주신 경남대학교 및 극동문제연구소 김근식, 이수훈 교수님, 북한대학원대학교의 신종대 교수님, 성신여대 김열수 교수님, 국가안보전략연구원의 이수형 교수님께 진심으로 감사드린다. 특히 책이 출간되는 시점에서 저자가 몸담고 있는 국방부 군사편찬연구소의 김철수 소장님 이하 격려하고 도와주신 여러 부실장 및 연구원께도 감사의 말씀을 드린다.

끝으로 독자 여러분들의 따뜻한 관심과 기탄없는 지도편달을 기대해 본다.

2016년 7월 30일
서울 삼각지 연구실에서
박 동 순 씀.

군사훈련을 위한 합동토의

차량수색정찰

내부진입 및 소탕작전

현지 전술전기 토의

재건지원활동

의료지원활동

목 차

7장 - 맺음말 / 371

〈표 차례〉

〈그림 차례〉

1

시작하는 말

▌ 연구배경 및 목적

1. 문제 제기 및 연구배경

제2차 세계대전 종료 후 국제사회는 "말할 수 없는 비애를 두 번씩이나 인류에게 안겨 준 전쟁의 참화로부터 다음 세대를 구출하고, 국제적인 평화와 안전을 유지하기 위해"[1] 국제연합(United Nations, 이하 UN)을 창설하였다.[2] 1948년, 창설 당시의 UN은 '집단안전보장을 통해 분쟁 발생을 사전에 방지한다.'는 적극적인 활동개념에 주안을 두었다. 그러나 점차 국제사회의 다변화와 임무수행의 제한으로 '분쟁의 확산방지를 통해 해결의 유리한 여건 조성'이라는 소극적 개념으로 활동이 이루어져 왔었다.[3]

냉전 이후의 세계질서는 과거의 이념대립을 대신하여 국경·인종·종교·환경과 같은 문제들이 갈등과 분쟁의 원인이 되기 시작하였다. 폭발적으로 발생한 갈등과 분쟁으로 인해 오히려 냉전시대에 비해 더 많은 인류가 분쟁에 휩싸이게 되었다. UN을 비롯한 국제사회는 이러한 분쟁과 갈등에 보다 적극 개입하여 평화적으로 해결하려는 노력을 계속해 오고 있다.

---

1) 유엔헌장 전문 및 제1장 제1조 제1항의 내용.
2) 김열수, 『국제기구를 통한 분쟁관리』(서울: 도서출판 오름, 2000), p.19.
3) 조현행, "한국군 국제평화유지활동에 관한 연구"(건국대학교 박사학위논문, 2013). p.1.

유엔 평화유지활동(UN Peace Keeping Operation, 이하 UN PKO)은 '국제평화와 안전을 유지하기 위하여 UN이 분쟁지역에 공평하게 개입함으로서 분쟁을 관리하는 제반활동'[4]이라고 할 수 있다. 이러한 국제안보적 활동은 국제질서의 다변화와 분쟁지역의 상황에 따라 다양하게 적용하여 진화되고 '다국적군 평화활동(Multi National Force Peace Operation, 이하 MNF PO)'의 형태로도 전개되었다. 최근에는 '새로운 파병의 유형'이라고 할 수 있는 비분쟁지역에 대해 양국 간의 국가적 이익을 추구하기 위해 '국방교류협력(Defense Cooperation Activities, 이하 DCA)'에 의한 파병도 증가하고 있는 추세이다.

한국 역시 국제사회의 요청에 따른 평화활동은 물론이고 군사적 교류협력 등을 목적으로 하는 다양한 형태로 해외파병활동에 적극 참여하고 있다. 한국에게 UN은 특별한 의미[5]가 있다. 1950년 6·25전쟁으로 한국은 큰 위기에 처했었다. 그러나 UN과 국제사회의 지원으로 나라를 지켜낼 수 있었고, 그 이후 괄목할만한 경제발전과 자유민주주의를 정착시켰다. 국토의 분단과 첨예한 무력대치에도 불구하고, '원조 받는 나라에서 원조를 주는 나라'로 변모하여, 국제평화활동에 적극 기여하는 '글로벌 코리아(Global Korea)'로 발전하였다.

한국은 1991년 9월 유엔 가입을 계기로 하여, 1993년 7월부터 유엔 평화유지활동(UN PKO)에 참여하게 되었다. 이후 20여년이 지난 2014년 12월 기준으로 총 14개국에 약 1,400여 명[6]의 다양한 해외파병활동을 통해, 국제사회의 책임 있는 일원으로 세계평화와 국가이익에 기여하고 있다. 2015년 현

---

4) 김열수, 앞의 책. p.44.
5) 유엔과 한국은 1947년 11월, 유엔 한국임시위원단(UNTCOK: United Nations Temporary Commission on Korea)의 설치, 1950년 6월, 6·25전쟁에 대한 유엔 안보리 결의를 근거로 미국을 비롯한 다국적군의 참전지원, 1991년 9월, 남북한의 유엔 동시가입, 1993년 7월부터 한국의 UN PKO 참여 등으로 인연을 맺어오고 있다.
6) 국방부, 『2014 국방백서』(서울: 대한민국 국방부, 2014), p.131.

재 한국군의 해외파견활동은 그 성격에 따라 '유엔 평화유지활동(UN PKO), 다국적군 평화활동(MNF PO), 국방협력활동(DCA)'의 유형으로 분류[7]하고 있다.

'유엔 평화유지활동(UN PKO)'은 국제기구인 유엔이 주도하는 활동으로, 1948년 팔레스타인정전감시단(UNTSO)의 설치로 시작되어 세계 곳곳의 분쟁지역에 파견되어 정전감시와 재건지원 등의 임무를 수행하고 있다. 한국의 UN PKO는 1993년 소말리아에 공병부대 파견으로 시작되었으며, 2014년 12월말 기준으로 8개국에서 636명[8]이 임무 수행 중에 있다.

'다국적군 평화활동(MNF PO)'은 유엔안보리 또는 유엔총회의 승인(또는 결의)을 근거로 지역안보기구나 특정국가의 주도로 다국적군을 구성하여 수행하는 평화활동이다. MNF PO 또한 분쟁지역의 안정화와 재건에 중요한 역할을 담당하고 있다. 한국의 MNF PO는 이라크 자이툰부대 파병 등 대규모의 병력을 파병한바 있으며, 2014년 12월말 기준으로 4개국에서 총 310명[9]이 임무 수행중이다.

'국방협력활동(DCA)'은 특정국가의 요청에 따라, 비 분쟁지역에 군을 파견하여 교육훈련, 인도적 지원, 재난구호 등 비전투 분야에서의 파병을 말한다. 한국은 UAE에 파견된 아크부대를 비롯하여 대형 재해재난, 전염병 대응 등에 참여한 바 있으며, 2014년 12월말 기준으로 447명[10]이 임무를 수

---

7) 장삼열, "한국군 국제평화유지활동 준비 및 실시", 『제9회 PKO 발전세미나』(국방대학교PKO센터, 2013), p.47.
8) 레바논(동명부대 317명, UNIFL 참모장교 4명), 남수단(한빛부대 289명, UNIMSS 옵서버·참모장교 7명), 서부사하라(선거감시단 4명), 라이베리아(임무단 2명), 코트디부아르(임무단 2명), 수단다푸르(임무단 2명), 인도·파키스탄(정전감시단 7명), 아이티(안정화임무단 2명).
9) 소말리아해역(청해부대 301명, 지부티 협조장교 2명), 바레인 연합해군사(참모장교 4명), 미국 중부사령부(협조·참모장교 3명), 아프가니스탄(오쉬노부대: 2014년 6월 철수).
10) UAE(아크부대 150명), 필리핀(아라우부대 297명: 2014년 12월 철수예정), 시에라리온(군 의료인력 2014년 12월 파견예정).

행하고 있다.[11]

〈표 1-1〉 한국군의 국제평화활동 구분

구 분	유엔평화유지활동 (UN PKO)	다국적군평화활동 (MNF PO)	국방협력 활동 (DCA)
활동 주체	유엔 주도	지역안보기구 또는 특정국가 주도	파견국 주도
지휘 통제	유엔사무총장이 임명한 평화유지군사령관	다국적군 사령관	파견국 군 지휘관
소요 경비	유엔에서 경비보전	파견국 부담	파견국(한국) 부담
현 파병사례	레바논 동명부대, 남수단 한빛부대	소말리아해역 청해부대	UAE 아크부대

출처: 국방부, 『국방백서 2014』(대한민국 국방부, 2015), p.131의 도표에 추가하여 pp.131~141의 내용을 정리함.

국제평화유지활동은 냉전의 종료에 따라 다양한 유형의 분쟁이 증가하여 그 소요가 폭증하였고, 임무의 성격 또한 평화유지에서 평화조성 및 평화재건 등 복합적으로 연계된 새로운 형태로 진화하고 있다. 특히 한국은 탈냉전 이후 최근 20여 년간 실시한 파병 중 전투부대 파병이 있을 때마다 많은 논란과 갈등 속에 정책결정이 이루어졌음에 주목하게 되었다. 따라서 탈냉전 이후 한국군 전투부대의 파병정책결정과정을 비교·분석하는 것은 매우 의미 있는 연구라고 볼 수 있다.

자국의 군대를 해외에 파견한다는 것은 매우 중요하고 어려운 정치·외교·군사적 정책결정 중의 하나이다. 해외파병은 선전포고나 국교단절과 같은 외교정책결정에 준하는 비중의 성격을 지니고 있기 때문에, 국내·외적으로 지지를 확보할 명분과 파병으로 얻을 수 있는 국익의 규정이 쉽지 않다. 특히 자발적인 파병이 아닌 요청에 의한 파병을 결정해야 하는 경우 국내·외의 상충되는 요구와 압력을 슬기롭게 극복하고 해결하는 정치력과

---

11) 국방부, 『국방백서 2014』, p.131~142.

협상력이 필요하다.

한국은 북한과의 군사적 대치 속에서 한·미동맹을 유지·강화해야 하는 문제가 군사외교의 중요한 고려요소로 작용되어 왔다. 또한 헌법에 "항구적인 세계평화와 인류공영에 이바지"함을 명시한 평화 애호국가로서, "국제평화유지에 노력하고 침략적 전쟁을 부인(제5조)"하는 국체(國體)에 비추어 볼 때, 전투병을 해외에 파병하는 문제는 늘 논란의 대상이 되었었다. 또한 국제질서의 변화에 따라 국제평화활동이 UN PKO활동에서 MNF PO로, 그리고 최근에는 DCA 등으로 확대되고, 그 유형이 전환되는 추세에 비추어 보았을 때 한국군 전투부대의 파병정책문제를 연구하는 것은 의미 있고 필요한 과제라고 볼 수 있다.

한국은 1993년부터 본격적으로 해외파병을 실시하였다. 특히 전투부대의 파병은 늘 반대와 정책의 조정(파병성격의 변경, 규모 축소, 파병지역 변경, 파병시기 조율 등)과정을 겪어 왔었다. 또한 유엔 안보리나 총회의 결의를 근거로 하는 UN PKO의 경우는 비교적 논란이 적었으나, 특정의 국가나 지역기구가 주도하는 다국적군의 일원으로 파병할 경우[12]에는 극심한 반대와 논란 속에서 산고를 겪어야만 했다. 최근 새로운 유형의 파병인 UAE 아크부대의 경우에도 파병을 검토하는 단계에서 원전수출을 위한 군사력 파병이니, 이슬람테러조직에 대한 반한(反韓)감정 우려 등으로 인한 우려가 적지 않았다.

---

12) 유엔 PKO는 평화조성 및 유지가 주목적이라면, 다국적군의 일원으로 파병할 경우에는 평화강제가 주목적이 될 수 있기 때문에 무장의 정도도 달라져야 하고, 전투행위를 통한 병력의 손실, 파병비용의 부담, 해당국가와의 적대적인 감정 등을 우려한 파병 반대활동이 이루어졌다고 볼 수 있다.

이 책은 한국군 전투부대의 해외파병정책결정에 대한 연구이다. 베트남 전 파병은 가장 큰 규모의 한국군 전투부대파병사례이나 냉전기의 사례로서 논외로 한다. 본 연구는 탈냉전기인 1991년 한국의 유엔가입 이후 이루어진 해외파병 중 주요 전투부대의 파병사례에 대해 정책의 결정과정과 행위자의 상호작용을 규명한 것이다. 이러한 측면에서 한국 역대정부의 전투부대 파병결정이 파병의 요청으로부터 시작되어 국제적 수준에서 협상이 어떻게 이루어졌는지, 이를 국내적으로 수용(비준)하는 행위자들의 역할(대통령의 리더십, 정부 관료의 역할, 국회의 기능, 여론의 역할 등)이 어떻게 발휘되었는지, 그리고 국제적 협상과 국내적 협상의 두 게임이 어떻게 상호작용하면서 영향을 주고받아 파병정책을 결정하였는지에 대해 궁금증을 제기하게 되었다. 그리고 의료 및 공병 등의 지원성격의 부대파병에 비해 전투부대의 파병에 대해서는 유난히 심한 논쟁과 갈등을 겪었는지 그 이유와 정책결정과정을 분석해 보고자 했다.

따라서 본 연구는 한국의 유엔가입 이후 20여 년 동안 이루어진 군대의 해외파견활동이 다양화 되고 그 영역이 확대되고 있음에 주목하여 먼저 냉전기 이후 국제평화활동의 변화와 영역의 확대에 대하여 이해를 용이하게 정리 할 것이다. 그 이후에, 파병유형별 대표적 사례인 3개의 전투부대 파병(1999년 김대중 정부에서 실시한 동티모르 파병, 2004년 노무현 정부에서 추진한 이라크 파병, 2011년 이명박 정부에서 추진한 UAE 파병)에 대한 정책결정과정과 행위자들의 역할(상호작용)에 관해 퍼트남의 양면게임이론에 의한 분석틀로 연구하고자 한다.

2. 연구의 목적과 대상

이 책은 탈 냉전기인 1991년, 한국의 유엔가입 이후 김대중·노무현·이명박 정부에서 정책을 결정한 주요 전투부대의 해외파병 사례를 비교·분석하였다. 이를 통한 연구의 목적은 파병정책 결정 당시 국내·외적으로 많은 관심과 논란이 되었던 전투부대의 파병정책결정과정을 국제정치학적 이론과 연계하여 탐구해봄으로써, 정책결정의 각 정부별 공통점과 차이점을 규명하는 것이다.

이 연구의 대상으로 선정한 사례는 〈표 1-2〉에서 보는바와 같이 탈 냉전기 한국의 김대중·노무현·이명박 정부에서 이루어진 주요 전투부대파병 사례(3개)를 비교·분석하고자 하며, 그 선정 이유는 아래와 같다.

〈표 1-2〉 연구대상으로 선정한 파병사례

국 가	동티모르	이라크	아랍에미리트
부 대	상록수부대13)	자이툰부대	아크부대
규 모	보병대대	보병사단	특전중대
기 간	1999.10-2003.10	2004. -2008.	2011.1-
활 동	치안회복	민사지원	군사교육훈련
정 부	김대중(국민)	노무현(참여)	이명박
비 고	유엔평화유지활동 (UN PKO)	다국적군평화활동 (MNF PO)	국방협력활동 (DCA)

출처: 국방부,『국방백서 2012』, pp.276~281.

첫째, 김대중 정부에서 파병을 결정한 1999년 동티모르의 상록수 부대는 유엔 주도하에 한국이 파병한 첫 번째 전투부대이다. 한국은 유엔 가입 이후 최초로 1993년 7월 소말리아에 건설공병부대를 파병하였으며, 이후에도 공병·의료지원부대 등을 파병하여 분쟁지역의 안정화에 기여하였다. 한국은 1999년 10월부터 2003년 10월까지, 동티모르에 상록수부대를 파병하여

---

13) 상록수부대(The Evergreen Force)는 열대지역에 위치한 동티모르의 작전환경과 한국군의 평화애호 이미지 등을 고려하여 호칭하였으며, 자이툰부대(The Zaytun Force)는 평화와 안전을 상징하는 '올리브'의 아랍어 표기로, 아크부대(The Akh Force)는 아랍어로 '형제'라는 의미로 한국군과 UAE의 친밀한 관계를 표현한 부대의 별칭이다.

치안회복과 지역재건을 지원하여 평화정착에 기여하였다. 동티모르의 국제사회 개입[14]은 인권사태의 긴급성과 심각성으로 인해 유엔 안보리 결의 1264호를 근거로 한 '동티모르 다국적군(INTERFET)'으로 1999년 9월 20일부터 시작하였으며, 2000년 2월 28일부로 유엔평화유지군(UN PKO)로 전환되었다.

둘째, 2004년 노무현 정부에서 이라크에 파병한 자이툰부대는 동맹국인 미국이 주도하는 다국적군의 일원으로서 참여한 사례이다. 2001년 9·11테러 이후부터 국제사회는 지역안보기구 또는 특정국가 주도로 다국적군을 구성하여 적극적으로 분쟁을 해결하여 평화를 정착시키고 재건을 지원하는 역할을 수행하였다. 한국은 2004년 미·영 연합군 주도의 '이라크 자유작전'을 지원하기 위해 민사지원부대이자 사단급 규모의 전투부대를 파병하여 연인원 17,700여 명의 병력으로 이라크 평화재건 임무를 수행하였다. 이는 베트남전 이후 가장 큰 규모의 전투부대의 파병이면서 파병정책 결정요인과 협상과정에서 얻을 수 있는 교훈이 큰 사례이다.

셋째, 2011년 이명박 정부에서 국방협력활동(DCA)으로 UAE에 파병한 아크부대는 새로운 형태의 파병이다. 특전사 부대 150여 명을 전투위험이 없고 장병의 안전이 확보된 비 분쟁지역에 양개 국가 간의 군사협력과 국익창출을 지원하기 위해 파견한 것이다. 이처럼 새로운 성격과 유형의 파병정책결정은 어떤 요인들과 과정, 그리고 상호작용에 의한 것인지를 분석하기 위해 이 사례를 연구하고자 한다.

---

14) 동티모르 파병(1999.10-2003.10)은 최초 다국적군으로 파병하였다가 4개월 후인 2000.2.28.일부로 UN PKO로 전환된 사례이다. 본 연구에서 UN PKO 사례로 선정한 이유로 동티모르 문제는 1975년부터 유엔이 지속적으로 관여해 왔으며, 1999년 6월의 '유엔파견단(UNAMET)' 설치, 파병 당시(1999년 9월)의 사태의 급박성으로 인해 유엔 안보리 결정으로 신속히 투입이 가능한 다국적군의 형식을 취하였다가 4개월 후 UN PKO로 전환하였다. 이후 2000년 8월 7일 동티모르 과도정부 연립내각(ETTA) 출범, 이후 '유엔동티모르지원단(UNMIEST)'으로 지원하는 등 처음부터 끝까지 UN주도하에 이루어 졌기에 UN PKO 사례로 선정하였음을 밝혀둔다.

위의 사례는 모두 파병정책결정의 과정에서 국내적으로 반대와 논란이 많았던 전투부대의 파병이라는 공통점이 있다. 반면에, 김대중—노무현—이명박 정부로 이어지면서 약 5년여의 시간적인 간격을 두고 파병정책결정이 이루어진 서로 다른 유형의 파병이었다. 그리고 전자의 두 사례는 이미 파병활동이 종료되었음은 물론 10여 년 이상이 경과하여 파병에 대한 연구가 이루어져 자료가 축적되고 있었다.

그러나 UAE의 아크부대는 비 분쟁지역에 대해 국가대 국가 간의 국방교류협력을 강화하는 차원에서 이루어진 '새로운 유형의 파병사례'로서 2015년 현재에도 임무를 수행중이다. 특히 이에 대한 선행연구가 없는 상태에서 처음으로 파병정책의 결정과 협상에 대해 연구를 시도하고 사례를 비교·분석해 본다는 데서 그 의의를 찾아볼 수 있다. 따라서 자료의 접근제한 등 어려움이 있었지만 파병정책 관련부서의 자료와 국회의사록, 파병장병의 귀국보고서 및 증언록, 국방·외교백서 등을 최대한 활용하였다.

3. 기존 연구의 검토

한국군의 국제평화활동과 해외파병에 관한 선행연구는 관련 전문가도 적을뿐더러 특히 학술연구가 저조한 편이었다. 군에서는 파병경력을 가진 인력이 있지만 주로 파병현장에서의 임무수행과 군사작전 효율성 및 지원업무 개선을 위한 미시적 연구에 한정되었다. 민간분야의 학계에서는 자료의 제한성과 연구수요 및 관심도의 비 선호 등으로 인해 이 분야를 꾸준히 연구발표하는 학자들은 극히 소수에 불과한 것으로 확인되었다.

그동안 한국군 파병군사외교에 관한 연구는 국방부와 국방대학교, 한국국방연구원(KIDA) 주관 또는 후원으로 수행된 연구들이 다수를 차지하였다. 대규모 전투부대의 파병인 동시에 시간적으로 상당한 시간이 경과한 냉전시대의 베트남 파병사례를 중심으로 파병정책을 비교 분석한 학위논문들은 다수로 연구결과가 어느 정도 축적되고 있었다.

베트남전과 이라크전 파병을 비교 분석한 연구로는 유병선의 "한국군 파병 결정에 관한 연구", 김열수의 "해외파병 정책결정의 변수와 협상전략", 김장흠의 "한국군 해외파병 정책 결정에 관한 연구", 이병록의 "한국의 베트남·이라크 파병정책 결정요인에 관한 연구"가 대표적인데, 이들은 주로 파병정책의 결정이론과 요인에 초점을 맞춘 비교연구들이었다. 베트남전은 냉전체제하에서 한국의 안보를 보장받기 위한 안보·정치적 이익을 위하여 적극적으로 파병한 사례로서 탈냉전기의 국제평화활동과는 많은 부분에서 성격이 상이하므로 본 논문에서는 제외하고 이라크전에 대한 파병사례의 내용은 참고하였다.

한편 한국의 유엔 가입 이후 국제평화활동으로서의 해외파병에 관한 연구로는 김열수의 "UN 평화유지활동에 관한 연구", 안충준의 "캐시미르분쟁과 한반도에서의 UN PKO 역할에 관한 연구", 정도생의 "한국의 해외파병정책 결정과정에 관한 연구", 이윤주의 "해외파병 결정에 관한 경험적 연구", 계운봉의 "한국의 해외파병에 나타난 국가이익구조에 관한 연구", 김정두의 "한국 군사외교정책 결정요인에 관한 비교 연구", 조현행의 "한국군 국제평화유지활동에 관한 연구"가 그 대표적이다.

이러한 연구들은 한국이 1991년 이후의 유엔 평화유지활동(UN PKO), 다국적군 평화활동(MNF PO)에 대한 파병결정요인과 국가이익, 그리고 파병정책 결정과정 등을 중심으로 다양한 사례들을 비교·분석하여 연구한 산물들임을 알 수 있었다. 위의 연구 중에서 유병선, 김열수, 조현행의 연구가 동티모르와 이라크의 파병사례를 비교분석하고 있으나, 본 연구에서는 이들과는 정책결정이론의 선택을 달리하여 분석틀을 적용하였다. 이 외에도 김관옥[15], 김재두[16], 김열수[17], 이신화[18], 박흥순[19], 전제국[20]이 한국군의

---

15) 김관옥, "한국군 파병외교에 대한 양면게임 이론적 분석",『대한정치학회보』제13집 1호, (대한정치학회, 2005).

파병정책과 현상, 발전방안 등에 대해 꾸준한 연구와 학술 논문을 발표를 하고 있었다.

연구기관으로는 한국국방연구원(KIDA)의 고성윤[21], 정상돈, 신범철, 부형욱, 김철우 등이 연구를 지속하고 있다. 국방부(군사편찬연구소)는 1990년대 이후에는 『해외파병사 연구총서(1, 2권: 2006, 2007)』, 『한국군 동티모르 파병과 띠모르레스떼 탄생(2006)』등을 편찬하였으며, 각각의 파병이 종료되면 '파병장병 증언록, 파병성과 및 교훈집' 형태로 자료를 정리하고 있다. 국방대학교 '국제평화활동센터(IPO센터, 2015년 4월 이전 명칭은 'PKO센터)'는 파병장병들에게 선행 교육과 귀국보고서를 담당하고 있다. 또한 2005년부터 매년 1회 해외파병관련 연구학자 및 전문가, 업무관계자들을 대상으로 국제학술세미나를 개최하고 있다.

선행연구를 검토한 결과 대부분의 한국군 해외파병에 관한 연구는 냉전 및 탈냉전에 따른 국제환경의 변화라는 큰 상황에서 파병된 사례를 비교 분석하였거나, 파병정책 결정요인과 과정을 중심으로 연구가 행하여져 왔다. 그러나UAE 아크부대 파병은 이명박 정부에 의해 최근에 새로운 유형으로 시도된 파병사례로써 아직까지 연구된 바가 없으며, 본 연구가 최초의 시도였음을 확인하게 되었다. 특히 자원외교 및 경제협력 강화 등을 유인하기 위한 국가대 국가 간의 교류협력에 의한 군사외교활동이 증가되고 있는 시점에서 아크부대의 파병연구는 큰 의미가 있다고 본다.

---

16) 김재두, "한국군의 해외파병과 국가전략," 『군사논단』 제37호(한국 군사학회, 2004).
17) 김열수, "UN 평화유지활동에 관한 연구"(1998); "해외파병 정책결정의 변수와 협상전략" (2006)등.
18) 이신화, "한국 국제평화활동의 양분화 고찰"(2011), 『아세아연구』 제56권 2호, (2004).
19) 박홍순, "한국과 UN 외교20년: 성과, 현황과 주요과제," 외교통상부 국제국 토론회 발제(2011.12.2).
20) 전제국, "글로벌 평화활동과 파병반대운동"(2010); "한국군의 해외파병과 한반도 안보"(2011).
21) 고성윤, 『국제평화유지활동의 미래구상』 국방정책 전문연구시리즈 2009-3 (KIDA, 2009).

2 연구범위 및 방법

1. 연구범위와 방법

한국의 해외파병활동은 국민적 공감대가 형성되지 않은 상태에서 정책결정의 객관성이 미흡한 상태의 정책결정과정에서 많은 논란을 불러 일으켰다. 그 이유는 헌법상의 국회 동의만을 근거로 하고 있어 파병의 소요가 발생할 때마다 파병의 필요성과 정당성을 당시의 정치적 · 국제적 상황이라는 주관성을 기초로 판단했음에 기인한다고 볼 수 있다.

특히 전투병 파병을 결정할 때 정치권과 여론의 분열현상이 심했다. 분열의 대칭선은 주로 파병 요청의 주체, 파병의 명분, 그리고 파병부대의 성격과 임무 등에 따라 달라졌다. 한국은 냉전기 이후, 정치 · 사회가 민주화되고 경제발전이 고도화됨에 따라 국민들의 정책참여도 활발해졌다. 국회의 기능 및 국민여론과 NGO 들의 활동 등을 고려하면서 파병을 요청한 주체와도 협상을 하는 정부의 입장은 결코 쉬운 일이 아니었을 것이다.

이 책의 연구대상 범위는 공간적으로는 한국을 중심으로 하되, 파병협상 대상국(동티모르 파병: UN · 인도네시아 · 호주, 이라크 파병: 미국, UAE 파병: UAE)과의 협상요인과 과정에 대해서도 제한적으로나마 접근하게 될 것이다.

파병사례를 분석함에 있어서는 먼저 파병정책의 환경에 대해 국제적인 환경 및 한국의 국내적인 환경, 그리고 파병요청에 대한 한국의 파병정책 목표를 분석하였다. 이어서 파병정책의 결정요인은 국제적인 (Ⅰ)수준에서 국제체제, 지역체제, 그리고 국가 간의 관계를 대상으로 선정하였다. 국내 적인 (Ⅱ)수준에서는 정치구조, 경제상황, 외교능력, 군사안보적인 측면을 선정하여 각각의 공통점과 차이점을 규명하였다. 마지막으로 협상과정에서 참여자의 역할과 상호작용은 대통령, 정부관료, 국회, 여론 활동을 대상으로 분석·비교하였다.

연구의 시간적 범위는 UN PKO 파병이 시작된 1993년부터 새로운 유형의 파병인 UAE 아크부대가 파병된 2012년까지의 20여 년간으로 한정하였다. 하지만 필요시 『국방백서 2014』의 발간 기준(2014년 12월)으로 현황을 제시 할 것이며, 자료의 최신화가 필요할 경우(인터넷의 검색 등)에는 가능한 한 이용가능한 모든 자료를 활용하였다.

2. 책의 구성

이 책에서는 먼저, 한국의 유엔가입 이후 해외파병과 국제평화유지활동 의 변화에 대한 이해를 돕기 위해 관련된 자료를 연구하여 제시할 것이다. 그 이후에 김대중─노무현─이명박 정부에서 파견한 3개의 주요 전투부대 파병사례들을 국제 외교협상이론인 퍼트남(Robert D. Putnam)의 '양면게임 이론(Two-Level Game Approach)'[22]을 중심으로 적용하여 파병정책의 결정 과정에서 국제협상과 국내정치가 어떻게 상호작용하였는지를 연구할 것 이다.

분석 방법은 연구대상의 성격상 문헌위주의 역사적 연구방법을 적용하

---

22) Robert D. Putnam, *Diplomacy and domestic Politics: The Logic of Two-Level Games*, International Organization, Vol. 42, No. 3 (Summer 1988), pp.427~460.

게 될 것이다. 관련 자료는 주로 학문적 분야에 대해 국제정치이론과 국제
분쟁, 유엔평화유지활동에 관한 문헌과 학위논문, 학술잡지의 학술연구 자
료를 활용할 것이다. 정책실무적 분야는 국방부·외교부를 중심으로 발간
한 해외파병관련 자료(정책연구서, 귀국보고서, 파병장병 증언록 등), 해외
파병정책관련 각종 세미나 발제 및 토론자료, 그리고 인터넷 종합데이터
베이스와 협상조약문, 정부 백서 및 국회 의사 결정록, 마이크로필름과 같
은 1차 자료를 광범위하게 사용하였다.

　이 책은 서론부터 결론까지 총 7개장으로 구성하였다. 제1장에서는 문제
의 제기와 연구목적, 그리고 연구방법과 범위를 제시하여 연구의 성격을
밝히고, 해외파병정책과 관련된 이론적 고찰 및 분석의 틀을 제시했다.

　제2장에서는 탈냉전 이후 신 국제질서의 변화와 국제평화활동의 경과,
그리고 한국군의 해외파병활동의 과정에 대하여 진단하고 현상을 정리·제
시하여 사례연구의 도입을 원활하게 유도하였다.

　제3장부터 5장까지는 전투부대 파병에 대한 각각 상이한 유형의 사례분석
이다. 제3장은 김대중 정부에서 파병했던 동티모르의 상록수부대(1999년),
제4장은 노무현 정부에서 파병했던 이라크의 자이툰부대(2004년), 제5장은
이명박 정부에서 파병한 아랍에미리트의 아크부대(2011년)파병의 순으로
파병배경과 협상의 전개과정, 파병정책결정과정상의 특징과 주요결정요인
들의 상호작용에 대해 분석하여 공통점과 차이점을 각각 규명하였다.

　제6장은 3·4·5장에서 검토한 사례를 중심으로 파병유형에 따른 양면게
임이론의 측면에서 동티모르의 상록수부대파병, 이라크의 추가(전투·자이
툰부대)파병[23], 아랍에미리트의 아크부대 파병정책결정 과정을 평가하고
특징을 비교·분석하여 향후 한국의 파병에 대한 협상력을 제고시킬 수 있

―――――――――――

23) 이라크 자유작전에 대한 한국군의 파병은 2003년 4월의 공병·의료지원부대인
　　서희·제마부대, 2004년 4월의 평화·재건사단인 자이툰 부대, 2004년 9월 항공
　　수송단인 다이만부대 등이 임무를 수행하였다.

는 요인을 규명하였다.

　제7장 결론에서는 본론의 논의들을 요약, 정리하여 향후 한국의 해외파병이라는 군사외교정책을 추진함에 있어 전개해야할 방향과 협상에 대한 정책적인 함의를 제시하였다.

3 외교정책 결정이론과 분석틀

    한 국가의 대외정책 결정이란 다양한 영향요인이 상호과정을 거친 결과이다.[24] '외교정책결정이론'이란 외교정책이 결정되는 과정에 대한 이론적 이해를 통해 다양한 실제의 외교정책 결정과정을 체계적으로 단순화하여 이해하고자 하는 노력이라고 할 수 있다. 넓은 의미에서 외교정책이론은 정책입안부터 실행에 이르는 전 과정을 이론화한 경우도 있으며, 주어진 투입요소들이 결정되는 미시적인 과정에 초점을 맞추어 이론화한 경우도 있다. 좁은 의미에서 외교정책이론은 결정과정 자체에 집중하여, 과연 어떠한 개인들과 집단·조직들이 어떠한 과정을 통해 정책을 결정하는지의 과정에 초점을 맞추어 분석한다.[25]

    외교정책을 결정할 때 그 과정에 영향을 미치는 요인을 자세히 분석해 보면 자국의 외교정책이나 상대국의 대외정책에 대한 예측을 할 수 있다. 외교정책 결정요인은 국가의 경계를 기준으로 국가외부 요인과 국가내부 요인으로 구분할 수 있다.

---

24) Dunn. N. William. *An Introduction Public Policy Analysis*, (Englewood Cliffs, N. J.: Prentics-Hall, Inc, 1981).
25) 전재성, "외교정책 결정체계와 이론," 『현대외교정책론』(서울: 명인, 2009), pp.87-88.

1. 퍼트남의 양면게임의 이론적 고찰

1) 등장배경

학계에서는 국제정치와 국내정치를 분리하여 다루었으나 실제에서 국제
정치와 국내정치는 불가분으로 연계되어 있고, 이러한 연계에 대한 적절한
이해와 노력 없이는 국제협상의 결과를 설명하는 데 한계가 있다.[26] 로즈
노우(James N. Rosenau)가 정책결정과정이 체제적 변수로부터 영향을 받는
다는 차원에서 이론을 개념화 했다면, 퍼트남(Robert D. Putnam)은 '외교와
국내정치가 어떻게 상호작용을 했는지'에 대한 하나의 개념적 틀을 제시하
였다. 즉, 외교정책 결정에 있어 국내적 요인들뿐만 아니라 국제체제 요인
들도 함께 고려하는 것이 '양면게임이론(Two-Level Game Approach)'이다.

물론 외교정책들이 국내정치 및 국제정치와 서로 관련을 맺고 있다는 가
설은 퍼트남의 양면게임이론이 나오기 전에도 몇몇 학자들에 의해 주장된
바 있었으나, 이와 같은 연구들은 다수국가의 국내정치가 국제협상과정에
서 어떻게 유기적으로 서로 연결되는가를 설명해 주지 못하였다.[27]

이러한 한계를 극복하고자 1988년 Putnam은 『International Organization』
에 "외교와 정치: 양면게임의 논리"라는 논문을 발표하였다. 이 논문에서 그
는 타국의 대표와의 교섭에서 국가이익의 극대화를 위해서는 합의의 결과
가 국내적으로 수락될 수 있도록 국내집단과의 절충을 계속해야 한다고 주
장하였다. 즉 퍼트남은 국내적 요인과 국제적 요인과의 상호작용을 동시에
설명해 줄 수 있는 이론의 필요성을 역설한 바, 국내적 요인과 국제문제 양
분야를 포괄하고 상호간의 상관관계를 설명하는 이론으로써 '양면게임 이
론'을 제시하였던 것이다.

---

26) 김태현·한태준, "양면게임의 논리와 세계화시대의 국제적 전략,"『외교와 정치』,
    (서울: 오름, 1998), p.81.
27) Robert D. Putnam, *op. cit*, p.430.

2) 양면게임이론과 국제협상

Putnam의 양면게임이론은 국가와 국가 간의 국제협상과정에서 국가외적 행위들이 지배적인 역할을 한다는 기존의 관점을 거부하고, 국외적인 요소와 국내정치의 영향력 간 상호작용에 의해 결정된다는 이론이다. 따라서 파병외교정책은 실질적으로는 두 가지 수준(level)에서 이루어진다고 주장한다.

첫째 단계(Level Ⅰ), 즉 국제수준(international level)에서는 정부 자체의 선호하는 정책은 물론, 다른 국내 행위체들의 이익을 확대하고 파병외교정책으로부터의 손해를 최소화 하려는 당사국과 상대국 정부 간의 협상이 이루어진다.28) 국내수준인 두 번째 단계(Level Ⅱ)에서는, 국가의 선호정책과 이미 상대국과 협상된 합의안에 국내적 승인(ratification)에 영향을 미쳐 각자의 이익을 최대화하려는 정부와 그 국가의 내부 행위체 들과의 협상이 포함된다.

이런 상황에서 협상대표는 상대국뿐만 아니라 국내의 행위자들로부터도 압력과 영향을 받기 때문에 효과적인 파병외교정책을 결정하기 위해서는 가급적 양쪽 모두를 만족시켜야 한다. 그리고 이러한 두 차원의 협상은 순차적으로 이루어지는 것이 아니라 동시에 진행된다는 점에 주목해야 한다. 또한 '비준(ratification)'이란 국제적 수준에서 행해진 결과물이 국내적 수준에서 수용되거나 거부되는 국내 정치적 과정을 의미하며, 이중 이슈에 민감한 국내 행위자들은 정당, 의회, 이익단체 등이다.

국제협상에서 양면게임 이론이 새롭게 평가받는 이유는 다음과 같다. 첫째, 양면게임이론은 외교협상 및 국제협력에서의 협상실패가 협상담당자의 '고의적 또는 자발적 의도'에 의해 실패할 수도 있지만, 국내비준의 실패 즉, '비자발적'일 수도 있다는 점을 부각시켰다.29) 둘째, 양면게임이론에서

---

28) Robert D. Putnam, *Ibid.* p.434.
29) 김태현, 유석진, 정진영(편), 『외교와 정치: 세계화시대의 국제협상논리와 전략』,

는 협상 상대국의 국제적 압력이 국내정치에 의도하지 않은 '메아리효과 (Reverberation Effect)'를 가져옴으로써 국제협상 자체에 영향을 줄 수 있다는 점을 제시하였다. '메아리'가 의미하는 것은 국제적 압력이 국내 윈셋 범위를 확장시켜 합의를 용이하게 해준다는 것이다.30) 셋째, 양면게임이론에서는 국내정치와 국제정치의 긴밀한 연계를 이해하기 위한 개념으로 '상승적 사안연계(Synergistic Issue Linkage)'를 강조하고 있다. 이것은 협상이 국내에만 한정되어 있을 경우 불가능한 양자 간의 흥정을 국제적인 협상을 통하여 국내적으로 가능하지 않았던 정책대안을 새로 창출해 냄으로써 협상을 가능하게 만드는 측면을 설명하는 것이다. 이와 같이 국내 사람들의 선호를 바꾸는 것이 아니라 국내에서의 가능한 대안을 바꾸어 주는 초국가적인 사안의 연계를 '상승적 사안연계'라고 부른다.31) 넷째, Putnam은 국내적인 이해관계가 동질적인 사안과 이질적인 사안을 구별하고 있다32). 이러한 구분은 국내적 분열이 국제협력 가능성을 제한하는 역할만이 아니라, 역으로 국제협력 가능성을 오히려 증가시키는 역할도 한다는 점을 보여준다.

3) 국내적 비준의 문제와 윈셋(Win-set)

Putnam의 양면게임이론은 국제협상 결과에 대한 국내적 비준(ratification)의 문제에 대한 논의를 강조하고 있다. 즉, 협상담당자가 타국과 외교적으로 중요한 문제의 협상에 임할 때, 그 결정을 내리는 중요한 기준은 바로 '협상 결과의 국내적 비준여부'라는 것이다. 양면게임의 핵심 개념인 '윈셋 (Win-set)'역시 '협상결과에 대한 각 국가의 비준 가능범위'를 말하는 것이다. 외교협상에서 국내비준 참여자는 사회계급, 이익집단, 국회(의원), 여론, 시

(서울: 오름, 1995), p.22.
30) Robert D. Putnam, *op. cit.* p.456.
31) *Ibid.* pp.447-448.
32) *Ibid.* pp.442-445.

민단체, 선거 등이 모두 포함된다.

　따라서 외교협상결과에 대한 국내적 비준은 외교가 국내정치 테두리 밖에 존재하는 '탈 국내정치현상'이 아닌 '특별한 형태의 국내정치현상'임을 증명한다. 역으로 이것은 국내정치와 국제정치의 이분법적 논의가 바람직하지 못하다는 것을 입증하기도 한다. 그러므로 올바른 외교협상 정책결정과정의 분석을 위해서는 국제정치적인 요인뿐만 아니라 국내정치적 요인을 동시에 고려해야만 하는 것이다.

　윈셋(Win-set)은 퍼트남의 II에서 가장 중요한 개념이다. 양면게임이론에서는 국가 간의 국제협상을 제 1단계로, 그리고 제 1단계에서 잠정합의 된 사안에 대한 국내적 비준의 결정단계를 제 2단계 협상으로 구분하고 있다. 그리고 윈셋이란 제 2단계(국내)의 비준을 받을 수 있는 가능한 모든 종류의 제 1단계 합의의 집합(주어진 조건하에서 국내적 비준을 받을 수 있는 모든 선택들의 집합)으로 정의가 가능하다.[33] 다시 말하면 윈셋은 특정사안에 있어서 국내적으로 비준을 받을 수 있는 모든 국제합의의 조합으로서, 협상의 국제합의 여부를 결정하는 중요한 요소이다. 왜냐하면 협상당사국간에 윈셋이 겹치는 부분이 있어야만 국제합의가 가능하기 때문이다.

　윈셋의 상대적 크기는 협상결과에 영향을 미치는데 대체로 작은 윈셋을 가진 국가가 상대적으로 큰 윈셋을 가진 국가에 비해 협상력이 크다고 할 수 있다. 그 이유는 협상과정에서 상대적으로 작은 윈셋은 상대국에게 양보할 수 있는 여지를 축소시켜 자국에 유리한 협상결과를 가져오기 때문이다. 윈셋이 중요한 이유는 협상양국이 합의에 이르기 위해서는 윈셋의 교차(중복)점이 있어야 하며, 양국 간의 윈셋이 크며 중첩(overlap)영역이 넓을수록 협상에 대한 합의의 가능성이 높다는 것에 있다.

---

33) *Ibid*, pp.435-441.

〈표 1-3〉에서 Xm과 Ym은 각각 X국과 Y국간에 이루어질 수 있는 협상의
최대 결과를 나타내며, 양국의 협상가들이 합의를 통해 얻을 수 있는 공동
이익의 크기이다. X국의 윈셋은 Xm-X1 영역이며, Y국의 윈셋은 Ym-Y1 영
역으로서, X1과 Y1은 양국이 각기 비준을 받을 수 있는 최소한의 결과를 나
타낸다. 즉 이익의 분배에 대한 합의가 일어날 수 있는 영역은 X1-Y1 의 합
의가능 영역이며, 이 폭 안에서 이루어지는 합의에 대해, X와 Y 양국은 각
각 국내적 비준을 얻을 수 있을 것이다.

〈표 1-3〉 X국과 Y국의 윈셋(Win-set)에 따른 협상

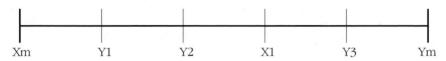

Xm　　　Y1　　　Y2　　　X1　　　Y3　　　Ym

출처: Robert D. Putnam, *"Diplomacy and domestic Politics: The Logic of Two-Level
Games"*, *International Organization*, Vol. 42, No. 3 (Summer 1988), pp.441.

만일 Y국의 윈셋이 Y1에서 Y2로 줄어든다면 Y1과 Y2사이에 속하는 합의
는 불가능하나, 합의의 범위는 Y국에게 보다 유리해 진다. 즉, 기타 조건이
같을 경우 윈셋이 크며 중첩영역이 넓을수록 협상결과가 합의로 도달할 가
능성이 높아지는 것이다. 그러나 Y국이 Y3을 요구하게 되면 X국과 윈셋의
중첩영역이 없어지게 되어, 양국에서 모두 비준을 받을 수 있는 대안이 없
기 때문에 결과적으로 협상은 결렬되고 말 것이다.

4) 윈셋(Win-set)의 결정요인
퍼트남은 윈셋의 크기를 결정하는 요소들로 세 가지를 제시했다. 첫째,
국내 행위자들의 권력·선호정책·연합에 대하여 퍼트남은 협상이슈의 성
격, 그리고 이슈의 정치쟁점화 정도에 주목하고 있다. 협상의 이슈는 협상

의 결과가 가져올 국내적 정치효과와 결부되어 윈셋의 크기를 변화시킨다. 협상의 결과가 미칠 국내적 영향은 동질적이거나 이질적일 수 있다. 이것이 이질적일 경우 행위자들은 상반된 의견을 지니게 되고 이는 국내 비준에 있어서 윈셋을 작게 만드는 역할을 한다.

둘째, 국내 정치 제도적 요인으로서 공식적이며 까다로운 비준절차를 지닌 국가일수록, 그리고 국회비준 통과를 위한 정족수가 높을수록 윈셋의 크기는 작아질 확률이 높다. 즉 국가지도자의 자율성이 큰 권위주의 국가보다는 시민사회의 정치적 압력에 민감한 민주국가나 연성국가는 윈셋의 크기가 상대적으로 작다고 하겠다.

셋째, 국제협상에 참여하는 협상대표의 전략에 따라 윈셋의 크기가 달라진다. 대표적으로 두 가지 형태의 전략적 접근이 가능한데, 하나는 자국의 윈셋을 축소시킴으로서 상대국에 대한 협상력을 제고하는 것이다. 이슈를 국내적으로 쟁점화 하여 국내여론이 강경하게 편향되도록 하여 상대국으로부터 양보를 유도하는 전략이다. 또 하나는 협상 대표가 국내 행위자들의 집단 이기주의에서 벗어나 거시적 입장에서 국가의 이익을 추구할 필요가 있다고 호소하여 자국의 윈셋의 크기를 확대하는 전략이다. 이 경우 협상대표자의 재량권을 확대하여 정책 자율성을 높이는데, 이를 위해 정부는 문제를 재(再) 정의 하거나 국내행위자에 대한 이면보상 등의 방법을 사용하기도 한다.

넷째, 이슈연계를 통하여 이슈의 구조를 변경하고 상대국의 윈셋을 확대하는 전략이다. 이는 하나의 이슈에 대한 윈셋의 크기가 작을 때 새로운 이슈를 연계함으로서 두 가지의 윈셋이 공동으로 커지는 '상승적 연계'의 개념이다.

〈표 1-4〉 윈셋(Win-set)의 결정 요인

구 분			내 용
국내협상 2단계	권력, 선호, 연합	협상결렬 비용	협상결렬에 따르는 비용이 낮을수록 윈셋의 크기는 작아진다.
		국가의 대외의존도	대외의존도가 큰 소국일수록 윈셋은 크다.
		사안의 정치쟁점화	사안이 정치쟁점화 될수록 윈셋의 크기는 작아진다.
국내협상 2단계	정치 제도	권력분립제도	권력분립제도가 강할수록 윈셋의 크기는 작아진다.
		국내적 정치관행	집권당의 영향력이 클수록 윈셋은 커진다.
국제협상 1단계	협상자 전략	국내협상자의 국내적 입지	국내협상자의 국내정치적 입지가 강할수록 윈셋의 크기는 커진다.

출처: 김태진·유석진·정진영(편), 『외교와 정치: 세계화시대의 국제협상논리와 전략』(서울: 오름, 1995), pp.54-67.

5) 외교정책의 결정과정과 결과의 양상

외교정책의 결정과정과 결과의 변이성은 협상대상자인 양개 국가의 윈셋 사이즈의 변화에 기인하여 나타난다.

첫째, 외교정책 결정과정을 고려할 때 〈표 1-5〉에서 보는 바와 같이, 외교정책 결정국가와 협상 상대국 모두 큰 사이즈의 윈셋을 가질 때 양국의 윈셋이 더 많이 중복되며 결국 수월하게 외교정책 결정이 이루어진다고 주장한다. 이 경우에 외교정책 결정의 과정이 '가장 협력적인(most cooperative)'인 양상을 띠게 된다. 또한 자국 또는 상대국 중에 한 국가가 작은 사이즈의 윈셋을 가졌다고 하더라도 이들 중 한 국가가 큰 사이즈의 윈셋을 가진다면 '온건한(moderate)' 정도의 과정을 거쳐 외교정책이 결정될 수 있다.

이와 같이 윈셋이 커서 중복될 확률이 크면 클수록 국내·외적으로 '덜 분쟁적인(less conflictual)' 과정을 거쳐 외교정책이 결정될 수 있다. 하지만 자국과 상대국 모두 작은 사이즈의 윈셋을 갖게 되면 윈셋 중복의 가능성은

최소화되고 외교정책 결정과정은 매우 치열하며 '가장 분쟁적(most conflictual)'
인 모습을 보이게 될 것이다.[34]

<표 1-5> 외교정책 결정과정과 결과의 양상

A국가의 윈셋(win-sets) 크기		B국가의 윈셋(win-sets) 크기	
		큼(large)	작음(small)
	큼 (large)	가장 협력적	온건적 (moderate)
		절충형 *(균형적 이익 분배)*	*B 국가에 유리한 결과*
	작음 (small)	온건적(moderate)	가장 분쟁적 (most conflictual)
		A 국가에 유리한 결과	*협상실패 또는 파병정책 결정 실패*

*협상국의 윈셋 크기에 따른 협상의 과정과 결과(기울어진 글자)를 나타냄.
출처: 김관옥, "한국파병외교에 대한 양면게임 이론적 분석" 『대한정치학회보』 13집
1호(서울: 대한정치학회, 2005), p.361. 내용을 인용하여 재정리.

둘째, 외교정책결정의 결과를 고려할 때 <표 1-5>에서 보는 바와 같이,
상대국이 갖는 윈셋의 상대적 크기가 파병외교정책의 내용에 어떤 국가의
요구가 더 많이 반영되는가를 결정하게 된다. 만약 A국의 외교정책 결정시
A국의 윈셋 크기가 상대국인 B국의 윈셋 크기보다 클 경우, 파병외교정책
내용에 있어 B국가의 요구를 더 많이 수용하여야만 협상이 성립하게 된다.
퍼트남은 이에 대해 윈셋이 큰 국가는 상대국으로부터 더 많은 압력을 받
기 쉽다고 주장한다. 즉, 파병외교정책의 협상에서는 작은 크기의 윈셋을
가진 국가가 더 유리한 결과를 얻기 쉽다는 것이다. 그러나 외교정책결정
국과 상대국 모두 작은 크기의 윈셋을 유지하면 협상은 최종 합의안을 이
끌어내는 데 실패하거나 파병결정 자체가 이루어질 수 없다.[35]

---

34) 김관옥, "한국파병외교에 대한 양면게임 이론적 분석: 베트남파병과 이라크파병
    사례비교", 『대한정치학회보』 13집 1호(서울: 대한정치학회, 2005), p.361.
35) 위 논문. p.362.

6) 양면게임이론의 제한점

퍼트남의 양면게임이론은 외교정책을 결정함에 있어서 국가 내부의 결
정과정과 동시에 상대국과의 협상과정을 설명해 주는 장점이 있다. 그러나
국가 간 비대칭성과 같은 힘의 분배나 국제규범 또는 제도의 역할과 같은
국제체제적인 요인들의 역할을 간과하고 있다. 또한 협상의 주체가 내부결
정과정을 그대로 수용하는 것으로 이해하고 있기 때문에 파병협상의 주체
인 정부와 내부결정참여자의 상호작용과 정부의 고유한 역할을 간과하고
있다.[36]

기존의 이론들이 국제 체제적 요인들에 집중한 반면 국내적 요인들을 상
대적으로 간과한 면이 있다면, 퍼트남의 양면게임이론은 국제적 요인보다는
국내적 요인을 더 강조하고 있다. 예컨대 강대국과 약소국사이의 협상에서
국가 간 힘의 분배 상태라는 것이 중요한 영향을 주고 있지만 퍼트남의 분
석틀에는 포함되어 있지 않다.

또한 국제사회가 제도화되는 과정에서 UN, WTO, IMF 등 다양한 국제기
구 및 국제 레짐 등이 국제관계에 커다란 영향을 미치고 있지만, 퍼트남의
양면게임이론은 이러한 국제제도의 역할을 수용하지 못하는 제한점이 있
다고 본다.

2. 한국 전투부대파병정책결정에 관한 분석틀

본 연구는 퍼트남의 양면(two-level) 접근법에 대한 제한점을 완화하고 협
상요인의 상호작용을 보다 잘 고려하기 위해 다음과 같은 분석의 틀을 채
택하였다. 즉, 퍼트남이 주장한 국내적 요인들과 함께 국가 간 힘의 분배
또는 국제규범 및 국제 제도의 역할 등과 같은 국제 체제적 요인도 협상에

---

36) 이병록, "한국의 베트남·이라크전 파병정책 결정요인에 관한 연구"(경남대학교
   박사학위논문, 2014). p.15.

서의 윈셋 크기를 결정하는 요인으로 간주하고, 협상행위자의 역할인 '협상에서의 상호작용'에 주목하여 사례를 분석할 것이다. 동시에 행위자 역할의 상호작용으로 정책결정자인 대통령과 정부관료, 국회, 그리고 여론 등이 협상에 미치는 영향을 규명할 것이다.

본 연구의 분석틀에 대한 연구자의 복안은 다음과 같다.

첫째, '파병정책의 목표'는 기본적으로는 김대중·노무현·이명박 정부가 추구하는 국가이익, 국가목표를 바탕으로 한 국제사회의 요구에서 도출하였다. 그 하위요소로서 국가안보의 강화, 경제적 실리 확대, 국제정치적 유대 강화와 위상 고양, 정책결정권자의 입지 강화 등의 측면에서 접근하였다. 따라서 각 정부별 성격과 국정기조, 그리고 군사외교정책의 목표가 상이할 수 있음에 유의하여 각각의 파병사례에서 파병정책의 목표를 도출할 것이다.

둘째, 'Ⅰ수준(국제)협상'은 국제체제적인 요소, 지역체제 및 국가 간의 관계에 대하여 분석할 것이다. 1999년 김대중 정부에서 이루어진 동티모르 파병에 대해서는 파병국인 한국과 파병을 요청한 UN 및 파병수용국인 인도네시아와의 협상과정을 분석할 것이다. 2004년 노무현 정부에서 이루어진 이라크 자이툰부대 파병은 다국적군의 주도국가인 동시에 한국의 동맹인 미국과의 협상과정을 분석할 것이다. 2011년 이명박 정부에서 이루어진 UAE의 아크부대 파병은 국방교류협력의 양 당사국인 한국과 UAE와의 협상과정을 분석할 것이다.

국제협상에서는 세 가지의 요소를 중심으로 분석하는데, ① '국제체제'는 한 국가의 외교정책 결정은 국제정치체제와 주변 환경의 제약을 받아 상호의존적으로 결정되므로, 국제질서의 차원에서 주요 역할을 하는 국가들과 국제기구들의 역학적인 측면에서 협상에 영향을 주는 요인을 분석한 것이다. ② '지역체제'는 피 파병국이 지정학적으로 인접하고 있는 긴밀한 이해관계를 갖는 국가들 간에 형성된 역학관계와 이해관계 측면에서 협상에 영향을 주는 요인을 분석한 것이다. ③ '국가 간의 관계'는 파병을 요청받은 한국과 파병을 수용하게 되는 국가와의 역사적·외교적·경제적·안보적인 각 부문별 관계와 예상되는 영향 등을 분석한 것이다.

〈표 1-6〉 한국군 전투부대 파병정책 결정 분석틀

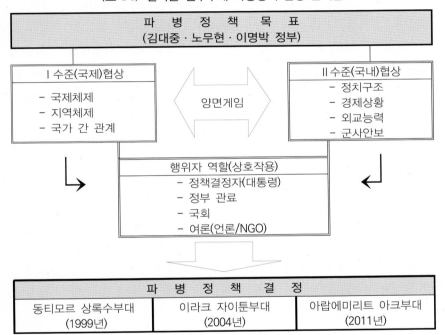

셋째, 'Ⅱ수준(국내)협상'은 한국의 각 정부의 파병 시기별로 분석할 것이다. 해외파병정책을 결정한 각각의 정부(동티모르-김대중 정부, 이라크-노무현 정부, UAE-이명박 정부)의 정치구조와 경제적 상황과 이익, 외교능력과 환경, 그리고 군사안보(한미동맹과 북핵문제)가 협상에 미치는 영향을 분석하고자 한다.

① '정치구조'는 김대중(국민의) 정부, 노무현(참여) 정부, 이명박 정부는 각각 선거에 의해 집권하여 집권당이 달라지는 수평적 정권교체를 이루어 국정기조를 달리하여 안보와 외교정책의 추진하였음에 착안하였다. ② '경

제상황'은 자원이 부족하고 수출지향적인 경제정책을 추진하는 기조에는 큰 차이가 없으나 파병정책을 결정할 당시의 국내 경제여건과 경제정책의 추진, 향후 기대되는 경제적 이익 등이 파병에 영향을 주고 있음에 착안한 것이다. ③ '외교능력'은 대통령과 정부의 외교기조와 중점이 다소 상이하였으며, 정책결정자의 외교활동 측면에서도 파병정책과 협상에 영향을 주는 측면을 분석하였다. ④ '군사안보' 측면에서 한국은 지속적으로 북한의 위협에 대한 한미동맹이 바탕에 작용하게 되는 점은 있었으나, 파병의 요청이 있던 시점에서의 북한의 위협과 도발수위, 한국정부의 대북 정책은 파병협상과 정책결정에 영향을 주었다고 판단하였다.

넷째, '주요행위자 역할과 상호작용'은 1수준의 국제협상과 2수준의 국내협상이 동시에 진행됨에 주목하였다. 그 대상은 정책결정자인 대통령, 정부관료(외교·국방부 및 NSC 등), 국회(각 상임분과위원회 및 본회의의 역할), 여론(신문·방송, 인터넷, NGO 등의 활동) 등 4가지로 단순화하여 정책결정과정에서의 역할과 상호작용을 분석하고자 한다.

① '대통령'은 한국이 대통령중심제 국가로서 대통령은 국군의 통수권자인 동시에 군사외교정책의 결정에 가장 큰 역할을 하게 되어있다. 대통령은 개인적인 성향은 물론 역할 및 정부변수가 협상과 정책결정에 더 큰 영향을 주고 있음을 분석할 것이다. ② '정부 관료'는 파병업무와 관련된 외교부·국방부·국가안전보장상임회의(NSC) 등을 들 수 있다. 이들은 정부 성격과 대통령의 국정운영 스타일에 따라 정책판단과 협상의 입장에 차이가 있음에 착안하여 그 차이점과 공통점을 분석할 것이다. ③ '국회'는 헌법의 규정에 의해 파병동의안을 심의 의결하여 행정부의 정책을 견제하고 국민의 의사를 대변하는 기관이다. 그러나 선거의 결과에 따라 집권당이 달라지며, 국익과 당리당략 사이에서 파병정책에 대한 협상과 결정에 많은 영향을 미치고 있는 역할들을 분석할 것이다. ④ '여론'은 신문과 방송, 인터넷을 비롯한 각종 매체와 각종 NGO들은 자신들의 이익과 관련된 문제는

물론 정부의 정책에 대해서도 점차 그 영향력이 증대하고 있다. 따라서 군을 해외에 파병하는 군사외교정책은 국민개병제이면서 평화주의를 전제로 하고 있는 한국의 사회에서 주요한 영향요인이 아닐 수 없다.

위와 같은 이론적 접근과 분석틀을 바탕으로 한국의 전투부대 파병외교 정책결정의 과정과 결과에 있어서의 변화요인을 규명하기 위해 정책결정 산물인 한국군 전투부대의 파병사례(1999년 김대중 정부의 동티모르, 2004년 노무현 정부의 이라크, 2011년 이명박 정부의 UAE)에 대하여 비교 분석한다.37) 특히 구체적이고 면밀한 사례연구를 위한 방법론으로 '과정추적 방법(the method of process-tracing)38)'을 채택함으로서 세 파병사례의 외교정책결정과정과 결과에 영향을 미친 요인들을 평가할 것이다.

---

37) 양면게임이론에 의거 한국과 상대국(동티모르 파병-UN, 이라크 파병-미국, 아랍에미리트 파병-아랍에미리트)의 게임, 그리고 양국정부의 각각의 내부 행위체들과의 게임을 모두 살펴보아야 하나 본 연구의 주제가 한국의 파병외교정책에 있으므로 한국의 입장 위주로 연구하고 상대국의 내용은 필요한 최소한의 내용만 언급할 것임.
38) 과정추적 방법론은 정책결정에 있어서 초기조건들(initial conditions)이 결과(outcome)로 이전되는 과정을 조사·설명하기 위한 방법론이다. 따라서 이 방법론은 주요행위 주체들의 초기 선호하는 바를 파악하고 그들의 선호하는 정책들이 어떻게 상호작용함으로써 정책결정에 영향을 주는지 그 과정과 행태를 파악하는 데 이용된다.

2

국제질서의 변화와 한국의 해외파병

▌ 탈냉전기의 국제질서

1. 분쟁과 개입, 국제사회의 역할

정치집단 간의 무력분쟁은 인류 역사와 함께 시작되었고 지금도 계속되고 있다. 무력분쟁은 당사자에 의하여 끝나기도 하지만 통상 이에 그치지 않고 대개는 인접지역으로 확산(spill over)되는 경향이 있다. 이러한 확산효과 때문에 분쟁의 인접지역은 어떤 형태로든지 분쟁의 여파에서 비켜설 수 없게 되어 있다. 이러한 이유 때문에 다수의 행위자들이 분쟁의 확산차단과 종식을 위해 분쟁에 개입하게 된다.

일반적으로 분쟁(conflict)이란 '정치집단들이 서로 상충되는 목표를 달성하기 위해 상대방의 제도나 체제를 변경할 목적으로 투쟁하는 행위'라고 할수 있으며, 다음과 같은 3가지 요소로 구성되어 있다. 첫째는, 당사자들이상호 양립할 수 없는 목표를 가졌다고 인식하는 상황(狀況, Condition), 둘째는, 한 당사자가 상대방으로 하여금 그의 목표를 포기하거나 수정하게 만드는 의도를 실행하는 행위(行爲, Action), 셋째는 분쟁상황에서 상호작용하고서로 영향을 주고받는 사람들의 심리적 상태나 조건인 태도(態度, Attitude)로[1]되어 있으며, 분쟁은 이러한 요소들 사이에서 일어나는 상호작용의 진행이라고 보고 있다.

미첼(C. W. Mitchell)에 따르면 분쟁의 단계적 확대와 축소, 그리고 분쟁의 확산은 상황, 행위, 태도의 상호작용에 의해 야기되는 기본적인 분쟁의 역동적 진행으로 파악하고 있다. 또한 분쟁은 생명체처럼 탄생 - 성장 - 소멸의 순환단계를 지니고 있다. 분쟁의 확대단계에 대하여 피셔(R. J. Fisher)와 키슬리(L. Keashly)는 논의(discussion) - 대립(polarization) - 분리(segregation) - 파괴(destruction)의 단계로, 크리스버거(L. Kriesberg)는 잠재(latent) - 분출(emergence) - 경쟁(escalation) - 전환(tumaround) - 평정(de-escalation) - 타결(settlement) - (outcome) - 분쟁이후(postconflict) 단계로 분류하기도 하였다.

제2차 세계대전 이후부터 냉전체제의 종식을 거치면서 발생한 세계적인 분쟁에 대하여 분석해보면 다음과 같다. 분쟁발생의 원인은 민족문제, 식민지 유산, 정쟁(政爭), 영토문제 순으로 발생하고 있으며, 발생 지역별로는 아프리카, 아시아, 유럽, 중동, 미주 순으로 많이 발생하고 있다. 또한 냉전기의 세계분쟁은 통일, 영토 등 물리적 힘에 의해 국가 간에 야기되었던 전통적인 국제분쟁이 주류였으나, 탈 냉전기 이후에는 당사국 내부의 구조적 문제가 표출된 '내분 형 분쟁'으로 종족, 식민유산 및 전후처리, 정쟁, 분리주의 등이 주원인이 되었다. 그리고 분쟁지역 자체가 무력을 포함한 힘에 의해 통제되고 무질서와 혼란, 물리적 충돌이 상존하기 때문에 당사자들은 물론이고 개입세력에 의한 평화적인 협상이나 중재로 지역을 안정화시키고 분쟁의 해결을 통한 직접, 간접의 목적을 달성하기 위해서 군대의 파견은 필연적인 물리적 수단으로 활용되고 있다.

국가를 주권을 가진 기구로 취급하는 규범은 18세기의 볼프(Wolff)나 바텔(Emerich De Vattle) 같은 사상가들의 저술에서 시작되었고, 유엔헌장 상에도 국가 간의 주권평등과 국내문제에 제3자 불간섭의 원칙이 명시[2]되어 있다. 그럼에도 불구하고 국제사회의 역사는 다양한 쟁역(爭域, issue area)에

---

1) C. R. Mitchell, *The Structure of International Conflict* (London: Macmillan, 1981), p.29.
2) 유엔헌장 제2조 제1항, 제2조 제7항.

서 다양한 방법과 다양한 행위자들에 의해 개입이 이루어져 왔다. 개입의 형태는 물리적 월경 이외에도 보복적인 경제제재, 외교관계의 단절, 외국 정부에 대한 혼란야기, 대테러 지원, 민주화 지원, 내전종식을 위한 원조, 인권보호, 인도주의적 차원의 구호활동 등 다양하게 이루어지고 있다. 개입의 주체역시 특정한 국가들뿐만 아니라 국가들에 의해 만들어진 국제기구, 비정부기구(NGO)에 이르기까지 다양하다.

그러면 개입(介入)은 어느 경우에 정당화될 수 있는가? 일반적으로 정당한 국제개입이란 "국제공동체의 이름하에 수행되는 월경(越境)과 주권에 대한 침해"로 정의³⁾할 수 있다. 개입은 합법성의 문제를 야기시키는데 합법성이란 "강제를 집행하기 위한 힘과는 구별되는 것으로 복종해야 할 지배자나 규범의 권한, 권위를 가지고 있는 것"을 말한다고 볼 수 있다. 분쟁지역에 대한 합법적인 개입이란 유엔과 같은 국제기구에 의해 공평하게 시행되는 개입, 즉 정당한 개입을 의미한다. 특히 람스보탐(O. Ramsbotham)과 우드하우스(T. Woodhouse)는 '탈냉전 후 내전, 대량학살 및 국가붕괴로 인하여 수많은 시민들에게 고통을 안겨주고 있는 현실을 주권존중이라는 제약 때문에 소극적으로 지켜만 보지 말고, 인권문제와 인도주의적인 문제에 이르기까지 유엔이 광범위하고 적극적으로 개입'할 것을 주장하였다.

분쟁에 대한 강대국들의 명시적·묵시적 개입은 분쟁수행을 통하여 자신의 진영에 유리한 분쟁의 결과를 유도하기 위한 불공정한 개입이었다고 한다면, 유엔과 같은 국제기구의 개입은 분쟁을 종결짓기 위한 분쟁관리상의 개입이라고 할 수 있다. 따라서 정당한 개입이란, 분쟁을 합리적이고 공정하게 관리한다는 의미는 '국제공동체가 주체가 되어 분쟁에 개입함으로써 이를 종결시키고자 하는 일련의 행위'라고 할 수 있다.

---

3) Gene M. Lyons and Michael Mastanduno, Beyond Westphalia?; State Sovereignty and International Intervention (Baltimore and London: The Johns Hopkins University Press, 1995), p.12.

2. 보편적 국제기구의 출현

1918년 1월 8일, 미국 대통령 윌슨(Woodrow Wilson)은 제1차 세계대전의 종결을 위한 14개 조항을 발표하였는데, 그 마지막이 전쟁을 예방할 일반적 국제기구를 창설하자는 것이었다. 이 제안은 1919년 1월, 파리강화회의에서 채택되어 1920년에 42개국이 가입하여 '국제연맹(League of Nations)'가 창설되었다. 그러나 국제연맹의 이상과 목표에도 불구하고 집단안보(Collective Security)장치, 즉 '타국에 대하여 무력침략을 감행한 국가에 대하여 회원국들이 공동으로 응징함으로써 전쟁 도발을 억제하고 전쟁의 도발국가에 대하여 제재하는 것은 그 기능을 제대로 발휘하지 못하였다.[4]

1945년 10월 국제연맹의 실패경험과 제2차 세계대전에 대한 반성으로 창설된 것이 '국제연합(United Nations, 이하는 UN 또는 유엔)'이다. 유엔은 19장 111개 조로 구성된 헌장에서 "국제평화와 안전의 유지, 국가 간의 우호관계 유지, 경제적·사회적·문화적·인도적 문제와 인권의 신장을 위한 국제협력, 국제관계의 이해와 조화를 위한 중심지로서의 역할'을 한다고 명시하고 있다.

국제기구로서의 유엔은 주권평등, 분쟁의 평화적 해결, 무력사용 금지, 국내문제 불간섭 등의 원칙에 입각하여 조직된 주권국가들의 연합체인 동시에 상설적 회의외교(conference diplomacy)의 장치이며, 다자간 포럼(multilateral forum)이며, 독립된 국제사회의 행위 주체이다. 유엔은 창설 이래 국제사회의 발전, 특히 국제분쟁의 평화적 해결과 국제질서의 유지를 위해 노력하였으나 냉전의 갈등으로 그 기능이 무력화 되었다. 미·소를 중심으로 한 양극체제(bipolar system)하에서 세계는 이념적·정치적·군사적으로 대결하였고, 국제평화와 안전의 유지를 위한 유엔의 기능과 책임을 수행해야 하는 안전보장이사회(안보리)는 이들의 거부권행사 등으로 기능을 제대로 발휘하지 못했다. 그 대신 대부분의 국제분쟁은 유엔체제 밖에서

---

4) 박수길, 『21세기 x유엔과 한국 -새로운 도전과 과제』(서울: 오름, 2002), p.36.

당사자 간 혹은 강대국의 개입과 주도, 또는 세력균형으로써 해결되었다.[5]

UN은 국제평화와 안전을 유지하기 위하여 세계 각지의 분쟁에 개입하여 이를 관리하고자 노력해 왔다. 이러한 분쟁관리의 전략은 분쟁회피 (avoidance), 분쟁예방(prevention), 분쟁타결(settlement), 분쟁해결(resolution) 등으로 대별할 수 있다. 분쟁회피란 분쟁을 '의도적으로 외면'하는 것이며, 분쟁예방이란 외교활동 등을 통하여 분규가 분쟁으로 '확대되는 것을 억제' 하는 것을 말하며, 분쟁타결이란 타협을 통하여 교전 혹은 폭력을 중지함으로써 '분쟁이 종결'되는 것으로서 이는 '폭력의 부재'를 의미하는 '부정적 평화구축'을 목표로 한다. 분쟁해결이란 분쟁타결의 범위를 넘어서 분쟁과 관련된 모든 당사자들에게 이익을 주는 틀의 범위 내에서 장기적인 관점에서 '폭력의 종결'을 목표로 하는 분쟁관리 전략이다.[6]

일반적으로 평화란 전쟁이나 폭력과는 반대의 뜻을 지닌 개념으로 해석될 수 있고, 평화유지활동은 평화를 이루고자 국제적으로 행하여지는 제반 행위로 이해할 수 있다. 분쟁지역의 평화를 회복하고 회복된 평화를 유지하기 위해 개입한다는 차원에서 국제사회는 전통적으로 이를 평화유지활동 (Peace Keeping Operations : PKO)이라고 불러왔다.

3. 새로운 안보위협과 대응

냉전시기의 국제 안보위협은 미국과 소련 두 초강대국 및 이들에 속해있는 동서 양 진영 간에 이해가 상충하는 지역에서 발생하는 직접적인 무력 충돌 가능성을 배경으로, 이들의 이해관계가 교차하는 지역 및 영역에서 발생하는 크고 작은 군사충돌 및 그 가능성을 주된 내용으로 하고 있었다.[7]

---

5) 위의 책, pp.37~38.
6) 김열수, 『국제기구를 통한 분쟁관리』(서울: 오름, 2000), pp.28~36.
7) William D. Coplin, *Introduction to International Politics* (Englewood Cliffs, New jersey: Prentice-Hall, Inv. 1980), p.3.

따라서 UN의 평화유지활동은 이러한 냉전의 시대적 안보상황으로 인해 주로 군사력, 혹은 군 중심의 활동에 치중될 수밖에 없었다. 이처럼 냉전기의 현실주의적 시각을 반영한 고전적 의미의 안보개념은 군사력을 토대로 한 '절대 안보'의 가치를 반영한 것으로 이는 국제관계(체제)를 개별 주권국 중심으로 인식하는 것이며, 고전적 안보관을 지지하는 현실주의자들은 전쟁의 억제와 평화의 구현을 핵심적인 국가의 목표로 규정하게 되었다.

1980년대 후반부터 시작한 탈냉전[8]은 1990년대에 가속화되어 마침내 동구권의 붕괴와 구소련의 해체를 가져왔다. 탈냉전시대의 안보환경은 중심부 국가들의 협력과 평화촉진 분위기와, 주변부 국가들의 지역적 규모의 갈등과 분쟁의 분위기가 주류를 형성하고 있었다.[9] 주변부 국가에서는 냉전의 구조 속에서 움츠러들었던 분쟁의 잠재적 요인들(민족, 종교, 종족 등)을 둘러싼 분쟁이 끊이지 않고 발생했는데, 중심부 국가들은 이념이 무너진 상태에서 진영 간의 편싸움이 무의미하게 되자 어느 국가도 선뜻 분쟁과 갈등에 개입하지 않으려 하였다.

냉전 시에는 고도의 군사적 위협 속에서 높은 안정성을 유지하였지만, 탈냉전 이후에는 낮은 군사적 위협 속에서도 낮은 수준의 안정성을 유지하는 시대가 되었다.[10] '적'과 '동지'의 구별이 불필요해진 탈냉전시대에 강대국들이 냉전의 논리에 따라 행동하기를 주저함에 따라 분쟁종결을 위한 권

---

8) 냉전과 탈냉전시기를 구분하는 것은 여러 가지 견해가 있으나, ① 구소련의 서기장 고르바초프(M. Gorbachyov)의 등장 시기, ② 1988년 구 소련군이 아프가니스탄을 철수하기 시작하였고 1988년 4월에 유엔이 UNGOMAP(유엔 아프가니스탄-파키스탄 감시단) 설치, ③ 1989년 12월 미국과 구소련이 몰타 정상회담에서 당시 미국 대통령 부시가 탈냉전·탈 이념적 성격의 차원에서 '신 국제질서'라는 용어를 사용하였음을 주목할 필요가 있음.

9) James M. Goldfeier and Michael McFaul, "*A Tale of Two Worlds: Core and Periphery in the Post-Cold War Era,*" *International Organization,* Vol. 46, No. 2 (Spring 1992), p.467.

10) Margareta Sollenberg and Peter Wallensteen, "*Major Armed Conflicts,*" SIPRI Yearbook 1997, p.4.

위는 어느 일국 주도에 의한 것이라기보다는 국제기구인 UN이 떠맡게 되었다. 이러한 추세는 전통적인 국가 중심적(state-centric)세계가 다 중심적(multi-centric)세계에 의해 도전 받는 혼돈스러운 세계에서 유엔이 '새로운 권위의 소재지'가 되고 있다는 것을 의미한다.[11]

탈 냉전기에 접어들면서 확대되고 있는 초국가적 위협에 대응하는 다양한 유형의 국제평화유지활동의 경우, 국경을 넘어 인접지역으로 번져 나가는 포괄적 안보위협을 하나의 국가가 대응할 수 없어서 역내 국가들이나 세계기구인 UN이 나서서 대처하고 있으며, 국내적으로도 복잡하고 다양하게 발생하는 국제평화유지활동의 양상은 더 이상 특정부처의 독립적 영역이 아닌 복합적인 활동으로 스펙트럼이 확대되었다. 이에 따라 전통적인 평화유지활동의 개념에 대한 논란이 일고 있으며, 평화유지활동의 개념을 확대하여 적용하거나 별도의 새로운 개념으로 발전시켜 대응하게 된 것이다.

1990년대 이후의 분쟁원인은 주로 테러 및 난민 문제, 환경문제, 인권 침해문제, 인종 분쟁, 내전, 종교간 충돌과 같은 초국가적인 안보위협들이 특정국가의 국경이나 군사적인 영역을 넘어 다양하고 복잡한 모습으로 확산되면서 냉전기의 안보개념에 대한 재평가의 필요성이 제기되었다. 특히 2001년의 9·11테러 사태를 볼 때 이러한 안보위협은 특정국가의 차원을 넘어 초국가적인 위협의 특성을 지니고 있다. 이처럼 비전통적 위협 혹은 초국가적 위협으로 인식되는 새로운 개념의 안보위협들이 탈냉전기인 1990년대 이후 복잡한 양상으로 더욱 확산되어 왔으며, 이에 따라 유엔 혹은 지역기구와 다국가연합(多國家聯合)에 의한 평화유지활동이 급증하는 추세를 보여주고 있다.[12]

---

11) 김열수, 앞의 책, p.25.
12) 외교부주관 세미나, 「United Nations Peacekeeping Operations」(서울: 6.23~24.2008)의 발제문, Per Ame Five, "*Current UN Peacekeeping Operations, Trends and Their Policy Implications*"

일부 내전이나 국내분쟁의 경우 국가가 안보를 훼손하거나 인권유린을 자행하는 주체가 되기도 하였다. 이러한 비전통적 위협요인에 의한 한 국가 혹은 지역에 대한 안보상황의 관리는 전통안보개념으로 설명하거나 관리될 수 없는 초국가적인 성격을 보여준다. 따라서 비전통적 영역에서의 국가안보란 해당 국가만의 단순한 국방의 개념이 아니라, 국내외적 대응체계와 밀접하게 연계됨에 따라 다자적 접근(多者的接近) 및 국가 간 긴밀한 공조에 의한 협력적 안보를 필요로 하게 되었다.

이러한 변화된 안보개념의 인식하에 각 국은 "자국과 관계없어 보이는" 지역에서 발생한 내란 등의 분쟁에 개입하고 난민문제, 기근 등 인도적 위기상황에 적극 참여하거나, 빈국에 대한 개발원조(ODA) 등을 이행하게 되었다. 그리고 그것이 장기적으로는 국익을 확대하는 것이고 국제적으로 국가의 위상을 높여줄 것이라는 인식을 공유하게 되었다. 이에 따라 대다수의 국가들은 군사력의 전개 및 무력사용이라는 측면에서 'hard power'이면서도 인도적 지원활동과 같은 'soft power'의 성격이 강한 오늘날의 평화유지활동을 주요한 국제적 기여로 삼아 국익증진과 국가위상의 제고 차원(smart power)에서 적극 참여하고 있는 추세이다.13)

따라서 각국은 전통적 국가안보와 초국가적인 안보를 동시에 고려하여 국제사회가 포괄적 안보개념과 정책에 공동으로 대응해야 한다는 인식을 갖게 되었다. 즉 '다자 협력적 안보패러다임'이 확산되었으며, 탈냉전기의 시대는 국가와 더불어 유엔이나 지역기구, NGO 등의 '다자주의적 접근과 협력적 대응'이 더욱 절실한 시기라고 할 수 있다.

---

13) 군사력과 경제적 힘의 중요성을 인지하면서 Bound to Lead에서 'soft power'을 매혹하고 설득하는 능력으로 인식하여 당근과 채찍에 의존하기 보다는 한 국가가 타 국가의 가치, 이익, 그리고 선호에 호소하는 것으로 규정하였으며, 매력적인 문화, 국내외에서 존중받는 정치적 가치, 정당하고 도덕적으로 인정받는 외교정책을 기본적인 구성요소로 보았다. Joseph S. Nye, 홍수원 역, 『소프트 파워』(서울: 세종연구원, 2007), p.61.

2 유엔과 국제평화활동

1. 국제평화유지활동의 시작

1) 유엔헌장과 국제평화유지활동

유엔헌장에는 무력분쟁이 발생했을 시 이를 관리하고 조치를 취할 수 있는 기본적인 원칙과 수단이 명시되어 있다. 헌장 제1장에는, 회원국 간의 주권평등(제2조 제2항) 원칙과 유엔의 목적과 양립할 수 없는 무력에 의한 위협 또는 무력사용금지(제2조 제4항)의 원칙이 규정되어 있다. 그럼에도 불구하고 분쟁이 발생하면 회원국들은 이를 평화적으로 해결(제1조 제1항, 제2조 제3항)하고, 침략이나 평화의 파괴행위가 발생하면 회원국들이 집단적 조치를 취하도록(제1조 제1항) 규정하고 있다.

유엔헌장 제6장에 근거한 분쟁의 평화적 해결수단으로는 협상(negotiation), 심사(inquiry), 중재(mediation), 조정(coordination), 중재재판(arbitration), 사법적 타결, 지역기관 또는 지역협정의 이용, 또는 당사자가 선택하는 다른 평화적 수단 등[14]이 있다. 이러한 평화적 수단들에 의해서도 분쟁이 평화적으로 종결되지 않을 경우 유엔은 '평화에 대한 위협, 파괴, 침략행위의 존재

---

14) 유엔헌장 제33조 제1항.

를 결정하고 어떤 조치를 취할 것인가를 결정15)'한다.

유엔헌장 제7장은 집단안보를 위한 여러 가지 수단들을 제시하고 있는데, 그것은 비군사적 강제조치(경제관계 및 철도, 항해, 항공, 우편, 전신, 무선통신 및 기타 의사소통의 전부 또는 일부의 중단과 외교관계의 단절 등)와, 군사적 강제조치(시위, 봉쇄 및 기타 행동)로 대별할 수 있다.16)

그러나 이러한 유엔헌장상의 정신이 현실에서 제대로 구현되지는 못하였는데, 그 이유는 헌장 제6장의 '분쟁의 평화적 해결수단'은 실제적인 구속력이 결여되어 있고, 헌장 제7장의 '집단안보수단'은 헌장이 규정하고 있는 '자기 모순적 작동구조' 때문에 수단의 사용이 쉽지 않았기 때문이다. UN 역사상 국제적으로 집단안보를 실시한 사례는 한국전(1950년)과 걸프전 (1991년)뿐이라는 사실이 이를 증명해 준다. 분쟁이 발생해도 유엔이 할 수 있는 일이 아무것도 없다면 유엔은 유명무실할 수밖에 없다. 이에 유엔은 새로운 방법을 찾고자 하여 고안해 낸 제3의 방법이 바로 평화유지활동 (Peace Keeping Operations : PKO)이다.17)

침략자에 대한 국제사회의 결정을 강요하기 위한 '군사력의 효과적인 투사능력(effective projection)'은 UN(국제연합)을 국제연맹과 구분 짓는 핵심적인 요소였다. 그러나 동서 냉전은 이러한 군사적인 강제를 불가능하게 만들었다. 이에 따라 강대국이 동의하거나 적어도 묵인할 경우, 주도면밀하게 제한된 범위 내에서 국제기구가 취할 수 있는 국제적인 평화수호를 위한 새로운 수단의 출현이 필요하게 되었다. 유엔의 평화유지활동은 비록 유엔헌장에는 명시되어 있지는 않지만 이는 평화와 안보분야에서 가장 중요한 기능이 되었다.

---

15) 유엔헌장 제39조.
16) 유엔헌장 제41조, 제42조.
17) 김열수, "한국군의 평화활동: 회고와 전망,"『해외파병사 연구총서』제1집(국방부 군사편찬연구소, 2006), pp.461-463.

1950년대 중반, 당시의 캐나다 외교부장관 피어슨(Lester B. Pearson)은 유엔총회에서 함마르셸드(Hammarskjöld) 사무총장에게 '정치적 해결책이 모색될 때까지 국제경찰군(international police force)을 파견할 것'을 요청하였다.[18] '평화유지(peace keeping)'란 말이 처음 사용된 것은 1956년 수에즈운하 사태를 계기로 UNEF-1(First United Nations Emergency Force)[19]이 설치되었을 때의 일이지만, 1965년 유엔총회가 평화유지문제를 다루기 위한 특별위원회를 설치하고 이를 '평화유지활동 특별위원회(Special Committee on Peace keeping Operations)'[20]라고 명명함으로써 공식 용어로 통용되기 시작하였다.[21] 요약하자면 '평화유지(Peace keeping)는 유엔에 의한 집단안보의 일종으로 적대행위의 예방 또는 종식을 위한 국제적 도구로서 각국의 파견부대를 사용하는 활동'을 말한다.

많은 학자들은 평화유지 활동을 협의의 기능적 개념으로 정의하였다. 셰리(G. Sherry)는 평화유지 개념을 설명하면서 '통제된 교착상태(controlled impasse)'라는 용어를 만들어 냈다. 또한 노턴(Norton)과 와이스(Weiss)는 평화유지활동을 "적극적 외교를 위해 시간을 버는 중간단계(interim step)"라고 하였고, 홀스트(Holst)는 "분쟁 당사자들이 정전(ceasefire)을 유지하도록 지원하는 신뢰구축 수단"이라고 했으며, 하로드(Harrod)는 "분쟁을 예방 또는 저지하기 위한 국제사회의 의지"[22]라고 정의하기도 하였다. 평화유지활동(PKO)이란 현재 진행되고 있는 분쟁을 정전협정 등을 통하여 우선 중지시

18) Harrelson, Max, *Fires All Around the Horizon: The UN's Uphill Battle to Preserve the Pease*(New York: Praeger, 1989), p.89.
19) First United Nations Emergency Force November 1956 June 1967;
출처: http://www.un.org/en/peacekeeping/about/dpko/(검색일: 2015.5.15.).
20) "Comprehensive review of the whole question of peacekeeping operations in all their aspects," *General Assembly Resolution* 2006 (ⅩⅠⅩ), 1965.2.18. http://www.un.org/Depts/dpko/ctte/2006.htm.
21) 송승종, 『유엔 평화유지활동의 이해』(서울: 연경문화사, 2006), p.73-75.
22) Harrod, J. and N. Schrijver, *The UN Under Attack* (Aldershot: Gower, 1988), p.4.

키고 이들이 정전협정을 준수할 수 있도록 감시·감독하는 역할을 수행하는 것이다. 엄밀하게 보면, PKO는 유엔헌장 제6장에서 규정하고 있는 '평화적 수단'도 아니고, 유엔헌장 제7장에서 규정하고 있는 '집단안보'도 아니다.

따라서 PKO는 유엔 스스로가 자기 자신을 국제정치의 현실에 적응시키기 위하여 헌장 제6장과 제7장을 적절히 조화하여 분쟁관리활동의 한 분야로 발전시킨 것이라고 볼 수 있다. 유엔헌장 제6장의 평화적 해결과 헌장 제7장의 집단안보와 비교해 보면 〈표 2-1〉과 같은데, 헌장 제6장의 '평화적 해결 수단'은 법적인 한계가 있고, 헌장 제7장의 '집단안보 수단'은 정치적인 한계가 있다. 따라서 헌장 6장보다는 강하고 7장보다는 약한, 다시 말하면 헌장 제6장과 헌장 제7장을 조화하여 도입한 분쟁해결 방법을 평화유지활동(PKO)이라고 할 수 있다.

제2대 유엔 사무총장이었던 함마르셸드(Hammarskjöld)는 그가 도입한 평화유지활동의 헌장상의 근거를 '헌장 제6장과 제7장의 중간이라는 개념 하에 6½장'이라고 정의하였다. 그러나 최근에는 유엔평화유지활동의 법적 근거를 '헌장이 안전보장이사회에 부여한 폭넓은 권능(broad power)'에서 찾고 있기도 하다.23)

역사적으로 보면 1948~1964년까지 UN이 개입한 몇 가지 분쟁이 있었으나, UN의 이러한 활동을 '평화유지활동'이라고 지칭하지는 않았다. 1962년 국제사법재판소가 'UN의 일련의 경비사건'에 대한 권고적 의견을 제시하면서 1956년의 유엔 긴급군(UN Emergency Force : UNEF) 및 1964년의 유엔콩고활동단(UN Opration in the Congo : ONUC)을 '평화유지활동(Peace Keeping Operations)'이라 칭하게 되었고,24) 그 후 'UN PKO'는 '고유명사'로서의 지위

23) United Nations, *The Blue Helmet : A Review of United Nations Peace-Keeping* (New York : UN Department of Public Information, 1990), p. 5.
24) 高井鎭, "UN 평화유지기능의 이념,"『신 방위 논집』(1992년 2월) ; 김덕현(역),『군사과학자료』제24호(육군대학, 1993), p. 37.

를 얻게 되었다.

〈표 2-1〉 UN 헌장 6, 7장과 평화유지활동의 상관관계

헌장상의 근거	제 6장		제 7장
활 동	평화적 해결	평화유지활동	집단안보
목 적	현상유지/ 평화적 변화	현상유지/ 평화적 변화	현상유지
수 단	평화적	평화적/ 강제적(소극적)	평화적/ 강제적(적극적)
방 법	협상, 심사, 중재, 조정, 중재재판, 사법적 해결, 주선	유엔요원의 분쟁현장 존재 (prescience)	비군사적 조치 (외교/경제 단절) 군사적 조치 (시위, 무력제재, 봉쇄)
당사자 동의	필요	필요/불필요	불필요
중 립 성	필요	필요/불필요	불필요
무력 사용	불필요	자위/소극적	적극적
기능 분류	평화조성	예방외교, 평화유지, 평화재건	평화강제

출처: 김열수, 『국제기구를 통한 분쟁관리』(서울: 도서출판 오름, 2000), p.59.에 연구자가 관련내용을 정리하여 추가함(기능분류).

2) 분쟁관리 5대 기능 및 상관성

냉전시대의 PKO는 단순하게 정전협정을 감시하거나 감독하는 것이 대부분이었으나 탈냉전에 접어들면서 진화하기 시작했다. PKO는 대부분의 분쟁이 국가 간에서 국가 내 무력집단간의 분쟁으로 바뀌었기 때문이었다. 따라서 단순히 정전을 감시하는 수준에서 벗어나 분쟁지역의 평화를 구축하기 위해 재건활동을 하기도 하고, 정파 간의 합의를 유도해 새로운 정부를 수립해 주는 역할을 수행하기도 했다. PKO의 진화는 PKO에 대한 새로운 개념을 필요로 했다.

<그림 2-1> 평화 및 안보활동스펙트럼

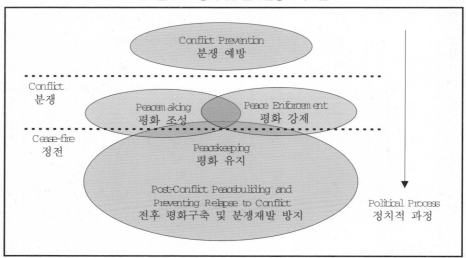

출처 : UN Peacekeeping Operations Principles and Guidelines, (2008), p. 19.

부터러스 갈리(Boutros Boutros-Ghali) 전 유엔 사무총장은 1992년, PKO에
대한 새로운 개념을 정립한『평화를 위한 아젠다(An Agenda for Peace :
Preventive Diplomacy, Peacemaking and Peacekeeping)』[25]라는 보고서를 발
표했다. 이 보고서에서 갈리 전 유엔 사무총장은 변화하는 국제상황에 유
엔이 효율적으로 대처할 수 있도록 유엔헌장의 틀과 규정 범위 내에서 예
방외교, 평화조성, 평화유지 등을 위한 유엔의 능력 강화방안을 제시했다.

이 보고서에 등장하는 유엔의 활동 강화개념은 다음과 같다. 예방외교
(Preventive Diplomacy)란 "당사국(자) 사이의 분규(dispute)발생을 예방하며,
발생한 분규가 고조되어 분쟁(conflict)으로 발전되지 않도록 예방하고, 분쟁
이 발생했을 때 확산을 제한하는 활동"이다. 평화조성(Peace Making)이란
"유엔헌장 제6장에서 제시하고 있는 평화적인 수단을 통하여 적대적인 정

---

25) Boutros Boutros-Ghali, *An Agenda for Peace : Preventive Diplomacy, Peacemaking
and Peacekeeping*(New York : UN, 1992).

치집단들을 협상으로 이끌어내는 활동"이다. 평화유지(Peace Keeping)란 "분쟁 관련 정치집단들의 동의하에 통상 유엔 군사요원과(and/or) 경찰요원 및 민간요원들이 현장에 배치되어 분쟁의 확대 가능성을 예방하고 평화조성의 가능성을 확대하는 기술"이다.[26] 여기서 '분쟁의 확대 가능성을 예방'한다는 것은 진행 중인 분쟁에 UN이 개입함으로써 분쟁이 인접지역으로 확대되거나 더 이상 치열해지지 않도록 억지한다는 뜻이다. 또한 '평화조성의 가능성을 확대'한다는 것은 정전협정이 체결되지 않은 분쟁지역에 대해서는 정전협정이 체결될 수 있도록 환경을 조성해 줄 수 있다는 가능성과, 정전협정이 체결된 분쟁지역에 대해서는 평화유지가 정전협정을 유지시켜 주는 역할을 수행함으로써 평화협정이 체결될 수 있도록 환경을 조성해 줄 수 있다는 두 가지 의미가 포함되어 있다. 평화재건(Peace Building)이란 "평화조성과 평화유지활동이 성공적이기 위해서는 평화를 공고히 하고, 사람들 간에 신뢰와 번영의 감정을 진전시킬 수 있는 구조를 찾아내어 이를 지원하는 포괄적 노력"이다.[27] 이 노력 속에는 분쟁 당사자의 무장해제, 무기의 회수 및 파기, 난민복귀, 선거 감시, 인도주의 구호활동, 인권보호활동, 정부기관의 재편 및 강화들이 포함된다. 분쟁 당사국에 대한 UN의 정치적 · 경제적 · 사회적 지원이 평화재건의 핵심요소이다.

　"예방외교가 위기를 막는 것이라면 분쟁 후 평화재건은 분쟁의 재발을 예방하는 것"이고,[28] 평화조성은 "분쟁원인인 사회적 · 경제적 긴장의 근원을 제거하는데 목표를 둔 조치"이기도 하다.[29] 이 보고서는 평화강제군의 창설 필요성과 창설된 평화강제군이 유엔 안보리의 권위 하에 있고 사무총장이 지휘해야 할 필요성이 있다는 것을 강조하고 있음[30]에도 불구하고 평

---

26) *Ibid.* 제20항.
27) *Ibid.* 제55항.
28) *Ibid.* 제57항.
29) R. A. Coate and D. J. Puchala, *"Global Policies and the United Nations System : a Current Assessment"*, *Journal of Peace Research*, Vol. 27, No. 2(1990), pp. 127-128.

화강제(Peace Enforcement)에 대한 정의를 유보하고 있다. 이를 정의해 본다면 평화강제란 '평화조성과 평화유지에 의한 활동이 분쟁을 관리함에 있어서 그 실효성을 거둘 수 없을 때 강제적인 수단과 방법을 동원하여 평화를 획득하는 것'이라고 할 수 있다.

한편, 유엔 평화유지활동국(DPKO)에서는 유엔의 효과적인 임무수행을 위해 2008년 「유엔 PKO 원칙 및 지침서(UN Peacekeeping Operations Principles Guidelines)」를 발간하였다. UN이 국제평화와 안전을 유지하기 위하여 분쟁지역에 공평하게 개입함으로써 분쟁을 관리하는 UN의 활동은 〈표 2-2〉에서 보는 바와 같이, 분쟁예방(conflict prevention, 예방외교), 평화조성(peace making), 평화강제(peace-enforcement), 평화유지(peace keeping), 평화구축(peace building) 등 5가지 형태로 구분하고 있다.

〈표 2-2〉 분쟁관리 활동의 기능과 역할 분류

구 분		분쟁예방	평화조성	평화유지	평화강제	평화구축
분쟁전략	예방 전략	○	○			
	타결 전략			○	○	
	해결 전략					○
UN 활동	정치적	○	○			
	군사적			○	○	
	정·경·사회					○
분쟁단계	분쟁 전	○				
	분쟁 중		○	○	○	
	분쟁 후					○
분쟁종결 측면		최선			최악	

30) Boutros Boutros-Ghali, *op. cit.* 제44항.

〈표 2-2〉는 유엔이 분쟁을 관리하고 해결하는 5가지 활동에 대한 기능과 역할을 정리한 것이다. 분쟁전략 면에서 예방 전략으로는 예방외교와 평화조성이, 분쟁타결 전략으로는 평화유지와 평화강제, 그리고 분쟁해결 전략으로 평화재건을 들 수 있다. 또한 UN의 활동적 측면에서 예방외교와 평화조성은 정치적 활동으로, 평화유지와 평화강제는 군사적 활동으로, 평화재건은 정치·경제·사회적 활동으로 분류할 수 있다. 분쟁단계별로 보면 분쟁 전(前)단계에는 주로 예방외교가, 분쟁 중(中)인 단계에서는 평화유지를 중심으로 평화조성과 평화강제 및 평화재건이, 분쟁 후(後)에는 주로 평화재건이 중요한 활동이 된다.

분쟁을 종결하기 위한 평화유지활동이 반드시 순서대로 일어나서 이루어지는 것은 아니며, 최선의 평화유지활동이 예방외교를 통해 분쟁을 종결하는 것이라면, 최악의 경우는 평화강제를 통해 분쟁을 종결하는 것이라고 할 수 있다.

3) 유엔평화유지활동의 기본원칙과 수단

UN의 평화유지활동에는 3가지의 기본 원칙이 있는데, 이는 UN이 분쟁예방 및 분쟁의 해결을 위해 평화유지활동을 수행하는 과정에서 축적된 관행적 특성으로서 동의성(Consent of parties), 공정성(Impartiality), 무력사용의 최소화(Non-use of force except in self-defence & defence of mandate)[31]이다.

첫째, 동의성이란 PKO 설치를 결정하는 UN의 동의, 분쟁 당사자의 UN PKO 설치에 대한 동의, 그리고 PKO 구성을 위한 참여국의 동의가 있어야 한다는 것이다. 둘째, 공정성의 원칙이란 평화유지활동 자체가 분쟁당사국 간의 동의하에 잠정적인 정전상태를 관리하는 것이 주 임무이므로, 그 활동은 객관적으로 공정하게 평화절차와 위임사항을 이행하기 위해 반드시

---

31) *UN Capstone Doctrine*(2008), pp.31-35.

공정한 중립을 유지하여야 한다는 것이다. 셋째, 무력사용 최소화 원칙이란, 평화유지활동은 정전협정이 체결된 상태에서 분쟁의 재발 및 확대를 방지하는 것으로 어떠한 경우에도 분쟁 당사자의 의사에 반하는 강제적 해결책을 모색해서는 안 되며, 평화유지활동 요원에게 자체방호를 위한 최소한의 무력사용만을 허용하고 있다. 기타 준칙요소로는 적법성, 신뢰성, 주인의식의 함양 등을 강조한다.

유엔 평화유지활동은 평화감시와 평화유지군으로서의 군사적 기능을 동시에 수행하며 이를 통하여 임무 성공도를 증대시킨다. 유엔 평화유지활동의 세부적인 주요기능은 네 가지를 들 수 있다. 첫째, 감시임무수행에 의한 평화유지활동이다. 분쟁 당사자들이 군사적 적대행위의 중지에 동의를 한 이상 그에 대한 위반행위를 하지 못하도록 평화유지군이 그것을 보장하는 것이다. 둘째, 분쟁지역에서 완충자와 중재자로서의 역할 수행으로 분쟁당사자들을 상호 이해시켜 더 큰 전쟁으로의 확대를 방지하고 적대적 행동의 도덕적 울타리를 설정하여 제공한다. 셋째, 분쟁지역의 법과 질서의 유지이다. 유엔 평화유지군은 일시적이지만 해당 정부에 준하는 형식으로 정부가 수행하는 업무를 담당하는 역할과 책임을 지닌다. 넷째, 분쟁지역의 안정화를 위한 인도적 지원활동 수행이다. 이는 의료, 전기 지원, 기타 대민지원활동 등과 같은 봉사활동으로 작전상 위임된 공식 활동은 아니지만 목적을 달성하는 데 많은 도움을 준다. 인도적 지원활동은 해당 정부와 주민들에게 큰 기대와 신뢰감을 줄 수 있기 때문이다.

2. 탈냉전에 따른 국제평화활동의 진화

1) 다국적군 등장의 필요성

유엔헌장 제8장(제52조 1항)에서는 지역 협정이나 지역기구의 존재를 인정하고 있다. 또한 국제연합 회원국은 지역 분쟁을 유엔 안보리에 제기하기 전에 지역적 협정 또는 지역기구에 의해 평화적으로 해결하도록 모든 노력을 강구할 것(제52조 2항)도 명시되어 있다. 따라서 국제적으로 평화활동은 유엔만이 하는 것은 아니라 지역기구인 미주기구(OAS), 유럽연합(EU), 아프리카연합(AU), 유럽안보협력기구(OSCE)도 할 수 있으며, 집단방위기구인 북대서양조약기구(NATO) 등도 평화활동을 할 수 있다. 또한 유엔 안보리는 그 권위 하에 강제조치를 취하기 위하여 지역적 협정이나 지역적 기관을 이용할 수 있으나(제54조 1항), 어떠한 강제조치도 안보리의 허가 없이는 지역적 협정이나 지역기구에 의해 취해져서는 안 된다고 규정(제54조 1항)하고 있다. 이를 요약해 보면, 분쟁 해결을 위한 주체는 유엔만이 아니라 지역기구나 지역적 협정에 의해 특정국가가 주도할 수 있으나 강제조치를 할 경우에는 반드시 유엔 안보리의 허가가 있어야 한다는 것이다.

이러한 활동사례로서 유럽지역은 북대서양조약기구(NATO)와 유럽안보협력기구(OSCE)가 중심이 되어 보스니아, 코소보, 마케도니아 등에서, 구소련지역은 러시아가 중심이 되어 그루지야, 타지키스탄, 몰도바 등에서, 아프리카지역은 서아프리카경제공동체(ECOMOG)가 주체가 되어 시에라리온, 나미비아 등에서 그리고 아프리카통일기구(OAU)가 주체가 되어 콩고민주공화국에서, 그리고 중남미는 미주기구(OAS)가 중심이 되어 아이티 등에서 활동을 한 바 있다.

분쟁지역의 평화활동에 유엔이 주체가 되면 '유엔군', 지역기구가 주체가 되면 '지역군', NATO가 주체가 되면 'NATO군' 등으로 표기할 수 있다. 어떤 기구가 주체가 되든지 간에 그 구성의 특징은 모두 '다국적군(多國籍軍)'으로 이루어진다. 따라서 '유엔군'과 '다국적군'으로 분류하는 것은 모순이 있다. 전자는 활동의 주체를 나타내고, 후자는 구성의 특징을 기준으로 하고 있기 때문이다.[32]

---

32) 김열수, 앞의 논문, pp.470-473.

그럼에도 불구하고 왜 유엔군, 또는 다국적군으로 분류하는 이유는 두 가지의 기준 때문이다. 첫 번째 기준은 평화강제활동의 여부이고, 두 번째는 평화강제활동의 주체가 누구냐에 달려 있다. 유엔이 평화강제활동을 할 수 없거나 하지 않았던 것은 아니다. 1990년대 중반, 유엔의 평화유지활동단이 소말리아, 구 유고슬라비아, 르완다 등에서의 평화강제활동이 모두 실패했는데, 그 이유는 유엔 평화유지활동단은 평화강제수단을 갖고 있지 못함에 있었다. 비록 저강도 분쟁수준의 활동이라고는 하더라도 평화강제활동을 할 경우, 첩보위성도 필요하고 전투기나 함정, 탱크 등도 필요하다. 유엔은 갈리 전 유엔 사무총장의 『평화를 위한 아젠다』에서 '평화강제군'을 언급한 뒤, 세 지역에서 평화강제활동을 해 보았지만 실패하였고 이는 유엔의 권능을 심각하게 훼손하는 결과를 가져왔다.

갈리 전 유엔 사무총장은 1995년 『Supplement to An Agenda for Peace(평화를 위한 아젠다: 보론)』을 발표했다. 이 보고서에서 그는 현재의 유엔 능력으로 평화강제를 할 수 있는 여력이 없음을 인정하고, 평화강제활동이 필요한 경우에는 통상 지역기구나 특정국가에게 위임하는 관행을 유지하고 있다.[33] 따라서 '유엔군'이라고 칭하는 것은 통상 '유엔의 평화유지활동을 수행하는 군대를', '평화강제를 수행하는 군대'를 통상 '다국적군'이라고 칭하게 된 것이었다.

이렇게 보면 유엔군과 다국적군 사이에는 몇 가지 차이점이 존재하는데, 첫째, 활동의 책임자가 다르다. 유엔군의 경우 유엔 사무총장이 그 활동의 책임자가 되나, 유엔 안보리의 승인을 받은 다국적군은 다국적군의 주도국가가 활동의 책임자가 된다. 둘째, 경비분담 면에서도 유엔이 주관하는 평화유지활동은 유엔에서 모든 경비를 부담하나, 다국적군이 주관하는 평화

---

33) Boutros Boutros-Ghali, *Supplement to An Agenda for Peace : Position Paper of the Secretary General on the Occasion of the 50th Anniversary of the UN* (A/50/60, Jan. 1995), 제77-80항.

유지활동이나 평화강제활동은 여기에 참여하는 개별국가가 모든 경비를 자체적으로 부담한다.

2) 유엔 상비체제(UN SAS)

유엔은 활동이 필요한 지역에 신속하게 PKO를 전개하기 위해 1992년부터 'PKO 상비체제(Stand-by Arrangements System : UNSAS)'를 유지하고 있으며, PKO 상비체제의 핵심은 '얼마나 빠른 시간 내에 필요한 지역에 적절한 규모의 부대와 장비를 전개시켜 평화와 안전을 유지할 것이냐가 문제'이다.

유엔상비체제(UNSAS)란 유엔 회원국이 평시 자국의 특정부대 및 장비 등을 국제평화유지활동(PKO)용으로 지정하여 대기태세를 유지하다가 UN요청 시 합의된 반응시간 내에 신속히 공여하는 제도이다. 이는 1992년 1월 UN 사무총장이 『평화를 위한 아젠다』에서 UNSAS 창설을 제안하였고, 그 해 11월에 실무기획단이 구성되어 그 틀을 마련했다.

이에 의하면 유엔 회원국들은 유엔 사무국과 협정(Agreement)을 체결하여 유엔이 향후 이용 가능한 요소(특정부대, 장비, 서비스, 재원)를 사전 지정해 놓은 후, 필요시 유엔 사무총장의 요청에 의해 7~14일 이내에 임무지역으로 신속히 전개하도록 하는 것이었다. 군수지원과 관련해서는 개인 자격 참여자는 7일 이내, 최초 단계 전개부대는 14일 이내, 그리고 기타 부대는 30일 이내에 본국을 출발하도록 하였고, 180일분의 수리부속과 60일간의 초도 소모품 비축을 강조하고 있다.[34] 1995년 6월, UN은 각국에 「세부기획자료」 제출과 양해각서(MOU)를 체결할 것을 요청했으며, 이를 기초로 UNSAS의 수준이 정해졌다. 유엔상비체제(UNSAS)에 참여하고 있는 국가는 〈표 2-3〉에서 보는 바와 같이 83개국으로써 참여수준은 3가지 수준으로 분류하고 있으며, 최근 세계 각국이 이 제도에 참가하는 규모가 크게 증가되

---

34) 국방부, 『유엔평화유지활동(PKO)의 실체』(서울: 대한민국 국방부, 1994), pp.61-63.

고 있는 추세이다.

〈표 2-3〉 유엔상비체제(UNSAS) 참여 현황(2012.12월)

구 분	기 준	대 상 국 가
제1수준	규모, 병력, 반응시간 등 능력 목록을 통보	한국, 미국, 태국 등 23개국
제2수준	부대편성, 편제장비 보유수준, 자력수준, 개인 자력 등 기획문서를 제출하는 수준	호주, 브라질, 인도 등 10개국
제3수준	자원(인원, 물자 등), 반응시간, 고용조건 등 구체적인 사항에 관하여 유엔과 양해각서를 체결	캐나다, 독일, 스페인 등 50개국

출처: www. un. org/Depts/dpko/milad/fgs2/statusreport15april05.pdf.pdf.

유엔은 이외에도 즉응명부(On-Call List) 제도를 유지하고 있는데, 즉응명부란 PKO단이 구성되면 현지 사령부에 즉각 투입할 수 있는 인원을 평시에 지정해 두었다가 신속하게 전개하는 제도이다. 또한 UNSAS를 보다 발전시킨 제도로서 신속전개수준(Rapid Deployment Level : RDL)이라는 것이 있는데,[35] RDL은 개인과 집단으로 이를 구분하여 개인의 경우, 즉응명부상의 인원은 7일 내지 14일 이내에, 군감시요원(UNMO) · 참모장교 · 전문가들은 90일 이내에 전개할 것을 명시하고 있다. 집단의 경우, UNSAS는 180일 이내에 부대를 전개해야 하나, RDL은 안보리 결의 후 30일(5,000명 이하), 90일 이내(10,000명 이상)에 현지에 전개시킨다는 것이다.

---

35) Military Division, Department of Peacekeeping Operations, *UN, UN Stand-by Arrangements System, Military Handbook*, edition 2003. (www. un. org/Depts/dpko/milad/fgs2/UNSAS Handbook 2003. pdf).

3) 국제평화활동의 변화 동향

세계 평화유지활동을 냉전기와 탈냉전기로 구분해 보면 다음과 같이 그 변화를 뚜렷이 구별해 낼 수 있다.[36] 첫째, 평화유지활동의 횟수 면에서 1945년 유엔 창설 이후부터 탈냉전이 시작되던 1987년 까지 약 40년 동안 유엔은 총 13건의 PKO를 전개했으나, 1988년 이후 약 20년간에는 무려 63건의 PKO이 있었다. 냉전 시의 분쟁 관리는 주로 미·소에 의해 이루어졌던 반면, 탈냉전 시에는 유엔이 국제평화와 안전의 주체로 그 역할을 담당하고 있음을 알 수 있다.

둘째, 평화유지활동지역을 보면, 냉전 시 전개된 13건의 PKO 중 중동지역이 7건이었으나, 탈냉전이 되면서 아시아, 아프리카, 중남미, 동유럽 등 다양한 지역에서 이루어졌으며, 가장 많은 PKO가 전개된 곳은 아프리카이다.

셋째, 냉전 시에는 주로 국가 간의 분쟁에 PKO가 전개되었으나, 탈냉전 시에는 주로 국내분쟁에 PKO가 전개되었다. 이는 탈냉전 후에는 국가 간의 분쟁보다 국가 내 분쟁이 더 많이 발생한 결과이기도 하다.

넷째, 냉전 시에는 강대국들의 PKO 참여가 배제되었으나, 탈냉전 시에는 강대국들이 PKO에 적극참여하게 되었다. PKO 원칙들은 유엔 긴급군(UN Emergency Force : UNEF)로부터 발전되었는데, 함마르셸드 사무총장이 UNEF를 구성하면서 제시한 평화유지활동 원칙들 중에는 강대국의 참여를 배제한다는 것이 있었다.[37] 그러나 탈냉전이 되면서 폭등하는 평화유지활동을 수행하기 위해서 전통적으로 평화유지활동에 참여했던 국가들뿐만 아니라

---

36) 김열수, 앞의 책(2000), pp.70-100.
37) 함마르셸드는 UNEF를 통한 평화유지활동의 성격을 다음과 같이 규정했다. ① 강대국 군대의 참여는 배제한다. ② UNEF에 대한 정치적인 통제는 사무총장에게 그 권한을 부여하며, 사무총장은 총회가 인가한 군사자문위원회의 도움을 받는다. ③ 관련정부의 동의나 묵인 하에 행해지는 UNEF의 기능은 비전투적인 것에 국한한다. ④ 정치적인 중립을 지킨다. ⑤ 평화유지군의 수당을 포함한 모든 경비 중 유엔의 정규예산 이외의 것은 모든 회원국에게 특별 부과한다. 오기평,『현대국제기구정치론』(서울 : 법문사, 1994), p. 240.

강대국과 신생 참여국들도 평화유지활동에 참여하기 시작했으며, 대부분의 PKO에 강대국이 참여하고 있다.

다섯째, 냉전 시에는 주로 군인들로 구성된 1,000명 이하의 소규모 PKO 활동이 주류였으나, 탈냉전 시에는 군인뿐만 아니라 경찰, 선거 감시 및 인도주의 활동을 위한 민간인 및 이들을 지원하기 위한 유엔요원 등 5,000명 이상이 참여하는 대규모의 PKO로 변했다.

냉전 시와 탈냉전 시에 유엔이 수행한 평화활동의 질적으로도 차이가 존재하는데.[38] 냉전 시 UN은 주로 국가 간의 분쟁에 개입하여 기존에 인정되고 있는 국경선의 회복문제에 주로 관여함으로써 현상유지(status-quo)를 하고자 했다. 유엔은 문제의 본질에 대한 해결보다는, 분쟁에 대한 폭력을 금지하고 타협을 촉진하려 했던 것이다. 따라서 UN은 무력으로 문제를 해결하고자 했던 분쟁 당사국들을 비판하면서 정전협정이나 휴전협정을 체결할 것을 종용하였고, 이 과정 속에서 UN은 평화유지활동(PKO)을 전개했다. 유엔은 분쟁지역에 개입한 외국군의 철수를 감시하고 완충지대의 형성이나 관측소 및 검문소 운용을 통하여 휴전을 감시하기 위한 '평화유지위주의 활동(PKO)'을 전개했다.

탈냉전 시 유엔은 보다 적극적으로 분쟁의 원인을 제거하여 분쟁을 종식시키고 군사·사회·정치적 통합을 통한 '평화적 변화(peaceful change)'를 추구하기 위해 분쟁에 개입하고 있다. 따라서 탈냉전 시 PKO단은 평화강제라고 하는 일탈성은 있지만, 주로 '평화재건' 임무를 수행함으로써 평화적 변화의 성격을 띠고 있다고 볼 수 있다. 분쟁의 원인이 정파 간의 권력투쟁이라고 한다면, UN은 정파 간의 협상을 통하여 협정을 체결하게 하고, UN이 선거감시요원들을 파견하여 이들을 지원해 줌으로써 통일된 정부를 수립하는데 기여했다. 만약 분쟁의 원인이 종교와 결부된 종족간의 분쟁이라

---

38) 김열수, 앞의 책, pp.100-105.

고 한다면, UN은 종교와 종족의 순수성 여부와 영토점유비율 등을 고려하여 독립된 국가의 길로 가게 하거나 또는 선거를 통하여 합법적인 정부수립을 지원하기도 한다. 결과적으로 분쟁의 원인에 관계없이 탈냉전 시 UN의 PKO활동은 평화적 변화를 목적으로 분쟁해결전략을 추구해 왔다고 볼 수 있다.

〈표 2-4〉 국제평화활동의 변화(요약)

구 분	냉전시 (1945-1987)	탈냉전 (1988-2012)
활동 건수	13 건	63 건
활동 지역	중동위주	아프리카 위주, 점차 확산
분쟁 성격	국가 간 분쟁(영토)	국내분쟁(인종, 종교 등)
활동 주체	강대국(미국·소련)	유엔, 지역·집단안보기구
활동참여자	군인위주, 소규모 (1천명 이내)	군인+경찰·민간인, 대규모 (5천명 이상)
활동 목표	현상유지(국경선 회복)	분쟁종식(평화의 정착)
주요 기능	예방외교+평화유지+평화조성	평화조성+평화강제+평화재건
주요임무단	UN PKO	UN PKO + MNF PO

출처: KIDA, 해외파병정책토론회(2015.5.13.)「해외파병의 국가 전략적 접근 및 발전 방안」발제문에서 요약함, pp.33-54.

3. 국제평화활동의 개념과 용어

1) 평화유지활동(PKO)의 변화

평화유지활동(PKO)에 대한 근거는 유엔헌장(19개장 111개조) 어디에서도 언급되어 있지 않다. 유엔이 2004년도에 발간한 "Handbook on UN Mulidimantional Peacekeeping Operations"에서도 평화유지활동을 구체적으로 정의하려는 노력을 의도적으로 배제한 것으로 이해할 수 있다. 그 이유는 평화유지활동(PKO)이 유엔헌장 어디에도 언급되지 않은 '태생적 한계'뿐 아니라, 최초에는 휴전감시를 위한 '단순한 옵서버 미션'으로 시작하여 분쟁

당사자들의 동의와 중립성에 바탕을 둔 전통적 의미의 '정직한 중재자'로
그 역할이 점차 증대되었다.

오늘날에는 분쟁지역의 법과 질서의 회복, 인도주의적 구호, 정부조직의
기능 회복 등 '광범위한 국가건설에 관여'하는 등, 시대적 상황과 요구에 부
응하여 평화유지활동이 변화하고 진화하는 과정에 있음을 유엔 스스로가
인식하고 있다고 볼 수 있다. 즉, 평화유지활동(PKO)이 '유엔헌장의 구조적
결함'과 '집단안보체제로서의 제도적 문제점'을 극복하고자 하는 국제사회
노력의 산물로서 국제정치적 역학관계와 분쟁양상의 변화를 끊임없이 반
영하는 역동적인 개념으로 파악해야 할 것이다.[39]

여기에서 '분쟁을 예방하고 국제평화와 안전을 유지하기 위한 다양한 유
엔의 활동'을 한마디로 어떻게 표현할까 하는 개념이 혼란에 휩싸였다. 왜
냐하면 예방외교의 일환인 예방전개(preventive deployment)도 군이나 경찰
이 전개되는 것이고, 평화재건의 일환인 분쟁집단의 무장해제, 지뢰제거,
인도주의적 구호활동 등도 군이나 경찰이 동원되기 때문이다. 국제적으로
군이나 경찰이 동원되면 의례히 평화유지활동(PKO)이라고 생각하고 있었
던 사람들에게 분명히 혼란을 초래했다.[40]

또한 유엔에서 평화활동을 담당하는 부서가 어디냐에 따라 애매한 경우
도 있다. 유엔정치사무국(DPA: Department of Political Affairs)은 주로 예방
외교, 평화재건 등에 대한 업무를 수행하여 왔었고, 유엔평화유지활동국
(DPKO: Department of Peacekeeping Operations)은 주로 평화유지의 업무를
수행한다. 그러나 평화유지를 하면서 정치적 지원이나 평화재건 임무를 수

---

39) 송승종, 앞의 책 p.76-79.
40) 김열수는 『국제기구를 통한 분쟁관리 : 유엔의 평화유지활동, 2001)에서 평화유
    지활동을 광의의 평화유지활동과 협의의 평화유지활동으로 구분하였으나, "한국
    군의 평화활동: 회고와 전망"(2006)에서는 광의의 평화유지활동에 예방외교, 평
    화조성, 평화유지, 평화재건, 평화강제를 포괄하는 개념으로서 평화활동이라는
    용어를 사용하였음.

행하는 복합적인 임무인 경우에는 DPKO가 그 책임을 맡는다. 평화강제는 1990년대 중반 유엔 DPKO에서 임무를 수행하였으나, 그 이후에는 유엔 안보리의 승인 하에 지역기구나 특정국가가 임무를 수행한다. 따라서 평화활동에 참여하는 군대의 경우에는 그 임무가 평화유지활동으로만 한정할 수 없다는 데서 문제가 발생하게 된 것이다.

미국은 '국방부지침 3000.05(U. S. DoD Directive 3000.5)'에서 군사작전 못지않게 재건과 정치발전을 포함한 포괄적 의미의 '평화활동(PO)'이 군의 핵심적 임무임을 강조[41]한 바 있다. 영국과 오스트레일리아의 경우 평화유지활동(PKO)이라는 용어를 대신하여 평화활동(PO)의 개념과 유사한 '평화지원활동(PSO: Peace Support Operations)'이라는 용어를 사용하고 있다. 이처럼 미국, 캐나다, 독일 등 많은 국가들이 평화활동의 개념을 폭넓게 받아들이고 있는 추세이다. 또한 이 국가들은 유엔에 의한 평화유지활동(UN PKO)이나 다국적군에 의한 평화유지활동(Non-UN PKO)을 평화활동(PO), 혹은 평화유지활동(PKO)의 범주에 담아 거의 구분 없이 인식하고 포괄적으로 임무를 수행하고 있다.

전통적으로 행해져 온 평화유지활동(PKO)이란, 분쟁지역에서 휴전동의나 정전협정이 체결되어 분쟁 당사자들 간에 일시적으로나마 평화가 지속되고 있는 경우, 현상유지 차원의 평화유지기능을 수행하기 위해 평화유지군을 파견하는 것을 의미하였다. 그 활동의 특성으로는 동의성, 자발성, 비강제성, 중립성, 대표성이며 무장의 경우 자위권에 기초한 경무장을 들 수 있다.

탈냉전 이후 새로운 국제평화활동은 안보위협에 대비한 국제사회의 협력적 안보의 필요성에 따라 유엔 안보리에 의하여 그 영역이 다양해지고 확대된 의미로 발전하였다. 국제평화와 안전을 유지하기 위해 각 국들은

---

41) Robert M. Perito, "*U. S. Police in Peace and Stability Operations*", USIP Special Repert 191(August 2007).

유엔, 지역기구, 다국적군의 이름하에 경쟁적으로 국제적인 평화활동에 참여하였다. 이들은 분쟁개입 등 전통적인 평화유지활동 뿐만 아니라 평화의 조성 및 평화재건, 민주적 절차에 따른 평화적인 정권의 수립, 치안활동, 인도적 지원활동, 난민 및 이재민에 대한 구호 등 다양한 활동에 참여함으로써 평화유지과업의 범위가 확장되었으며, 건설공병, 의료지원, 경찰, 민사작전부대, 국제구호단체들의 비중이 확대되고 있다.

분쟁지역에서 군인이나 경찰이 수행해야 할 임무는 예방전개, 평화유지, 평화재건 및 평화조성, 평화강제활동 등 모든 평화활동의 임무를 수행하고 있다. 미국이나 영국에서는 이러한 활동을 평화활동(PO), 또는 평화지원활동(PSO)의 테두리 내에서 이해하고 있다. '국제평화학회(The International Peace Academy)'는 평화유지활동을 "국제적으로 조직되고 지도되어 중립적이고 평화적인 제3자가 평화적 개입을 통해 평화 회복과 유지를 위해 다국적의 군인·경찰·민간인을 운용하여 국가 내부 및 국가 간의 분쟁과 적대행위를 예방(prevention), 봉쇄(containment), 완화(moderation), 종결(termination)시키는 활동"으로 규정하고 있다.[42]

한편, 유엔이 발간한 'Blue Helmets'에 의하면, 평화유지활동(PKO)은 "분쟁지역에서 세계평화와 안정의 유지 또는 회복을 위하여, 군인들이 포함되지만 강제를 위한 무력을 보유하지 않는 유엔의 활동"을 말한다. 이러한 활동은 자발적인 것으로서 동의와 협조 하에 수행된다. 평화유지활동에 군인들이 참여하지만 무력을 사용하지 않고 그 목적을 달성하므로, 평화강제행위(peace enforcement action)와는 구별된다.[43]

최초 UN에서는 감시단(UNTSO[44]), 긴급군(UNEF[45]) 등과 같은 용어를 사

---

42) International Peace Academy, *Peacekeeper's Handbook* (New York: Pergamon, 1984), p.22.
43) UN, *The Blue Helmets: A Reviews of UN Peacekeeping Forces*(New York: UN, 1996), p.4..
44) UNTSO : United Nations Truce Supervision Organization, May 1948.
45) UNEF : United Nations Emergency Force, November 1956.

용하면서 이를 통칭하여 '예방활동'으로 사용하였다. 이후 1960년 콩고에서의 '평화강제활동(ONUC[46])'으로 말미암아 안보리 상임이사국간에 의견차이가 노정되어, 1962년 국제사법재판소에 권고적 의견을 구하였는데 여기에서 '평화유지활동(PKO)'라는 용어를 얻게 되었다. UN은 평화활동을 크게 세 가지로 구분할 수 있다.

첫째, 국가들 간의 분쟁에 대하여 군 요소들을 위주로 감시 및 병력분리 활동을 수행하는 '전통적 평화유지', 둘째, 국가 내부의 분쟁에 대하여 민·경·군의 다양한 요소들이 참여하여 분쟁 후의 회복을 지원하는 형태의 '다차원적 평화유지', 셋째, 분쟁에서 회복 중에 있는 해당 국가의 통치기구가 완전히 분해되어 존재하지 못하는 경우이거나 상호 인정하지 못하는 경우에 당사자들의 합의하에 명목상 국가통수기구의 역할까지 임시로 담당하는 '과도기구'의 3가지 유형으로 분류하고 있다.

이러한 국제사회의 현실과 역학관계, 그리고 유엔헌장의 규범 속에서 현재의 국제분쟁관리 수단은 유엔평화유지활동(UN PKO)과 다국적군 평화활동(MNF PO)로 나눌 수 있다. UN PKO는 UN 안전보장이사회의 결의에 근거하여 UN 사무총장이 임명하는 사령관의 지휘통제 하에 UN의 재정 부담으로 수행되는 평화협정의 이행지원, 정전 감시, 치안 및 안정유지, 선거지원, 재건 및 복구, 개발지원 등의 활동이다. 이에 비해 MNF PO는 UN 안전보장이사회 결의 또는 총의의 결의, 국제사회의 지지에 근거하여 지역안보기구 또는 특정국가 주도로 다국적군을 구성하여 자국의 경비부담으로 분쟁해결, 평화지원, 재건활동 등을 수행하는 것[47]을 말한다.

2) 국제평화활동(PO)의 용어 정리

평화활동(PO)은 평화유지활동(PKO)을 포함하는 의미로 사용하기 때문에

---

46) ONUC : United Nations Operation in the Congo, July 1960.
47) 국방부, 『국군의 해외파병업무훈령(제1368호, 2011.12.26.)』, 제2조 제6, 7항.

분쟁의 해결관리 및 예방과 재발방지를 위한 유엔 및 유엔 이외의 기구에 의한 제반활동[48]을 나타내고 있다. 유엔이 평화활동이라는 용어를 사용하기 시작한 것은 아난(Kofi Annan) 전 유엔 사무총장이 2000년 3월, 브라히미 (Lakhdar Brahimi)를 의장으로 하는 고위 패널을 조직하여 '브라히미 보고서 (The Report of the Panel on the United Nations Peace Operations)'이 200년 유엔 총회에서 채택되고 난 이후였다.[49]

세계적으로 '평화유지활동(PKO)'를 포함하는 보다 넓은 의미로 '평화활동 (PO)'을 사용하고 있으나, 미국은 PKO(평화유지)와 PEO(평화강제)만을 PO (평화활동)으로 분류하여 순수한 군사작전에만 국한하여 사용하고 있으며, 유럽 국가들은 PO는 지역기구 이상이 실시하는 것이며, 개별국가가 실시하는 것은 '평화지원활동(Peace Support Operation, 이하 PSO)'[50]이라고 구분하고 있다.

이에 따라 한국의 여건에 부합한 '한국형 평화유지활동'의 개념설정을 할 이론적 토대와 그동안의 활동 실정과 현장 경험에 대한 심층적인 검토가 필요한 것으로 판단된다. 한국도 2010년 이후부터 평화유지활동(PKO)이라는 용어 대신에 국제평화활동(IPO)이라는 좀 더 포괄적인 용어를 사용하기 시작했으며, 기존에 사용해 오던 평화유지활동(PKO)이라는 개념은 국제평화활동의 한 유형으로 이해하는 것이 확산되고 있다.

이를 종합적으로 정리해 보면 한국에서는 기존의 유엔평화유지활동(UN PKO)과 다국적군 평화활동(MNF PO) 그리고 최근에 새로운 형태의 파병의

---

48) DPKO, '*United Nations Peacekeeping Operations principle and guidelines*', 2008.

49) 김열수, 『국가안보 위협과 취약성의 딜레마』, (서울: 법문사, 2015), p.422.

50) UN은 유럽 국가들과는 달리 '평화활동(PO)'은 평화과정에 직접적으로 관련되는 활동을 의미하고, '평화지원활동(PSO)'은 이를 간접적으로 지원하는 활동으로 인권보호(난민, 피란민 보호, 포로 및 억류자 보호, 아동보호, 성 평등, 성 매수 금지), 인도적 지원활동(재해재난 구호), 무장해제-동원해제-사회재통합(DDR), 선거감시, 개발지원(교육, 문화, 환경, 주거, 인프라) 등으로 구분하고 있음.

개념으로 시행하고 있는 국방교류협력(DCA)을 모두 포함하여 "국제평화활동(International peace operations, IPO)"로 지칭할 것으로 의견이 모아지고 있는 추세이다.51)

---

51) 국방교류협력(Defence Cooperation Activities)은 양국 간의 군사협력을 통해 해당 국가의 군사력을 강화시켜 분쟁발생의 억제와 지역안정과 평화정착에 기여할 수 있으므로 광의의 국제평화활동에 포함하는 것이 타당할 것으로 생각함.

3 한국의 국제평화활동

1. UN과 한국의 인연

한국과 유엔의 관계적 역사는 특별하다. 한국은 식민지로부터의 해방과 한국전쟁을 거치면서 유엔과 국제사회로부터 많은 도움을 받았다. 그리고 이제는 정치적 민주화와 경제적 선진국대열에 다가섰다. 제2차 세계대전의 종식과 함께 식민지로부터 해방된 한국에 대하여 신생한 국제기구인 유엔은 9개국으로 구성된 '유엔한국임시위원단(UNTCOK: UN Temporary Commission on Korea)'을 설치[52]하여 한반도에서 단일정부를 수립하고자 했으나, 소련의 반대로 입북이 좌절되자 유엔의 감시 하에 남한만의 총선거를 지원하였다.

한국은 UNTCOK의 도움으로 1948년, 총선거 실시(5. 10) → 제헌국회 구성 (5. 31) → 헌법 채택(7. 12) → 대통령 선거(7. 20) → 제1공화국으로 출범(8.15) 하였다. 대한민국 정부는 1948년 12월, 유엔으로부터 '유일하고도 합법적인 정부'로 인정[53]받았으며, 같은 날 UNTCOK는 '유엔한국위원단(UNCOK(UN

---

52) 유엔 총회 결의 제112(Ⅱ) B호(1947. 11. 14).
53) 유엔 총회 결의 제195(Ⅲ).

Commission on Korea))'로 명칭이 바뀌었다. UNCOK는 한반도로부터 외국군의 철수를 감시하고 한반도 통일과 민주정부 발전을 지원하는 임무를 부여받아 해방정국에서 한국은 유엔의 객체로서 많은 도움을 받았다.

1950년 6월 25일, 한국전쟁이 발발하자 유엔 안전보장이사회는 국제사회의 평화와 안전을 위해 즉각적으로 이에 대응하여, 북한에 대해 "적대 행위를 즉각 중지하고 북한군을 38선 이북으로 철수할 것"을 결의했다.[54] 북한이 이에 응하지 않자 유엔 안보리는 회원국들에게 "무력침공을 격퇴하고 국제평화와 안전을 유지하기 위해 한국에게 필요한 원조를 제공할 것"을 결의했다.[55] 또한 "회원국들의 병력과 기타 지원을 미국 주도의 통합군 사령관 예하에 두되, 미국이 통합군 사령관을 임명하고 각 참전국들은 유엔기와 참전국가의 국기를 동시에 사용할 것"을 결의했다.[56]

유엔은 1950년 10월, UNCOK를 해체하는 대신 '유엔한국통일부흥위원단(UNCURK : United Nations Commission for the Unification and Rehabilitation of Korea)'[57]을 설치하여 한국의 구호 및 부흥과 관련된 책임을 수행하게 하고, 한국 상황에 대해 유엔 총회에 연례보고서를 제출케 하였다. 이처럼 유엔의 안전보장이사회와 총회는 한국을 위해 유엔군을 결성하도록 지원하였고, 평화와 부흥과 통일을 위해 노력해 주었다.

이렇듯 국제사회는 UN을 통하여 신생독립국인 한국의 정부수립과정에서, 한국전쟁의 위기와 그 이후의 구호와 재건과정에 깊이 관여하였고, 오늘의 대한민국이 존재할 수 있는 발판을 마련하는 데 기여하였다. 이후 1970년대 초까지 한국은 유엔 활동의 객체로서 존재했으며 산업화와 민주화 과정을 거치면서 정치·경제적으로 세계의 선진국 대열에 합류하게 되었다.

---

54) 유엔 안보리 결의안 제82호(1950. 6. 25).
55) 유엔 안보리 결의안 제83호(1950. 7. 27).
56) 유엔 안보리 결의안 제84호(1950. 7. 7).
57) 유엔 총회 결의 제376(Ⅴ)호(1950. 10. 7), UNCURK는 1973년 23년간의 한국 활동을 종결하고 해체하였다.

2. 한국의 국제평화활동참여와 경과

냉전의 해체와 더불어 1991년 9월, 유엔에 가입한 한국은 국제사회의 주체로 등장하기 시작했다. 과거의 지원받음을 갚는 동시에 국제사회의 당당한 일원으로서 한국이 유엔 활동에 본격적으로 참여한 것이 바로 유엔 평화유지활동(UN PKO)이다. 한국의 유엔 평화유지활동은 1993년을 기점으로 본격화되어, 이후 2015년 현재까지 유엔 및 국제사회가 주도하는 평화유지활동, 다국적군의 평화강제활동 등에 참여해 오고 있다.

1991년 한국이 유엔에 가입하자 곧이어 유엔은 한국의 PKO 참여에 대한 설문을 보내 왔는데, '한국이 유엔의 PKO에 참여할 수 있는지 여부와 참여한다면 어떤 분야에 참여할 수 있는지를 문의하면서 참여 가능분야를 군 감시요원, 보병부대, 특수지원부대(작전, 근무, 군수부대), 용역분야, 장비 · 기술지원 분야 등을 제시'하였다.

이를 접수한 외교부는 군사요원의 참여 가능성을 검토해 줄 것을 국방부에 요청(1991.11)했으나, 당시 국방부는 유엔 PKO에 대한 지식이나 경험(Know-how)이 없었던 관계로 필요한 자료를 수집하고 결정하는데 많은 시일이 필요했다. 국방부는 PKO 참여 가능부대를 보병 1개 대대 규모(730명), 의료지원단(154명), 군 감시요원 36명 등 총 730명이 PKO에 참여할 수 있음을 결정한 후 관련부서와 협의 절차를 거쳐 유엔에 공식 통보(1992. 9. 18)함으로써. 한국은 유엔이 주관하는 PKO에 참여할 수 있는 길을 열었다.

국방부는 1993부터 1996년까지 UNTC와 PPC 등에 총 16명이 해외에서 교육을 이수하도록 하였다. 1997년 이후에도 연간 약 5명의 장교들이 PKO에 대한 전문성 확보를 위해 해외에서 위탁연수를 실시했다. 한편, 한국은 PKO와 관련된 각종 회의, 훈련, 세미나, 워커 숍 등에 참여하면서 국제사회가 얼마나 국제평화유지활동(PKO)에 대해 관심을 많이 가지고 있는가를 느꼈고, 또한 국제사회도 한국의 PKO 참여에 많은 관심을 나타냈다.

국방부는 PKO에 파견되는 인원에 대한 전문교육을 제도화하였다. 국방대는 1995년 7월부터 인도·파키스탄, 그루지야 등에 파견되는 옵서버 요원과 사령부 참모요원, 그리고 단위부대로 파병되는 공병부대(앙골라에 파병)와 의료지원단(서부 사하라) 등의 요원들에 대한 교육도 실시하였다. 국방대는 2004년 4월부터 해외파견요원에 대한 통합적인 교육과 관련 내용을 연구하고, 귀국보고서 등의 사후자료들을 검토하고 축적하였다. 뿐만 아니라 2005년부터 매년 'PKO 발전세미나'를 개최하고 있으며, 국제적으로 변화하는 국제평화활동의 추세와 역할의 확대에 따라 2015년 '국제평화활동센터(KIPO)'로 개칭[58]하였다.

한 국가가 국제적인 평화유지활동(PKO)에 참여하기 위해서는 정치적 결정과 행정적 준비가 선행되어야 하는데,[59] 그 중에서도 정치적 결정을 현실화하는 체제가 바로 법적 조치이다. 국제사회에서의 신뢰는 국가위상에 부합하는 책임의 이행과 그 과정에서의 제도적 장치로부터 얻어진다. 이러한 차원에서 예측이 가능하고 준비된 가운데 성공을 보장할 수 있는 '국제평화활동(PO) 참여와 절차에 관한 법적 장치'는 매우 중요하다. 국가마다 PKO 파견을 위한 법적 조치는 크게 3가지로 분류되는데,[60] 첫째, 헌법 자체가 PKO파견을 금지하고 있어 별도의 법을 만들어 이를 추진하는 국가(일본, 독일 등), 둘째, 헌법상 제한은 없으나 해외 파병을 위해서는 국회의 동의가 필요한 국가(한국 등), 세 번째는 행정부의 결정만으로 PKO에 참가할 수 있는 국가(영국, 캐나다 등 세계 70여 개국)로 분류할 수 있다.

---

58) 국내유일의 'PKO 교육전문기관'으로 1995년 합참대학 내 PKO 센터로 출발하였고, 2010년 국방대로 소속 변경, 2015년 3월 국제평화활동센터로 변경하였음; 국방일보(2015.12.22. 9면)
59) 김열수, "세계 PKO 동향 및 우리의 정책방향", pp. 240-242.
60) 송영선, 『한국 PKO 정책방향 연구』(서울 : 한국국방연구원, 1996), pp. 171-173.

한국이 국군을 해외에 파견하기 위해서는 헌법 제 5조 1항과 60조 2항[61]에 근거하여 반드시 국회의 동의를 받도록 되어 있어, 평화유지군(부대단위)을 파견할 때마다 국회의 동의를 받아왔다.

한편, 2009년 12월 29일 '국제연합 평화유지활동 참여에 관한 법률(PKO 신속파견법)'이 국회에서 가결되어 2010년 4월 1일부로 발효되어 한국군의 국제평화유지활동에 체계적이고 신속하게 참여할 수 있도록 뒷받침을 하는 국내법이 제정되었다. 그러나 이 법의 적용에 있어 제2조 1항[62]은 '유엔에서 주도하는 평화유지활동'으로 한정하여 국제평화활동이 UN PKO위주에서 지역기구, 지역협의체, 동맹국 연합들이 주도하는 다국적군 평화활동(MNF PO)을 포함하여 다양한 형태로 전개되고 확장되는 세계적 추세에 부응하기에는 상당한 유연성과 융통성이 제한되는 문제점을 안고 있다.

이러한 법률적인 제한으로 인하여 탈 냉전기 이후에 유엔 안보리나 총회의 결의를 근거로 시행하는 강대국이나 지역기구에서 주도하는 다국적군 평화활동(MNF PO)에 파병을 할 때마다 법적근거가 없어 국내의 언론과 국회, 그리고 NGO 들에 의해서 파병의 명분들에 대한 문제와 절차를 두고 수많은 갈등과 소모적 논쟁을 반복해야 했다. 뿐만 아니라 최근 들어 그 중요성이나 소요가 증대되고 있는 새로운 형태의 파병인 국방교류협력 및 지진, 홍수, 전염병, 항공기 사고 등의 국제적 공동대처인 '새로운 형태의 파병'에 대해서도 시의 적절하게 대응하지 못하는 점은 매우 안타깝게 생각한다.

---

61) 헌법 제5조 제2항, '국제평화유지에 노력', 헌법 제60조 제2항, '국회는 국군의 외국에의 파견에 동의권을 가진다.'

62) "국제연합 평화유지활동"이란 '국제연합의 안전보장이사회가 채택한 결의에 따라 국제연합 사무총장이 임명하는 사령관의 지휘 하에 국제연합의 재정 부담으로 특정국가(또는 지역)내에서 수행되는 평화협정 이행지원, 정전감시, 치안 및 안정유지, 선거지원, 인도적 구호, 복구 · 재건 및 개발지원 등을 비롯한 제반활동을 말한다. 다만 개별 또는 집단의 국가가 국제연합의 승인을 받아 독립적으로 수행하는 평화유지 또는 그 밖의 군사적 활동은 포함하지 아니한다.'라고 명시되어 있다.

군의 해외파견활동은 국제사회의 요구에 부응하는 차원을 넘어서 국가 위상에 걸 맞는 전략적 가치와 국가안보차원에서도 복합적인 의미가 있는 '불루오션(Blue ocean)'이다. 따라서 군의 해외파견활동은 '합헌성·합리성· 평화조성'이 확보된 입법지원과 다양한 국군의 해외파견활동을 국회가 법률로써 감시하고 통제하는 것은 국민의 대표기관인 국회의 본연의 사명이라고 할 수 있다.

정부기관 중 외교부는 유엔평화유지활동의 주무부서로서, 국방부는 다국적군 평화활동과 국방교류협력의 주무부서로서 담당 업무분장은 <표 2-7>과 같다. 한편, 국제평화활동에 경찰과 NGO를 비롯한 민간인의 참여가 확대되고 있는 것과 연계하여 민간인은 외교부, 군인의 파병은 국방부로 일원화하고 이를 조정·통제할 수 있는 '컨트롤 타워'의 역할이 있어야 할 것으로 판단된다. 해외파견의 민·관·군 통합체제는 다양한 신분, 인력, 조직 간의 업무와 이해관계를 효율적이고 체계적으로 조정하고 통합함으로서 파병의 시너지효과를 제고해야 할 것이다. 또한 해외파견의 소요를 선제적으로 판단하고 전략적으로 기획하며 적극적인 대국민 홍보활동(SC)을 주관하며, 해외파병의 후속조치 및 사후관리를 통해 파병의 효과를 극대화하는 것이 필요하다.

1992년 9월, 한국이 유엔의 설문서에 회신을 하자, 유엔은 곧 바로 한국군이 소말리아에 70명 규모의 의료지원단을 파견해 줄 수 있는지 문의해왔다. 그러나 당시한국은 PKO에 대한 경험이 아주 없을 뿐만 아니라 일정, 예산, 대통령 선거 등 여러 가지 어려운 문제를 들어 이를 거절하였다. 그 대신에 한국은 전투부대 파병보다는 자금지원을 결정하여 UNITAF에 200만 불을 신탁하였다.

1993년 1월, 유엔은 다시 한국군의 참여를 타진하였다. 이에 한국은 PKO 조사단을 구성하여, 현지 및 유엔 본부 등을 방문한 후 건설공병부대의 참여를 결심하였다. 한국의 파견 안은 대통령 재가(1993.4.3)를 거쳐 유엔에 통보되었으며, 국무회의 의결(1993.4.15)과 국회 동의(1993.5.18)를 거쳐 258 명 규모의 건설공병부대가 상록수부대(Evergreen Unit)란 명칭으로 1993년 7 월 소말리아에 파병되어 한국 최초의 PKO활동이 시작되었다.

이를 계기로 한국군의 PKO 파병은 활기를 띠기 시작했으며, 의료부대·군 감시요원(Military Observers)·공병부대가 참여했으며, 1999년 10월 최초의 전투부대로 동티모르 평화유지활동단(INTERFET / UNTAET / UNMISET) 에 참여했다. 한국은 군인들 이외에도 선거감시요원, 민간 정수(淨水)기술자, 경찰요원이 소말리아(UNOSOM II)와 동티모르(UNTAET)에 참가하였다. 뿐만 아니라 뒤늦은 유엔 가입에도 불구하고 한국은 1996년, 2년 임기의 안보리 비상임이사국이 되었는가 하면, 한승주 전 외무부장관이 키프로스에서 유엔활동단(UNFICYP)의 최고책임자인 유엔 사무총장 특별대사(SRSG)로서 1년간 근무하였고, 민병숙도 UNCRO에서 평화유지활동단의 최고책임자(HOM)로서 1년간 근무한바 있으며, 잠무카슈미르 지역에서는 한국군 육군 소장(안충준)이 군 감시단장(CMO)으로서 1년간 활동하기도 하였다. 또한 한국군 준장(권행근)이 동티모르 유엔활동단(UNTAET)의 군 사령부 참모장으로 근무했고, 한국군 중장(황진하)이 UNFICYP의 사령관으로 근무하기도 했다. 탈냉전 이후 한국군의 해외파병활동현황은 〈표 2-5〉와 같다.[63]

한편, 각 정부별 해외파병정책의 특징을 보면, 김영삼 정부(1993-1998)는 '외부의 위협으로부터 국가를 보위하고 지역 안정과 평화에 기여한다.'는 국방목표의 일환으로 국제평화활동(UN PKO)에 참여하기 시작하였다. 김대중 정부(1998-2003)는 인권증진, 유엔외교 강화, 한미동맹 발전 등을 위한 안보정책의 일환으로 국제평화활동(PO)에 참여하되 한반도 여건을 고려하여 제한적으로 참여하였다. 노무현 정부(2003-2008)는 국제평화활동(PO)을 국제적 위상제고, 한미동맹관계의 복원 및 국익증진의 도구로 인식하였으

---

63) 유재익, "대한민국 평화유지활동 20년의 성과와 향후과제" 『제8회 PKO 발전세미나』(국방대학교 PKO 센터, 2012), pp. 7-9.

나, 진보세력의 파병반대 등으로 소극적·제한적으로 파병하였다. 이명박
정부(2008-2013)는 '글로벌 코리아' 실현의 도구로 국제평화활동(PO)을 인식
하여 2009년 12월 UN PKO법 제정, 2011년 새로운 형태의 파병인 국방협력
활동으로 UAE에 아크부대를 파병하였다.[64]

〈표 2-5〉 한국의 단계별 해외파견활동 추진 현황

구 분	특 징	부 대 파 병	개인·참모요원 파병
1단계 (1993- 2000)	UN PKO 위주	1993년 소말리아 상록수부대 1994년 서부사하라의료지원단 1995년 앙골라 상록수부대 1999년 동티모르 상록수부대	1994 소말리아 UNOSOM-II(6명) 1994 인·파 정전감시단(7명) 1994 조지아 정전감시단(5명)
2단계 (2001- 2007)	다국적군 위주	2001년 아프간 해성부대 2001년 아프간 청마부대 2002년 아프간 동의부대 2003년 아프간 다산부대 2003년 이라크 서희부대 2003년 이라크 제마부대 2004년 이라크 자이툰부대 2004년 이라크 다이만 부대 2007년 레바논 동명부대	2001 미국 중부사령부(3명) 2002 사이프러스 임무단(1명) 2003 지부티 CJTF-HOA(1명) 2003 아프간 임무단(1명) 2003 아프간 CJTF-76(2명) 2003 라이베리아 임무단(2명) 2004 부룬디 임무단(4명) 2004 이라크 MNF-I협조단(6명) 2005 수단정전감시 임무단(7명) 2007 레바논 평화유지군(4명) 2007 네팔 임무단(5명) 2007 수단다푸르 임무단(5명)
3단계 (2008- 현재)	평화활동 다양화	2009년 소말리아해역청해부대 2010년 아이티 단비부대 2010년 아프간 오쉬노부대 2011년 UAE 아크부대 2013년 필리핀 아라우부대 2013년 남수단 한빛부대	2009 바레인연합해군사(4명) 2009 지부티 CJTF-HOA(3명) 2009 아프간 CSTC-A(4명) 2009 코트디부아르 임무단(2명) 2009 서부사하라선거감시단(2명) 2009 아이티 안정화임무단(2명) 2011 남수단 임무단(4명) 2014 시에라리온 에볼라 긴급구 호대(5명)

출처: KIDA, 해외파병정책토론회(2015.5.13.) 「해외파병의 국가 전략적 접근 및 발전
　　　방안」의 발제문에서 요약, pp.33-54.

---

64) 전제국, "한국군의 해외파병과 한반도 안보: 국제평화활동(PO)의 국익증진 효과",
　　　『국가전략』제17권 2호, (서울: 국가전략연구소, 2011), p.46.

3. 한국 국제평화활동의 성과

1) 한국의 국제적 위상과 역할

한국은행의 발표에 따르면 한국의 1인당 국민총소득(GNI)은 2013년 말을 기준으로 2만 6205달러, 국민총소득(명목 GNI)은 1441조원으로 밝혔다. 국제통화기금(IMF)이 발표한 한국의 국내총생산(GDP)은 세계 13위이다. 한국은 1996년 국제협력개발기구(OECD)에 가입하였고, 2008년 세계 주요 20개국 정상회의(G20)의 멤버가 되었다. 그동안 한국군의 해외파견활동은 국제사회에서 '도움을 받는 나라에서 도움을 주는 나라로' 국가위상에 걸 맞는 성공적인 역사였음이 검증되었다. 앞으로도 해외파견활동은 21세기의 주역으로 발돋움할 우리나라의 미래를 위해 반드시 필요한 국가전략이다. 따라서 급변하는 대내외 안보환경에 기민하게 대응하면서 해외파견활동을 통해 세계평화에 기여하는 동시에 통일한국시대를 대비해야 할 것이다.

군의 해외파견활동 효과는 국가이익의 증진이라는 측면으로 대변할 수는 있으나 구체적으로 수치화하여 측정하기는 여러 가지 면에서 제한된다. 다만 현지 친한화 효과, 기업진출의 발판이 되며 해외국민을 보호하는 효과도 있고, 한미동맹의 증진에도 기여하고 있음을 부인할 수 없다. 군사적으로도 실질적인 연합작전의 경험축적과 전투근무지원 능력을 발전시킬 수 있을 뿐만 아니라, 다양한 여건에서 한국형 전술과 교리를 발전시킬 수 있는 효과도 창출할 수 있다.

따라서 앞으로는 국가안보의 외연을 글로벌 차원으로 넓히고 해외에 진출해 있는 국민과 기업을 보호하는 글로벌 경제적 측면은 물론, 한국의 문화와 가치, 정서를 세계에 전달하는 국방한류시대를 창조하는 데 기여해야 한다.

2) 국제평화활동의 영역 확대(국방교류협력활동)

현대의 외교 영역은 군사외교, 자원외교, 경제외교 등이 통합적으로 추진되고 있다. 21세기에 들면서 초국가적으로 대응해야 할 문제로써 기후변화, 테러, 마약, 대형사고, 전염병, 사이버 등이 새로운 위협으로 등장하였다. 이러한 측면에서 국방교류협력활동은 특정 국가의 요청에 따라 전투위험이 없고 장병의 안전이 확보된 비 분쟁지역에서, 군사협력과 국익창출을 위해 군을 파견하는 교육훈련, 인도적 지원, 재난구호 등 비전투 분야에서의 '새로운 유형의 국제평화활동'이다.

한국은 2005년 UAE에 무관부를 개설한 이래 「군사협력에 관한 협」을 체결하는 등 양국관계를 발전시켜 왔고, 경제, 국방 등 다양한 분야에서 협력이 증대됨에 따라 2009년 12월 한·UAE의 관계가 '포괄적·전략적 동반자관계'로 격상되어 군사 교류협력이 더욱 확대되었다. 한국은 2011년 1월, 'UAE 군사협력단(아크부대)'를 아부다비 주 알 아인 지역에 파견하였고, 아크부대는 UAE군 특수전부대의에 교육훈련을 지원하고, UAE군과 연합 연습 및 훈련을 실시하며, 유사시에는 자국민을 보호하는 임무를 수행하고 있다.

2013년 태풍 '하이엔'으로 필리핀의 많은 지역이 폐허로 변하고 수만 명의 사상자와 수백만 명의 이재민이 발생하자, 필리핀정부는 한국을 비롯한 국제사회에 지원을 요청하였다. 한국정부는 국회동의를 거쳐 2013년 12월 공병대와 의무대 등 530여 명으로 '필리핀 합동지원단(아라우부대)'를 파견하였다. 아라우부대는 유엔평화유지군이나 다국적군 평화활동이 아닌 재해 당사국의 요청으로 파견된 최초의 파병사례인 동시에 한국의 육·해·공군·해병대가 모두 포함된 최초의 파병사례이기도 하다.

2014년 3월 239명의 승객이 탑승한 말레이시아 항공기가 실종됨에 따라 말레이시아는 우방국에 항공기 잔해 탐색을 요청하였다. 한국 정부는 해군 P-3과 공군 C-130 각각 1대와 39명으로 편성된 '말레이시아 실종항공기 해상

탐색지원단대'를 3월 15일 말레이시아로 파견했다. 한국군은 호주가 주도한 작전에 참여하여, 총 21회 196시간 동안 해상탐색 임무를 완벽히 수행하고 5월 2일 국내로 복귀했다.

2014년 12월, 에볼라에 대한 국제적 공동대처를 위해 서아프리카의 주요 발병국가인 시에라리온에 민간 의료 인력과 함께 군 의료진을 파견했다. 민간 의료인력은 의사 4명, 간호사 5명이며, 군 인력은 군의관 6명, 간호장교 9명 등 총 24명이 '에볼라대응 해외긴급구호대'로 시에라리온 가더리치의 에볼라치료소에 파견되어 현지 의료 활동을 전개하고, 2015년 3월 23일 모두 귀국했다.[65]

3) 탈 냉전기 한국군의 파병성과

첫째, 군사적 측면에서의 실전경험 축적이다. 한국군은 6·25전쟁과 베트남전쟁 이후 실전을 경험하지 못하였다. 해외파병은 다양한 작전환경 속에서 전장의 실상을 직접 체험해 볼 수 있는 기회가 되었다. 다국적군 지휘체제하에서의 동맹군과의 연합작전 수행능력, 원거리 전력의 전개를 위한 해상 및 공중수송을 포함한 전략적 보급수송능력의 배양은 장차전을 수행하는데 매우 소중한 자산이 될 것이다. 또한 군사적 작전에 후속하여 이루어지는 안정화작전과 지방재건팀(PRT)은 유사시 한반도 통일과정에서도 적용하게 될 새로운 개념의 작전경험이 될 것이다.

둘째, 국제정치적 측면에서 한반도 유사시의 국제적 지원에 대한 명분과 자산 획득이다. 한국은 6·25전쟁 시 유엔과 세계로부터 인적·물적 지원을 받아 오늘의 민주주의와 경제를 발전시켰다. 그러나 한국은 아직도 남북이 분단되어 첨예한 이데올로기의 체제경쟁을 계속하고 있다. 우리가 국제사회의 일원으로 그동안 활발하게 국제평화활동을 해 온 것은, 장차 한반도

---

65) 국방부, 『2014 국방백서』, pp. 139-140.

유사시 국제사회의 지원을 받을 수 있는 명분과 근거를 확보한 것이다. 캐나다와 오스트레일리아의 경우를 보면 대규모의 국방력을 보유하는 대신 국제평화활동에 적극 참여하여 국제적으로 안보를 보장받는 '안보 보험'으로서의 인식을 전환할 필요도 있다.

셋째, 외교적 측면에서 한미동맹 균형발전이 촉진되었다. 한국은 베트남전의 파병을 비롯하여 미국이 주도하는 걸프전, 아프가니스탄, 이라크전 등의 주요 다국적군의 편성에 참여하여 '함께 피 흘리며 싸웠다'는 혈맹의 인식과 전우애의 효과를 가져 온 동시에 한미양국군의 해외분쟁지역 근무 연을 통해 주한미군의 역할을 포함하여 향후 한반도의 통일과 동북아에서의 세력균형유지에도 기여하게 될 것이다. 주한미군을 비롯한 미국과의 동맹관계는 현재는 물론 향후 한반도의 통일과정과 동북아지역내의 평화와 안정에 매우 긴요하게 작용할 것이다.

넷째, 경제적 측면에서 해외에 진출한 기업 및 국민의 보호이다. 한국은 국제화시대를 맞아 해외여행인구 1,000만, 무역 1조 달러, 재외 한인기업 20여 만 개 등 세계를 무대로 활동하고 있다. 해외파병은 세계 곳곳에 진출해 있는 한국의 이익을 보호하고 있다. 새로운 파병의 형태인 아랍에미리트의 아크부대의 파병이 가져오는 효과는 다양한 측면으로 해석할 수 있으며, 소말리아해역의 청해부대는 민간선박을 해적으로부터 보호할 목적으로 파병하였다. 해외파병활동은 에너지자원의 확보, 향후 재건사업 등에 한국기업의 진출에 대비한 교두보의 역할을 통해 장기적인 경제안보에 기여하고 있다.

4) 한국군 파병활동의 특징과 한계

탈냉전 이후 한국군의 해외파병활동은 긍정적인 효과가 있었던 반면에, 다음과 같은 특징과 한계를 나타내고 있다.

첫째, 국제평화활동에 대한 전략이나 정책이 부재한 상태에서 소극적이고 수동적으로 대응해 왔다. 유엔의 회원국으로서, 대한민국의 정치·경제·문화적 국가위상에 맞는 선제적이고 적극적인 파병을 하지 못하고 유엔이나 다국적군 주도국의 요청에 의해 끌려가는 파병을 해왔다고 볼 수 있다.

둘째, 전투부대보다는 비전투부대의 파병위주로 이루어 졌다. 파병정책 결정과정에서 국민적인 여론과 파병의 명분 등에 밀려 전투부대 보다는 의료, 수송, 건설공병 등의 비전투부대의 파병을 하였으며, 파병임무 또한 비교적 안전이 확보된 비 분쟁지역이나 후방지역에서 인도적지원이나 재건임무위주로 수행되었다.

셋째, 파병의 규모면에서 군사력 대비 소규모의 파병이다. 물론 한국은 북한과의 대치상태와 수시로 자행되어 온 도발에 대한 고려를 하지 않을 수는 없으나 베트남전에서의 한국군 총병력의 7-8% 수준까지도 파병한 적이 있으나, 2015년 5월 현재 한국군의 0.17%만이 파병되어 임무를 수행 중이다.

넷째, 군인 위주의 파병이 이루어졌다. 오늘날의 국제평화활동은 국제기구, 개별국가, 시민단체, 현지주민 등 모든 당사자들이 참여하는 민·관·군 통합·혼성·합동작전으로 발전하고 있다. 특히 재난구호, 의료지원, 복구 및 재건사업 등은 민간부문이 비교우위를 가지고 보다 효율적으로 임무수행이 가능하기 때문에 상호보완적 역할분담(군경-안전보장, 민간-인도적 지원, 재건)의 방향으로 전개되어야 할 것이다.

다섯째, 국제평화활동에 대한 인식의 전환이 필요하다. 국제적인 동향은 유엔평화유지(UN PKO)와 다국적군 평화활동(MNF PO)은 연속선상의 동일 활동으로 인식하고 있으나, 한국은 별개의 사안으로 취급해 오고 있다. 업무의 주관부처도 외교부와 국방부로 이원화되어 있으며, 국민들의 인식도 UN PKO는 '국제적으로 정당한 활동'이며, MNF PO는 명분도 없이 강대국의 힘의 논리에 편승한 파병활동으로 인식하여 정책결정과정에서 많은 우려

곡절[66]을 경험하였다.

한국은 1993년부터 2015년 현재까지, 26개국 36개 지역에서 파병을 통한 국제평화활동을 전개해 오고 있다. 그동안 한국의 총 파병인원은 45,868명이며, 활동 중 사망인원은 10명[67]으로서 파병인원 대비 0.02%에 해당한다. 또한 해외파병에 따른 국고지출은 2014년 말을 기준으로 총 1조 2,417억 원이었다.

---

66) 정부 파병안에 대한 국회심의 기간(평균): UN PKO 11일, MNF PO 43일, 국회 표결 시 찬성비율(평균): UN PKO 97.2%, MNF PO 84.7%, 예외적으로 한국선박 보호목적의 소말리아해역의 청해부대(MNF PO)는 98.5%의 찬성.
67) 2003년 3월 동티모르 UN PKO 활동 중 급류에 휩쓸려 5명 사망하였으며, 네팔, 그루지야, 이라크 다산부대, 자이툰부대에서 각각 1명씩 사망함.

3

김대중 정부의
동티모르 상록수부대 파병정책

Ⅰ 파병소요의 발생과 추진경과

1. 파병에 대한 국내 · 외적인 환경

1) 당사국과 주변국의 상황

"띠모르레스떼 민주공화국(Democratic Republic of Timor-Leste[1])"은 유엔 과도정부를 거쳐 2002년 5월 22일 독립정부로 출범한 신생국가다. 그들의 영토는 인도네시아와 오스트레일리아 사이에 위치한 띠모르(Timor)섬 동쪽 부분이다. 따라서 많은 사람들에게 '동티모르(East Timor)'로 더 잘 알려져 있다.

띠모르섬의 넓이는 32,350km²이며, 동서로 반분되어 있으며, 특이하게도 서쪽국경 넘어 암베노-외꾸시지역이 서티모르에 둘러싸여 있다. 위도 및 경도로는 남위 8° 17'~10° 22'에 위치해 열대지역에 속하며, 동경 123° 25'~127° 19'에 위치해 한국과 같은 시간대에 속하고 있어 시차가 없다.

---

[1] 'Timor'는 말레이어로 '동방(orient)'을 뜻한다. 동티모르가 국명으로 사용하고 있는 'Timor-Leste'의 'Leste' 역시 포르투갈어로 '동쪽'을 뜻한다.

〈그림 3-1〉 티모르(Timor)섬 지도

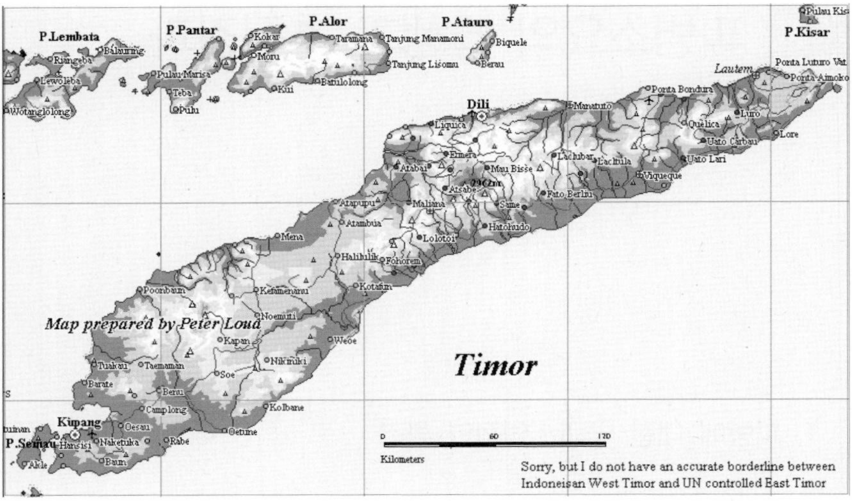

한편 띠모르섬과 오스트레일리아 사이에 위치한 띠모르해는 막대한 양의 천연가스와 석유가 매장되어 세계의 이목을 집중시키고 있다. 동티모르는 급경사의 산악 및 산림으로 형성되어 있으며, 섬의 중부에 위치한 따따마일라우(Tatamailau)산을 비롯해 해발 2천m가 넘는 고지들이 산재해 있다. 띠모르 인종은 '폴리네시아인'들이 들어와 정착한 것으로 보고 있으며, 그 후 '멜라네시아계'인종과 원시 말레이계 인종이 들어와 주류인 떼뚠족을 비롯하여 29개 종족으로 구분된다. 언어는 말레이-폴리네시아 어족에 속하며 다양한 토속어가 사용되나 전 주민의 60%정도가 떼뚠어를 사용하고 있다. 종교는 인구의 90% 이상이 450년에 걸친 포르투갈의 식민지배 영향으로 가톨릭을 믿고 있으며, 최근 25년간의 인도네시아 지배의 영향으로 기독교, 이슬람신자들이 있으며 일부 소수의 과격한 종교적 갈등이 발생하기도 하였다.

1300년경 마르코폴로(Maroo Polo)의 동방여행기가 유럽에 전해지고, 1498년 바스코다가마(Vasco da Gama)가 인도항로를 전파하자 1500년대 초 포르투갈 상인과 선교사들이 향료무역과 선교를 위해 인도네시아와 띠모르 섬에 상륙하여, 1524년 자신들의 식민지로 삼았다. 한편 네덜란드는 1598년 인도네시아 자바 섬에 상륙한 후 1602년에는 포르투갈 세력을 축출하고 영역을 확장하였으며, 1824년 인도네시아 전역을 식민지화하였고 띠모르 섬으로 진출, 섬을 양분하여 서티모르는 네덜란드가, 동티모르는 포르투갈이 지배하기로 국경조약을 체결하였으며 이를 1915년에 정식으로 발효시켰다.[2] 지정학적으로 티모르는 인도네시아와 오스트레일리아사이에 위치한 섬이며, 티모르 해(Timor Sea)는 약 480km의 폭과 43만 km²의 넓이의 바다로 막대한 양의 천연가스와 석유가 매장되어 있는 것으로 알려져 이목을 집중시키고 있었다.[3] 뿐만 아니라 29개의 티모르 종족은 각각의 독특한 문화와 관습, 언어를 갖고 있어 통합된 국가로 발전시키는 과정에서 많은 문제점을 야기 시키는 요소가 되었다.[4] 또한 450년여에 걸쳐 동티모르를 지배한 포르투갈의 영향으로 언어사용과 종교적인 면에서도 갈등과 혼란의 요소를 안고 있었다.

티모르섬의 역사를 보면, 1524년 포르투갈은 티모르 섬을 식민지로 삼았다. 이후 네덜란드가 진출하여 1849년 티모르 섬을 동서로 양분하여 분점하게 되었다. 제2차 세계대전이 발발하면서 1942년부터 일본군이 1945년까지 통치하였다.

1945년 8월 인도네시아는 독립정부를 수립하였으며, 1949년 12월 27일 '인도네시아공화국(Republic Indonesia)'이 출범하자, 네덜란드가 지배하고 있

---

2) 이병주외, 『은자의 나라 동티모르』, 한국생산성본부, 2001, pp.125-164.
3) http://www.mofat.go.kr/동티모르 한국대사관(검색일: 2015.5.15).
4) 김사진, "동티모르 상록수부대의 파병활동 성과와 파병부대의 활동방향", 『해외 파병사 연구총서』제1집, (국방부 군사편찬연구소, 2006), pp.151-152.

던 서티모르는 인도네시아에 편입됐다.[5] 1975년 8월 동티모르에서 '민주연합'의 쿠데타가 발생하여 3주 동안 2천여 명의 사상자가 발생했으며, 포르투갈 식민정부 인사들은 오스트레일리아 등으로 탈출하였다. 1975년 12월, 포르투갈 식민정부 총독 마리오 대령이 본국으로 철수함으로써 450년간 지속되었던 동티모르의 식민지배는 막을 내렸다.[6]

1975년 11월 28일 동티모르에서 포르투갈의 식민정권이 붕괴되고 '혁명전선'은 '동티모르민주공화국(Democratic Republic of East Timor)' 수립을 선포하였다. 1975년 12월 7일, 인도네시아는 동티모르를 침공하여 강압통치를 시행하였다.

2) 국제사회의 상황과 역할

유엔은 1975년 12월 11일 인도네시아군의 철수와 동티모르인의 자결권을 촉구하는 내용을 비롯해 1982년까지 총 8회의 결의안을 채택했지만 어떠한 재제조치도 강구하지 않는 방관자적인 입장을 견지하였다. 한편 450년간 동티모르를 지배했던 포르투갈은 인도네시아가 동티모르를 침공하자 즉각 인도네시아와 외교관계를 단절하고 동티모르문제를 유엔에 제소하였다. 인접국가인 오스트레일리아는 동티모르를 그들의 본토방위를 위한 전초기지로 중요시하였으며, '동티모르의 질서회복은 인도네시아만이 가능하다'며 인도네시아를 적극 지지하는 입장을 보였다. 오스트레일리아는 인도네시아의 동티모르 지배를 인정한 첫 번째 국가가 되었다.

미국은 동티모르에 급진좌파 성향의 정권이 수립될 경우, 그 여파가 자신들의 군사행동에 미칠 영향과 인도네시아 및 필리핀 등의 공산주의자들에게 힘을 실어주는 상황을 우려했다. 미국은 국제여론을 의식해 공식적

---

5) 양승윤, 『인도네시아 현대정치론』(서울: 한국외국어대학교 출판부, 1998), pp 61-92.
6) 최용호, 『한국군 동티모르 파병과 띠모르레스떼 탄생』(국방부 군사편찬연구소, 2006), pp. 20-22.

으로 인도네시아의 동티모르 침공을 지지하지 않았으며, 유엔에서도 반대
표를 행사했으나, 인도네시아를 제재하기 위한 어떤 조치도 강구하지 않
았다.7)

동티모르의 독립투쟁은 1975년 12월, 인도네시아의 침공 이후 '혁명전선'
을 중심으로 조직적인 저항을 계속했다. 1988년 12월, '마우베레민족저항평
의회(CNRM)'를 결성하여 보다 조직적인 독립운동을 수행할 수 있게 되었다.
'저항평의회'는 자결권보다는 인권문제를 부각시키면서 국제적인 인권단체
들의 관심과 지지를 유도하여 동티모르 인권보호를 위한 국제연대 조직,
국제변호사 모임, 국회의원 모임 등 각종 지원조직이 결성되었다.

한편 동티모르의 비폭력 저항운동으로, 외교관 출신의 '저항평의회'대변
인 오르타(Jose Ramos Horta), 그리고 동티모르 가톨릭의 대표 인사인 벨루
(Carlos Ximenes Bello) 주교는 인도네시아의 동티모르에 대한 인권침해와
만행을 국제사회에 호소하는 결정적인 역할을 수행하여 1996년 10월 노벨
평화상을 수여받기도 했다.

그럼에도 불구하고 동티모르 문제를 해결하기 위한 조치들은 '탈냉전'이
라는 세계정세의 변화에 더 많은 영향을 받았는데, "대량학살과 난민발생
등 인권과 관련된 분쟁이 발생할 경우 그것이 비록 국내정치적 성격을 지
닌 쟁점이라 하더라도 국제사회의 인도적 개입이 가능하다."는 쪽으로 인
식되었다. 이는 인종청소를 자행한 코소보(Kosovo) 사태에 북대서양조약기
구(NATO)가 개입했던 사례를 들 수 있다.8)

인도네시아는 1999년 1월 27일 "동티모르 주민투표 수용" 성명이 발표됨
에 따라 포르투갈, 인도네시아, 유엔 대표 등 3자회담이 열려 '뉴욕 협약

7) 김열수, "동티모르 재식민지화와 독립: 서방권 국가들의 구성주의적 행위를 중심
으로," 『한국과 국제정치』 제19권 제1호(서울: 경남대학교 극동문제연구소, 2003),
pp.468-470.
8) 이상환, "미국의 인권외교정책: 코소보와 동티모르의 사례 비교", 『국제정치연구』
제4집 2호, 동아시아국제정치학회, 2001, pp.63-79.

(New York Agreement)'를 체결했다. 이에 따라 유엔이 파견한 요원들이 선거를 관리하고, 선거 후에도 과도정부기간 감독임무를 수행하도록 하였으며, 선거참관단을 100명으로 구성하되, 인도네시아와 포르투갈이 각각 50명씩 추천하기로 합의했다.[9]

유엔 안보리는 1999년 6월 11일, 동티모르 주민투표 및 과도기간 중 감독임무를 수행하기 위한 '유엔파견단(UNAMET)'을 설치했으며, 90여개 국에서 400여 명의 직원들이 구성되었으며, 70여개 국가의 272명으로 구성된 민간경찰도 파견되었다. 이어서 동티모르 13개 군에 선거관리사무소가 설치되었고 인구비례에 따라 10명 내외의 유엔직원이 배치되어 임무를 수행했다. 그때 한국의 손봉숙 중앙선거관리위원이 3인의 선거관리위원 중 일원으로 참가하였고, 차경택 경정 등 한국경찰관 5명도 민간 경찰요원으로 참가했다.[10]

동티모르의 주민투표는 1999년 8월 30일 시행되어 9월 4일 결과가 발표되었으며, 예상 외로 동티모르의 독립이 결정되었다. 그러나 예상 외의 투표결과에 대해 민병대는 독립파에 대한 보복과 살인방화 및 약탈을 대대적으로 자행하여 유혈사태가 발생했다. 1999년 9월 6일, 유엔은 인도네시아에게 동티모르에서 인도네시아군의 철수와 국제평화유지군의 파병수용을 촉구했다. 그러나, 인도네시아는 9월 7일 동티모르 전역에 비상계엄령을 선포하고 동티모르가 그들의 영토임을 주장함으로써 상태는 더욱 악화되었다.

---

9) 손봉숙, 『동티모르의 탄생, 나는 한편의 휴먼드라마를 보고 왔다』(서울: 도서출판 답게, 2002), p.57.
10) 국방부 군사편찬연구소, 『동티모르 파병관련 증언록』, 최규환 경사의 증언(2006.2.15.)

3) 동티모르 다국적군과 UN 평화유지군

유엔은 1999년 9월 6일 '다국적군의 파병이 불가피하다.'는 판단 하에 회원국들에게 파병참가여부를 확인하는 동시에, 다국적군 파병을 수용하도록 강력하게 촉구하였다. 국제사회의 압력으로 9월 12일 하비비 대통령이 파병을 유엔에 요청하게 되자, 9월 15일 유엔 안보리는 '결의안 1264호'에 의해 '동티모르다국적군 파병'을 결정하고 다국적군이 유엔평화유지군(PKF)으로 대체될 때까지 주둔하도록 하였다. 이를 근거로 '유엔평화유지국(DPKO)[11]' 은 오스트레일리아에게 동티모르 다국적군을 구성해 주도록 요청하고, 그 운용과 활동에 관한 통제권한을 위임했다.

유엔 안전보장이사회는 다국적군에게 "동티모르에서 평화와 안전을 확보하고, 유엔파견단(UNAMET)을 보호하며, 능력범위 내에서 인도적 지원활동을 촉진"하는 임무를 부여하였다. 오스트레일리아는 9월 20일 선발대를 이동시켰으며, 초기에 전개한 지상군은 대부분이 오스트레일리아군[12]이었다. 한편, 1999년 10월 16일, 한국군 상록수부대 선발대가 바우카우에 전개하여 동티모르 치안유지 작전에 본격적으로 참여하게 되었다. 다국적군은 〈표 3-1〉에서 보는바와 같이 1999년 12월 기준으로 총 20개국 9,643명이 파병되었다.

---

11) 유엔평화유지국(DPKO: Department of Peace Keeping Operation)은 유엔 사무총장 예하의 정무, 군축, 평화유지, 경제, 사회, 총회, 회의, 공보, 관리국 등 7개국 중의 하나로서, 유엔사무차장이 국장을 겸무하며 그 예하에 작전실, 군·민경업무실, 임무지원실, 교리·분석실, 행정실 등으로 편성되어 전 세계의 평화유지활동(PKO) 및 평화유지군(PKF)관련 업무를 통제하고 있다.

12) 오스트레일리아의 안보환경은 부각된 가상적국이 없기 때문에 육, 해, 공군을 합해 총병력 4만 명 정도이다. 그 중 육군은 2만여 명으로 1개 상비사단과 1개의 동원사단을 유지하고 있으며, 다국적군사령관으로 임명된 코스그로브소장은 유일한 상비사단인 제1사단장이었다. 동티모르 사태가 발생하자 자국의 방위를 비워 둔 채 핵심전력의 대부분을 차출해 다국적군을 주도했다는 사실과 배경에 주목할 필요가 있다. 최용호, 앞의 책, p.67.

〈표 3-1〉 동티모르 PKF 파병국가별 현황(1999.12월)

국가별	병력수(%)	국가별	병력수(%)
계	9,643(100)	케냐	254(3)
오스트레일리아	4,747(49)	포르투갈	207(2)
타일랜드	1,584(16)	미국	112(1)
필리핀	658(7)	프랑스	105(1)
캐나다	592(6)	독일	73(1)
대한민국	419(4)	브라질	48(0.5)
이탈리아	274(3)	기타 *	132(1.5)

*기타 : 아일랜드, 말레이시아, 싱가포르, 요르단, 피지, 노르웨이, 덴마크.
출처: 권행근 외『2001 UN PKF 참모귀국보고서』, (국방대학교, 2001), p.79.

동티모르 다국적군은 사태의 긴박성으로 인해 유엔 안보리는 신속한 병력투입을 보장하기 위해 유엔평화유지군의 전 단계로 다국적군을 파병하게 되었다. 이는 유엔헌장 제7장[13]에 근거한 것으로 분쟁지역에 다국적군이 투입될 경우 유엔의 승인 없이 강대국이 주도하는 경우와, 유엔의 주도 또는 승인 하에 운용되는 두 가지의 경우가 있다. 〈표 3-2〉는 유엔이 주도하는 다국적군과 평화유지군의 차이점을 보여준다.

유엔은 안보리 결의안 1272호에 의해 유엔행정기구(UNTAET)를 설치하고, 2000년 2월 28일 부로 다국적군을 유엔평화유지군으로 전환하였다. 사령관으로 필리핀의 산토스(Jaime S de Los Santos)중장이 임명되었고, 한국은 평화유지군사령부 참모 및 연락 단을 포함하여 444명을 파병하여 전체 규모의 6%를 점유하였고, 9번째로 많은 병력을 파병한 국가가 되어 임무를 수행하였다.[14]

---

13) 유엔헌장 제6장은 제33조로부터 제38조까지로 구성되어 있으며 '분쟁의 평화적 해결'로 분쟁 당사자 간에 문제를 해결하도록 하는 '평화조성(Peace Making)'과 관련된 조항이며, 제7장은 제39조부터 제51조까지로 구성되어있으며 '평화에 대한 위협, 파괴 및 침략행위에 관한 조치'로 '평화강제(Peace Enforcement)'와 관련된 조항이다.
14) 박대용외,『동티모르 PKF연락단 및 참모귀국보고서』, 국방대학교 합동참모대학, 2003, p.46.

이 외에도 유엔 과도행정기구 및 기타 활동을 보면, 동티모르 유엔 군 감시단(UN Military Observer Group), 유엔 민간경찰(UN Civil Police), 유엔 난민고등판무관실(UN High Commissioner for Refugees)과 국제이주기구(International Organization for Migration) 등이 인권과 질서유지, 난민문제 등에 기여하였다.

〈표 3-2〉 유엔 주도의 다국적군과 평화유지군 비교

구 분	다국적군(PKF)	평화유지군(PKO)
유엔관계	유엔 파견 승인	유엔 파견 및 운용 승인
사 령 관	참여국 협의에 의해 선출	유엔 사무총장이 임명
소요경비	참여 국가별 부담	유엔 예산으로 보전
복장착용	각 국가별 복장	유엔 규정에 의한 복장
무력사용	각 국의 교전규칙에 따라 사용 (긴급한 작전소요 발생시)	유엔 규정에 따라 사용 (보다 엄격하게 통제)
운 용	평화유지군의 전 단계	비교적 안정적이고 장기적인 경우
사 례	한국전쟁, 걸프전, 동티모르(전기)	캄보디아, 동티모르(후기)

출처: 최용호(2006). p.74.

4) 한국의 상황과 관계

한국은 1998년 2월 25일, 김대중 대통령이 이끄는 '국민의 정부'가 출범하였다. 당시의 정치상황은 '여소야대'의 정국으로 야당의 협력 없이 여당 단독으로는 어떠한 국가정책도 추진할 수 없는 상황이었다. '국민의 정부' 외교정책은 민주주의, 시장경제, 인권, 환경 등 인류 보편적 가치의 신장과 범세계적 문제해결에 우선을 두고 추진하였다.

한국 정부는 포괄적 접근방법을 통한 냉전구조의 해체 및 남북 평화공존의 모색, 적극적이고 개방적인 통상외교를 통한 경제위기 극복 및 경제성장의 잠재력 확충, 경제발전과 민주주의 정착에 성공한 '중견국가'로서 인류의 공동 번영을 위한 국제사회에서의 응분의 역할 수행, 문화외교 강화, 재외국민 보호 및 지원 등을 외교목표로 설정하였다. 이러한 외교목표 달성을 위한 과제로 '한반도 평화와 안정 정착을 위한 외교', '경제 재도약 및 시장경제 정착을 위한 외교', '인류 보편적 가치신장 및 범세계적 문제해결에 기여하는 외교', '국가 이미지 제고를 위한 문화외교', '재외 동포의 권익 보호 및 자조노력의 지원' 등을 설정·추진하였다.[15]

한국은 남북한이 주체가 되고 주변 4강이 지원하는 평화체제 구축에 주력하는 한편, 이러한 여건을 조성하기 위해 활발한 정상외교를 통해 주변 국가의 협조를 얻어내고자 하였다. 김대중 대통령은 정치·외교적으로 1998년과 1999년 두 차례의 미국방문을 통해 한·미 동맹관계와 안보협력을 재확인하였고, 한국의 경제위기 극복을 위해 미국의 지원과 협조를 약속받기도 하는 등 대북 포용정책에 대한 미국의 지지를 유도하는 데 주력하면서 한·미 안보동맹관계를 공고히 하고 북한의 핵 의혹시설과 미사일 등 대량 살상무기의 확산에 대해 공동 대처하는 데 주력하였다.

또한 경제적으로는 1997년 발생한 IMF위기로 인해 한국경제의 총체적 위기상태에서 정부가 출범하였다. 김대중 정부는 '민주주의와 시장경제의 병행발전'을 경제정책 운영의 기본 틀로 설정하고 국가 부도위기를 극복하고 경제구조의 근본적인 개혁을 추진하여 1999년을 기점으로 다시 성장률이 회복되기 시작하였고, 동티모르 파병결정은 한국의 경제위기가 어느 정도 회복 되어가는 시기에 이루어진 것이다.

군사·안보상황으로, 남북분단 이후 대결구도를 유지해 온 남북관계는 1997년을 정점으로 큰 변화를 겪게 되었다. 소위 'IMF 시대' 외에도 남한의 대통령선거에 의한 수평적 정권교체와 북한 김정일의 당 총비서 취임 등 남북한 모두 새로운 체제의 출범을 위한 정치적 변화를 겪었기 때문이다. 특히 그동안 통일 문제에 대해 상당한 관심과 식견을 쌓아온 김대중 대통령의 취임은 일관된 '햇볕정책'으로 이어졌다. 햇볕정책의 기조 하에 1998년

---

15) 조현행, "한국군 국제평화유지활동에 관한 연구"(건국대 박사학위논문, 2013), pp.138-140.

3월 민간차원의 대북지원 활성화 조치, 4월 남북경협 활성화조치와 북한 방송·출판물의 개방, 8·15 판문점 통일 대축전 수용, 사상전향제도 폐기 등을 추진하였다.[16)]

한편 북한은 경제난을 비롯한 위기상황에 직면하여 대내적으로는 군부 중심의 위기관리체제 하에서 사상통제 강화, 경제발전 추진, 군부 장악의 정책을 추진하면서, 대외적으로는 대미관계 개선을 통한 안정성 확보와 대남 적대관계를 이용한 내부 결속도모 등의 체제유지전략을 구사하였다.[17)]

2. 파병요청 및 한국정부의 입장

1) 한국군 파병요청

1999년 9월 4일, 유엔이 주관하는 동티모르 독립관련 주민투표 결과가 발표되면서 동티모르 사태가 발생하자, 유엔은 인도네시아 정부에게 동티모르 치안회복을 위해 '국제평화유지군 파병제안을 수용할 것과 인도네시아 군의 철수'를 요구했다. 아울러 사태의 긴박성에 따라 유엔 평화유지군을 파병하기 전까지 한시적으로 2개 보병여단 규모의 다국적군을 구성해 9월 중순까지 동티모르에 전개시키는 방안을 마련했다.

유엔은 9월 6일, 세계 각국에 동티모르 다국적군 구성방침을 통보하면서 참가여부를 비공식적으로 문의했고,[18)] 그 때부터 한국정부도 동티모르 파병에 관한 문제를 검토하기 시작했다.[19)] 한국은 자원부국인 인도네시아와의 방산협력 및 우호관계 등을 고려해야 했기 때문에 파병요청을 즉각 수

---

16) 정도생, "한국의 해외파병정책 결정과정에 관한 연구"(단국대 박사학위논문, 2006), pp.143-144.
17) 정진위 외 공저,『새로운 동북아질서와 한반도』(서울: 법문사, 1998), p.11.
18) 국회사무처, 제208회 국회 통일외교통상위원회 회의록 제1호, 1999.9.17. p.2.
19) 국방부 군사편찬연구소,『동티모르 파병 증언록』, 강경식(당시 외교부 국제연합과 PKO 담당관) 증언, 2006. 2. 16.

용하기 어려운 입장이었다. 뿐만 아니라 유엔이 요구한 파병 일정은 9월 중순까지였으므로 그 기간 내에 국회의 파병동의를 받아야 하고 파병 상비군 체제가 없는 입장에서 파병은 불가능한 상황이었다.[20] 이에 정부는 파병여부에 대한 회신을 미루고 신중한 입장을 취한 채 사태의 추이를 주시하고 있었다.

9월 12일, 뉴질랜드에서 제7차 '아시아 · 태평양경제협력체(APEC)'[21] 정상회의가 열렸는데, 한국의 김대중 대통령을 비롯한 주요 정상들이 참석하여 동티모르 문제를 적극 거론하였고, 한국의 김대중 대통령이 주도적인 역할을 수행했다. 9월 12일, 인도네시아는 국제사회의 압력에 굴복하여 유엔 다국적 평화유지군의 파병을 공식 요청하였다.

유엔 안보리는 9월 15일, 동티모르 평화와 안정을 회복하기 위해 다국적군 파병과 무력사용을 승인하는 결의안 제1264호를 만장일치로 통과시켰다. 같은 날 유엔사무총장은 안보리 결의를 근거로 한국군의 파병을 공식적으로 요청하면서, 파병부대의 성격, 규모, 시기 등에 대해 조속한 시일 내에 통보해 줄 것을 희망해 왔으며, 다국적군을 주도하게 된 오스트레일리아 외교부장관도 같은 내용을 한국정부에 요청해 왔다.[22]

2) 한국의 파병정책 목표

김대중 대통령은 1999년 중에 개최된 UN총회, UN인권위원회 등 인권관련 주요 국제회의에서 세계 곳곳에서 발생하고 있는 인권침해 문제에 대해

---

20) 국방부 군사편찬연구소, 『동티모르 파병 증언록』, 위승호(당시 국방부 정책조정과 PKO 담당관) 증언, 2006.2.24.

21) 아시아 · 태평양경제협력체(Asia Pacific Economic Cooperation)는 1989년 11월, 한국, 미국, 일본, 캐나다, 오스트레일리아, 뉴질랜드 등 아세안 6개국 등 총 12개국의 각료회의로 출범하여 1993년 11월, 시애틀에서 제1차 정상회담을 개최한 이후, 1999년 9월 12일 뉴질랜드 오클랜드에서 제7차 정상회담이 개최되었으며, 당시 회원국은 중국, 러시아 등을 포함하여 총 21개국이었다.

22) 국회사무처, 제208회 국회 통일외교통상위원회 회의록 제1호(1999.9.17.), p.2.

우려를 표명하고 "관련국가와 국제사회가 이러한 인권문제의 해결을 위해 노력할 것"을 촉구하는 등 인권증진 분야에 관심을 집중하였다.

동티모르 사태와 관련하여 1999년 9월 27일, 홍순영 외교부장관은 '제208차 통일외교통상위원회에서 국군부대의 다국적군 파병동의안 제안'을 통해 "국군부대의 파병은 인도네시아정부 요청과 만장일치로 채택된 유엔 안전보장이사회 결의에 따른 것으로, 국제사회로 부터도 폭넓은 지지를 받고 있으며, 당사국인 인도네시아 정부도 아시아국가가 가급적 많이 참여하기를 희망하는 입장에서 환영하고 있다."고 전제하고 "정부는 UN 회원국으로서 UN의 국제평화유지 노력에 적극 참여하고, 동티모르의 평화와 안전의 회복과 아시아·태평양지역의 안정, 인권보호 및 민주화에 기여하기 위하여 동티모르 다국적군에 국군부대를 파병키로 하였다."라고 하면서 동티모르 파병 정책목표를 다음과 같이 설명하였다.[23]

첫째, UN의 평화유지군활동에 참여하여 지역평화와 안정, 민주주의의 신장을 위한 국제사회의 노력에 적극적으로 동참할 때 우리가 국제적 위상을 높일 수 있을 뿐만 아니라, 우리가 한국전쟁 등 나라가 어려웠던 시기에 UN의 도움을 받았으며, 이번 한국군부대의 파병은 우리가 받은 국제사회의 도움에 보은하는 것으로서 국가의 도덕성을 제고할 수 있으리라고 본다.

둘째, 아시아 평화를 위한 평화유지활동에 참여함으로써 앞으로 있을지도 모르는 한반도 긴장상황 때 국제적 여론을 우리 쪽으로 유리하게 이끄는 것은 물론 구체적인 지원을 얻기 위한 명분을 확보할 수 있을 것이다.

셋째, 동티모르에 평화가 정착되고 안정이 회복된 뒤 경제복구 및 자원개발에 참여할 수 있는 유리한 여건을 조성할 수 있다는 점 등을 들었다.[24]

---

23) 국회사무처, 제208회 국회 통일외교통상위원회 회의록 제2호 (1999. 9. 27.), p.5.
24) 정도생, 앞의 논문, p.149.

2 파병 협상요인과 정책결정과정

1. 국제수준의 협상

1) 국제체제

1999년 '세계의 분쟁현황'에 의하면, 충돌분쟁 35건, 대립분쟁 24건, 잠재적 분쟁 18건 등으로 분쟁의 강도 및 관련국가가 증가하고 있으며, 동서갈등으로 인해 억제되었던 영토적·인종적·종교적 갈등이 표출되기 시작했고 이러한 분쟁들은 과거와는 달리 그 양상이 매우 복잡하고 다양하며, 그밖에 환경오염, 마약, 테러, 난민 문제 등 초국가적인 위협들도 새롭게 부상하고 있었다. 또한 탈냉전시대에 접어들어 주권의 개념이 약화되면서 주권문제는 인권문제와 연계되는 경향을 보였다. 따라서 국제사회에서는 한 국가가 자국의 국민을 보호할 의지가 없거나 또는 보호할 수 없을 때 외교적인 방법이나 무력을 사용하여 인도주의 차원의 개입이 증가되고 있었다. 이는 국제사회에서 진행 중인 인종적·종교적 분쟁에 국제사회가 적극적으로 개입하여 해결할 수 있는 가능성이 매우 높아졌음을 의미한다.[25]

---

25) 이대우, "21세기 세계질서와 한반도", 「정세와 정책」(서울: 세종연구소, 2000), pp.1-2.

국제질서의 차원에서 볼 때, 이러한 흐름들은 구소련의 붕괴 이후 유일한 초강대국인 미국의 주도하에 EU, 일본을 비롯한 강대국들이 상호 협력함과 동시에 사안에 따라 갈등도 보이는 이른바 '단일-다극체제(uni-multipolar system)'의 양상을 형성하고 있다.[26] 즉 강대국들은 상호간 안정적 관계 유지가 자국의 안보적·경제적 이익에 중대한 영향을 미침에 따라 미국주도의 안정적 국제질서 유지에는 동의하나 자국의 전략적 이해와 관련된 사안에는 적극적으로 대응하는 모습을 보이고 있다.

미국은 냉전종식을 통한 위상강화로 인해 경제, 군사, 기술면에서 국제정치, 경제적 영향력을 발휘하였고, 1999년 국내적으로는 클린턴 대통령에 대한 공화당의 탄핵 강행으로 양당 간 감정적 대립양상을 보였으나, 사상 최대의 재정흑자와 인플레 없는 4%대의 고성장을 기록하였다. 대외적으로는 중동의 평화협상 진전과 NATO의 유고슬라비아 공습을 주도함으로써 국제질서 관리자로서의 역할을 담당하고 있었다.

일본은 1998년 전후, 경기침체에서 벗어나는 양상을 보이고 있었다. 군사적인 면에서는 미·일 신방위협력지침 관련법 성립으로 미국과 공고한 협력관계를 확인하고 주변 유사시 자위대의 활동영역을 확대하는 한편, 중국의 WTO 가입지원, 러시아에 대한 11억불 융자 재개 결정 및 활발한 정상외교를 통하여 동아시아 경제위기 이후 약화된 아시아 지도국으로서의 위상확보를 꾀하고 있었다.

중국은 국내적으로 상반기 파룬공문제 및 실업률의 증가로 정치적 부담이 가중되기도 하였으나, 건국 50주년 행사와 마카오 반환이 성공리에 마무리되고 하반기부터 경기가 호전됨에 따라 정치적 안정을 유지하였다. 대외

---

26) 정도생, 앞의 논문, p.138. 헌팅턴(Samuel Huntington)은 21세기 초 국제정치질서는 단일-다극체제일 것이라고 했다. 이는 하나의 초강대국과 여럿의 강대국들이 존재하고 있는 세계를 지칭한다. 현재 국제정치의 위계에서 초강대국은 미국이다. 미국은 경제, 군사, 외교, 이념, 기술, 문화 등 모든 면에서 다른 나라들보다 우월한 위치를 확보하고 있다.

적으로는 코소보사태, TMD 개발문제 등으로 미·일을 비롯한 서방국가들과 갈등을 보였으나, WTO 가입 협상타결을 계기로 이들 국가와의 협력을 도모하는 한편, 동남아시아국가연합(ASEAN)과의 정상외교를 통한 관계강화로 지역 강대국으로서의 역할을 모색하였다. 특히 러시아와는 정상회담을 통해 '전략적동반자 관계'를 공고히 하고 협력을 증진하였다.

유럽연합(EU)은 1999년 1월 1일 유럽통화동맹(EMU)의 공식 출범, 암스테르담 조약의 발효, 불가리아, 루마니아 등 동구권 국가들의 EU 가입협상 구체화 등으로 가속화 되었다. 한편 EU는 코소보사태를 계기로 서유럽동맹(WEU)을 흡수하고 6만 명 규모의 유럽방위군을 2003년 까지 창설하기로 하는 등 독자적인 방위기구 설립을 모색하게 되었다. 미국을 중심으로 한 강대국들 간의 관계를 보면, 미국과 유럽은 비록 일부의 반미 분위기와 EU의 탄생으로 국제정치질서의 새로운 측면으로 등장하였다. 그러나 국제정치질서는 냉전구조 해체 이후 유일한 초강대국인 미국의 주도와 유럽·러시아·중국의 견제가 균형을 이루면서 비교적 안정을 유지하였다.

2) 지역체제

지역체제는 지정학적으로 인접하고 긴밀한 이해관계를 갖는 국가들 간에 형성된 국제체제를 의미한다. 미국은 강대국들의 동참 하에 국제 정치질서를 유지하고, 평화의 중재자로써 탈냉전 이후 세계 각지에서 일어난 여러 분쟁지역에 개입해 왔으나 동티모르에서는 그동안 그들의 정책과는 달리 적극적인 개입을 회피하였다. 이로 인해 대부분의 서방국가들도 1975년 인도네시아의 동티모르 침략을 지원하거나 묵인하는 분위기였다고 할 수 있다. 이는 인도네시아의 전략적 중요성 때문으로 1970년대와 1980년대는 인도네시아의 반공적인 경향은 그 지리적 위치와 함께 냉전당시 중요한 지역이었고, 미국을 비롯한 서방국가들의 무기시장이면서 석유를 포함한 풍부한 자연자원과 2억이 넘는 저렴한 인력 등은 서방국가들로 하여금 인도네시아의 손을 들어주게 만드는 주요한 요인이 되었다.

　그러나 1991년의 동티모르 '산타크루즈(Santa Cruz) 대학살사건'은 전 세계인의 분노와 규탄을 불러 일으켰고 동티모르의 참상을 널리 알리는 계기가 되었다. 미국 의회에서도 대 인도네시아 군사원조를 제한하는 안이 상정되었으며, 동티모르의 외교대표위원장 라모스 오르타(Ramos-Horta)와 정신적 지도자인 벨로(Belo)주교에게 1996년에 노벨평화상이 수여되어 전 세계적인 관심이 부각되고 동티모르의 학살과 인권 탄압을 숨길 수 없게 되었다.

　한국의 동티모르 파병결정은 동북아 지역체제의 이해관계와 관련하여 분석해 볼 때, 다국적군의 주도적 역할을 한 오스트레일리아군의 확장을 견제하기 위한 인도네시아의 요구에 의해 이루어진 것이라고 할 수 있다.[27] 오스트레일리아는 인도네시아가 동티모르를 합병한 뒤인 1978년, 가장 먼저 인도네시아의 영유권을 공식 인정하였다. 그러나 입장을 바꾸어 1999년, 독립 찬반 투표시 비용의 절반인 2,000만 달러를 지원하였다. 이는 동티모르의 광대한 석유자원에 대한 자국의 국가이익을 위한 욕심에서 비롯된 것이다.

　이러한 동북아 지역체제의 이해관계를 고려한 한국의 동티모르 평화유지군 파병도 국가이익을 추구하기 위함이었다. 동티모르 파병은 국제사회에서 한국의 위상을 높이고 발언권을 보장받을 수 있는 좋은 기회이며, 아울러 최고 정책결정자는 개인 또는 정권의 유지 기반을 확보할 수 있는 기회였다. 최고 정책결정자는 개인 또는 정권의 이익을 국가이익과 동일시하는 경향이 있기 때문이며, 정책결정자들이 추구하는 국가이익은 대체로 국

---

27) 자우하리 나타트마자 주한 인도네시아 대사는 1999년 9월 20일, "국제사회의 합의에 의한 한국군의 동티모르 파병에 전혀 반대하지 않으며, 오히려 환영하는 입장이고, 파병에 감사하며 아시아 국가들이 동티모르 다국적군에서 주도적인 역할을 해줄 것을 당부했다."고 말했다. 『조선일보』 1999.9.21, 8면.

가안보의 강화, 경제적 실리추구, 국제정치적 유대강화, 국제적 위신의 고양 등이다.

3) 국가 간의 관계

한국군이 파병하게 된 요인 중 대외적 명분으로서는 동티모르의 독립 찬반투표 이후 독립 반대파와 민병대에 의해 광범위하게 저질러지는 유혈 학살을 막기 위해서는 국제사회가 적극적으로 개입할 수밖에 없다는 국제적 공감대가 형성되어 있었다는 점이다. 이러한 여론이 비등하면서 유엔 안보리는 만장일치로 다국적군의 구성을 승인하였고, 인도네시아 정부도 불가피하게 다국적군의 수용을 발표하게 되었던 것이다. 당시 주한 인도네시아 대사도 "국제사회 합의에 의한 한국군의 동티모르 파병에 전혀 반대하지 않으며 오히려 환영한다."는 입장을 보였다. 사실상 인도네시아정부가 한국군의 파병을 강력히 반대할 때, 한국은 주요 교역국이자 1만 여명의 교민이 활동하는 상황에서 인권외교와 국가이익을 추구하는 현실주의 외교 사이에서 곤혹스러운 정책결정이 되었으리라 생각된다.

인도네시아정부는 유엔평화유지군을 불가피하게 수락할 수밖에 없는 상황에서 다국적군을 주도하는 오스트레일리아를 견제하는 차원에서도 한국을 비롯한 아시아 국가들의 파병을 오히려 환영하였다고 본다. 오스트레일리아는 동티모르 파병을 통해 아시아 진출의 주도권과 함께 동티모르의 병참기지 역할로서 경제적 이익을 추구하고 있었다. 그러나 인도네시아는 오스트레일리아와 미국에 반감을 가지고 있는 바, 지난 1975년에는 공산주의 확산을 막기 위해 인도네시아의 동티모르 접수에 동의하였으나, 탈냉전기가 도래함에 따라 자국의 이해관계를 위해 입장이 변하게 된 것이다.

인도네시아 정부와 언론은 내심 다국적군 파병을 주권침해로 동의하지는 않으나 현실적으로 수긍하였으며, 다만 한국군이 파병될 시 민병대와 동티모르 독립파 간에 중립을 지켜줄 것을 희망하였다. 동티모르 파병의

경우 미국은 1975년 인도네시아의 동티모르 통치를 지지 또는 묵인한 사례
가 있으며, 일본은 국제평화유지가 아닌 치안유지에는 참여할 수 없는 헌
법적 제약 때문에, 중국은 1965년 인도네시아 공산당 쿠데타 시도를 지원한
과거가 있기 때문에 각각 파병의 전투병 파병의 전면에 나설 수 있는 입장
이 못 되기에 한국군의 파병은 큰 의미와 역할이 기대된다고 하겠다.

한국군의 동티모르 파병은 1991년 유엔가입 이후 전투부대의 투입은 처
음이라는 역사적 의의를 갖고 있다. 한국은 동북아에서도 대륙과 해양을
잇는 가교 역할을 함과 동시에, 동남아에서도 선·후진국을 매개할 수 있는
폭넓은 외교활동을 펼치게 되는 중요한 계기로 생각하였다. 한국정부는 인
도네시아와의 보다 적극적인 외교와 통상증진으로 한국군 파병의 불가피
성을 설득시키면서 동티모르 독립과정에서 유엔과 인도네시아, 동티모르가
원활한 협력관계가 유지될 수 있도록 한국군사외교의 지평을 확장해 나갔
다.

2. 국내수준의 협상

1) 정치구조

1997년 12월 18일, 제15대 대통령 선거에서 새정치국민회의의 김대중 후
보가 김종필과 연합(DJP)하고, 박태준 전 최고위원이 자민련에 합류하여 김
대중-김종필-박태준의 연합이 이루어 김대중의 열세지역인 경북, 대구, 충
청지역의 지지를 확대하고 보수 세력들의 김대중 후보 색깔론을 잠재우고
대통령에 당선되었다. 국민회의와 자민련의 연립정부 출현은 지역차별과
지역불균형을 해소하는 등 두 후보의 정책적·이념적 차이에도 불구하고
'지역등권론'에 기반을 두어 정치적 연합을 이룩하고 집권에 성공할 수 있
었다.[28]

김대중 정부는 민주적으로 여·야 간 수평적 정권교체를 이룩함으로써

한국 민주주의 새로운 기원의 장을 열었다. 김 대통령은 취임사에서 "오늘의 민주주의는 국민국가 수준을 넘어 세계 곳곳에서 고통 받는 사람들도 자유와 정의가 깃든, 세계적 차원의 민주주의가 되어야 한다. 나아가 인류의 형제인 모든 생명붙이에게도 평화가 깃들어야 한다. 지구상의 모든 존재들, 자연의 생존권이 보장되는 전 지구적 민주주의가 되어야 한다."고 했다.

김대중 정부의 당면한 과제는, 비민주적 적폐를 청산하고 새로운 민주주의 인권국가, 정의로운 사회를 탄생시켜야 하는 것이었다. 남북관계는 화해와 협력, 그리고 평화정착에 토대를 두고 발전시키되, 1991년 체결한 남북기본합의서에 의한 교류가 실현되고 합의서의 이행을 위한 특사교환 및 남북 정상회담에도 응할 용의가 있음을 밝혔다. '햇볕정책'으로 불리는 '화해협력' 정책도 대북 및 대외 정책의 기조로 작용했는데, 이와 더불어 국제 공조를 통해 냉전구조를 해체하고 한반도와 동북아에 평화체제를 구축하겠다는 것이었다.

외부적으로는 세계문제 해결을 위한 국제회의가 정부(GO) 차원에서만이 아니라 비정부민간단체(NGO) 차원에서도 개최되는 등 세계적으로 시민사회 시대가 열렸다. 특히 민주주의, 인권, 빈곤, 평화, 환경문제 등의 해결을 위한 국제적 시민사회 연대와 네트워크도 밀접하게 형성되었다.

김대중 대통령은 정부를 '국민의 정부'로 명명하고, 국정지표를 민주주의와 인권국가 확립, 정보화강국과 선진경제국가 실현, 생산적 복지 및 중산층과 서민생활 향상, 교육과 문화입국, 화해와 협력을 통한 평화통일 기반구축, 튼튼한 안보와 자주적 외교에 의한 세계중심국가 도약 등으로 제시했다.

---

28) 김성재, "김대중 정부의 출범 및 정부소개", 『대한민국 역대 정부 주요 정책과 국정운영 ⑥, 김대중 정부』(서울: 대영문화사, 2014) p.11-20.

2) 경제구조

김대중 정부 출범 당시 한국의 경제적 여건은 매우 어려운 상황이었다. 1997년 12월 당시 외환보유액은 39억 달러에 불과했고 외채는 1,592억 달러에 달했다. 경제성장률은 마이너스 6.7%였고, 실업률은 1998년에 6.8%였다. 경제 분야와 관련된 김대중 정부 정책기조는 크게 두 가지로 나눠볼 수 있다. 그 하나는 외환위기극복을 위한 구조개혁이며, 다른 하나는 분야별 신성장 동력 창출을 위한 전략개발이었다.[29]

한편 중국을 비롯한 후발개도국은 일본과 한국의 성장 패턴을 추종해 한국의 주력 업종인 전자, 철강, 화학 등에 집중 투자했고 한국경제는 일본과 후발국 사이에서 입지가 크게 축소되었다. 이러한 대내외적인 환경의 급격한 변화에도 불구하고 한국경제 운영시스템은 규모의 성장에 따르는 내재적인 변화 요구도 수용하지 못했을 뿐 아니라, 대외적인 환경에 적응해 효율적으로 경쟁적 입지를 확보하는데도 한계를 드러냈다. 1996년 이후에는 엔화약세 및 중국산 저가제품과의 경쟁이 격화되는 가운데 동남아 경제의 거품현상이 붕괴되면서 한국경제의 주요시장중의 하나인 동남아시장이 몰락하게 되었다. 게다가 일본이 1990년 이후 금융부실 및 경기침체가 심화되어 한국경제에 심각한 타격을 주었다.

김대중 정부는 '민주주의와 시장경제의 병행발전'을 경제정책 운영의 기본 틀로 설정하고 국가부도위기를 극복하고 경제구조의 모순점의 근본적인 개혁을 시도하였다. 이러한 정부의 경제정책으로 마이너스 성장을 보이던 한국경제는 1999년을 기점으로 다시 성장률이 회복되기 시작하였고, 따라서 김대중 대통령에 의한 동티모르 파병결정은 한국의 경제위기가 어느 정도 회복되어가는 시기에 이루어진 것이다.

---

29) 문정인, "김대중 정부의 출범 및 정부소개", 『대한민국 역대 정부 주요 정책과 국정운영 ⑥, 김대중 정부』(서울: 대영문화사, 2014) p.60.

한편, 파병 상대국인 인도네시아는 한국의 4위 수출 대상국이며, 6위의 수입 대상국으로서 양국의 교역관계가 날로 발전 중이었다. 인도네시아는 고무와 석유를 포함한 풍부한 자연자원을 보유하고 있는 자원부국으로서 부존자원 부족으로 대부분을 수입에 의존하는 한국으로서는 매우 중요한 교역 국가였다.

또한 2억이 넘는 인도네시아의 인구는 저렴한 인력 및 소비시장 등의 측면에서 한국의 경제의 주요 교역국인 동시에 1만여 명의 교민이 활동하는 상황 긴밀한 관계의 경제우방국이었다.

3) 외교능력

김대중 대통령은 평소에 '외교는 실리다.'라고 강조했고, 이에 기초해 한반도를 둘러싼 4대 강국의 이익을 냉철한 시각에서 판단해 그에 따른 국익을 극대화시키는 것이 필요하다는 입장을 갖고 있었다. 그래서 김대중 대통령은 임기 초반 한반도 주변 4대 강국과의 외교를 통해 햇볕정책이 지향하는 한반도의 탈냉전전략이 그들 모두에게 이익이 된다는 점을 설득하고 이해시켜 이에 대한 지지를 이끌어냈다. 김대중 정부는 미국에 대한 일방적 추종이나 국내 정치적 이유에서 맹목적 반일 정서를 이용하는 외교적 행태에 반대했다.[30]

1999년 9월 11일, 제7차 APEC 정상회의 차 뉴질랜드를 방문한 김대중 대통령은 11일 오후, 중국 장쩌민 주석과 정상회담을 가진 자리에서 동티모르 사태와 관련해 "합법적으로 표출된 주민들의 요구에 대해 아시아·태평양의 국제사회가 지원해야하며 인도네시아 정부는 이번 사태를 평화적으로 해결할 책임이 있다."는 내용을 강조하면서 동의를 구했다. 12일 오전, 한·미·일 3개국 정상회담에서 김 대통령은 동티모르 유혈사태를 우려하면서

---

30) 문정인, 위의 글, pp.66-67.

인도네시아 정부의 즉각적인 조치를 촉구했다. 12일 오후에는 인도네시아 재무장관을 만나 "인도네시아가 유엔의 평화유지군 파병을 수용해야 한다."고 촉구하였으며, 여러 외신과의 인터뷰에서 동티모르 사태에 대한 우려와 한국의 파병방침을 표명하는 등 적극적으로 나섰다.[31]

9월 12일 저녁 하비비 인도네시아 대통령은 유엔의 제안을 수용하여 '동티모르에 평화유지군을 파병해 줄 것'을 요청하게 되었다. 이와 같은 인도네시아의 태도변화는 국제사회의 압력이 크게 작용한 결과였지만, 동티모르의 인권문제를 계속 제기하면서 설득을 병행해 온 김대중 대통령의 역할에 상당한 영향을 받은 것으로 평가됐다.

인도네시아가 유엔의 요구를 수용하자, 김 대통령은 한국군의 파병을 보다 구체화하기 시작하였으며, 9월 14일 뉴질랜드 방문 시 기자 간담회에서 동티모르 평화유지군 파병과 관련하여 "아시아에서 인권국가로 인정받고 있는 한국이 참여하지 않을 수 없다."면서 한국군의 파병방침을 분명히 했다.[32]

4) 군사안보

냉전 종식에 따른 새로운 질서가 대두됐음에도 불구하고 북한의 군사적 위협은 그치지 않았다. 한반도 문제는 남북한 당사자의 문제이자 국제관계와 밀접한 관련을 맺고 있다. 1990년대 초 남북기본합의서 및 한반도 비핵화 공동선언의 채택과 남북관계의 진전은 사회주의권의 붕괴라는 세계적 차원의 격변에 대해 남북한이 대응한 것이었다. 김대중 정부의 대북 화해·협력정책은 한반도 문제의 국제화 현상에 대해 남북한이 주도권을 확보해야 한다는 의식을 지니고 있었다.

---

31) 『조선일보』, chosun.com=199909110408; 동아일보, 1999.9.12. 5면.
32) 『조선일보』, chosun.com=199909140544.

북한 핵문제가 발생함에 따라 한반도에 대한 국제적 영향력이 증대했다. 북핵문제로 인해 한반도 문제의 국제화 현상이 증대한 반면, 북핵문제를 해결하기 위한 남북협상은 무위로 끝났다. 이것은 핵문제와 같은 국제 안보문제에 대해 남북한의 주도권이 제약돼있다는 것을 입증했다. 남북 간의 핵협상이 무산되고 대신에 미국과 북한의 협상이 북핵문제를 다루게 되었는데, 미·북간 핵협상이 진행되는 동안 남북 간의 직접대화는 중단되었으며, 한국은 미국을 통해 간접적으로 회담진행에 대해 알 수 있는 정도였다. 미·북 협상결과 1994년 10월 제네바합의에 의해 북핵 프로그램을 동결하는 대신 북한에 경수로를 건설해 주기로 하여 한국은 '한반도에너지개발기구(KEDO)'라는 다자기구의 일원으로 참여했다. 또한 한반도 평화정착을 위한 다자회의도 국제적 영향력이 작용하지 않을 수 없었다. 한반도 평화문제가 UN총회나 ASEM의 의제로 다뤄진 것은 한반도 평화문제가 국제적 성격을 지니고 있음을 보여주는 것이며, 1997-1999년까지 한반도 평화정착을 위한 4자 회담이 운영된 것도 한반도 평화문제에 대한 국제적 영향력을 나타낸 것이다.

이와 같이 1990년대에 전개된 한반도 문제의 국제화는 대북경수로사업을 위한 KEDO, 한반도 평화체제를 논의하기 위한 4자회담 등은 북핵문제 해결과 한반도 평화정착 논의를 위한 제도적 장치를 마련했다는 점에서 긍정적 의미를 지닌다. 그러나 한반도 문제에 대한 국제사회의 관여와 한반도 문제의 국제화가 남북관계 진전과 직접적으로 연결되지 않는 것이 문제였다.

국제사회의 한반도 문제에 대한 관여와 북한과 국제사회의 관계개선과는 달리 1990년대 중반 남북대화는 중단되고 남북관계도 답보상태에 머물러 있었다. 그 결과 한반도 문제의 당사자인 남북한은 소외된 채 주변국과 국제사회의 입지가 확대되고 남북한의 주도권이 약화되는 결과를 초래됐다. 또한 북한이 국제사회로부터 지원을 얻게 됨에 따라 남북관계 개선의 필요성이 감소되는 결과가 빚어졌다.

　이러한 상황을 감안해서 김대중 정부는 남북한의 주도로 한반도에 평화를 정착시키고 남북협력을 증진시켜야 할 필요성을 인식했다. 김대중 정부는 세계적 차원의 냉전구조가 해체된 상황에서 남북한도 당사자 간 화해·협력을 통해 한반도 냉전구조를 불식시킬 필요성을 절감했다. 김대중 정부는 한반도 문제의 국제화 현상과 남북관계 진전이 상호 긍정적 영향을 미치는 선순환 구조를 정착시키고자 했다. 김대중 정부의 대북 화해·협력정책은 '한반도 문제의 한반도화'를 위해 노력한 결과 남북관계 개선과 동북아시아지역의 국제 정세에 긍정적인 영향을 미쳤다.

3. 협상행위자 역할과 상호작용

　정책결정과정에서 나타나는 주요행위자들의 역할에 대하여 일반화를 추구하는 것은 가능하기는 하지만, 어떻게 하여 그런 정책이 결정되었나를 이해하기 위해서 필요한 또 하나의 작업은 그 정책결정을 둘러싼 특정한 환경을 검토하는 일이다.[33]

　동티모르 파병의 주요 논점은 '전투병 파견'이라고 볼 수 있는데, 파병에는 찬성하나 전투병이냐, 비 전투병이냐에 초점을 두고 논의가 분분하였으며, 전투병파병에서도 규모와 파병시기 등에 따라 의론이 갈라지기도 하였다.

1) 대통령의 특성과 역할

　동티모르 파병정책결정과정에서는 김대중 대통령의 파병의지가 강하게 작용하였다. 한국정부가 동티모르 사태에 평화유지군 파병 방침을 수립하

---

33) 김기정, 『외교정책의 이해』(서울: 평민사, 1998), p.182.

게 된 결정적 계기는 뉴질랜드에서 개최된 제7차 APEC 정상회의에서, 김대중 대통령이 동티모르 문제의 평화적 해결에 적극적인 관심을 표명하면서 동티모르의 평화유지활동의 필요성을 주도적으로 거론한 데 따른 것이다.

해외순방을 마치고 귀국한 김 대통령은 9월 20일, 전직 대통령을 청와대로 초청하여 오찬을 함께한 자리에서 "동티모르에 대한 파병은 유엔과 하비비 인도네시아 대통령의 공식적인 요청으로 이루어진 것으로, 우리의 목적은 동티모르에서 평화를 유지하는 것"이라고 설명했다. 김 대통령의 발언이 끝나자 최규하, 노태우 전 대통령은 "외교적으로 주도, 잘한 일" 등으로 동감을 표시했다.[34] 김 대통령은 9월 22일 청와대 대변인의 발표를 통해 동티모르 파병의 중요성과 당위성을 다음과 같은 요지로 설명했다.

> 첫째, 6·25전쟁 시 유엔의 도움을 기억하며, 같은 차원에서 유엔의
>   결의에 따른 것이다.
> 둘째, 인도네시아 정부의 요청에 의한 것이다.
> 셋째, 유엔이 요청한 치안유지를 위해 의무, 공병부대보다 전투부대
>   를 보내는 것이 더 안전하다.

김 대통령은 9월 28일로 예정된 국회 파병동의안 처리를 앞두고 박준규 국회의장에게 메시지를 보내 동티모르 파병의 중요성과 당위성을 설명하면서 "한국이 민주국가로서 국제적 사명과 의무를 다하도록 여·야가 초당적 입장에서 파병안에 동의해 주기를 기대한다."고 당부했다. 이와 같은 김대중 대통령의 국내·외적 행보는 그가 뉴질랜드로 출발하기 전부터 동티모르 관련사항을 소상하게 보고받았으며, APEC 정상회담을 통해 유엔 평화유지군 파병의 필요성을 역설하면서 확고한 파병의지를 굳힌 것으로 볼 수 있다.

---

34) 최용호, 앞의 책, p.105.

한편, 김영삼 전 대통령은 9월 28일 동티모르 파병안이 국회를 통과하여 결정되자 "우리의 우방인 미국과 일본도 전투 병력을 파병하지 않는데 우리나라가 그런 결정을 한 것은 시대착오적이다."라며 비난했다.[35] 이렇듯 비록 반대 여론도 있었지만 결국 동티모르 평화유지군 파병결정은 인권을 중요시하는 대통령의 적극적인 정책결정의지가 작용한 것이었다.

2) 정부관료(외교통상부·국방부)

1999년 9월 7일, 유엔으로부터 평화유지군 참가여부에 대한 문의를 접수한 외교통상부는 '신중론'의 입장을 취하였다. 당시 한국의 입장이 부정적이거나 신중할 수밖에 없었는데 다음과 같은 이유 때문이었다.

첫째, 유엔의 파병요청은 전투부대를 의미하고 있는 것이기 때문에 장병들의 안전에 대한 위험이 뒤따른다는 점이다. 유엔에서 제시한 평화유지군의 임무가 질서회복에 있다하더라도 당시 동티모르 현지의 상황을 고려할 때 인도네시아가 지원하고 있는 민병대와의 충돌 가능성이 매우 높았다. 둘째, 경제적으로 긴밀한 협력관계를 유지하고 있는 인도네시아의 반응을 고려하지 않을 수 없었다. 당시 한국은 400여개의 기업이 100억 달러 이상을 인도네시아에 투자하고 있었다. 또한 방산 협력도 가속화되고 있었으며, 인도네시아 거주 재외동포 2만여 명의 안전도 고려해야 했다. 셋째, 미국과 일본, 중국, 러시아 등 강대국들도 조심스러운 태도를 보이고 있는데 한국이 서둘러 적극 개입하는 인상을 보여줄 필요는 없다는 것이었다. 넷째, 파병되는 다국적군은 비용 전액을 자국의 부담으로 참여해야 한다는 점도 고려해야 했다. 마지막으로, 유엔에서 9월 중순으로 파병일정을 제시하고 있어 이것을 맞추는 것은 국의의 동의 등 국내 법적 절차를 고려할 때 거의 불가능했다.[36]

---

35) 『조선일보』, chosun.com=199909290046.
36) 『조선일보』, 1999.9.12. 8면.

한국의 평화유지군 참여는 유엔의 요청에 의해 이루어졌으며 국방부가 주도적인 역할을 수행하였는데, 처음에는 전투병 파병에 부정적이었다. 한국은 인도네시아에서 많은 원자재를 수입하고 있고 긴밀한 방산협력을 유지하고 있으며, 인명피해도 우려했기 때문이었다. 그 같은 배경에 따라 9월 10일을 전후한 시기까지 한국 정부의 입장은 "유엔의 파병요청과 국제적인 협력관계가 아무리 중요하다 하더라도 국회에서 충분한 토의와 여론의 뒷받침이 있어야 파병이 가능하다."는 것이었다.[37]

그 후 APEC에 참석한 김대중 대통령이 동티모르 문제를 적극 제기한 사실과, 9월 12일 저녁 인도네시아가 유엔의 평화유지군 파병을 요청한 사실이 알려지면서 상황은 반전되기 시작하였다.

9월 13일, 제70차 국가안전보장회의 상임위원회를 열어 유엔 평화유지군 참여방안을 논의했다.[38] 그리고 외교부 성명을 통해 "동티모르 평화와 안전을 시급히 회복하기 위해 유엔 평화유지군 파병을 요청한 인도네시아 정부의 결정을 환영한다."고 밝히고, "한국은 이러한 국제적 노력에 대해 능력범위 내에서 적절히 참여할 것이다."라고 정부의 입장을 밝혔다. 정부의 "적절히 참여할 것이다."라는 의미는 파병부대의 성격을 전투부대로 할 것인지, 아니면 의료지원부대 또는 병참지원부대로 할 것인가의 문제가 아니라 "유엔의 요청을 적극 수용하겠다."는 의미였다.

전투부대는 물론 파병 자체를 부정적으로 판단했던 국방부와 외교부 등도 외부 여건의 변화에 따라 전투부대 파병에 대해 적극적인 입장을 제기하기 시작했다. 당시 정부가 제기했던 전투부대 파병논리는 다음과 같이 요약할 수 있다.

첫째, '동티모르 치안과 질서회복'에 가장 적합한 부대, 즉 유엔이 전투부

---

37) 강경식(당시 외교부 유엔과 실무담당자), 위승호(당시 국방부 기본정책과 실무담당자) 증언, 2006.2.16, 2.24.
38) 국회사무처, 제208회 국회 통일외교통상위원회 회의록 제1호, 1999. p.177.

대 파병을 요청했다. 또한 유엔의 요청에 따라 가장 빠른 시간 내에 파병할 수 있는 부대도 경무장된 보병(특전사)이다. 반면 공병, 의무 등의 지원부대는 치안질서 유지를 위해 파병되는 보병부대를 지원하는 부대로 파병되거나 평화조성 및 평화유지활동이 성공적으로 수행되고 난 후 평화건설 단계에서 필요한 부대이다. 둘째, 파병부대의 안전 면에서 자체방호 능력이 제한되는 공병, 의무부대 보다 자위수단을 갖춘 보병 부대가 오히려 아군의 인명피해를 줄일 수 있다. 또한 소요경비 및 융통성면에서도 공병·의무부대는 고가의 장비와 특수물자를 갖추어야 하지만 보병은 평시 장비위주로 파병이 가능하기 때문에 '저비용 고효율의 효과'를 기대할 수 있다. 셋째, 국익의 측면에서도 보병부대 파병이 불리할 이유가 없다. 일각에서는 보병부대가 파병될 경우 민병대나 인도네시아 정부를 자극해 기존의 우호관계가 손상될 것을 염려했으나 보병부대는 민병대나 인도네시아 군을 상대로 전투하기 위해 파병되는 것이 아니라 민병대와 현지 주민사이에서 평화 중재자 역할을 수행하기 위해 파병되는 것이었다.

파병된 부대가 선제공격을 받을 경우 자위차원의 조치가 필요하겠지만 그것은 공병·의무부대도 예외가 아니다. 한국정부가 보다 능동적이고 적극적인 역할과 활동을 전개한다면 보병부대 파병을 계기로 유엔의 평화유지활동에 보다 직접적으로 기여할 뿐만 아니라 오스트레일리아 및 인도네시아와 전통적인 우호관계도 증진시킬 수 있다는 것이었다.

인도네시아 정부는 다국적군을 주도하게 될 인접국가인 오스트레일리아의 영향력 확대를 경계하는 눈치였고, 오스트레일리아도 인도네시아 관계에 신경을 쓰기는 마찬가지였다. 따라서 한국군이 양측에서 적절한 중재역할을 수행한다면 양측 모두 한국군의 역할에 우호적 입장을 갖게 될 것이었다.39) 군사적 측면에서도 "해외파병이 한국군의 국제화에 도움을 준다."

---

39) 『조선일보』, 1999.9.19. 5면.

며 파병을 주장했고, "기왕에 파병을 하려면 험악한 현지사정을 고려해 전
투부대 파병이 불가피하다."고 주장했다. 이상과 같은 논리로 9월 14일 경
부터 1개 대대 규모의 전투부대 파병 안이 정부안으로 검토되기 시작했다.

9월 13일, 알리티스 당시 인도네시아 외무부장관은 이시영 유엔대사에
게 "한국정부의 파병결정에 크게 감사한다."는 뜻을 전했으며, 인도네시아
유엔 대표부 관계자는 "인도네시아 정부가 다국적군 수용의사를 밝힌 뒤에
야 한국이 참여의사를 발표한 점에 대해 감사한다."고 말했다. 9. 15일, 유
엔 관계자는 오스트레일리아 외무부장관과 아난(Kofi Annan) 유엔사무장에
게 한국군 참여를 공식 요청하는 서한을 보내 줄 것을 요구했다.

유엔 안전보장이사회가 다국적군 파병결의안을 만장일치로 통과시킨 직
후인 9월 16일, 한국정부는 제71차 국가안전보장회의 상임위원회를 열어
"보병 1개 대대 규모(400명 내외)의 국군부대를 동티모르 다국적군 통합지
휘체제에 파견"을 정부안으로 작성하여[40] 9월 20일, 파병계획을 대통령에
게 보고하였고, 9월 21일에는 국무회의 의결을 거쳐 정부안을 확정하였으
며, 같은 날 국회에 동의를 요청했다.[41]

파병 정책안은 외교통상부와 국방부의 검토결과를 토대로 국가안전보장
회의(NSC) 상임위원회의 논리 및 대통령의 재가를 통해 확정되었다. 정부
부처 주도의 평화유지활동 파병결정은 충분한 검토 없이 불과 2주 만에 확
정짓는 과정을 보여주었는데, 이것은 시간적인 급박성과 대통령의 주도적
활동에 기인한 것이라고 볼 수 있다. 이러한 과정에서 동티모르의 평화유
지활동에 대한 파병결정은 다른 대안들에 대한 충분한 검토와 전문가들의
조언, 여론의 구체적인 분석 없이 대통령(행정부) 주도의 일방적인 정책결
정이 이루어졌다고 볼 수 있다.

---

40) 『동아일보』, donga.com=19999091700019478.
41) 대한민국정부, "국군부대의 동티모르 다국적군 파견동의안", 1999.9. 국회홈페이
지 의안정보(동티모르 검색), p.337; 『조선일보』, chosun.com=199909210505.

3) 국회의 파병동의안 심의

국군 파병안에 대한 국회의 심의와 동의는 헌법 제60조 제2항[42]의 규정에 따라 절차에 의해 진행된다. 정부가 파병동의안을 제출하면 국회는 본회의 보고를 거쳐 소관 상임위인 통일외교통상위에 동의안을 넘겨 심의 의결하고, 관련 상임위인 국방위는 의견을 제시하게 된다. 본회의 동의는 국회법상 일반안건 처리절차에 따라 재적의원 과반수 출석과 출석의원 과반수 찬성으로 가결된다.

정부는 1999년 9월 21일, 국무회의 의결을 거쳐 전투부대 파병 안을 확정하고, 9월 27일, 총 420명 규모의 부대를 동티모르에 1년간 파견하는 내용의 '국군부대 동티모르 다국적군 파병동의안'을 제208차 통일외교통상위원회에 상정하였다.[43] 제15대 국회는 여소야대의 의석 분포(1999.9.28.일 기준)로 총 299석 중 야당인 한나라당이 134석, 여당인 새정치국민회의(105석)와 자유민주연합(55석)을 합해 160석, 무소속 5석으로 구성되어 있었다.

9월 13일, 정부의 파병 안이 언론에 발표되자 여·야의 성명이 이어졌으며, 정부안을 찬성하는 여당과 반대하는 야당의 시각차가 확연하게 노출되기 시작했다. 김 대통령의 입장을 적극 지지한 여당의 입장은, 유엔에서의 위상과 책임 있는 국제사회의 일원으로서, 그리고 민주주의 및 인권보호 차원에서 동참한다는 '명분'과 국익증진의 기회로 활용할 수 있다는 '실리'의 양측 면을 동시에 고려한 결정임을 강조하였다. 국민회의 이영일 대변인은 "동티모르 파병과 관련해 인도네시아와의 관계 악화 및 민병대와 파병군 과의 교전발생에 따른 희생자 발생 가능성에 대한 우려가 있지만, 인도네시아 대통령이 다국적군의 파병을 유엔에 요청했고, 한국군의 파병을 적극 환영하고 있어 파병에 대한 우려는 크지 않다."고 말했다.[44] 특히 당

---

42) 헌법 제60조 제2항 국회는 선전포고, 국군의 외국에의 파견 또는 외국군대의 대한민국 영역 안에서의 주류(駐留)에 대한 동의권을 가진다.
43) 『조선일보』, 1999.9.27. 8면.

사국인 인도네시아 정부가 평화유지군 수용의사를 분명히 밝혔다는 점에
서 인도네시아와의 관계가 악화되지 않을 것으로 보고, 한국군의 효율적인
임무수행과 최소한의 자위를 위해서도 보병 전투 병력의 파병이 적절하다
고 주장했다.[45]

　야당인 한나라당은 평화유지군 참여 자체에 대해서는 반대하지 않으나,
실 전투병력 파병은 신중을 기해야 한다는 입장과 함께 정부의 일방적인
파병 결정에 대해 불만을 나타냈다. 야당은 충분한 사전 검토와 국민적 공
감대가 이뤄지지 않은 상황에서 APEC 정상회의에 참석한 김대중 대통령의
일방적인 의사에 의해 파병문제가 결정되었으며, 국회 상임위원에서 본격
적인 논의가 이루어진 지 하루 만에 본회의에 상정하여 표결에 부쳐졌다는
점에 대해 강력한 이의를 제기하였다. 9월 14일, 한나라당 하순봉 사무총장
은 "정부가 인도네시아라는 동남아 대국과 장기적인 외교관계를 충분히 고
려하고 전투부대 파병을 추진하는 것인지 의문이다."고 지적하였으며, 맹형
규 총재 비서실장은 "인구 1억 명이 넘고 자원 대국인 인도네시아의 국민감
정을 생각해야 한다. 굳이 전투부대를 보내지 않더라도 의무·병참·공병
등 지원부대의 파병으로 유엔회원국이자 인권존중 국가로서의 의무와 역
할을 다할 수 있다."고 말했다.[46] 한나라당은 군사적으로도 전투부대 파병
이 상당한 모험이 될 것으로 판단했다.

　한나라당은 또 김대중 대통령의 생각이 과거와 달라진 이유에 대해서도
설명을 요구하였는데, 김 대통령은 평민당 총재 시절인 1991년 1월, 이라크
의 쿠웨이트 무력침공 때 전투병력 파병을 강력히 반대했었다. 당시 김 총
재는 "다국적군에 군 의료지원을 하더라도 전투부대 파병으로 연결되지 않
는다는 전제하에 동의할 수 있다."고 말했었다. 이에 따라 한나라당은 김

---

44) 『조선일보』, 1999.9.21., 5면.
45) 국회사무처, 제208회 국회 통일외교통상위원회 회의록 제3호, 1999.9.28. pp.1-14.
46) 『동아일보』, donga.com=199909141907.

대통령이 하필 이 시점에서 전투부대 파병까지 추진하면서 동티모르 문제에 적극 나서는 정치적 배경에 의문을 던지며 적극 반대하였다.[47]

한편, 파병을 반대하는 한나라당의 분위기는 국회로 옮겨졌다. 9월 17일, 국회 통일외교통상위원회는 제1차 회의를 가졌는데 회의에서 김덕룡·이신범·이세기·권익현 의원 등의 전투부대 파병반대 발언이 이어졌으며 그들의 논리는 다음과 같았다.

> - 인도네시아 관계와 장병들의 안전을 고려할 때 전투부대 파병은 찬성할 수 없다.
> - 정부가 전투부대 파병을 너무 서두르고 너무 앞서나가 버렸으며 너무 호전전이다.
> - 동티모르 인권도 대단히 중요하다. 그러나 재외 교민들의 안전이 더욱 중요하다. [48]

국회 국방위원회 역시 정부의 전투부대 파병방침에 대해 9월 21일 제2차 회의를 통해 정부의 파병 안을 토의했는데, 여당의원들은 대체적으로 정부의 파병 안을 찬성하는 입장이었으나 야당의원들은 강력히 반대를 했다. 반대논리를 제기한 의원들은 박세환, 김덕, 하경근, 황낙주 의원 등이었다.

정부의 전투부대 파병안에 대해 여·야의 대립은 첨예한 정쟁으로 점화되었는데, 정부와 여당의 논리에 대해 야당은 파병결정의 절차상의 문제점으로 기존의 현지조사나 정책결정과정 없이 대통령 일방적인 결정으로 이루어 졌다는 것과, 경제적으로 한국과 밀접한 관계에 있는 대국인 인도네시아와 상대적으로 소국인 동티모르에 대한 외교상의 불균형문제, 이로 인한 국가이익의 저해 우려와 파병부대 임무 및 부대성격에 따른 근본적인 사항에 대한 반대로서 전투부대 파병에 대한 부적절함을 지적하였다.

---

47) 『조선일보』, 1999.9.15. 2면.
48) 국회사무처, 제208회 국회 통일외교통상위원회 회의록 제1호, 1999.9.17. pp.2-8, 11-19.

국회에서 인도네시아와 관련된 문제가 계속 제기되자 홍순영 외교통상부장관은 9월 21일, 주한 인도네시아 대사를 외교부로 불러 "한국군 파병으로 인해 우리 교민들이 피해를 입는 일이 없도록 해 달라."고 당부했으며, 이 자리에서 인도네시아 대사는 "우리는 한국의 파병을 환영한다. 한국의 파병이 양국 관계에 악영향을 주는 일은 없을 것이다."고 강조49)하였으며, 주한 인도네시아 대사는 기자회견을 열어 다음과 같은 성명을 발표했다.

> - 인도네시아 정부가 유엔에 다국적군 파견을 공식 요청한 것임으로 (한국의 파병에 대해) 국민들이 반감을 갖지 않을 것이다. 민병대는 유엔 평화유지군을 감당할 수 없을 것이다. 따라서 (한국 교민의 안전문제와 관련된) 불상사는 없을 것으로 믿는다.50)

9월 22일 조성태 국방부장관은 현지조사단으로 국방부 정보본부장 등을 파견하여 한국군 전투부대 파병에 대한 인도네시아 군부의 반응을 확인하고 협조하게 하였다. 인도네시아 위란토 국방부장관 겸 통합군사령관은 한국의 대표단에 대해 "동티모르 파병과 관련해 현지협조대표단을 인도네시아에 파견한 최초의 국가"라고 말하며 환영하였고, 한국의 파병에 대해서는 "서방 국가보다 아시아 국가가 동티모르의 문화와 정서를 이해할 수 있기에 환영하며, 한국은 인도네시아와의 우호적인 국가이기 때문에 한국군의 평화유지활동에 인도네시아 군의 정보가 필요하다면 적극 협조하겠다. 한국군이 독립파와 민병대 사이에서 중립적 입장을 취한다면 절대 안전할 것이다." 등의 견해를 피력했다.

외교부와 국방부의 다각적인 협조가 지속되는 가운데 9월 21일 열린 국회 국방위원회에서 야당의원들은 "국민의 여론수렴과 여·야간의 충분한 협의과정이 없었음을 지적하면서 전투병력 파병 시 인도네시아와 관계가

---

49) 『동아일보』, donga.com=1999092100045458.
50) 『조선일보』, chosun.com=199909210504.

악화되며 우리 교민의 안전을 저해하는 등 파병의 명분이 없다." 는 의견을
강력하게 제기했다. 아울러 "미국과 일본이 전투 병력을 파병하지 않는 상
황에서 왜 한국이 앞장서고 있는지, 파병 후 사상자 발생 시 누가 책임질
것인가?" 등을 강도 높게 추궁했다.51)

이어서 9월 27일, 제208회 국회 통일외교통상위원회 제2호 회의에서 주
요현안 문제로 정부가 제출한 '국군부대의 동티모르파견 동의안'을 보다 구
체적으로 심의했다. 당시 김대중 정부가 제출한 파병 동의 요청 이유는 다
음과 같다.

〈제안 이유〉
유엔 회원국으로서 유엔의 국제평화유지 노력에 적극 참여하고 동티
모르 내 평화와 안전의 회복과 아·태지역의 안정, 인권보고 및 민주화
에 기여하기 위하여 동티모르 다국적군에 국군부대를 파견하려는 것임.
〈주요 골자〉
가. 보병 1개 대대 규모(400명 내외)의 국군부대를 유엔 안보리 결의
    제1264호(1999. 9. 15)에 의거 설치되는 동티모르 다국적군 통합지
    휘체제에 파견함.
나. 국군부대의 파견기간은 1년으로 함(1999.11.30.로 예정된 다국적
    군의 유엔평화유지군으로서의 지위 변경 시에도 계속 파견함)
다. 국군부대의 임무는 유엔 안보리 결의 제1264호(1999.9.15.)에 의거,
    1) 동티모르의 평화와 안전을 회복하고, 2) 유엔 동티모르지원단
    (UNAMET)의 임무수행을 지원·보호하며, 3) 인도적 구호활동
    을 지원하는 것임.
라. 국군부대는 국회동의 후 가급적 조기에 파견함.
마. 국군부대의 파견 경비는 우리 정부 부담으로 함(동티모르 다국적
    군이 유엔평화유지군으로 지위변경 된 후에는 정부예산에서 우선
    지출하고 추후 유엔에서 보전52) 받을 예정임.53)

51) 국회사무처, 제208회 국회 통일외교통상위원회 회의록 제2호, 1999.9.21.
52) 동티모르파병에 따른 재정부담 예산 현황으로 한국정부 지출액 434.8, 유엔 경비
    보전액 399.5억불로 총 지출액의 91.9%를 보전 받았음. 다만 한국은 다국적군체

심의에 착수한 정부의 파병 동의안에 대해 여당은 정부안을 적극 지지했고, 야당은 적극 반대했다. 심의과정에서 파병안에 반대한 이신범·박관용·김수한 의원 등의 논리는 다음과 같았다.

- 1991년 걸프전 전투병 파병에 대해 김대중 당시 야당총재가 반대했다.
- 인도네시아와 관계 및 교민의 안전을 고려해야 한다.
- 국민적 공감대 형성을 위한 노력이 부족했다.
- 전투병력 파병 시 인명피해가 우려된다.[54]

이날 국회는 조성태 국방부장관, 김인종 정책보좌관, 인도네시아 현지 조사를 마치고 온 이종옥 정보본부장, 오스트레일리아와 동티모르를 다녀온 김태영 준장 등을 참석시켜 파병과 관련된 내용을 질의 했다. 9월 27일의 통일외교통상위원회의 심의는 심야까지 계속되었으나 결론을 내리지 못하고 다음날 심의하기로 하였으나, 9월 28일에는 오후에 본회의가 예정되어 있어 직권상정을 의식해 서로 책임을 떠넘겼다. 따라서 동티모르 파병동의안은 상임위원회 의결을 거치지 못하고 상정되어 1999년 9월 28일 17시, 제208회 국회 제1차 회의에서 박준규 국회의장의 사회로 시작되어 KBS-TV를 통해 전국에 생중계 되는 가운데 정부에서 제출한 파병동의안에 대해 찬성하는 의원과 반대하는 의원 각각 3명씩이 토론에 나섰는데, 그 주장의 대표적인 것을 요약하면 다음과 같다.

〈정부안 찬성 논리 : 김현욱, 양성철, 김상우 의원〉
- 동티모르 독립은 유엔과 인도네시아가 공인한 투표절차에 의한 것이다.

제인 1999.10 - 2000. 1월까지 19.8억 불을 지출했을 뿐임(출처: 고경국, "유엔 경비보전 현황", 국방부 국제정책팀, 2004).

53) 국회사무처, 국군부대의 동티모르 다국적군 파병 동의안 제1호, 1999.9. 자료실.
54) 국회사무처, 제208회 국회 통일외교통상위원회 회의록 제2호, 1999.9.27. pp.6-55.

- 유엔과 관계 증진 및 국제적 협력관계를 고려해야 한다.
- 인도네시아 대통령, 통합군사령관, 주한대사 등이 한국군의 파병 환영입장을 밝혔다.
- 인도네시아는 오스트레일리아의 영향력 견제를 위해 한국군 파병을 바라고 있다.

〈정부안 반대 논리 : 박관용, 허대범, 이신범 의원〉
- 젊은이들의 생사가 달린 전투부대 파병은 신중히 결정해야 한다.
- 대통령의 일방적인 지시에 의해 파병이 결정되었다.
- 국군은 대통령 개인의 노벨상 수상을 위한 수단으로 사용하는 것에 반대한다.
- 북한의 인권은 도외시한 채 동티모르 인권에 대한 집착으로 명분이 약하다.[55]

국회 동의과정에서 야당에 의해 파병 반대측면의 쟁점화 문제는 다음과 같았다.

첫째, 동티모르에 대한 파병이 정책결정자인 대통령에 의해서 일방적으로 이루어졌다는 점으로 김대중 대통령이 1991년 걸프전 당시 파병에 반대하였으나, 동티모르에 대해서는 선제적·일방적으로 결정하였으며 이는 다른 정치적 의도를 지닌 것이라는 주장을 제기하였다.[56] 둘째로, 한국과 밀접한 경제·외교관계를 맺고 있는 대국인 인도네시아와 소국인 동티모르에 대한 외교의 불균형문제가 제기되었다. 인도네시아가 한국의 제3위 교역대상국이며 100억불이 넘는 투자에 대한 고려를 하지 않았다는 점이다. 또한 인도네시아 총선 시 3만 달러를 기부한 한국이 동티모르 주민투표에는 20만 달러를 기부했다는 것 역시 한국 외교정책이 균형을 잃고 파병을 결정

---

55) 국회사무처, 제208회 국회 통일외교통상위원회 회의록 제3호, 1999.9.28. pp.1-14.
56) 한나라당 이부영의원은 "김 대통령이 노벨평화상에 집착해서 젊은이들의 희생을 강요하는 것 아니냐는 여론이 pc통신에 올라왔다."고 주장. 『조선일보』 1999.9.18., 5면.

했다는 점이다.

토론에 참석한 의원은 284명이었으나 표결에는 야당의원의 퇴장으로 160명의 의원이 참석해 찬성 158, 반대 1, 기권 1로 가결되었다. 한나라당은 파병 반대의사를 명확히 표명한 후 표결에는 참가하지 않고 퇴장함으로써 여당 단독으로 처리를 유도했다. 결국 국회는 '한나라당의 묵인 하에 여당 단독처리'로 문제를 매듭지었다. 여당은 파병 동의안 처리를 더 이상 늦출 수 없었고, 전투병 파병저지를 호언하던 야당은 막판에 물러설 수밖에 없었다. 이와 같이 국회 내에서의 동티모르 파병정책에 대한 논의와 결정은 파행적으로 진행되었다.

4) 여론(언론 및 NGO) 활동

정치개혁시민연대, 경제정의실천연합, 환경운동연합회 등 38개 시민단체는 1999년 9월 13일 '동티모르 독립을 위한 시민연대'를 구성해 기자회견을 갖고 이례적으로 정부에 대해 유엔 평화유지군 파병을 촉구하는 한편 동티모르 독립지원을 위한 범국민운동을 선언했다. 시민단체들이 외국의 인권문제에 대해 한 목소리로 파병을 주장하고 나선 것은 전례가 드문 일로 기자회견에는 손봉숙(정치개혁시민연대 공동대표), 서경석(시민단체협의회 회장), 최열(환경운동연합 사무총장) 등이 참석했다. 시민연대는 기자회견에서 "민주주의와 인권을 강조하는 김대중 정부는 동티모르 독립지원을 위해 나서야한다."고 강조하고 유엔평화유지군 파견, 동티모르 학살만행 조사를 위한 국제진상조사단 구성 제안과 참여를 촉구하는 7개항의 결의문을 채택하였고, 9월 14일 세종로 정부청사에서 파병촉구를 위한 시위를 벌이기도 했다.[57]

---

57) 『조선일보』, 1999.9.13-14일자.

〈표 3-3〉 동티모르 파병관련 국민 여론조사 결과

구 분	조선일보	중앙일보	동아일보	한겨레신문	대한매일	MBC-TV	SBS-TV
계(%)	100	100	100	100	100	100	100
찬성(%)	50	62.1	66.9	57	54.8	73.4	66.5
반대(%)	29	34.1	27.7	38	40	26.6	33.5
기타(%)	21	3.8	5.4	5	5.2	0	0

출처: 제208회 국회, 통일외교통상위원회 회의록 제2호, 국회사무처, 1999.9.27. p.12.

시민단체들은 인권보호를 위한 파병 자체는 찬성했지만, 전투부대 파병에는 조심스런 반응이었다. 한편 인도네시아 교민들은 9월 17일, 청와대와 국민회의, 한나라당 등에 "한국의 전투 병력과 민병대 사이에 유혈사태가 벌어질 경우 인도네시아 교민들에 대한 테러가 자행될 수 있기 때문에 전투 병력의 파병을 반대한다."는 내용의 탄원서를 제출했다. 9월 20일자 조선일보 1면에 "한국군의 동티모르 파병을 반대한다."는 광고를 게재함으로써 파병논의는 국회에서 더욱 심각하게 충돌했다.[58]

---

58) 최용호(2006), pp.109-110.

3 파병정책 결정에 대한 평가

　한국군의 동티모르 전투병 파병은 탈 냉전기의 국제적 수준의 요인과 김
대중 정부의 특성과 한국 국내적인 요인들이 협상의 행위자 및 영향력을
행사한 상호작용의 결과에 의하여 정책이 추진되었던 사례이며, 진행경과
는 〈표 3-4〉와 같다.

〈표 3-4〉 한국군 동티모르 파병과정(1999년)

일자	절차 및 과정	내용 및 조치
9월 7일	UN 비공식 파병요청 접수	파병가능성 검토(준비기간, 절차 등)
9월 9일	국방부장관 주재 토의	파병관련 국방부 검토의견 외교부 통보
9월 12일	인도네시아 대통령 평화유지군 수용 발표	김대중 대통령 긍정적 검토 지시→국방부 파병 검토 안 작성
9월 13일	국가안보회의 상임위 1차 회의	정부 파병방침 결정(외교부·국방부) 검토방침 공표
9월 14일	당정 및 관계기관 협조	3당 수뇌 설명(외교부), 국방상임위 설명(국방부), 합참·육본 협조회의, 파병준비 지시
9월 15일	유엔 안보리 결의안 통과 및 공식요청(유엔, 오스트레일리아)	파병준비계획 하달(합참)

9월 16일	국가안보회의 상임위 2차 회의	파병규모(400여명) 확정, 현지조사단 파견계획 수립
9월 17-19일	현지조사단 출발(2명)	파병부대 소집
9월 21일	파병안 국무회의 의결	외교통상부 국회 상정
9월 22일	국가안보회의 상임위 3차 회의	국방장관특사(정보본부장) 인도네시아 파견, 국방부 출입기자단 간담회
9월 23일	파병계획 통보	외교부→오스트레일리아 다국적군 참여
9월 27-28일	파병안 국회 심의 및 동의	여야 합의 실패, 의장 직권상정 (야당 불참, 160명 표결, 158명 찬성)
9월 29일	파병부대 창설	제522국제평화유지단 (동티모르상록수부대)
10월1-9일	파병부대 출국	오스트레일리아 타운스빌 기지 (2주간 현지적응훈련)
10월 16-22일	동티모르 현지 전개	동부지역사령부(라우템)지역

출처: 국방부 파병관련자료, 언론보도, 각종 연구자료 및 조현행의 논문(2013), p.143 을 참조하여 정리.

1. 윈셋의 확대 및 축소요인

한국군의 동티모르 전투부대 파병은 기존의 PKO 파병과는 달리 근본적인 차이가 있었다. 파병부대의 성격 면에서 최초의 전투(보병)부대이면서 상황의 심각성과 긴박성으로 인해 처음에는 다국적군으로 파병되었다가 차후 UN의 계획에 의해 평화유지군으로 전환을 전제로 한 파병이었다. 이는 베트남전 이후 탈 냉전기를 맞아 처음 이루어지는 전투부대 파병으로서 한국 국민 중 다수에게 전투 병력의 베트남전 파병에 대한 부정적인 인식을 연상시키게 되었다. 또한 국제기구인 유엔이 주도하는 평화유지군이 아니라 최초 파병단계에서 다국적군으로 파병됨에 따른 파병의 명분과 파병 장병들의 안전문제, 파병비용 부담 등도 파병의 부정적인 요인으로 작용하게 되었다.

　국제수준의 협상에 있어 한국의 협상대상은 UN과 인도네시아로 볼 수 있다. 먼저 UN과 한국과의 관계를 살펴보면, 한국은 1991년 9월 유엔의 정식 회원국으로 가입하였으며, 이어서 소말리아 공병부대(1993.7-1994.3), 서부사하라 의료지원단(1994.8-2006.5), 앙골라 공병부대(1995.10-1996.12)를 파병하여 유엔 평화유지활동에 참여하였으며, 1996년 UN 안전보장이사회 비상임이사국으로 진출하는 등 국제적인 위상이 향상되었다.

　또한 1998년 2월 25일 취임한 김대중 대통령은 민주화 운동과 인권투사로 알려졌으며, '국민의 정부'를 표방하여 '민주주의와 시장경제의 병행발전'을 국정지표로 삼고 자신의 지론인 남북화해 정책을 꾸준히 펼쳤으며 이를 계기로 한국과 동아시아의 민주화와 인권, 남북화해 정책의 공로로 나중(2000년)에 노벨평화상을 수상하기도 했다. 동티모르 파병정책 추진과 관련하여 UN은 1999년 9월 7일, 비공식적으로 파병가능성을 타진하였으나, 한국은 APEC 정상회담에서 김대중 대통령이 각국 정상들과의 적극적인 관심과 참여에 대한 촉구 등의 행보를 하였으며, 한국의 파병의사를 조기에 분명하게 표명하였다. 9월 12일 인도네시아의 평화유지군 수용발표에 따라 관련부서에서는 파병안을 작성하고 당·정 협조를 추진하였다. 9월 15일 UN안보리 결의안이 통과되고 UN과 다국적군 주도국(오스트레일리아)으로부터 공식적인 요청을 접수받았으며, 9월 21일 파병안을 국무회에서 의결하고 9월 28일 국회심의를 거쳐 확정하게 되었다. 이로써 비공식 파병요청을 접수(9월7일)한 날로부터 정부의 파병 안 의결(9월21일)까지 2주 만에, UN의 공식요청이 접수(9월15일)된 날로부터 국회 비준(9월28일)까지 2주 만에 추진이 되는 등 전혀 협상과정에서는 문제가 없었다고 볼 수 있다.

　다음으로 인도네시아와의 관계 등을 고려, 매우 신중하게 추진되었다. 한국은 국내의 다수 층에서 인도네시아와의 우호관계를 고려하여 파병을 반대하는 입장을 견지하고 있었고, 인도네시아와의 우호관계를 해치지 않는 방향으로 파병문제를 해결해야 했다. 한편 APEC에 참석한 한국의 김대중 대통령은 각국 정상과의 회담에서 동티모르 사태를 적극 거론하면서 인도네시아의 국제평화유지군의 수용을 촉구하였으며, 9월 12일 하비비대통령의 수용발표에 김대중 대통령의 역할이 컸던 것으로 평가할 수 있다. 인도네시아는 동티모르의 분쟁현장에 다국적군의 파병을 수용할 수밖에 없는 불가피한 입장이었고, 다국적군을 주도하게 될 오스트레일리아를 견제하기 위해서라도 한국을 포함한 아시아 국가들의 참여를 환영하는 입장이었다.

따라서 한국의 반대여론을 의식한 인도네시아는 1999년 9월 22일 주한인도네시아 대사와 위란토 인도네시아 국방장관 겸 통합군사령관도 아시아 국가가 서방 국가보다 동티모르의 문화와 정서를 이해할 수 있기 때문에 한국군의 다국적군 파병을 환영한다고 하였다.[59]

따라서 동티모르 한국군 파병 협상에 대한 윈셋을 도식화하면 다음과 같다. 한국은 대통령이 선도적으로 국제 협상을 주도하였으며, UN과 당사국인 인도네시아는 조건 없이 한국군의 파병을 수용하고 환영하여, Y1의 윈셋을 보였다. 반면에 한국은 내부적으로 전투병 파병에 대한 야당과 여론의 반대와 파병정책 결정의 과정상의 절차문제 등으로 인하여 최초의 윈셋인 X0로부터 X1로 윈셋이 좁아지기는 했으나 협상에는 큰 문제가 되지 않았다.

윈셋의 결정요인에서 보면 국내 협상자의 국내적 입지는 강하였다고 볼 수 있어 윈셋이 큰 상태였으며, 정책결정과정에서 한국과 UN·인도네시아의 윈셋이 모두 큰 사이즈를 가지게 되어 파병외교정책 결정과정이 '협력적인(cooperative) 양상'을 띠게 되었으며, 파병정책의 결정결과 또한 '절충형으로 균형적 이익분배'의 형태였다고 판단할 수 있다.

---

59) 『조선일보』, 1999.9.28.

〈표 3-5〉 한국과 UN · 인니의 윈셋에 따른 협상

결국 양면게임 측면에서 동티모르 파병정책결정은 UN·인도네시아와 한국정부가 협상내용에 대한 특별한 고민 없이 스스로 결정할 수 있는 정책적 환경과 여건이 형성되어 있었다. 따라서 동티모르 파병을 결정함에 있어서 국내적 비준을 얻기 위한 수준, 즉 윈셋(win-set)을 특정수준에서 설정하거나 축소, 또는 확대하는 등 협상전략이 긴밀히 요구되지 않았다.

2. 파병정책 결정의 특징

동티모르에 대한 정부의 파병결정은 UN과 인도네시아의 파병요청이 있은 1999년 9월 15일보다 2일이나 앞선 9월 13일이었다. 또한 김대중 대통령은 APEC 정상회의에서 동티모르 사태해결을 제안한 것이 9월 13일이었다는 점을 감안할 때 이미 파병하기로 결정을 해 놓고 수순을 밟아나간 것이라고 볼 수 있다.[60]

파병정책의 정상적인 과정은, 'UN 요청 → 대통령(정부)의 파병결정 → 국회 동의'가 있어야 하는데, 동티모르의 경우 '대통령의 파병결정 → UN 요청 → 국회의 파행적인 동의'순으로 진행된 것이다. 김대중 대통령이 동티모르의 인권문제를 국제사회에서 직접적으로 언급하면서 문제를 주도했던 것은, 1999년도 한국 정부의 주요 외교정책과제 중의 하나인 '인류 보편적 가치신장 및 범세계적 문제해결에 기여'라는 외교목표를 달성하면서, 국

---

60) 정도생, 앞의 논문. p.155.

제회의에서 인권문제를 강조함으로써 '인권대통령으로서의 김대중', '인권
국가로서의 대한민국'이라는 이미지를 제고하는 데도 목적을 두었다고 볼
수 있다. 이를 통하여 내면적으로는 김대중 대통령의 햇볕정책과 노벨평화
상 수상을 염두에 둔 조치였을 가능성을 배제할 수 없었다. 특히 동티모르
에 대한 파병은 김대중 정부의 인권외교 목표를 달성하기 위한 정책이기도
하면서 '인권대통령으로서의 김대중'을 부각시키는 중요한 수단이었다고
볼 수 있다.

동티모르 파병결정시 국가안전보장회의 상임위원회는 대통령의 지시를
수행하는 보조적인 역할을 수행하였다. NSC는 UN의 비공식 요청을 받은
이후 1주일 만에, 그리고 대통령이 APEC 회의에서 동티모르 인권상황을 강
조하는 당일, 한국의 동티모르 파병참여 입장을 정리하고 형식적인 국무회
의 의결을 거쳐 곧바로 대통령의 재가를 받고 파병 안을 확정하였다. 행정
부 관료는 대통령의 지침과 NSC의 파병방침 결정에 따라, 외교부는 주한
외국대사 등을 통하여 부정적인 여론을 불식시키기 위한 조치에 급급했고,
국방부는 파병지침을 받은 후 2주일 만에 파병준비를 완료하였다. 이는 UN
가입 이후 최초로 시행되는 전투부대 파병에 대해 정책결정 참여 핵심부서
의 관료집단으로서 내부의견을 조율하고 종합적인 검토와 판단할 시간적
인 여유가 없었다고 볼 수 있다.

국회는 1999년 9월 27일 개최된 통일외교통상위원회의 파병동의안 심의
과정에서 국민의 의견수렴 없는 일방적 파병결정, 노벨 평화상과의 연계
의혹 등의 비난을 반복하였다. 또한 인권, 평화유지라는 정부의 전투병 파
병 명분은 아무런 설득력이 없다고 주장[61]하였으나 받아들여지지 않고 결
국은 야당의원들이 퇴장한 상태에서 여당 단독으로 파행적으로 통과시키
게 되었다. UN가입 이후 이루어진 소말리아(공병), 서부사하라(의료), 앙골

---

61) 국회사무처, 제208회 국회 국방위원회 회의록 제2호, 1999.9.27. p.4-10.

라(공병) 등의 파병에서 여·야가 공동합의 하였으며, 이들의 파병정책 결정은 평균 6개월이 소요되었으나, 동티모르 전투부대 파병은 UN의 요청으로부터 정책결정, 국회 심의 및 파병까지 걸린 기간은 20여일에 불과 하였다. 따라서 동티모르 파병결정을 위한 국회 의결과정을 보면 정부와 여당은 명분을 얻었으나 야당의 협조를 구하는 데는 소극적으로 국민적 합의를 이끌어 내는 데는 실패했다고 볼 수 있다.

동티모르 파병에 대한 여론은 APEC 정상회의에서 김대중 대통령의 동티모르 사태의 평화적 해결에 대한 관심표명과 한국군 (전투부대) 파병을 언급하면서 논란이 일기 시작하였다. 논란의 주요 내용은 "파병 결정과정이 정부의 독주로 인하여 민주적 절차를 제대로 이행하지 않은 것이 아닌가? 인도네시아에서 활동하고 있는 교민들의 안위와 인도네시아와의 관계를 고려할 때 파병이 타당한가? 파병하더라도 비 전투부대를 보내는 것이 옳지 않은가?" 등 이었다. 그러나 당시 국내여론은 동티모르 독립 찬·반 투표 이후 독립반대파와 민병대에 의해 자행되는 유혈학살을 접하고, UN 평화유지군이 즉각 파병되어야 한다는 쪽으로 의견이 모아졌으며, 정부·여당 및 야당이 보였던 전투병 파병을 둘러싼 논쟁과 마찬가지로 여론 또한 양분되었지만 대체적으로 파병에 찬성하는 쪽의 여론이 다소 우세하게 나타났다.[62]

특이사항으로 인도네시아 교민들이 한국의 청와대와 국회에 파병을 반대한다는 탄원서를 제출했으며, 국내 일간지에 동티모르 파병을 반대한다는 광고를 게재함으로써 파병반대 여론이 고조되기도 하였다. 정부의 파병방침에 대해 국내언론들은 대체적으로 '신중론(파병문제는 국제관계와 인도네시아와의 관계, 특히 한국 젊은이들의 생명안전 문제 등 제기)'를 편 가

---

62) 1999년 9월 20일 실시한 각 언론사의 여론조사 결과, 전투병파병에 대한 찬·반 비율이 조선일보 50:29, 중앙일보 62.1:34.1, 동아일보 66.9:27.7, 한겨레신문 57:39 로 나타났음.

운데 '한겨레'와 '대한매일'만 '적극적 입장(인권존중과 군의 국제화 등을 이
유로 파병을 지지)' 을 보였다.

한편 시민단체들은 동티모르 전투병 파병을 지지하였는데, 정치개혁 시
민연대, 경제정의 실천연합 등 38개 시민단체들은 1999년 9월 13일, 김대중
대통령이 APEC회의에서 동티모르 파병방침을 천명하자 '시민연대'를 구성
하고 정부에 UN 평화유지군 파병을 강력히 촉구하면서 동티모르 독립지원
을 위한 범국민 운동을 선언하였다. 시민단체들이 국제안보문제에 대해 자
발적으로 연대를 구성하여 행동한 것은 드문 일이었을 뿐 아니라 사전에
정부와의 교감이 있었음을 예측해 볼 수 있는 부분이다.

이와 같은 여론, 즉 언론사의 여론 조사결과 다소 우세한 파병지지와 시
민단체들의 적극적인 활동은 언론과 야당의 전투병 파병반대에도 불구하
고 김대중 대통령이 파병을 강행하는 데 있어서의 후원세력이 됨으로써 외
교정책결정에 가장 핵심적인 역할을 하였던 것으로 볼 수 있다.

3. 소결론

한국군의 동티모르 파병은 기존의 UN PKO와는 달리, 최초의 다국적군으
로의 파병인 동시에 전투(보병)부대가 파병되는 것이며, 파병정책을 검토할
시간적인 여유가 충분하지 않았다는 특징이 있었다. 당시의 국제적 환경은
냉전 이후 초국가적인 위협의 증가와 함께 국제사회는 한 국가가 자국의
국민을 보호할 의지나 능력이 없을 때 인도주의적 차원에서 외교적인 방법
이나 무력으로 개입하여 해결하는 경향이 증가되었다.

1991년 11월 '산타크루스 대학살'사건을 계기로 동티모르의 상황이 세계
에 알려지고, 1996년 동티모르 인권지도자들의 노벨평화상 수상에 이어,
1997년 4월 UN이 동티모르에 대한 인권결의안을 결의함에 따라 동티모르
에 대한 국제사회의 개입은 당연시 되는 상황이었다. 국내적으로는 1998년

2월 28일 김대중 대통령의 '국민의 정부'가 출범하여 외교적으로도 '민주주의, 시장경제, 인권, 환경 등 인류 보편적 가치의 신장과 범세계적 문제해결에의 기여'라는 목표로 외교를 추진하였다.

한국정부의 파병정책 목표는 "UN 회원국으로써 UN의 국제평화유지 노력에 적극참여하고 동티모르 내 평화와 안전의 회복과 아·태지역의 안정, 인권보호 및 민주화에 기여하기 위하여 동티모르 다국적군에 국군부대를 파병"함으로써 과거 UN PKO 파병시의 국제평화유지 노력 및 국제적 위상 제고에 부가하여 동티모르의 '인권보호 및 민주화'를 달성하겠다는 것을 분명히 했다. 동티모르의 파병은 김대중 대통령의 주도적인 역할 하에 국내의 각계각층의 다양한 의견과 여론의 수렴과정이 부족한 상태에서 결정되었다.

국회에서는 야당인 한나라당이 전투병의 파병불가와 파병정책 결정의 절차상의 문제 등으로 극심하게 반대하였으며, 수정동의안을 제출하기도 하였으나 끝내 합의안을 도출하지 못하고 파행적으로 가결됨으로써 국회의 역할은 '형식적인 동의절차'를 거치는 이외의 의미는 없었다. 국내의 여론은 신중론을 펴는 가운데 전투병의 파병을 찬성하는 비율이 다소 높았으나, 언론사별로는 양분되어 있었고 NGO들은 이례적으로 정부의 파병 안을 적극적으로 지지하였다. 이는 NGO가 인권신장을 위하여 노력하고 있는 자신들의 행동목표와 일치한다는 점에서 당연한 조치로 볼 수 있으나, 전투병 파병문제가 국내에서 여론화되기도 전에 시민연대까지 구성하여 지지를 선언하였다는 것은 김대중 정부와 NGO가 동일행동을 하고 있는 것으로 이해할 수 있다.

이와 같이 동티모르 전투병 파병이라는 외교정책을 결정하였던 요인과 과정의 특징을 요약하면, 먼저 국제적인 수준에서의 협상은 한국정부와 협상의 상대인 UN과 인도네시아는 양쪽 모두 윈셋의 크기가 큰 상태에서 '가장 협력적(most cooperative)'로 협상을 진행하였으며, 그 협상의 결과 면에서도 양개 협상 상대에게 모두 유리한 '절충형'의 결과를 산출하여 '균형적 이익이 분배'되었다고 판단할 수 있다.

다음으로 국내적 수준의 협상과 주요 행위자의 역할과 상호작용을 분석해 보면, 첫째, 대통령이 전면에서 주도적인 역할을 수행하였다. 둘째, 정책에 대한 대안의 충분한 검토와 전문가들의 조언, 여론의 구체적인 분석과정 없이 정부 일방적인 정책이 추진되었다. 셋째, 과거 파병결정시 평균 6개월의 검토와 준비의 기간이 있었던 데 비해 20여일 만에 파병결정과 출국이 이루어져 관료집단의 역할이 제한되었다. 넷째, 국회는 정부의 정책을 보완하고 견제하면서 의결과정에서 국민적 통합을 이루어야 하나, 정부와 여당은 야당을 일방적으로 몰아붙이고 야당은 감정적 대응만으로 일관하여 국론이 양분되고 파행적으로 처리되는 결과를 가져왔다. 다섯째, 여론, 특히 NGO는 대통령의 외교정책에 후원세력이 되었고, 일반 국민들의 동티모르 전투병 파병에 대한 우호적인 여론도 정부와 여당이 자신감을 갖고 정책을 추진할 수 있었다. 따라서 동티모르 전투병 파병결정에 있어서의 핵심적인 역할은 대통령과 여론이었다고 평가할 수 있다.

4

노무현 정부의
이라크 자이툰부대 파병정책

▌ 파병소요의 발생과 추진경과

1. 파병에 대한 국내외적 환경

1) 이라크의 환경과 역사

이라크는 아랍인의 조상인 셈족들이 티그리스(Tigris) 강과 유프라테스(Euphrates) 강을 중심으로 '메소포타미아(Mesopotamia)문명'을 이룩한 문명의 발상지이다. 메소포타미아는 원래 '두 강 사이의 땅'이라는 뜻이며 이 지역은 '비옥한 초승달 지대'라고 불렸다. 이라크의 수도는 바그다드(Baghdad)이고, 면적은 44만㎢에 이른다. '이라크'라는 단어는 아랍어로 '혈관'을 뜻한다. 유프라테스 강과 티그리스 강은 북에서 남으로 나란히 흐르다가 메소포타미아 평원을 지나면서 지류가 사방으로 뻗기 때문에 이라크의 평원지대에는 마치 인체의 혈관이 퍼진 것처럼 방대한 물줄기가 형성되어 있다. 따라서 '이라크'라는 국호는 '두 강이 엇갈리며 나누어지는 형상을 비유'한 것이다.

〈그림 4-1〉 이라크 지리적 위치

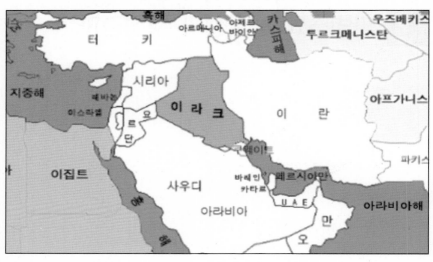

　이라크는 유럽·아시아·아프리카 3개 대륙의 교차점인 중동의 한복판에 위치한 중동국가 중 여섯 번째로 큰 나라이며, 동으로는 이란, 서쪽으로는 시리아와 요르단, 서남쪽으로 사우디아라비아, 남으로 쿠웨이트, 북으로는 터키와 국경을 마주하고 있으며, 이 국가들의 외곽으로 지중해·흑해·카스피해·아라비아해·홍해 등 다섯 개의 바다가 둘러싸고 있다. 특히 북으로 지중해와 남으로 아라비아해와 가까운 입지조건 때문에 남유럽과 남아시아 사이를 연결하는 육지교량이 되어왔다. 이러한 지리조건으로 인하여 이라크는 일찍부터 대단히 중요한 전략적 요충지가 될 수밖에 없었다.

　이라크 지형은 지리적 특성에 따라 중부 티그리스 강과 유프라테스 강 유역, 동북부 산악지대, 서부 및 서남부의 시리아 사막 지역으로 구분된다.[1] 메소포타미아 지역은 유럽·아시아·아프리카 대륙의 교차점에 위치한 지리적 여건 때문에 외부와의 교섭이 빈번하여 정치, 문화적 색채가 복

---

1) 정진국,『이라크 견문록』, 도서출판 양천사, 2006년, 20~26쪽.

잡하였다. 또한 항상 이민족의 침입이 잦았고, 국가와 민족의 흥망이 빈번하였다.

BC 4700년경 동부 산악지대에서 살던 수메르인들이 메소포타미아 남부지역으로 이주하였다. 메소포타미아 문명을 건설한 수메르인들은 우수한 건축술로 옛 바빌로니아의 피라미드 형태의 신전인 지구라트를 세우고 쐐기모양의 설형문자를 고안하였다. 이후 기원전 18세기에 아무르인들이 수메르인들을 정복하여 바빌로니아 왕국을 건설하였다. BC 1800년경에 세워진 고대 바빌로니아 왕국은 정치 · 경제 · 문화 등 모든 분야에서 번영을 누렸다.

BC 1000년경부터 아수르(현재의 모술) 지역을 중심으로 앗시리아인들이 세력을 확장하였다. 이들은 BC 7세기에 지중해안~소아시아까지 광대한 통일제국을 건설하였으나, 피지배 민족에 대한 강압적인 통치로 인하여 또 다른 셈족인 칼데아인에 의해 BC 612년에 무너졌다. 그 후 칼데아인을 중심으로 한 신바빌로니아는 현재의 시리아, 팔레스타인 지방까지 지배하였다. 이들은 수도인 바빌론을 정비하여 지구라트를 재건하고 공중정원을 만드는 등 거대한 제국을 건설하였으나 BC 538년경 바사(페르시아인) 왕국에 의해 멸망하였다. 이후 티그리스 및 유프라테스 양대 강 유역의 여러 민족들은 페르시아 제국, 로마 제국의 통치시기를 거쳤다.

AD 622년, 이슬람교가 생겨난 이후, 640년을 전후하여 마침내 아랍인이 이 땅을 통치함에 따라 이슬람교가 들어오고 아랍어가 사용되었다. 1258년에 칭기즈칸의 손자였던 훌라구가 이라크를 침공하여 바그다드를 철저하게 파괴하였으며, 이들 몽골족이 세운 '일한국'은 이란에 중심을 두고 지금의 이라크를 통치하였다. 1500년대에는 터키의 오스만 제국이 이라크 지역으로 팽창했지만, 완전한 통제권을 확보하지는 못했다.

1914년 발발한 제1차 세계대전은 이라크의 운명에 지대한 영향을 미치게 되었는데, 당시의 중동은 이슬람 공동체적 성격을 띤 오스만 제국의 지배

하에 있었다. 제1차 대전이 발발하자 오스만 제국은 중동에서의 기득권을 보호하기 위해 영·불 연합국에 대항하게 되었다. 그러나 제1차 대전이 연합국의 승리로 끝나자 중동지역은 이슬람교를 바탕으로 하는 체제가 붕괴되고 영국과 프랑스가 오스만 제국을 대신하는 세력으로 대두되어, 이라크·팔레스타인·트랜스 요르단은 영국이, 레바논과 시리아는 프랑스가 각각 통치하게 되었다.

1921년, 영국의 위임통치령이 된 이라크에서 이에 반대하는 독립운동이 거세지자, 영국은 터키와의 전쟁을 수행했던 아랍 지도자 파이살(Faisal)을 왕위에 앉히고 '이라크 왕국'의 건립을 선포하였다. 이라크 왕국은 이전에 터키 제국이 수니파 중심의 바그다드(Baghdad), 시아파 중심의 바스라(Basra), 쿠르드족(Kurds) 중심의 모술(Mosul) 세 지역으로 나누었던 영역을 하나로 통합한 것이었다. 1932년 10월에 영국은 군대 주둔권을 보유하면서 이라크 왕국 독립을 선포했으나, 여전히 이 지역을 간접 통치했다.

제2차 세계대전 중이었던 1941년 5월에 이라크 왕국은 영국의 실질적인 지배에서 벗어나기 위해 독일과 손을 잡으려고 했으나, 영국이 발 빠르게 대처하여 이라크 전체를 점령하고 1947년 10월까지 통치하였다. 영국의 보호국으로 전락했던 이라크는 1958년 7월, 청년장교를 중심으로 한 자유장교 조직이 친 서방정책을 유지한 왕조정권을 전복함으로써 '이라크 공화국'으로 다시 탄생했다. 이후 쿠데타를 주동했던 카심(Qasim) 장군은 권좌에 올라 공산주의와 민족주의 세력을 기반으로 권력을 유지했고, 1959년 5월에 영국군을 이라크에서 철수시키는 데 성공했다.

1963년 2월에 발생한 또 다른 쿠데타로 카심은 실각하여 처형되었고, 그로부터 5년이 지난 1968년 7월에 바트(Ba'ath)당2)이 무혈쿠데타로 정권을

---

2) 바트당의 바트(Ba'ath)는 아랍어로 '부활'을 의미한다. 바트당은 아랍 지역에서 널리 등장했던 세속적 아랍 민족주의 정당으로 아랍 지역 전체를 하나로 통합하는 '아랍의 부활'을 핵심 가치로 추구하였다. 1940년 시리아에서 결성된 바트당은 여

장악했고, 1979년부터 바트당의 주요 지도자였던 사담 후세인이 이라크를 본격적으로 통치하게 되었다.

사담 후세인[3](Saddam Hussein)의 이라크 바트당 정권은 이슬람 율법인 샤리아[4](Sharia)에 따른 법률체계를 거부했고, 서구식 법률에 기초한 행정체계와 사법체계를 구축했다. 이 때문에 시리아와 이라크처럼 바트당이 집권한 아랍 국가는 종교적 색채가 옅으며, 따라서 바트당 세력은 민주주의를 구현하지는 않았으나 정치 영역의 독자성을 인정한다는 측면에서 매우 세속적이고 근대적이었다.

사담 후세인은 1968년 7월, 바트당이 쿠데타로 정권을 장악했을 때 혁명지도위원회 부위원장으로서 자신의 영향력을 확대했다. 바트당 군사정권 대통령이었던 알 바크르(al-Bakr)의 건강문제로 사담 후세인은 그를 대신해 권력을 행사했으며, 1969년 부통령 직위에 오르면서 '바트당 혁명 수호'를 명분으로 사담 후세인은 이라크의 군과 경찰, 정보기관을 장악했고, 알 바크르가 사임하자 1979년 7월 17일 정식으로 이라크 대통령 및 혁명지도위원회 주석에 취임하였다.

그는 사회주의를 표방하고 헌법에 국유제와 국유재산권의 불가침 및 사유제와 개인경제의 자유가 함께 보호를 받도록 규정하였다. 또 국가의 행정구역을 18개의 주(州)로 나누었다. 사담 후세인은 일련의 개혁조치를 취하고 석유수입을 이용하여 국민들의 생활수준을 높이는 한편, 경제건설을

러 아랍 국가에 지부를 두었으며, 이라크와 시리아에서 정권을 장악했다. 1963년 시리아 바트당은 쿠데타로 권력을 장악해 시리아를 통치하였으며, 바트당 지도자 세습에 의해 권력을 이양했다.

3) 본명은 Saddam Hussein Abid al-Majid al-Tikriti. 아랍 이름은 본인 이름-아버지 이름-할아버지 이름-가문이나 지역순으로 구성되어 있기 때문에, al-Tikriti에서 태어난 Abid al-Majid(할아버지)와 Hussein(아버지)의 아들인 Saddam(개인 이름). 호칭은 Saddam Hussein 혹은 짧게는 Saddam이라고 호칭한다.(근거 : 위키피디아)

4) 샤리아는 이슬람교 율법으로서 종교적 의무, 개인과 사회생활, 상업, 형벌에 이르기까지 신이 정해준 계시법이다. 이 율법은 세속적인 법 영역과 종교적인 의무 관념이 불가분의 관계에 있다.

가속화함으로써 상당한 성과를 거두었으나, 자신의 지위를 공고히 하기 위해 정적들을 제거하고 독재 권력을 구축하기 시작했다.

1991년, 의회가 다당제 법안을 통과시키기는 했지만 사실상 이라크는 일당 지배체제로 바트당을 제외한 나머지 정당에게는 각종 제약을 두어 많은 권력을 갖지 못하게 하였으며, 군대나 보안 경찰부대에 들어가는 것을 금지하였다. 바트당의 기구와 국가 행정기구는 일원화되다시피 하였고, 국가 최고 권력기구도 바트당 혁명지도위원회가 수행하였다. 각 부처 장관의 절대다수가 집권당 고위인사였으며, 국회의장은 대통령이 승인한 인물이었으며 의원들 대다수도 집권당 당원이었다.[5]

1980년에 사담 후세인은 이슬람 혁명으로 혼란에 빠진 이란을 공격했다. 그리고 전쟁 이후 사담 후세인은 이라크가 수니파 국가를 대표해 시아파 이란과 전쟁을 했음에도 불구하고 이웃국가들이 채무를 탕감해 주지 않자 1990년 쿠웨이트를 침공하였으며, 이는 곧바로 걸프전쟁으로 이어졌다. 걸프전쟁 이후 사담 후세인은 바트당 정권이 유지했던 세속화 정책을 포기했다. 미국과 이란이 시아파를 선동해 자신의 정권을 위협하자, 사담 후세인은 수니파 이슬람에 의존하게 되었다. 사담 후세인은 신정정치의 요소를 도입해, 점차 수니파 이슬람을 기반으로 하는 정권을 유지하려고 했다. 1991년에 사담 후세인은 이전까지는 종교적 상징이 없었던 이라크 국기에 자신의 글씨로 '알라는 위대하다'(Allahu Akbar)라는 문장을 새겨 넣었다. 사담 후세인은 자신의 정권을 유지하려고 자신에 대한 반대 및 도전 세력을 가차 없이 제거했다. 특히 걸프전쟁 이후 미국이 다양한 방식으로 반대 세력을 지원하자, 자신의 정치적 생존을 위해 엄청난 숙청을 감행했으며, 숙청 대상자를 끔찍한 방식으로 처형하였다.

---

5) 이근욱, 『이라크 전쟁』, 도서출판 한울 아카데미, 2011, 46~47쪽.

이라크는 1964년 5월, 헌법에서 이슬람을 국교로 지정하여 모든 국민에게 이슬람법(샤리아)을 적용하며 이슬람 관습이 일상생활을 지배하였다. 이라크 국민은 전체의 96%가 무슬림(이슬람 교도)이며 나머지가 30만 명의 기독교도와 소수의 유태교도로 구성되어 있었다.

이슬람교는 선지자 마호메트의 정통 계승자에 대한 해석문제로 인하여 분열이 일어나 아랍국가에는 수니파(Sunni)와 시아파(Shiism)의 두 종파가 대립하였다.6) 그 중 수니파가 전체 이슬람 세계에서 신도 수가 더 많고, 더 널리 분포되어 있으며 다수 정부의 지지를 받고 있다. 이라크의 경우는 시아파가 약 65%, 수니파가 약 35%를 각각 차지하여 시아파가 다수이긴 하지만, 실제 권력은 수니파가 장악하고 있었다.7) 이라크의 고질적인 종교적 분쟁은 바로 다수의 시아파가 소수 수니파의 지배에 대한 저항운동으로부터 시작되었다. 사담 후세인을 비롯하여 내각 가운데는 부총리와 국방장관, 국가안전부서의 지도자와 군부 대다수의 사령관들이 모두 수니파에 속하였다. 반면 시아파 거주 지역은 남부의 바스라(Basra), 나자프(Najaf), 카르발라(Karbala) 등이며 그 가운데 나자프와 카르발라는 시아파들이 순례하는 성지였다. 시아파는 이라크 무슬림 가운데 다수를 점하고 있지만 정부로부터 차별을 받는 경우가 많았다. 그러나 시아파가 인구의 다수인 관계로 항상 내부 불안요인이 상존하였으며, 실제 조직적인 봉기나 저항의 사례도 발생하였으나, 사담 후세인은 여러 차례 시아파의 봉기와 저항활동을 무자

---

6) 수니파는 이슬람 창시자 무함마드 사후 후계자로 추대된 1~4대 칼리프(이슬람 공동체의 최고 지도자)를 모두 인정하며 이슬람 세력의 주도세력으로 전 세계 이슬람 신자의 90%이상을 차지하는 다수파임. 시아파는 '분파'라는 의미로 제4대 칼리프인 알리(무함마드의 사촌동생으로 무함마드의 딸과 결혼)만이 정통 칼리프라고 인정함.
7) 현재 이슬람 국가 가운데 인구 구성에서 수니파보다 시아파가 다수를 차지하는 국가는 모두 4개 국가로 이란, 이라크, 아제르바이잔, 바레인이다, 그 밖의 이슬람 국가는 시아파가 소수로, 예멘 45%, 쿠웨이트와 레바논 35%, 터키 20%, 파키스탄과 아프가니스탄 15~20%, 사우디아라비아 15% 정도가 시아파이다.

비하게 진압하였다.[8]

이라크는 절대다수를 차지하는 아랍인과 소수민족 간의 종교와 민족문제가 결부되어 복잡한 갈등 양상을 나타내고 있다. 이라크의 민족 분포는 아랍계가 80%, 쿠르드족 17%, 페르시아 · 터키계가 3%를 차지하고 있으며 공용어는 아랍어와 쿠르드어이고 영어가 통용되었다. 이라크에는 수도 바그다드를 포함하여 18개의 주(州)가 있으며, 대부분의 주에서 아랍인이 절대다수를 차지하고 있다. 그러나 아르빌(Arbil) · 술레이마니아(Sulaymaniyah) · 다후크(Dahuk) 3개 주(州) 주민 대부분과 니나와(Ninawa)와 키르쿠크(Kirkuk) 주(州)의 주민 60% 이상이 쿠르드인이다.

중동의 집시라 불리는 쿠르드족(Kurds)은 이라크뿐만 아니라, 이란, 터키, 시리아까지 걸쳐 거주하는 페르시아계 주민으로서, 이라크 영토 안에도 약 430만 명이 거주하고 있었으며 고유의 언어와 풍속, 생활양식 등을 갖고 있었다. '쿠르드 문제'란 이라크 · 이란 · 터키에 거주하는 쿠르드족이 자치권을 실현하기 위해 해당국 중앙정부와 갈등을 빚거나 무력충돌을 일으키는 종족 관련 사안을 가리킨다. 1920년 8월, 유럽 열강들은 오스만 제국을 빼앗고 분점하기 위해 세브르 조약(Treaty of Sevres)[9]을 체결하고 아르메니아 남부로부터 이라크 북부까지의 지역을 쿠르디스탄의 영토로 지정하였다. 그러나 터키가 쿠르디스탄의 독립을 승인하지 않자 이 지역은 주변국들에게 분할되었다. 쿠르드족의 총인구는 약 2,500만 명이지만, 현재 터키에 1,250만 명, 이란에 600만 명, 이라크에 430만 명, 시리아에 50만 명, 레바논에 10만 명, 아르메니아와 아제르바이잔에 10만 명 정도가 거주하고 있으며, 그 나머지는 세계 각지에 흩어져 살고 있다.

---

8) 국방부, 『이라크 파병 길라잡이』, 2004년, 81~83쪽.
9) 1차 세계대전이 종료된 1920년 8월 20일, 프랑스 파리 근교의 세브르에서 연합국과 패전국 오스만 투르크 제국 사이에 조인된 조약. 아르메니아 독립, 쿠르디스탄 자치, 이라크 · 팔레스타인은 영국이, 레바논 · 시리아는 프랑스가 위임통치, 이집트는 영국, 모로코와 튀니지는 프랑스 보호 하에 둔다는 내용이다.

이라크의 쿠르드족은 주로 북부 산악지대인 술레이마니아와 아르빌, 그리고 모술과 키르쿠크 등에 살고 있는데, 쿠르드족은 줄기차게 중앙정부와 민족 자치, 석유수익금 분배, 자체 무장세력 보유 등의 문제로 갈등을 빚어 왔다. 1961년과 1964년에 무장봉기를 일으켰고, 1965년에는 민병대의 수가 10만 명까지 늘어나자, 이라크 정부는 1970년 3월 쿠르드족과의 협상을 통해 휴전에 합의하였다. 그러나 이후 이라크 정부는 쿠르드족 거주지에 아랍인을 대량 이주시키는 한편, 군대를 파견하였다.

1975년 이라크 정부는 쿠르드족에 대한 대대적인 공격을 감행하여 20만 명의 쿠르드족을 이란으로 몰아냈다. 또 1988년 8월, 사담 후세인은 이란과의 전쟁이 끝난 뒤 쿠르드족 반란세력을 소탕하였는데, 이때 쿠르드족 5천여 명을 독가스로 살해하였다. 그리고 이러한 행위는 후에 미국의 사담 후세인 재판 과정에서 그의 범죄 혐의에 포함되었다.

1991년 2월 걸프전이 끝난 후 쿠르드족의 반정부 무장투쟁이 또 다시 발생하였는데, 이때 사담 후세인 정부는 이를 진압하면서 매우 잔혹한 방법을 사용한 것으로 알려졌다. 이 진압작전에서 무려 200만 명이 넘는 쿠르드족이 목숨을 건지기 위해 국경을 넘어 이란과 터키로 피신하였고, 이로 인하여 생긴 쿠르드 난민문제가 세계의 주목을 받았다. 1991년 4월 5일, UN 안보리는 688호 결의안을 통과시키면서 이라크 정부의 무자비한 진압행위를 규탄하였다. 이후 미국·영국·프랑스 3국은 군대를 파병하여 이라크 북부 36도선 이북에 진입한 뒤 쿠르드족을 보호하기 위한 안전지대를 설정하였으며, 5월 3일에는 안전지대를 UN 관리 기구에 넘겼다.

2) 미국과 이라크의 역사적 관계

(1) 이란·이라크 전쟁 (1980년 9월 ~ 1988년 8월)

1979년 2월, 이란 왕정이 붕괴하고 이슬람 신정정치가 이란을 통치하면서, 미국의 강력한 지역 동맹국이었던 이란은 미국과의 대립구도에 들어갔다. 이란의 이슬람 혁명은 기본적으로 시아파의 혁명이었는데, 이슬람 세계 전체에서 시아파는 소수 종파였다. 이슬람교도의 90%는 수니파이며, 10% 정도가 시아파다. 하지만 시아파는 중동 지역의 이란과 이라크에 집중되어 있으며, 이란 인구의 90% 이상, 이라크 인구의 65% 정도를 차지했다. 이 때문에 중동 지역의 수니파 국가들은 '시아파의 위협'을 두려워했으며, 사담 후세인의 수니파 소수 정권이 시아파가 다수를 차지하는 이라크를 통치하고 시아파 국가인 이란과 전쟁을 수행하자 사담 후세인을 지원했다.[10]

1980년 8월, 이라크군은 기습공격으로 이란 남부의 유전지대인 후제스탄을 점거하지만, 1982년 이란군의 반격으로 후퇴하였고, 1986년 여름까지 전투는 이라크 영토 내에서 전개되었다. 미국의 입장에서 볼 때 이라크는 이스라엘을 적대시하면서 소련의 간접적인 지원을 받고 있었고, 이란은 미국에 대한 증오로 인해 언젠가는 소련의 영향 하에 들어갈 것으로 예상되는 위험한 국가였다. 따라서 미국은 전쟁의 처음 2년간은 한쪽이 일방적으로 승리하지 않도록 공작을 펼치면서, 전쟁이 끝나면 이 지역에 미국의 존재를 각인시킬 수 있는 방법을 찾고자 하였다.

미국이 점차 이라크의 보호자를 자처하게 된 것은 1982년 3월 이란군의 반격이 성공을 거두어 전투가 이라크 내로 이동하였기 때문이다. 미국은 1984년 이라크에 무기 공급을 개시함으로써 17년간 단절되었던 외교관계를 열었으며, 미국의 지원 덕분에 1985년부터 전황이 이라크에게 유리하게 전개되었다. 1988년 8월 20일에 정전이 성립되었지만, 8년간의 전쟁에서 이라크는 많은 외채를 사우디아라비아와 쿠웨이트에 상환해야 했다. 사담 후세인은 이라크가 수니파 국가를 대표해 시아파인 이란과 전쟁을 했기 때문에 그 희생을 감안해 채무가 탕감되어야 한다고 주장했지만 채권국들은 이라

---

10) 이근욱, 『이라크 전쟁』, 47~48쪽.

크에 대한 채권을 포기하지 않았으며, 이러한 갈등은 결국 1990년 8월에 이라크의 쿠웨이트 침공으로 이어졌다.

(2) 걸프 전쟁 (1990년 8월 ~ 1991년 2월)

1990년 8월, 이라크는 쿠웨이트를 침공했고, 세계는 후세인을 극단주의 시아파 이란에 맞서 싸우는 중동 세력균형의 유지자에서 중동지역 최고의 팽창주의 지도자로 인식하게 되었다. 8월 2일 새벽 이라크군 약 10만 명이 쿠웨이트의 국경을 넘어 수도를 함락했고 48시간 만에 쿠웨이트 전체를 장악했다. 이에 쿠웨이트 국왕 가족과 정부 인사를 비롯해 인구의 절반인 약 40만 명이 사우디아라비아로 탈출했다.

서방국가들은 이라크의 쿠웨이트 침공을 묵과하지 않았고, 유엔은 '안보리 결의안 660호'를 통해 이라크군이 즉시 쿠웨이트에서 철수할 것을 명령했다. 미국의 부시 대통령은 이라크가 쿠웨이트를 침공하자, 1990년 8월 7일부터 '사막의 방패작전'(Operation Desert Shield)에 이어, 1991년 1월 17일부터 '사막의 폭풍작전'(Operation Desert Storm)을 전개하였다.

미국이 지휘하는 다국적군의 '사막의 폭풍작전'은 38일간의 공습으로 이라크 군사력을 파괴했고, 1991년 2월 24일을 기해 지상군 작전을 개시하였다. 쿠웨이트가 완전히 탈환된 2월 27일 부시 대통령은 쿠웨이트 해방을 선언하고, 2월 28일 다국적군에게 전투중지 명령을 내림으로써 42일간에 걸친 걸프전쟁은 종료되었다.

이라크군은 쿠웨이트에서 패주하였고 쿠웨이트 왕가는 귀환했다. 미국을 비롯한 연합국은 전세를 압도적으로 이끌고 갔지만 이라크 본토 깊숙이 진격해 사담 후세인 정권을 전복하지는 않았다. 미국은 후세인 정권이 쿠데타로 전복되기를 바랐으며, 이러한 구상에 따라 남부 지역에 집중 거주하는 이라크 내 시아파의 봉기를 유도했다. 시아파는 외부의 지원을 기대하고 수니파 중심의 사담 후세인 정권에 도전했으나, 미국은 봉기가 시작된 이후에는 시아파를 지원하지 않았다.11) 미국은 걸프전쟁을 통해 이라크를 실험장으로 신형 무기를 마음껏 테스트하고 베트남에서 입은 굴욕의 후유증을 잊어버릴 정도의 승리를 거두었다. 그럼에도 불구하고 사담 후세인은 권력의 자리에 건재하였다.12)

1991년, 걸프전쟁이 끝나자 유엔은 쿠르드족을 보호하기 위해 북위 36도 이북 지역과, 시아파를 보호하기 위하여 북위 32도 이남을 비행금지구역으로 설정했으며, 1996년에는 북위 33도 이남지역으로까지 확대하였다. 미국은 비행금지구역을 통제하는 동시에 이라크의 군사력 이동을 관찰하고 필요한 경우에는 공군력을 동원해 제한적인 공격을 감행했다.13)

전쟁 이후 미국은 이라크 군사력을 해체하기 위해 많은 노력을 기울였다. 유엔특별위원회(United Nations Special Commission, UNSCOM)와 유엔사찰위원회(United Nations Monitoring, Verification and Inspection Commission, UNMOVIC)를 구성해 사찰활동을 전개하였고, 이라크 내 대량살상무기 개발·비축 의혹 시설물에 대해 4일간 '사막의 여우'(Desert Fox) 작전으로 명명된 대규모 공습 작전을 감행하기도 하였다.

이라크는 점진적으로 중·선진국의 위치에서 저개발국으로 전락하였고, 인구의 60%가 그들의 생계를 정부가 제공하는 식료품에 의존하게 되었다. 유엔은 이라크가 인도적 목적으로 사용할 수 있는 식량과 의약품만 구입할 수 있을 정도의 석유를 수출할 수 있도록 허용하는 '석유수출프로그램' (Oil-for-Food Program)을 시행하였다.14)

1998년에 미국 의회는 '사담 후세인이 이끌고 있는 정권을 이라크에서 몰

---

11) 이근욱, 『이라크 전쟁』, 55~56쪽.
12) 후지무라 신(정원창 역), 『중동 현대사』, 小花, 1997, 167~178쪽.
13) 이근욱, 『이라크 전쟁』, 56~57쪽.
14) 석유수출프로그램(Oil-for-Food Program)은 1996년에 UN이 제안하여 시행한 대 이라크제재로서, 식량과 의약품 구입에 필요한 최소 비용 선에서만 세계시장에 석유를 수출할 수 있도록 한 것이다.

아내기 위한 노력을 지원하고 민주적인 정부 설립을 촉진한다.'는 내용의
'이라크 해방법'(Iraq Liberation Act)을 통과시켰다. 이와 같이 미국의 대(對)
이라크 정책은 처음에는 우호적인 관계에서 점차 적대적인 관계로 변화되
어 결국은 이라크 전쟁의 발발로 이어졌다.

(3) 9·11테러와 미국의 전쟁준비

2001년 9월 11일, 미국 뉴욕의 세계무역센터 쌍둥이 빌딩과 워싱턴의 펜
타곤에 3대의 민항기가 각각 충돌하여 폭발을 일으켰다. 이 테러사건으로
2,977명의 사망자가 발생하였으며, 경제적 손실액만 약 400억 달러에 이르
렀고 미국인에게 엄청난 심리적 충격과 분노를 일으켰다.

미국은 알카에다[15]을 범인으로 지목하고 아프가니스탄의 탈레반 정권에
게 알카에다와 그 지도자인 오사마 빈 라덴(Osama bin Laden)의 신병 인도
를 요구했다. 탈레반 정권은 증거를 제시하라고 반박하면서 그 요구를 거
절했다. 이에 미국의 부시(George W. Bush) 대통령은 아프가니스탄에서 활
동하던 알카에다 조직을 소탕하고 빈 라덴을 체포하기 위해 '항구적 자유
작전(Operation Enduring Freedom)'을 개시했다. 2001년 10월 7일, 미국은 특
수부대와 중앙정보국 공작원을 중심으로 한 군사력을 동원해 아프가니스
탄을 침공했으며, 2001년 12월, 탈레반의 탄생지이자 지지 기반인 칸다하르
를 함락시키고 아프가니스탄에서의 전투를 종식시켰다. 미국의 전쟁은 성
공적이었다.[16] 유엔안전보장이사회의 승인이 없었지만, 미국은 침공 이후

---

15) 이슬람 근본주의 테러리스트들이 결성한 비밀 조직으로, 1979년 12월에 소련이
    아프가니스탄을 침공하자, 오사마 빈 라덴은 아프가니스탄의 무자헤딘 게릴라를
    지원했으며, 1989년 2월에 소련군이 철수하면서 초래된 아프가니스탄 내전과 힘
    의 공백 상태에서 알카에다를 창설하였다. 빈 라덴이 알카에다 훈련소 등을 구
    축하면서, 아프가니스탄이 알카에다의 중요한 기지로 부상하였고, 1998년 케냐
    미 대사관 공격, 2001년의 9·11테러, 2002년의 발리 폭탄 테러를 자행하였다.
16) 초기작전('01.10.7~11.25)에서는 원거리 정밀폭격작전, 북부동맹군의 지상 작전
    지원, 오사마 빈 라덴 색출 및 특수부대 투입 등의 작전을 수행하였고, 결정적 작

사후 승인을 확보했으며, 대규모 지상군을 직접 사용하지 않고 특수부대와 공군력만을 동원해 아프가니스탄에서 승리했다.

9·11테러는 이라크에 대한 미국의 여론을 악화시켰다. 이라크가 대량살상무기(Weapon of Mass Destruction, WMD) 문제 해결 의지를 보이지 않는 가운데, 부시 대통령은 2002년 1월, 국정연설에서 이라크·이란·북한을 '악의 축'으로 규정하고 대량살상무기 개발·획득 및 국제 테러조직과의 연계에 강력하게 대처할 것이라고 경고하였다. 부시 대통령은 테러와의 전쟁을 천명하면서 '선제공격론'을 강조하였고, 럼스펠드 국방장관과 파월 국무장관도 이라크 대량살상무기 위협의 심각성과 함께 이라크 정권 교체의 당위성을 연이어 강조하였다.

2001년의 미국 공화당 행정부는 신보수주의의인 네오콘[17](NeoCon)의 영향력에 의해 좌우되었다. 체니(Dick Cheney) 부통령과 파월(Colin Powell) 국무장관, 럼스펠드(Donald H. Rumsfeld) 국방장관, 라이스(Condoleezza Rice) 안보보좌관도 매우 강경한 입장을 취하였다. 네오콘 중심의 부시 행정부는 기존의 이라크 정책에서 탈피해 '봉쇄 또는 억지'가 아니라 '정권교체' 정책을 추진했다.[18] 2002년 9월 12일, 부시 대통령은 9·11테러 1주년을 맞아 유엔총회에서 '이라크가 테러 조직에 대한 지원을 금지하는 '유엔 안보리 결의안 1373호'를 위반했고, 현재 알카에다 조직의 생존자들은 이라크에 피신해 있다'고 비난했다.

2002년 11월 8일 통과된 '유엔 안보리 결의안 1441호'는 이라크가 이전의 유엔 결의안을 무시하고 대량살상무기와 탄도미사일을 개발하고 있다고 지적하면서, 유엔 사찰에 협력하지 않으며 거짓 보고를 한다는 내용이 포

전('01.11.29~12.22) 단계에서는 지상 작전 부대가 투입되어 알카에다 및 탈레반을 무력화시켰다. 이후 안정화작전('01.12.23~) 단계에서 과도정부 수립과 재건활동을 추진하였다.

17) 'Neo-Conservative'의 줄임말로 미국 공화당을 중심으로 한 신(新)보수주의자를 뜻함.

18) 조지 W. 부시 저, 안진환, 구계원 공역, 『결정의 순간』, YBM Sisa, 2011, p.294.

함되었다. '유엔 안보리 결의안 1441호'에 의해 이라크는 30일 안에 모든 대량 살상무기 관련 프로그램에 대해 '정확하고 완전한 보고서'를 제출해야 했다. 사담 후세인은 12월 7일에 보고서를 제출했으나, 유엔 사찰 단장이었던 스웨덴 외교관 한스 블릭스(Hans Blix)는 '양은 풍부하지만 정보는 매우 빈약하다.'고 평가절하 했다. 파월 국무장관은 2003년 2월 5일 유엔 안보리 전체 회의에 참석해 '이라크가 알카에다를 보호하고 있으며, 여전히 생화학 무기를 생산하고 있다'고 주장하였다.

한편 미국은 국제사회의 지지를 얻기 위해 다양한 외교활동을 펼쳤는데, 특히 터키의 지지를 얻는 것은 매우 중요한 문제였다. 정치적으로 터키는 국민의 98%가 무슬림인 이슬람국가이면서 중동의 유일한 NATO 회원국으로서 상징적인 의미가 클 뿐만 아니라, 주변국에게 미치는 영향 또한 컸기 때문이었다. 군사적으로도 터키는 이라크와 국경을 접하고 있어 연합군에게 중요한 군사적 이점을 제공할 수 있었다. 그러나 터키는 국민의 전쟁반대 여론과 아랍권에 위치한 지정학적 문제 때문에, 의회에서 연합군이 그들의 영토와 영공을 사용하는 안건을 부결시켰다. 이로 인해 미국의 전쟁계획은 크게 변경될 수밖에 없었다.

뿐만 아니라 프랑스와 러시아, 중국 등의 상임이사국은 미국의 이라크 공격에 동의하지 않았고, 독일도 전쟁에 반대했다. 결국 미국은 유엔 안보리 결의안 없이, 그리고 전통적인 동맹국의 지지 없이 영국의 지원만 받은 상태에서 사실상 단독으로 이라크 공격을 개시하게 되었다.[19] 미국의 입장에서는 일단 유엔의 승인을 받아야만 전쟁의 명분을 확보하고 다른 국가들의 군사적, 경제적 지원을 기대할 수 있었지만, 유엔 안보리에서 대(對)이라크 군사행동 결의안은 채택되지 않았다. 따라서 전쟁을 위한 연합군은 '의지의 연합군'[20](coalition of the willing)으로 구성되었다.

---

19) 이근욱, 『이라크 전쟁』, (서울: 한울아카데미, 2011). pp.101~104.
20) 2002년 11월, 미국의 부시 대통령이 NATO 정상회담에서 사용했던 용어로서, '의

미국 의회가 이라크에 대한 군사력 사용 권한을 공화 · 민주 양당의 공동 발의로 결의안이 10월 10일 통과시켰고, 10월 16일에 부시 대통령이 서명함으로써, 미국은 국내법적으로는 군사력 사용에 대한 합법성을 보장받게 되었다. 연합군의 작전계획은 미국 중부사령부(US Central Command, CENTCOM)에 의해 2003년 1월에 최종적으로 완성되었으며, 약 210,000명의 병력을 이라크 전역에 투입하는 것이었다. 중부사령부의 계획은 합동 다국적군의 전역계획으로 발전되었고, 2003년 초에 실제 전역에서 적용될 'COBRA Ⅱ'라는 계획안을 완성하였다.[21]

(4) 이라크의 대응과 전쟁 준비

사담 후세인은 미국과 영국이 병력과 장비를 증강하고 전쟁의지를 강하게 드러내자 후세인선전 활동과 전쟁 방지를 위한 다양한 외교 활동을 전개하였다. 한편으로 러시아와 프랑스로부터 자신들의 거부권 행사로 미국이 유엔의 승인을 받지 못할 것이며, 독자적인 전쟁을 하지 않을 것이란 언질을 받았다고 한다. 이라크는 그들이 성실한 자세로 유엔 결의안을 이행함에도 불구하고 미국의 농간으로 무기 사찰이 공정하게 이루어지지 않는다고 주장했다. 동시에 내부적으로는 미국의 침략전쟁이 임박했음을 일깨워 국민들에게 항전의지를 고취시켰다.

2002년 9월부터 이라크에는 국민 총동원령이 내려졌다. 시민들에게 총기가 지급되었고 방송에서는 연일 반미감정을 자극하고 민족의 결집을 호소하는 목소리가 흘러나왔다. 연합군의 공습에 대비하여 비축해둔 식량과 생필품을 민가에 분산 보관하는가 하면 1달에 한 번씩 배급하던 쌀 · 밀가루 · 설탕 · 비누 등 생필품을 한꺼번에 3~6개월분씩 일괄 지급하였다. 바그

지의 연합군(coalition of the willing)'은 유엔의 결의 없이 국제사회의 군사적 개입에 관여된 참가국들을 집합적으로 표현하는 정치적 용어이다.
21) Dr. Donald P. Wright & Colonel Timothy R. Reese, *On Point Ⅱ*, p.69.

다드에서는 각 병원마다 의약품 확보와 수술실 준비로 분주하였고, 시민들이 생필품을 사려고 다투어 시장에 몰려드는 등 이미 전쟁을 감지한 모습이 역력하였다.[22]

이라크 지도부는 티그리스-유프라테스 강 계곡을 연하는 연합군의 공격에 대비한 방어와 바그다드 자체 방어에 중점을 두고 전쟁에 대비하고 있었다. 이라크군은 바스라로 통하는 고속도로로 연합군의 주력이 올 것으로 예상하고 부대를 종심 깊게 배치하면서, 연합군이 공격을 못할 것으로 예상되는 유전지대를 활용하였다. 사담 후세인과 군 수뇌부는 방어를 위해 17개 육군 상비사단과 6개 공화국수비대 사단을 야전에 배치했다. 바그다드 시내에는 15,000명의 공화국 특별수비대가 주요 방어거점을 방어하였다. 준군사부대(사담 페다인[23], 바트당 민병대 등)들은 정규전이 아닌 비정규전을 준비했다.

(5) 이라크전쟁의 개시와 경과

2003년 3월 19일, 미국의 부시 대통령은 국가안전보장회의(National Security Council, NSC)를 개최하여, 럼스펠드 국방장관에게 "세계 평화 및 이라크 국민의 이익과 자유를 위해 이라크 자유 작전(Operation Iraqi Freedom)을 명령"했다. 전쟁은 미국, 영국, 호주, 폴란드를 중심으로 연합군이 편성되었고, 각 국가는 자국 군대에 대한 지휘권을 가지고 있었으나, 실질적으로는 중부사령관인 프랭크스 장군이 연합군 총사령관으로서 작전을 지휘하였다. 2003년 4월 10일, 연합군의 바그다드 입성으로 이라크 지역에서의 대규모 군사작전이 종료되었음이 선포되었다. 연합군은 일부 병력을 전투지역에서 철

---

22) 전학습 저, 김경현 역, 『중국의 시각에서 바라본 이라크 전쟁』, 육군사관학교 화랑대연구소, 2007, pp.87~101.
23) "사담 후세인을 위한 순교자"라는 뜻이며, 1995년에 조직된 3~4만 명 규모의 특수보안부대임. 사담 후세인 대통령 장남인 우다이 사담 후세인이 총사령관이었음.

수시키기 시작하였으며, 작전의 주요목표를 반란세력[24](insurgent) 소탕과 대량살상무기 색출, 사담 후세인 정권의 지도자급 인사 체포로 정하였다.

2003년 5월 1일, 부시 대통령은 공식적으로 "이라크에서 주요 전투는 종료되었다 (Major combat operation in Iraq have ended)"라고 선언함으로써 3월 20일에 시작된 전쟁은 42일간의 전투를 통해 성공적으로 마무리되는 것처럼 보였다. 사담 후세인은 2003년 12월 13일, 고향인 티크리트 외곽에서 생포되었고, 후세인 정권의 몰락으로 이라크는 걷잡을 수 없이 혼란에 빠져들었다. 미군은 이런 상황에 대비한 훈련을 전혀 받지 못하였으며, 철저한 준비가 부족하였다.

2003년, 이라크 전쟁의 군 기획자들은 전역을 네 단계로 나누었는데, 제Ⅰ단계는 억제 및 개입(Deter/Engage), 제Ⅱ단계는 주도권 장악(Seize the Initiative), 제Ⅲ단계는 결정적 작전(Decisive Operation), 제Ⅳ단계는 작전의 전환(Transition)이었다.[25] 이 중 제Ⅳ단계는 군사적 성공이 전역의 총체적 목표인 국가목표를 최종적으로 달성하는 기간이기 때문에 대단히 중요하였으나, 미군은 결정적 작전에서 전후 작전으로의 전환이 순조롭게 진행되지 못하는 결과가 발생하였다.[26]

2003년 1월, 부시 대통령은 '대통령 국가안보지침(National Security Presidential Directive, NSPD) 제24호'를 통해 국방부에게 이라크 전후관리에 대한 권한을

---

24) Insurgent는 반란세력, 분란세력, 적대세력 등으로 표현 가능하나, 대반란 전(counter-insurgency)이라는 용어를 사용하는 점을 고려하여 '반란세력'으로 표현한다. 반란(Insurgency)이란 전복(subversion) 및 무력투쟁(Armed Conflict)을 통해 합법적인 정부의 붕괴를 꾀하는 조직화된 움직임을 의미한다(미 JP 3-07, Stability Operation).

25) 미군 합동교범 5-1『합동작전계획(Joint Operation Planning)』에는 작전계획수립의 단계모델(phasing model)을 여섯 단계(phase 0 - phase Ⅴ)로 나눈다. phase 0 shape (여건조성) - phase Ⅰ deter(억제) - phase Ⅱ seize initiative(주도권 확보) - phase Ⅲ dominate(우위 확보) - phase Ⅳ stabilize(안정화) - phase Ⅴ enable civil authority (민간 정부로의 이양), Joint Publication(JP) 5-0, Joint Operation Planning (Washington, DC: U. S. Government Printing Office, 26 December 2006), pp. Ⅳ-35~Ⅳ-38.

26) Dr. Donald P. Wright & Colonel Timothy R. Reese, op. cit, pp.55~66.

부여하였다. 그러나 미 국방부는 전쟁 후 이라크의 국가건설과 관련된 계획을 위한 노력은 통일되지 않았고, 조화도 이루지 못했으며 세부전략도 없었다. 결국 제IV단계 작전에 대한 과소평가로 연합지상구성군사령부는 적절한 규모의 안정화 군을 전개시키지 못함으로써 전후 처리에 대한 강력한 도전을 받게 되었다.[27) 제IV단계 작전의 가장 큰 문제점은 이라크 수도를 점령하고 후세인 정권을 전복한 이후에 반란세력들이 미군을 계속 공격할 것이라는 실질적인 상황을 고려하지 않았다는 것이다.

3) 주변국 정세 및 지역 동향

이라크는 서방 및 주변국가와 이란-이라크전쟁 및 걸프전 이후 소원했던 관계를 회복하기 위해 다양한 노력을 경주하고 있었다. 역사적으로 중동은 민족 · 종파 간 갈등이 내재되어 왔으며, 중동 국가들은 이라크의 안정이 지역정세를 위해서도 중요하다는 점에 의견을 같이하였다. 주변국들은 이라크와 대사관 재개설 등, 정치 · 경제 분야 교류에 관심을 기울이고 있었으나, 이라크 안정화 방법에 있어서 주변국은 자국 이익의 입장에 기초한 시각에서 바라보는 가운데 안정화에 소극적이거나 경제교류를 위한 관계 강화에는 적극적인 모습을 보였다.

터키는 미국과 지속적인 유대관계를 유지한 가운데 쿠르드자치정부(KRG)에 대한 영향을 확대하려고 노력 중이었으며, 2007년 5월 이후 쿠르드노동자당(PKK)을 대상으로 군사작전을 지속하고 있었다. 에드로간 터키 총리와 압둘라 굴 터키 대통령은 2008년 7월과 10월에 이라크를 방문하여 경제 분야 협력에 합의하였고, 쿠르드자치정부 총리도 쿠르드자치정부-터키 간 경제교류 확대 필요성을 강조하면서 우호적인 관계유지를 위해 노력하고 있었다.

---

27) Dr. Donald P. Wright & Colonel Timothy R. Reese, op. cit, pp.72~74.

이란은 시아파 중심의 정부를 유지하고 있으며, 이라크에 대한 영향력 확대 및 지역 패권 확보 노력에 역량을 집중하고 있었다. 2005년 8월 아흐 마드네자드 대통령 취임 이후 강경 노선을 추구하면서, 미국과 대립관계를 보이는 가운데 UN 안보리는 이란의 핵개발을 즉각 중단하라는 성명서를 발표하였다. 그러나 핵 재처리 계획중단 요구 거부 및 지속적인 핵 개발의 지를 표명하고 있었다. 그러나 한편으로는 이라크와 경제교류 확대를 위해 협정을 체결하고 교류확대를 위해서는 노력하고 있었다.

시리아는 적대세력이 국경을 경유하여 이라크로 유입되는 상황에 대해 방관 및 방조하고 있으면서도, 이라크에 대한 지원 의사를 표명하는 등 이 중적인 태도로 이라크 정치 및 경제에 관여하고 있었다. 또한, 이라크 안정 의 핵심은 동맹군의 조기철수라고 주장하는 반면, 이라크 내 민간인에 대 한 공격은 시리아에게도 위협으로 작용하였기 때문에 자국의 안정을 위해 서라도 시리아와 이라크 간 국경통제를 위해 노력할 것이라고 표명하고 있 었으며 시아파 주도의 이라크 정부 견제 및 강한 이라크 등장을 우려하고 있었다.

사우디아라비아와 쿠웨이트는 2005년부터 정유시설 및 사회기반시설에 대한 테러 위협과 지속적인 왕정체제 전복 위협에 대비해 대규모 대테러 작전을 실시하여 테러위협을 제거하고 있었으며, 친미 노선을 유지한 가운 데 에너지 및 대외정책을 펴고 있었다. 또한 이라크와는 경제적인 협력 관 계 유지를 위해 부채 탕감 및 차관 지원 등 다양한 방법을 통해 우호적인 관계 유지를 위해 노력하고 있었다.

4) 한국과의 관계

이라크는 북한과 1968년 정식 외교 관계를 수립하고, 한국과는 1981년 영 사관계, 1989년 대사급 관계를 맺음으로써 남북 동시 수교국이 되었다. 그 러나 북한이 이란-이라크전쟁 당시 이란을 지원함으로서 1980년 단교 조치되었다. 이라크의 쿠웨이트 침공 후 1991년 1월 주이라크 한국공관, 1994년 주한 이라크 공관이 잠정폐쇄되었고 당시 요르단 대사관에서 이라크 관련 업무를 수행하였다. 1999년 이라크 산업차관 라세드가 방한하였고, 같은 해 대한무역투자진흥공사사장 김은상이 이라크를 방문하였다. 한국과 이라크 는 1983년 무역 및 경제기술과학 협력 협정, 1985년 항공협정, 1987년 문화 협정, 외교공관부지 교환협정이 체결되었다. 주(駐) 이라크 대사관을 대사 대리체제로 바그다드 호텔 등지에서 운영해 오다가 2003년 12월에 바그다 드 시내에 건물을 임대하여 대사관을 개관하였으며, KOICA(한국국제협력 단) 사무실도 운영하고 있다.

9·11테러 이후 국제사회는 테러조직이 국제평화를 위협하는 심각한 요 인이라는 데 인식을 같이 하였고, 미국은 테러조직과 이들을 지원하는 국 가에 대한 응징 및 국제평화에 위협이 되는 대량살상무기 확산 저지를 천 명하였다. 이에 미국은 대량살상무기에 대한 위협을 사전에 제거하고, 사 담 후세인의 독재정치 하에 신음하는 선량한 이라크 국민들에게 자유를 가 져다준다는 명분을 내세워, 2003년 3월 20일부로 '이라크 자유 작전'(OIF Operation Iraqi Freedom)을 개시하였다. 전쟁 개시 직후 노무현 대통령을 비 롯한 세계 각국의 지도자들은 미국의 입장에 대한 지지의사를 밝혔다. 당 시 이러한 이라크 문제와 함께 한반도에서의 북한 핵문제 또한 국제적인 관심사였다. 2003년 2월 5일, 북한의 일방적인 핵개발 재개선언으로 비롯된 북한의 핵문제는 국제적인 우려를 낳았다. 이에 대해 미국은 강력히 비난 하는 한편 UN 안전보장이사회를 통해 북한에 대한 강력한 제재를 주장하 였고, 북한은 이를 주권침해라고 반박하면서 전쟁도 불사하겠다는 입장을 밝히는 등 한반도는 위기가 고조되고 있었다.

2. 파병요청 및 한국정부의 입장

1) 한국군 파병요청

(1) 1차 파병요청과 공병·의료부대 파병

미국은 이라크를 공격하기 전인 2003년 3월 13일, 주한 미 대사를 통해 외교통상부에 비공식적 방식으로 지원요청을 하였는데, 전쟁 발발 직후에 이라크의 안전 및 안정 확보를 위해 단기적으로 필요한 지원 사항이었다. 2003년 3월 20일, 전쟁이 발발하자 한국정부는 NSC 을 개최하였고, 3월 21일 국무회의를 개최하여 700명 이내의 건설공병지원단(서희부대)과 의료지원단(제마부대)을 파병할 것을 결정하였고, 4월 30일에 1제대가, 5월 14일에는 2제대가 각각 이라크로 전개하였다. 이라크 1차 파병은 미리 예상되고 준비된 파병이었으며, 건설공병과 의료지원의비 전투병의 파병이었으므로 국내·외적 정책결정과정에서 큰 논쟁이 없이 추진이 되었다.

(2) 2차 전투부대 파병요청

미국은 5월 1일 종전을 선언했지만 이라크 전쟁의 명분으로 삼았던 대량살상무기는 발견되지 않은 반면에, 미군의 군정 하에 테러가 지속적으로 발생하는 등 이라크 치안사태는 악화되고 있었다. 미국의 예상과는 달리 이라크에서는 사담후세인 정권이 붕괴하여 민주주의로 발전되지 않고 시가전, 게릴라전과 같은 내전양상으로 전개되었다. 부시 대통령은 유엔 연설을 통하여 한국을 비롯한 여타 우방국들에게 추가 파병과 재정지원을 요청하였다. 이라크 공격을 시작한 지 6개월, 종전을 선언한지 4개월이 지난 시점에 다급하게 전투병의 파병과 재정지원을 요청한 것이다.

2003년 9월 4일 개최된 '미래 한·미동맹 정책구상'에 참석한 미 국방부 롤리스 부차관보가 주한 미국대사 하버드와 함께 청와대를 방문하여 반기문 외교보좌관에게 한국의 전투병 추가파병을 요청하였다. 이때 미국은 독자적으로 지역을 담당할 수 있는 최소 '폴란드식 사단[28]' 규모를 요청하였다.

2) 한국의 파병정책 목표

2003년 당시 '참여정부'의 국정목표는 '국민과 함께하는 민주주의, 더불어 사는 균형발전 사회, 평화와 번영의 동북아시대'로 정하고 12대 국정과제를 설정하였다. 참여정부는 국가안보의 전략기조로 '평화번영정책의 추진, 균형적 실용외교 추구, 협력적 자주국방 추진, 포괄안보 지향'을 꼽고 있었다.

이라크에 전투 병력을 파병하는 한국정부의 최종 방침은 '이라크 평화정착 및 신속한 재건지원'이라는 표면적 명목 이면에, '주한미군 일부 병력의 이라크 차출'이라는 미국의 최후 통첩성격의 압력으로 인하여 정부와 여당 내에 '파병불가피론'이 대세를 형성하였기 때문이라고 할 수 있다. 또한 당시 이슈가 되었던 '북한 핵문제의 평화적 해결'과 '한반도 평화체제구축을 위한 한미동맹'을 고려한 국익차원의 추가파병 결정이었다. 또한 이라크 다국적군 평화활동에 참여하여 지역의 평화와 안정, 국제사회의 기대에 부응하고 대한민국의 위상을 제고시키며, 아울러 이라크에 평화가 정착된 이후에는 재건 및 경제개발에 참여할 수 있는 유리한 여건으로 국가이익을 도

---

28) 폴란드형 사단(Polish Division)이란 폴란드가 주축이 되어 19개국으로 구성한 이라크 주둔 다국적군을 말한다. 폴란드 군을 중심으로 나자프를 비롯한 이라크 중남부지역에서 치안 유지를 맡았으며, 3개 전투여단과 지원부대를 합하여 총 1만여 명 규모였다. 폴란드가 주도하기 때문에 '폴란드형 사단'이라고 부른다. 폴란드군은 1개 전투여단(2천3백여 명)과 사단 직할부대(700여 명)를 합하여 3천여 명이고 나머지 2개 여단은 스페인, 우크라이나, 헝가리를 포함한 19개국의 파견 병력으로 구성되었다. 폴란드 사단 형태의 다국적군 운용에 대해서는 한국의 국방부 관리들이 반대하였다. 다국적군은 심각한 의사소통문제를 야기할 뿐 아니라 지휘통제에도 어려움을 겪을 것으로 본 것이다. 한국군이 독자적인 명령, 통제체계를 갖추고 독립적으로 작전을 전개하는 방식을 선호하였다.; 심양섭, "이라크파병 반대운동과 파병결정과정", 『해외파병연구총서』 1집, 국방부 군사편찬연구소, 2006, p.9.

모할 수 있는 정책목표 달성도 가능하다는 내부적인 명분을 표명하였다.[29]

한국정부가 파병을 결정한 정책목표를 정리하면 다음과 같다.

첫째, 헌법에 명시된 국제평화유지에 이바지하기 위한 국가의 의지를 천명하고, 2003년 10월 16일 유엔 안전보장이사회에서 만장일치로 채택된 '대(對) 이라크 다국적군 파병 및 재건에 관한 결의안'에서 나타나는 바와 같이 세계 및 중동지역의 평화와 안정에 기여하기 위함이었다.

둘째는 이라크 국가재건과 국민에 대한 인도적 구호의 필요성 때문이었다. 후세인의 압정과 전쟁으로 인해 피해를 입은 이라크 국민들이 가난에서 해방되고 자주적이고 민주적인 정부수립을 위해 국제사회의 일원으로서 치안과 질서를 회복하고 의료 및 재건활동을 통하여 이라크 국민들이 전쟁으로 피폐해진 땅에서 하루빨리 일어설 수 있도록 도와주어야 한다는 것이었다.

셋째는 대외적 국가 위상제고와 국익증진에 기여하기 위함이었다. 한국은 세계 경제 12위 국가이며 OECD 회원국으로서 10여 차례의 PKO 활동에도 불구하고 국제안보에 미치는 영향력은 적었는데, 국제적 지위에 걸 맞는 기여를 함으로써 국가 위상을 한층 더 높여야 했다.

넷째, 파병부대의 성공적 임무완수가 향후 이라크 전후 복구사업에서 파생되는 경제적 이익을 창출할 뿐만 아니라 안정적인 원유 수급에도 긍정적인 영향을 미칠 것이며, 이라크에서 한국정부와 기업이 안전하게 활동할 수 있는 여건을 보장해주는 역할을 할 수 있기 때문이었다.

29) 조현행, "한국 군사외교정책 결정요인에 관한 비교연구"(건국대 박사학위논문, 2013), pp.158-159.

2 파병 협상요인과 정책결정과정

1. 국제수준의 협상

1) 국제체제

미국의 부시행정부는 출범 직후부터 '미국적 국제주의'를 내세워 국제사회로부터 비판을 받아왔으며,[30] 2001년 9·11테러는 미국의 외교정책 및 군사전략 등 모든 것을 바꾸어 놓았다. 9·11테러는 군사력 우선주의로 무장된 신보수주의자들이 전면에 나서게 하였으며, 미국 여론도 군사력 우선주의, 정권교체, 선제공격 등 신보수주의자들의 주장으로 기울게 되는 결정적 계기가 되었다.

2002년 『핵태세보고서』에서 선제공격 독트린 개념을 반영하였고, 이어서 이라크, 북한, 이란 3개국을 '악의 축'으로 지정하였다. 미 육사의 연설에서 '선제공격' 가능성을 공개적으로 처음 언급하였고, 2002년 9월 20일 발표한 『국가안보전략보고서(NSS)』에 공세적 안보전략을 종합적으로 제시하였다.

---

30) 김장흠, "한국군 해외파병 정책 결정에 관한 연구"(한성대 박사학위논문, 2010). p.102.

이와 같은 '선제공격론'은 곧 '부시 독트린'으로 불리었다.[31]

미국의 부시행정부는 강력한 군사력을 바탕으로 힘을 통한 평화를 구현한다는 목표 하에 ① 미국적 국제주의 강화, ② 재래식·핵전력 증진을 통한 대테러정책 수행, ③ 선제공격(preemptive strike) 독트린 도입 등으로 특징짓는 공세적 현실주의 외교를 선보이게 되었으며, 이 세 가지 요소가 미국 신 안보전략의 핵심이라고 할 수 있다.[32]

2002년 9월 12일, 미국 부시대통령은 유엔 총회의 연설을 통하여 이라크의 WMD와 장거리미사일 공개 및 해체를 요구하였고, 11월 8일, 미국의 강력한 요구 속에 프랑스·러시아·중국이 동참하여 유엔 안보리 결의 1441호인 '대이라크 결의[33]'를 채택했다. 이라크가 사찰을 수용하여 11월 27일, 유엔 사찰위원회(UNMOVIC)와 국제원자력기구(IAEA)요원들로 구성된 유엔 무기사찰단이 4년 만에 이라크 무기사찰을 재개하였다.[34] 2002년 12월 8일의 사찰 결과에 대한 보고서에 대해 미국은 이라크의 거짓과 누락이 있으며, 이는 유엔 결의에 대한 '중대한 위반(material breach)'을 의미한다고 발표했다. 2003년 2월 한스 블릭스 유엔 이라크무기사찰단장은 '대량파괴무기를 발견하지 못했으나 이라크가 완전히 협력하지는 않고 있다'고 지적했다.

---

31) 이병록, "한국의 베트남·이라크 파병정책 결정요인에 관한 연구," (경남대 박사학위논문, 2014), p 217.

32) 박영효, "미 부시정부의 동북아전략과 한반도", 『월례연구회 발표논문』, 한국동아시아문명연구회, 2002, pp.17-19.

33) 결의 내용은 이라크에 대해 무장해제 의무를 준수할 최종기회를 부여하며, 이를 위해 강화된 사찰체제를 설립하고, 사찰과정에서 이라크 측이 비협조시에는 '추가적인 중대한 의무위반'을 구성하며, 동 의무위반 문제를 안보리가 평가토록 하는 것이었다.

34) 이병록, 앞의 논문, pp.219-220.

〈표 4-1〉 미국의 이라크전쟁 명분 축적

일자	미국 정책	주요내용
2002.1.	핵태세검토보고서 (NPR)	·선제공격 독트린 　-화생 및 재래식 무기 공격에 대해 핵무기 사용 가능 　-핵무기 사용대상에 불량국가, 테러리스트 포함
1.29	연두교서	·이라크, 북한, 이란을 악의 축으로 지정
6.1	육사졸업식	·미국에 의한 '선제공격' 가능성 공개적으로 언급[35]
8.15	국방연례 보고서	·테러를 지원하거나 테러조직에 은신처를 제공하는 국가는 모두 미국에게 적대적인 정권으로 간주 ·반 테러전은 예방적이고 선제공격 가능
9.12	부시대통령 유엔총회 기조연설	·이라크의 WMD 및 장거리미사일 공개 및 해체 ·테러리스트 지원중단, 종파, 소수민족 탄압금지 ·불법 원유 거래 중단 및 원유 판매대금의 유엔관리
9.20	국가안보 전략보고서 (NSS)	·테러리즘에 대한 종전까지의 전략변경 내용 통합 　-테러 및 WMD 위협제거를 국가안보정책의 최우선 　목표로 설정하고 필요시 단독행동 및 선제공격 불사 　-반테러 국제연대 및 동맹 강화의 필요 　*적·아 관계는 테러지원 여부로 결정
10.11	미국 의회	·대통령에게 대 이라크 무력사용 권한 부여
11.8	안보리결의 1441호	·이라크 무장해제 의무 준수 ·사찰체제 강화
2003.1.	연두교서	·후세인 정권을 미국의 최대위협으로 간주
2.5	파월 국무장관 유엔안보리 특별회의	·이라크 위반사항 공개 및 전쟁명분 확대 　-생물무기 개발/생산연구소 7개소 설치 및 은폐 　-화학무기 100~150톤/로켓 1,600개 군사용을 허가 　-알카에다 '빈 라덴' 측근 '자르카위', 8개월 이상 바그다드 체류 및 생화학무기 관련 훈련 실시
3.6	대 국민연설	·이라크 무장해제 촉구 　-유엔 무기사찰에 이라크의 진정한 협조 요구 　-유엔 안보리의 지지여부 무관(마지막 외교노력임)

출처 : 이병록의 논문, p.218.에서 요약.

---

35) "테러와의 전쟁에서 방어만으로 이길 수 없습니다.⋯ 최악의 위협이 대두하기 전에 그 위협을 봉쇄해야 합니다.⋯ 자유와 생명을 수호하기 위해 필요하다면 예방적 조치를 취할 태세를 갖추어야 합니다."

2003년 3월 17일, 부시 대통령의 이라크에 대한 48시간 최후통첩[36]으로 이어지고, 후세인이 이를 거부하자 3월 20일 미국과 영국 연합군은 이라크를 침공하였다. 그러나 미국이 이라크를 '선제공격 독트린'의 즉각적인 대상으로 삼기에는 WMD 관련 정보가 충분치 못하였다.[37] 그럼에도 불구하고 부시대통령은 후세인의 폭정을 종식시키는 것도 이라크에 군사적으로 개입할 수 있는 충분한 이유가 될 수 있다고 믿었다. 미국이 우려했던 것은 후세인이 위협적 수단을 보유했다는 사실보다는 그 위협적 인물이 미국의 전략적 중요지역에서 맹주로 활동한다는 사실이었다.

미국의 중동정책은 2003년 11월 6일 발표한 '대중동구상(Greater Middle East Initiative, GMEI)'[38]에 나타난 바와 같이 '이라크의 바그다드를 중동의 민주주의 및 시장경제의 중심지'로 만들어 석유자원을 안정적으로 확보하는 데 있었다. 석유를 안정적으로 확보하기 위해서는 이라크에 친미 정권을 세워 미국이 직접 통제하며, 미국의 석유 메이저들이 발을 들이지 못한 상태에서 이라크가 프랑스 · 러시아 · 중국과 협력하는 것을 용인할 수 없었으며, 이라크 석유를 시장에 맡겨 놓기에는 중동의 정국이 불안정하다는 것이다.

---

36) 후세인과 아들들은 48시간 내 이라크 이탈, 유엔안보리의 책임 미완수로 미국이 책임 인수, 이라크군이 정권 위해 싸울 경우 전범자로 처벌, 미 의회의 압도적 지지하 무력사용 자위권 보유, 미국과 동맹국은 4개월 반 동안 안보리 요구 실행에 최선을 다할 것임.

37) 2008년 4월, 미 국방대학교는 이라크전쟁을 "엄청난 실패"라고 표현한 보고서를 발표했다. 또한 영국정부의 2002년 7월 23일자 비밀문서에 따르면 "부시는 당시 이미 군사행동을 통한 후세인 제거를 결심하였고 이를 테러리즘과 WMD 확산 방지라는 명분으로 정당화'하려 했다고 폭로했다. 이 문서는 "후세인은 주변국들을 위협하고 있지 않으며 그의 WMD 능력은 리비아, 북한 또는 이란보다 뒤떨어지기 때문에 이라크 공격의 명분이 약하다"고 보고하였다.; 마상윤, "전쟁의 그늘: 베트남전쟁과 미국의 동아시아 정책"『한국과 국제정치』제21권 3호(서울: 극동문제연구소, 2005), p.87.

38) 대중동구상(GMEI, Greater Middle East Initiative)란 이라크와 아프가니스탄에서의 전쟁승리를 기반으로 민주국가를 건설하고 이것을 중동으로 확산시켜 이 지역에서의 분쟁을 해결하고 평화와 질서를 구축하는 정책이다.

미국의 대중동전략은 9·11테러 이후 이라크와 아프가니스탄을 테러의 온상으로 지목하였으며, '대량살상무기 확산방지' 명분하에 무력개입을 시도하여 중동 및 중앙아시아의 전략적 거점을 사우디아라비아에서 이라크로 전환하고, 이라크와 아프가니스탄을 기지화 하여 이란을 포위 압박하고, 카스피 해 서쪽으로 진출하기 위한 전략적 요충지를 확보하고자 했다. 그리고 현실적인 목표는 알카에다와 이란, 그리고 기타 테러세력의 도전에 대응하기 위한 긴급한 수단으로써 이라크전 에서의 승리였다. 만약 미국이 이라크에서 실패하고 극단주의 세력이 정권을 장악하게 된다면 도미노 파급효과에 휩싸이게 될 것이기 때문이었다.[39]

2) 지역체제 및 국가 간의 관계

미국은 유럽연합(EU)과 중앙아시아와 중동아시아의 지역패권 확보를 위하여 경쟁하였다. 유럽연합이 독일, 프랑스를 중심으로 '통합된 힘'을 발휘하기 시작하면서, 미국의 단극질서와 갈등하기 시작하였다. 유럽은 각국의 이해관계가 맞물려 이라크전에 대한 입장이 서로 다를 수밖에 없었으며 프랑스, 독일 등 일부국가는 미국의 이라크전에 반대하는 입장에 있었다.

프랑스는 2003년 2월 3일, 미국이 제시한 NATO의 터키 방위력 강화계획에 거부권을 행사하였고, 독일과 러시아가 2월 17일에 합세하여 '이라크의 공격 허용 유엔안보리 2차 결의안'에 대해서 거부권을 행사하였다. 독일과 프랑스는 미국이 중동지역의 요지인 이라크를 선점하려는 것이 전통적으로 이 지역을 지배했던 EU의 영향력 확대를 저지하기 위한 야욕이라고 판단하여 전쟁을 반대하였던 것이다. 뿐만 아니라 이들은 미국이 동유럽 국가들에게 원조를 제공함으로써 이라크 전쟁을 지지하도록 하는 것이 동·서유럽을 분열시키는 것이라고 판단한 것이다.[40] 그래서 미국은 대이라크

39) 이근수, 『이라크파병의 성과와 향후과제』(서울: 한국국방연구원, 2007), p.55.
40) 김문환, 『이라크 미국 한반도』(서울: 다인미디어, 1993), p.114.

무장해제 관련 결의안의 유엔안보리 상정을 포기하고 국제적 비난을 무릅쓰고 전쟁을 시작하기에 이른다.[41]

　다른 한편으로는 미국과 유럽은 경제적으로도 경쟁관계에 있었다. 사실 이라크는 2000년부터 석유수출 등의 일체 대외 거래를 달러에서 유로화로 전환하였다. 이것은 다른 자원 수출 국가들이 대외 거래에 사용하는 화폐의 선택에도 큰 영향을 준 결정이었으며, 이라크가 달러를 배격한 바로 그 시점부터 미국의 이라크 공격계획의 윤곽이 잡히기 시작했다. 1996년 '석유수출프로그램(Oil for Food Program)' 이후 이라크에 대한 경제이권이 중요시 되자, 프랑스, 이탈리아, 독일, 그리스, 노르웨이, 스위스 등이 대사관, 이익대표부, 사무소 등을 개설하여 유엔 제재 이후를 겨냥하여 점차 이라크와의 관계를 개선하였다. 이후 미국의 대 이라크 전 추진 과정에서 이들 유럽 국가들은 미국에 대하여 반대 혹은 견제하는 입장이었으나 루마니아, 폴란드, 체코 등 동유럽 국가들은 미국의 나토가입 지원 및 군사·경제원조 등을 염두에 두고 미국을 지지하거나 지원함으로써 유럽국가간의 분열이 발생하였다.[42]

　일본은 1991년의 걸프전 당시 엄청난 액수의 자금을 지원하고도 평화헌법의 족쇄에 묶여 제대로 수혜 받지 못했던 경험을 가지고 있었기 때문에 2003년 12월 26일에는 항공자위대 선발대, 2004년 1월 16일에는 육상자위대 선발대를 시작으로 1,100여 명을 이라크에 파견하였다. 또 마드리드에서 개최된 이라크 원조 공여국 회의에서 15억 달러의 무상원조와 35억 달러의 유상원조 의사를 밝혔다.[43]

---

41) 15개 국가 중에 찬성은 미국, 영국, 스페인, 불가리아 4개국, 반대는 독일, 프랑스, 러시아, 중국, 시리아 5개국, 기타 6개국은 유보적 입장으로 9개국의 찬성이 불확실하고 거부권 행사 우려로 상정을 포기하였다.
42) 외교통상부, 『이라크 개황』, 2004, p.67.
43) 김태현, "이라크 파병: 각국의 입장과 반응," 『정세와 정책』(서울: 세종연구소, 2003.11), pp.10-11.

중국은 티베트, 신강 지역 등 분쟁 때문에 미국의 반테러작전과, 대 아프
가니스탄 전쟁에서 가장 협조적인 국가였다. 이라크 전쟁 이전부터 중국은
미국과 계속 비밀협상을 가졌고, 그 과정에서 중동석유의 안전한 공급에
대한 보증을 확보한 것으로 알려졌다. 중국은 이라크에서 얻은 석유의 기
득권을 잃지 않으려고 프랑스, 독일과 달리 유엔에서도 비교적 중립적인
입장을 취했다. 중국은 2002년 전체 석유 수입량의 56%인 9,500만 톤을 중
동에서 수입했다.

러시아는 체첸 등 독립 및 민족분쟁의 당사자로써 테러 위협에 시달리고
있었기 때문에 기본적으로 미국의 반테러 운동에 동참하였다. 그러나 러시
아는 2003년 이라크전 발발 전까지 대이라크 제제 해제를 주장하는 이라크
의 후원국으로써 가장 친밀한 관계를 유지해왔다.[44] 러시아는 2001년 7월
영국과 미국의 대이라크 제재변경 안에 거부권을 행사하는 등 이라크를 지
원하였다. 또한, 이라크는 'Oil for Food Program' 관련 구매 시에 전량을 러
시아 업체를 통하여 구매하였다.

아랍권과 인근 이슬람권은 1991년 걸프전시 크게 분열의 진통을 겪었으
며, 2003년 이라크전에서 아랍 · 이슬람권은 또다시 국익과 명분 사이에서
갈림길에 서게 된다. 2003년 3월 2일, 제15차 아랍정상회의는 이라크에 대
한 공격을 반대하고 사태의 평화적 해결을 촉구하며, 사찰단이 임무 완수
를 위한 충분한 시간을 부여할 것을 성명으로 채택하였다.[45] 후세인에 대
해서는 부정적이지만 만약 바그다드에 민주주의에 바탕을 둔 친미정권이
세워질 경우 왕정 하에서 일인 독재정권을 유지하고 있는 국가들에 변화의
압력이 불어 닥칠 것이며, 국민들의 정서가 반미적이기 때문에 지역 내 안
정성을 크게 뒤흔들어 놓을 것이라고 판단하였기 때문이다.[46]

---

44) 외교통상부, 앞의 책, p.69.
45) 외교통상부, 위의 책, p.27.
46) Tarik Kafala, *"After saddam Hussein,"* BBC News, March 19, 2002 ; *"Uniting Jordan*

아랍 이슬람권의 개별국가들 입장을 살펴보면, 쿠웨이트는 과거 걸프전
시 이라크의 침공을 받은 당사자로써 미국의 전진기지 역할을 하는 등 적
극적으로 가담했다. 바레인과 카다르도 미국의 편에 서게 되었다. 이라크와
전쟁을 치렀던 이란은 역내에서 미국의 영향력이 증대되는 것을 우려하면
서도 후세인 정권의 축출을 바라는 등 중립 입장을 취하였다. 시리아는 일
관되게 이라크의 입장을 지지하였으며, 전쟁기간 중 이라크에 물자를 지원
하고, 전후 주요 이라크의 정부·인사들에 대한 망명처 제공 의혹을 받았다.
요르단은 이라크의 최대 교역국으로써 전쟁을 반대하였으며, 미국의 군사
지원 요청을 거부하였다.[47] 알제리, 튀니지, 모리타니, 수단, 예멘, 리비아
및 PLO 등은 걸프전시 일관되게 이라크 입장을 지원하였다. GCC 국가 중
쿠웨이트를 제외한 사우디아라비아, 바레인, 카타르, UAE, 오만 등은 미국
의 이라크 무력사용을 반대하는 입장이며 이라크 국민들의 경제적 고통을
덜어주기 위해서 무상원조를 지원하는 등 우호적인 관계를 유지하였다.[48]

이집트는 미국의 원조에 의지하고 있으며 이스라엘과 평화협정을 맺은
상태이기 때문에 미국에 반대할 수 없는 입장이었다. 미국과 전통적 우호
관계를 유지하고 있던 사우디아라비아는 이라크전에서 미국의 이라크에
대한 무력공격을 반대하는 입장이었는데, 만일에 이라크에서 시아파가 권
력을 잡고 이란의 시아파와 연대하여 수니파인 자신과 대결국면에 접어들
면 국민의 8~12%가 시아파인 사우디아라비아의 내부적 정치 불안이 야기
되는 문제가 있었다.

터키는 이라크 국경 지역 소재 쿠르드 노동당 소탕을 위한 이라크 국경
을 월경했던 문제로 이라크와는 긴장관계를 유지하였다. 터키는 유럽연합
가입 목적으로 아랍문제에는 관여치 않으려는 입장을 보여주고 있었으나

and Iraq Might Be Prime Post-War Strategy," Stratfor.com, September 26, 2002.
47) 국방정보본부, 『중동지역연구』(2011), p.197.
48) 외교통상부, 앞의 책. pp.83-84.

이라크 군사대국화는 자국의 안보위협이 되므로 미국 등과 협조하여 이라크를 견제하는 입장이었다. 그리고 전쟁 발발 시에는 북부 쿠르드 족의 독립운동 가능성을 우려하여 신중한 입장을 유지하였다. 터키는 미국을 상대로 60억 달러의 무상지원과 200억 달러의 장기저리 차관의 경제원조와 함께 EU가입도 얻어낸다는 목적으로 이슬람국가로는 처음으로 파병을 약속하였고 미군의 주둔 허용을 검토하였다. 그러나 미군에 대한 병력 주둔 문제는 의회에서 부결되었고, 터키군의 파병도 역사적 앙금이 남아있는 이라크의 과도통치위원회가 거부하자 파병을 철회하였다.

3) 미국의 공격 및 전쟁의 국제화

미국은 유엔안보리의 동의 없이 국제사회 대다수 국가가 이라크전에 반대함에도 불구하고 9·11 이후 미국을 휩쓴 애국주의에 힘입어 전쟁을 감행하였다. 2003년 3월 20일 미국이 개전을 선포하여 이라크를 공격할 때 전투 병력을 파견한 나라는 영국, 호주, 폴란드의 3개 국가였으며, 세부내용은 〈표 4-2〉와 같다.

〈표 4-2〉 이라크 전 지원참여국 현황

구 분	대 상
전투병력(3)	영국 약 45,000명(육해공), 호주 약 2,200명(육해공), 폴란드 약 200명(특수부대56, 화학74명, 군수지원함 등)
비전투병력(15)	한국, 일본, 스페인, 네덜란드, 체코, 헝가리, 핀란드, 루마니아, 슬로바키아, 덴마크, 불가리아, 우크라이나, 나토
편의제공(30)	독일, 프랑스, 그리스, 이태리, 벨기에, 포르투갈, 태국, 필리핀, 싱가폴, 터키, UAE, 오만, 바레인, 카타르, 사우디, 요르단, 이집트, 아프간, 크로아티아, 알바니아, 마케도니아, 에스토니아, 라트비아, 리투아니아, 슬로베니아 등
정치적 지지(11)	핀란드, 아이슬란드, 아제르바이잔, 콜롬비아, 엘살바도르, 에리트네아, 에디오피아, 그루지아, 니카라과, 우즈베키스탄, 통가

출처: 합동참모본부, 『이라크전쟁 종합분석』, 2003, p.41.

2003년 5월 1일, 이라크 전쟁은 부시 대통령의 종전선언 후에 오히려 미국에게 불리하게 전개되었다. RAND연구소가 2005년에 작성한 '이라크 재건'이라는 보고서에 따르면 이라크에 대한 전쟁계획 수립 시에 미 국방성과 국무부 간 알력이 존재했으며 군에서는 민간부문의 의견을 반영하지 않았다. 부시 행정부와 군 수뇌부는 군사작전이 종료된 이후 상황을 낙관하여 국가차원의 통합된 이라크 국가재건 계획을 수립하지 않았던 것이다. 이러한 계획은 이라크 국민들이 치안과 공공서비스의 부족을 겪으면서 미군 주둔에 점령군이라는 부정적 생각을 갖게 되는 사이에 적대세력을 강화시키는 결과가 초래되었다고 한다.[49]

이외에도 미국이 군사작전 종료 시 30~40만의 이라크 군을 무기회수 없이 해산 시킨 점과 후세인이 전쟁 전인 2002년 11월에 실시한 10~15만 명의 죄수들에 대한 대사면이 이라크 치안불안의 주요인이었다. 이들 저항세력들이 적대세력(Insurgent)[50]을 형성하여 활동이 점차 격렬해지고 그 활동 범위도 확산되면서 전쟁 개시 후 다음 해 1년 여 간 829명의 미군이 사망하고 4,882명이 부상당했다.

이라크에서는 일일 평균 75~80건의 적대행위가 발생하여 영국 59명 이탈리아 18명, 스페인 11명 등 연합군 측 사망자도 111명에 달했다.[51] 미국은 이라크의 민사작전계획에 있어서도 부실하였을 뿐만 아니라, 소요되는 병력과 예산에 대해서도 낙관적으로 접근하였다. 미국은 부족한 병력으로 인하여 독자적으로 이라크의 질서회복과 정부수립까지 감당하기 어려운 상황에 직면했으며, 특히 이라크 상황 악화에 따른 세계여론을 희석하고 '후세인 압제로부터 이라크 국민의 해방'이라는 전쟁임을 부각시키기 위해 '안

---

49) *New York Times*, 2008.2.11.
50) 적대세력(Insurgent)은 서구사상을 거부하고 미국과 동맹국에 반대하는 극단주의 이슬람 단체 및 정·종파와 연계하여 정치적 목표달성을 위해 폭력을 추구하는 이슬람단체를 말함. 이라크평화재건사단, 『이라크 파병성과 교훈집』, p.47.
51) 외교통상부, 앞의 책, pp.55-56.

정화' 임무를 명분으로 우방국에게 파병 및 지원을 요청하게 되었다.[52]

그러나 대부분의 이라크 국민들은 미국을 해방군이 아닌 점령군으로 인식하고 있었고, 미국의 노력에도 불구하고 이라크 내 반미 저항세력에 의한 유혈 사태는 다국적군과 국제기구에 많은 인명피해를 유발하였다.[53] 2003년 11월 들어 테러는 과거 연합군을 목표로 하는 것에서 외교관, 유엔등 국제기구 직원, 민간 기술자, 이라크 경찰 등으로 전환되어 11월에는 스페인 정보요원 7명, 일본 외교관 2명, 한국인 전기기술자 2명 등 외국인과 수백 명의 이라크 경찰이 사망하였다.[54]

부시 대통령은 2004년 말 대통령 선거를 앞두고 한국에 많은 기대를 걸었다. 터키는 이라크가 반대한다는 명목으로 파병계획을 철회하였고, 파키스탄은 까다로운 조건으로 파병을 유보하였다.[55] 미국은 파병요청을 받은 각국이 유엔안보리 결의를 조건으로 내세우는 등 소극적 자세로 임하자 유엔 안보리의 '이라크 지원 결의안' 통과를 추진하게 되었다. 이슬람 국가인 사우디아라비아와 걸프협력회의 국가, 러시아, 프랑스, 독일 및 인도, 네팔 등은 UN결의안이 있다고 하더라도 파병은 안 된다는 입장을 표명하였다.

---

52) 부시대통령은 안정화 실패로 이라크 철군 여론이 비등해진 2007년, 대국민 TV 연설을 통해 철군을 하면 극단주의자들이 득세할 것이고 이란의 핵무기 보유노력이 강화되고 과격분자들에 의한 세계 에너지 공급 혼란이 발생할 것이라는 이유로 안정화작전을 지속할 것임을 천명했다. "Address by the president to the Nation and the Way Forward in Iraq," Whitehouse Sept. 13, 2007.
53) 2003년 7월 13일 발족된 이라크 과도통치위원회 위원중 알 하쉬미 여성위원이 9월 20일에 살해당하고, 2004년 5월 15일에는 살림 과도통치위원장이 살해되었다. 2003년에는 주이라크 요르단 대사관(8.5), 유엔사무소 건물(8.19), 나자프 성지(8.29), 경찰서(9.4), 임시유엔건물(9.22), 임시행정처 숙소(9.27), 이라크 외교부청사(10.7), 스페인 외교관 피살(10.9), 바그다드 호텔(10.12), 주이라크 터키 대사관(10.14), 연합군 임시행정처 숙소 알리시드 호텔(10.26), 국제적십자사 건물 등 바그다드 시내 연쇄폭발테러(10.27), 미군헬기 피격(11.1), 이탈리아군에 대한 폭탄테러(11.12) 등이 발생하였다.
54) 외교통상부, 앞의 책, pp.53-55.
55) 김태현, 앞의 논문, p.11.

〈표 4-3〉 이라크 전쟁의 국제화·합법화 과정

일 자		주요 내용
2 0 0 3	3.28	·안보리결의 1472호 : 미국과 영국군의 점령국의 지위 언급, 국제법 준수 요청
	5.1.	·부시 대통령 주요 전투행위 종료선언, 점령기구 ORHA[56) 설치
	5.22	·안보리결의 1483호: 이라크 신정부 출범 시까지 미·영 동맹군의 제반권한 인정 *미국의 점령을 기정사실화하는 첫 결의
	6.1	·연합군 임시행정처(CPA[57))로 명칭변경
	7.13	·이라크 과도통치위원회(Iraqi Governing Council, IGC) 수립, 이라크 유력인사 25명, CPA가 최종결정권을 보유
	10.16	·안보리결의 1511호[58): 통합사령부 하 다국적군 파견 승인 등
	10.23-24	·원조공여국회의 : 마드리드에서 77개국 대표 및 20개 국제기구, *2007년까지 330억 달러의 원조를 약속[59)
	11.15	·이라크과도통치위원회(IGC)는 7단계 정치일정 추진계획 변경, -헌법 제정 이전 과도국회 및 과도정부 수립, CPA 해체
	11.24	·안보리결의 1518호 : 종전의 이라크 제재위원회 역할을 대신할 이라크 1518 위원회(The Committee 1518 on Iraq) 설치
2 0 0 4	3.8	·IGC, 임시행정법 제정(10월 15일까지 직선제 총선)
	4.2	·이라크재건 핵심그룹회의(8개국, 3개 기구) - 8개국 : 미, 일, 유럽, 영, 한, 캐나다, 스페인, UAE - 3개 국제기구 : 유엔, WB, IMF
	6.1	·임시정부 구성
	6.8	·안보리결의 1546호[60): 임시정부와 다국적군의 관계 재규정 - 유엔 회원국들에게 병력 및 지원을 촉구 - 2006.1월 말까지 통제를 위해 '모든 필요한 수단을 사용할 권한'을 다국적군에게 부여
	6.28	·주권이양, CPA해체
2005.11.18		·안보리1637호: 다국적군 주둔을 2006년 12월 31일까지 연장
2006.11.28		·안보리1723호: 다국적군 주둔을 2007년 12월 31일까지 연장
2007.12.18		·안보리1790호: 다국적군 주둔을 2008년 12월 31일까지 연장 - 2008.6.15.일 이전 혹은 이라크 요청 시 점검, 이라크 요청 시 주둔 조기 종료

출처: http://ko.wikipedia.org/wiki/441(검색일, 2014.2.5.)에서 종합 정리.

---

56) Office of Reconstruction and Humanitarian Assistance.

57) Coalition Provisional Authority.

58) 통합사령부 하 다국적군 파견을 승인, CPA의 권한 및 책임은 신정부 수립 시 종료, IGC가 유엔사무총장 특별대표, CPA와 협의하여 12월 15일까지 신정부 수립을 위한 일정 및 계획 안보리 제출.

59) 미국 203, 일본 50, 사우디 10, 쿠웨이트 10, 영국 9, 스페인3, 한국 2.6, UAE 2.5, 캐나다 2, 카타르 1, EU 2.3, WB 30~50, IMF 25~43.

미국은 성공적인 군사작전을 위해서 프랑스·러시아·독일 등 국제사회의 도움이 필요했다. 2004년 6월 8일, 안보리 15개국이 만장일치로 채택한 '유엔결의 1546호'는 이들 3개 국가가 미국으로부터 이라크에서 유엔의 역할을 강화하고, 이라크 과도정부에 미군주도 다국적군의 철수권한을 부여하며, 이라크 주민으로의 통치권 조기 이양을 명시하는 양보를 얻어냈다. 결과적으로 미국이 경제적 양보를 함으로써 프랑스와 독일 등은 이라크 재건에 참여할 수 있는 실리를 얻고, 미국은 국제사회가 참여하는 전쟁이라는 명분과 국제적 지지기반을 확보했다.[61]

4) 한국의 상황

2003년 2월 25일 출범한 노무현 정권의 '참여정부'는 여소야대의 정국으로 시작하였으며, 대통령의 정치적 기반이 매우 약하였다. 또한 국민들의 변화와 개혁 열망은 큰 반면, 이라크 파병 등을 놓고 분출된 사회적 갈등은 국정운영의 어려움으로 나타나고 결국, 사상 초유의 사태인 '대통령 탄핵정국'에 이르게 된다.

미국은 이라크 군사작전의 종결을 선포하고, 신속한 평화정착과 재건지원을 위해 동맹국의 참여가 필요하게 되자, 2003년 9월 4일 한국군의 추가 파병을 요청하였다. 한·미 양국 간의 안보적 갈등은 한국에 대한 미국의 지원 수준을 둘러싸고 벌어진다. 상호방위조약, 주한미군 철수, 방위비 분담 등 모든 이슈들이 결국은 미국이 한국방위에 대한 지원의 변화가 있을 때 발생된 것이다.[62]

---

60) 기타내용은 6.30일 예정된 이라크의 주권회복 재확인, 향후 총선 일정 및 유엔의 역할 규정(2005.1월 말까지 임시제헌 의회 구성).
61) 동아시아연구원, "이라크파병과 국가이익", 『국가안보패널 정책보고서 2』, 2004, pp.7-8.
62) 최강, "한반도 군비통제와 주한미군: 병존의 가능성과 한계", 『한국 전략문제연구소』 제1호, 통권 제27호. 2003. pp.81-96.

　주한미군의 존재는 한미관계의 핵이라고 볼 수 있다. 두 나라의 관계는 안보적 이해가 바탕이 되어 유지된다는 점에서 양국은 안보분야만은 여타의 정치·경제·사회 등의 분야와는 다르게 인식하여 왔으며, 매년 양국의 안보장관이 만나 정례적인 회의를 통해 이견을 조정해 왔다. 한·미의 '안보적 갈등'은, 미국은 미국의 국가이익 입장에서 세계전략의 일환으로 대한국정책을 구사하는 데 반해, 한국은 한국만의 입장에서 이를 거부하거나 수정코자 한데서 비롯됐다.

　한국의 2002년 미군 장갑차에 의한 여중생 사망사건과 대규모 촛불시위로 촉발된 미국에 대한 여론을 종합해 보면, 그 성격은 한미동맹의 운영과 절차에 대한 개선의 요구로 나타났다. 한미동맹의 정당성에 도전하는 반미주의의 성향을 가진 국민들은 소수였으며, 다수의 국민들은 상존하는 북한의 위협으로부터 한반도의 평화와 안보를 지키기 위해서는 한미동맹을 유지해야 한다는 공감대를 가진 것으로 이해할 수 있다.[63]

　미국의 국가이익과 관련된 한국의 외교정책 결정과정에서 미국정부의 영향력에 자유롭지 못하다는 것은 새삼스런 사실만은 아니었으나, 정부는 여론조사에 따라 유엔 안보리의 결정을 파병정책결정의 주요 원칙으로 설정했다. 게다가 이라크 상황은 계속 악화되고, 미국의 한국군 파병요청은 매우 강력했다. 유엔 안보리에서 이라크 결의안이 통과되자 한국은 미국의 파병요청에 우호적인 수밖에 없는 상황이 되면서 궁극적으로 협상에서는 한·미동맹의 작용이 커졌고, 국내 일부의 비판적인 시각에도 불구하고 UN 안보리 결의를 명분으로 파병을 단행하였다.[64]

---

63) 김장흠, 앞의 논문, p.108.
64) 이병록, 앞의 논문, p.236.

2. 국내수준의 협상

1) 정치구조

2003년 한국의 노무현 정부의 '참여정부'는 국민이 국정의 주인이고, 국민의 참여를 바탕으로 국정을 운영하되 국민의 폭넓은 참여를 기반으로 개혁과 통합, 나아가 선진국으로의 도약과 지속 가능한 발전을 추진한다는 의미를 담고 있었다.[65] 노 대통령은 2002년 12월 19일, 제16대 대통령 선거에서 49%의 득표로 당선됐다. 대통령과 뜻을 같이 한 새천년민주당의 개혁파들은 열린 우리당을 창당했고 여당은 원내 제3당이라는 소수정당이 되었으며, 야당은 국회의석의 2/3을 넘게 차지하게 되었다. 이른바 '여소야대'의 국면으로 대통령은 재신임 국민투표를 실시하겠다고 하였으나, 야당의 반대와 위헌논란으로 실시하지 못하고, 헌정사상 최초로 대통령 탄핵이라는 사태까지 발생하였다.

2004년 6월에 출범한 제17대 국회의 특징은 여당이 과반수 의석을 차지하게 되었다. 진보세력인 민주노동당도 10석으로 원내진출을 하였고, 전체의 62.5%인 187명의 초선의원이 당선되었으며, 의원 평균연령도 51.7세로 비교적 젊어 개혁진영이 의회권력을 장악했다.[66]

노무현 정부는 한반도의 평화와 번영을 모색하고 이를 토대로 동북아의 평화와 번영을 촉진하려는 의도에 따라 '평화와 번영의 동북아 시대'를 국정목표의 하나로 제시했다. 이를 구현하기 위해 '한반도 평화정착, 평화와 경제의 선순환구조 정착, 북핵문제 해결과 남북관계의 병행발전을 주된 구성 요소로 하는 평화·번영정책은 균형적 실용외교, 협력적 자주국방, 신뢰와 포용의 대북정책'이라는 3대 하위 분야 간의 유기적인 연계를 통해 궁극

---

65) 류석진, "노무현 정부의 출범 및 정부소개", 『대한민국 역대정부 주요정책과 국정운영 7, 노무현 정부』(서울: 대영문화사, 2014) p.11-12.
66) 류석진, 위의 글, p.34.

적으로 한반도가 동북아 지역의 평화와 번영에 기여할 수 있는 여건을 조
성하고자 했다.67)

'한반도 평화체제 구축'이란 6·25전쟁 이후 한반도 질서를 유지해 온 정
전 상태가 평화 상태로 전환되고, 안보·남북관계·대외관계에서 이를 보
장하는 제도적 발전이 이뤄진 상태이다. 한반도 평화체제 구축을 위해 정
부는 '남북관계 개선을 통한 평화의 제도화, 한반도 평화정착을 위한 국제
환경 조성, 확고한 평화보장을 위한 국방태세 확립'에 두었다. 이와 관련해
노무현 정부는 '6자 회담 참여, 남북정상회담, 국방개혁, 첨단 정보·기술
군 육성, 전시작전권 전환' 등의 활동을 추진했다.68)

노무현 정부는 9·11 이후 '테러와의 전쟁'이라는 세계전략을 추구하는
부시정부와 협력해야 하는 매우 어려운 입장에 처해 있었다. 북한과의 관
계에서는 핵개발을 추진하는 북한정권을 상대로, 햇볕정책을 지속적으로
추진·발전시켜야 한다는 과제를 안고 있었다.69) 노 대통령은 대미 정치적
의존도 감소와 대북 및 대외정책에서 정치적 자주성을 강화하여 '정치적 자
율권'을 확보하고자 했다. 노 대통령은 한국이 국제적으로 미국에 종속된
국가라는 이미지를 불식해야 한다고 생각하였다. 북한 문제를 다루는 과정
에서 한국의 독자적인 목소리를 낼 수 있는 향상된 지위가 필요하고, 미국
과 중국의 패권경쟁 환경이 대두되는 상황에서 한국의 자주성을 강화할 필
요가 있다는 명분을 앞세우며 전시작전통제권 전환 추진과 '동북아 균형자
론'을 주창하였다.70)

노무현 정부는 북한의 핵개발에도 불구하고 김대중 정부의 햇볕정책을
'화해평화 협력 정책'이라는 새로운 형태로 계승 발전시켰다. 그 내용은 북

---

67) 주재현, "노무현 정부 국정운영의 목표 및 방향", 『대한민국 역대정부 주요정책과
   국정운영 7, 노무현 정부』(서울: 대영문화사, 2014) p.40.
68) 주재현, 위의 글. p.42.
69) 윤여준, 『대통령의 자격』(서울: 메디치, 2011), p.460.
70) 김종대, 『노무현, 시대의 문턱을 넘다』(서울 : 나무와 숲, 2010), pp.326-330.

한의 핵개발과 인권문제에 대해 기존보다 강경한 입장을 취하면서도 주한
미군, 정전체제, 북핵문제 등을 포괄적으로 해결하는 한반도 평화체제 수립
과 연계한 정책으로 발전시키는 것이었다.[71) 노무현 정부의 '자율권 확보'
를 위한 위와 같은 정책들은 언론, 정·관계에 포진한 기존 기득권층과 지
역주의 감정에 사로잡혀 있던 유권자들의 반발을 초래하였다.

노무현 대통령은 이와 같은 반발을 무마하려는 일련의 친미적인 정책을
추진하였고, 이는 한·미동맹을 파탄시킨다는 보수층의 공격으로부터 중산
층의 불안감을 해소하는 효과를 발휘하였다. 이라크전 파병을 통해서 한·
미 동맹관계 악화에 대한 다수 유권자들의 우려를 불식시킴으로써 보수층
의 반발과 대정부 공격 효과를 감소시키고 수도권 중산층의 불안 심리를
상쇄시키는 효과를 거두었지만 기존 지지층의 분열과 이탈을 불러왔다.[72)

노무현 대통령은 "이라크 파병문제는 한·미관계 전체를 흔드는 군사외
교 정책이 쟁점이었고, 나를 대통령으로 만들어 주었던 지지층의 향배가
걸린 민감한 국내정치 쟁점이기도 했다. 부시 미대통령과의 관계를 잘 관
리하지 못할 경우 북한 핵문제와 남북관계에 큰 악영향을 초래할 위험이
있었다. 지지층의 소망과 주장을 거역한데 따른 정치적 손실과 배신자라는
비난을 각오했다"고 술회하였다.[73)

2) 경제적 이익

2003년 한국은 경제위기를 극복하고 성장률을 높이는 것이 무엇보다도

---

71) 백학순, "김대중 정부와 노무현 정부의 대북정책 비교," 『세종정책연구』 제5권
　　제1호(서울: 세종연구소, 2009).
72) 노무현 대통령은 자신의 재임기간 중 지지층을 돌리게 만든 정책이 "대북송
　　금 특검, 이라크 파병, 대 연정 제안, 한·미 자유무역협정 추진" 등 4가지였
　　으며 이들 정책들은 국익을 위해 불가피한 선택이었다고 술회했다.; 노무현
　　재단, 앞의 책, pp.244-245.
73) 유시민, 『운명이다: 노무현 자서전』 (파주: 돌베게, 2010) p.244.

중요한 과제로 제시됐다. 노무현 정부의 경제 분야의 쟁점은 부동산 시장의 불안, FTA 추진, 재벌 개혁으로 국가개입주의를 강화하는 경향을 보였다.[74] 이라크 파병을 결정하는 2004년 시점의 한국은 1인당 국민소득 2만 달러의 OECD국가로써, 2003년 WTO 자료에 의하면 수출은 전체의 1,938억 달러로 세계 12위이고, 수입은 1,788억 달러로 세계 14위이며, 교역규모가 세계 12위권의 경제규모를 이루었다.

한국경제는 과거 발전국가의 성장 동력 자체가 크게 잠식된 데다가 IMF 관리체제 이후 고용창출은 뒤따르지 않고 중산층의 붕괴로 양극화 현상이 심화되는 시점이었다. 이러한 상황에서 이라크전쟁 참전이 다수 국민들이 실감하는 경제적 이익으로 전환될 수 있음을 보여준다는 것은 매우 어려운 과제임에도 불구하고 파병을 두고 경제적 이익에 대한 많은 논란이 있었다. 2004년 파병에서 경제이익에 대한 세 가지 논리가 국민들을 설득하기 위해 제기되었다.

첫째, 한국경제의 대외 의존도를 강조하며 경제안정을 안보이익과 연계시킨 것으로, 이라크 파병이 무산될 경우 한·미 공조에 균열이 생기고 이것이 북핵문제의 불확실성을 증폭시켜 국가신용등급 하락 등으로 한국경제에 악영향을 미친다는 논리였다. 한국경제는 내수의 비중이 낮고 수출입과 투자의 대부분을 미국과 중국, 일본 등 3개국에 의존하는 취약한 경제구조이다. 이라크 파병에 경제적·군사적으로 지원한 나라는 〈표 4-4〉와 같이 미국 경제에 의존되어 있다. 한국은 이라크 파병을 경제적 이익으로 분리하여 판단할 수 없었으며, 이러한 경제구조에서 대외 신인도는 경제를 좌우하는 핵심변수로 작용한다.[75]

---

74) 주재현, 앞의 글, p.55.
75) 이병록, 앞의 논문, p.149.

〈표 4-4〉 이라크 전 파병국의 파병병력(명)과 대미수출의존도(%)

구 분	한국	이탈리아	폴란드	우크라이나	네덜란드	스페인	일본
병력	3,566	2,596	2,364	1,544	1,173	960	542
수출	17.7 (2위)	9.8 (3위)	2.7 (12위)	2.9 (14위)	4.6 (6위)	4.6 (6위)	28.8 (1위)

출처: 심양섭, "이라크 파병반대운동과 파병결정과정", 『해외파병연구총서 2집』(국방부, 2007), p.66; 이병록의 논문(p.150).

김진표 당시 재정경제부 장관은 2003년 3월 28일, 국회에서 경제이익을 위한 파병의 불가피성을 설파했다. 그는 '미국은 한국의 최대 수출국이자 최대 투자국'이라고 언급하며 한국의 경제적 이익을 위해 파병안의 통과가 바람직하다고 밝혔다. 또한 무디스 등이 한국의 국가신용 등급을 평가하는 데 가장 중요하게 삼는 기준은 북핵문제를 둘러싼 한·미의 공조여부라고 언급하면서 경제적 실익을 위해서 파병의 불가피성을 강조하였다.

둘째는 파병에 따른 전후복구와 중동특수에 따른 직접적 이익[76]의 언급이었다.

당시 조영길 국방부장관은 이라크 전쟁에 관한 국회보고서에서 '정부가 지원을 결정하게 된 배경은 이라크 전후 복구 및 주변국 경제지원과 에너지를 해외에 의존하고 있는 한국의 실정 등 이라크 전쟁의 경제적 파급효과를 고려'하였음을 언급하면서 파병을 통한 경제적 실익을 강조하였다.[77]

전경련은 파병에 따른 경제적 실익으로 이라크 재건에 따른 건설수주에 미수금 12억 2천만 달러를 포함하여 63억 달러, 수출 40억 달러 등 2008년까지 최소 103억 달러의 중동특수를 예상하면서 비용 대비 수익효과가 10배를 넘을 것이라고 주장하였다. 산업연구원은 전후 복구사업으로 향후 10여

76) '극동연 통일전략포럼보고서 2003-3'에 의하면 1977~1990년간 대이라크 건설실적은 74건, 64.5억 달러로 사우디아라비아 1,206건 893억 달러, 리비아 196건 179억 달러에 이어 3위의 한국해외건설 시장이었음.

77) 국회사무처, 제237회 국회 본회의 회의록 제1호 (2003.3.28), p.7.

년 동안 연간 150~200억 달러 신규시장을 창출할 전망이며 이 가운데 한국이 3~5%의 시장 점유율을 유지한다면 연간 4억~8억 달러 규모의 외화획득이 가능할 것으로 분석 발표하였다.[78] 한편, 파병을 통한 이라크 안정과 재건과정에 참여해야 이라크 재건 후에 유전개발에 참여한다거나 채권을 회수할 명분과 실익이 생긴다고[79]주장하기도 하였다.

셋째는 이라크는 세계 2위의 석유보유국(1,125억 배럴, 전 세계의 10.7%)이며, 이라크는 국토의 10% 정도만이 석유탐사가 실시되어, 미 탐사지역을 고려할 경우에는 450~1,000억 배럴의 매장량이 늘어날 것으로 추정되었다. 한국은 대중동 석유 의존도가 70%가 넘는 국가이므로 안정적인 석유공급선 확보[80]나 유전개발에 참여할 가능성이 높아진다거나 석유 수입 선 다양화, 카스피 해 유전 개발 참여 가능성 등을 언급하고 있다.

그러나 경제적 이익에 관한 논리 중에서 파병에 따른 직접적인 경제이익은 재계 및 국가 연구기관의 자의적인 판단에 따른 것으로 실효적이지 않다는 평가가 지배적이었다. 이라크 파병의 경제적 이익은 안보이익과 연계시킨 것이었을 뿐이다. 노무현 대통령은 이라크 파병에 따른 경제이익과 관련하여 직접적인 경제이익 보다는 한·미 관계 등 안보이익에서 파생되는 간접적인 경제이익이 핵심임을 인정하였다. 현 상황에서 이라크 전 파병 거부와 같이 한·미 동맹관계에 심각한 의문이 제기될 수 있는 상황이 발생할 경우 국가신용등급 하락, 외국자본 증시 이탈 및 주가하락, 한국발행 채권의 리스크 프리미엄 상승 등 금융외환 시장이 크게 불안해 질 수 있다고 주장하였다.

2004년 이라크전 파병 정책결정과정에서 고려되었던 경제이익은 정치·

78) 산업연구소, "이라크 파병의 경제적 영향"『산업경제정보 제163호』(2003), p.3.
79) 김재두, "한국군의 해외파병과 국가전략",『군사논단 제37호』(서울: 한국 군사학회, 2004), p.82.
80) 조민, "이라크 파병: 논점과 대책",『통일전략포럼 보고서 29』(서울: 극동문제 연구소, 2003), p.16.

안보이익과 연계된 간접적 수준의 경제이익으로 국한되었다. 대미 경제의
존도는 안보의존도와 결합하여 한국의 경제정책에 큰 영향을 미친다. 결과
적으로 직접적인 경제적 이익보다는 간접적인 정치적 불이익이 파병을 수
용한 원인이라고 평가할 수 있다.

3) 외교능력

2004년의 국제사회와 한국의 외교적 환경의 특성은 다극화 · 다원화 · 분
권화되었다. 미국에서는 네오콘으로 상징되는 일방주의적인 강경한 대외정
책이 형성되었고, 미국의 일방주의는 동맹국들과의 동맹균열 현상을 초래
하였는데, 한 · 미관계 역시 이를 피해 갈 수 없었다. 노무현 정부는 미국 중
심의 국제질서에 편승하기보다는 일정 정도의 거리를 유지하려 했다. 이는
미국과의 협력을 통한 생존모색을 지속하면서도 미국과 중국 간의 경쟁에
서 '균형자 역할'을 수행하려 했다.

특히 북핵 위기를 관리함에 있어 중국을 끌어들여 미국 주도의 문제해결
방식에 제동을 걸려고 하는 등 독자적인 활동공간을 만들고자 노력했다.[81]
이리하여 양국은 각각 국내적으로 강력한 동맹조정 여론이 강화됨은 물론
양국정부의 정책결정자들도 과거보다 강경한 성향을 보였다. 한국에서는
미 장갑차에 의한 여중생 사망사건 등이 한국의 국내정치와 맞물리면서 불
평등한 한 · 미관계를 재정립하여야 할 문제가 표면으로 드러났다.

이와 같은 국제질서 및 한 · 미관계 변화와 한국의 위상과 영향력 등과
연계한 2004년에 노무현 정부의 외교적 이익은 다음 세 가지로 정리할 수
있다. 첫째, 한국 외교의 가장 중요한 축은 한 · 미동맹이므로 한 · 미동맹을
강화하거나 외교의 자율성 확립 등의 한 · 미관계를 재정립하는 것이며, 둘
째는 북핵문제의 평화적 해결 등 대북 정책이고, 셋째는 외교의 세계화 · 다

---

81) 주재현, 앞의 글, pp.62-63.

변화·다원화이다.

가장 중요한 노무현 대통령의 외교적 목표는 어떠한 형식이든지 한·미 동맹의 변화 혹은 한·미관계를 재정립하는 것이었다. 한·미동맹은 과거 뿐 아니라 앞으로도 한국의 안보와 번영에 중요하다. 그러나 현재 형태의 한·미동맹이 영구히 유지된다는 뜻은 아니다. 북대서양조약기구와 미일동 맹은 냉전 종식 후에 많은 변화를 거쳐 변화하였지만, 북한이라는 공동 위 협에 대응하는 한·미동맹은 변화하지 않고 있었기 때문이다.[82] 노무현 정 부는 동맹이란 기반 아래 수평적 동맹 관계로 질적 발전을 시도하였다. 후 보 시절에는 강한 자주성을 표현하였고, 당선자 시절에도 한·미 관계를 의 존관계에서 대등한 상호협력관계로 발전시켜야 한다고 강조하면서도 자주 외교를 표방한 바 있다. 그러나 당선 직후에는 북핵문제로 인해 불안해진 민심을 안정시키기 위해 주한미군사령부를 방문하여 노고를 치하하는가 하면, 주한미군의 계속 주둔 필요성과 더불어 한·미우호관계의 중요성을 강조하기도 하였다.

2003년 11월 29일 노무현 대통령은 TV 프로그램에 출연하여 이라크 파병 을 어떻게 할 것이냐는 질문에 "핵문제를 풀어가는 데 결국은 미국이 결심 을 하지 않으면 안 된다. 미국과 어떤 관계를 가질까하는 기본 전제위에서 파병문제를 다루고 있다."라고 답하였다. 2003년 12월 3일, 이라크 조사단과 의 만찬자리에서 "파병에 경제적 실익이 없어도 북핵문제 해결을 위해서라 도, 한·미 관계는 중요하고 이것이 파병의 가장 중요한 근거"라고 하였다.

노무현 대통령은 집권 초 대외정책 특히 대미정책은 미국과 자율성을 추 구하면서도 현실적으로는 타협적 균형노선을 추구하였다. 미국의 2차 사단 규모 전투병력 파병 요청에 대해서는 이를 개인적으로는 반대하면서도 '피 할 수 없는 현실[83]'로 인정, 비전투 임무를 부여받은 3,000명의 병력을 파병

---

82) 굿 소사이어티 편, 앞의 책, p.481.
83) 노무현 대통령은 국제정치이론의 하나인 현실주의를 인정하면서 한·미관계를

하도록 결정하였다. 북핵문제를 해결하기 위하여 한·미 관계를 수평적 동
반자 관계로의 발전을 추구하였던 노무현 대통령의 외교적 이익이 이라크
전 파병결정에 중요한 요인으로 작용하였고, 한국정부는 한국의 필요성과
미국의 요구를 상호 만족하는 수준의 파병을 결정하였던 것이다.

둘째는 과거 북한과 체제대결 연장선상에서 이루어진 남북 간의 외교는
남북 간 평화체제 유지 및 통일을 조성하기 위한 외교로 전환되는 중이었
다. 참여정부는 남북 간 적대관계를 개선하고, 특히 2002년 시작된 2차 북
핵 위기를 평화적으로 해결하여야 했다. 노무현 대통령이 이라크 파병을
결정할 당시 한국과 미국은 몇 가지 외교적 난관에 처해 있었다. 9·11사건
으로 미국은 대테러전과 관련된 강력한 일방주의 외교를 추진하면서 대외
정책 우선순위를 변화시켰다. 한·미 양국 간에 가장 강력한 외교노선을 지
닌 보수적인 정권과 북한에 대해 가장 진보적인 정책을 가진 정부가 들어
섰다. 특히, 미국이 9·11사건으로 강경한 외교노선을 지향하고 있고, 대이
라크 개전 준비가 한창이던 10월, 북한은 고농축 우라늄을 통한 새로운 핵
개발 계획을 시인했다. 그리고 일련의 상승과정을 통해 위협의 수준을 고
조시킴으로써 "이라크 다음은 북한"이란 관측을 널리 불러 일으켰다.[84]
2003년 5월 워싱턴에서 열린 첫 정상회담에서 노무현 대통령의 집요한 설
득으로 북핵은 다자 틀 속에서 평화적으로 제거하되 한반도에서 평화와 안
정에 대한 위협이 증대될 경우에는 추가적 조치를 검토하기로 한다는 선에
서 절충되었다.[85]

고려할 때 파병은 불가피한 것임을 인식하고, 임시국회 국정연설에서 다음과 같
이 언급하였다. "유감스럽게도 아직은 명분이 아니라 현실의 힘이 국제정치 질서
를 좌우하고 있습니다. 국내 정치에서도 명분론보다는 현실론이 더 큰 힘을 발휘
하는 경우가 더 많습니다."
84) 김태현, "이라크전 이후 미국과 세계질서: 세력균형이론의 관점에서", 『국가전략
제9권 2호』 (서울 : 세종연구소, 2003), p.34.
85) 김병오, "노무현 정부의 '북한핵문제' 대응 정책결정에 관한 연구-최고 정책결정
자의 심리적 환경을 중심으로," (경남대 박사학위논문, 2014), pp.162-163.

노무현 대통령은 북핵문제를 평화적으로 해결해야 될 뿐만 아니라 주한 미군이 이라크로 차출되거나 이로 인하여 미군의 감축으로 발생될 국내 보수파의 반발을 무마해야 했었다. 결국은 파병을 통해서 미국의 변화를 끄집어 낼 수 있었다. 8월부터 6자 회담으로 전환되고 10월에는 부시 대통령이 한·미 정상회담에서 서면으로 북한에 대한 안전보장을 제공할 용의를 밝혔으며, 다자 틀 내에서 대북 안전보장을 제의하는 등 상황이 진전되기 시작한다.

셋째는 경제적 수준 등 세계 10위권에 걸 맞는 국력현시의 외교적 활동이다. 유엔을 비롯한 국제기구에 적극적으로 참여하고 평화유지활동을 비롯한 각종 국제 활동을 전개하여 '지원받는 국가에서 지원하는 국가'로의 위상을 전환하는 외교를 세계화·다변화·다원화시키는 것이었다. 노무현 정부는 이라크 파병으로 한·중동 관계가 악화되는 것을 막기 위하여 중동 국가와의 관계 개선에 노력하였다. 이를 위해 외교통상부장관 및 대통령 특사가 중심이 되어 중동 15개국을 방문하였으며, 정부차원에서 2004년부터 2007년 사이에 이라크 재건지원을 위해 2억불을 지원하기로 하였다.[86]

이라크전은 주변 4강과 세계 각국의 이라크 전 찬반에 대한 입장은 체제 대결 국면이 아닌, 각국이 처한 국내외 상황에 따라 다르게 나타났다. 러시아는 반대하고 일본은 적극 찬성하였으며, 중국은 방관 혹은 소극적으로 찬성하는 입장이었다. 이러한 분위기는 한국의 국력에 맞는 지원외교를 펼치면서 외교의 세계화·다변화·다원화를 추구하는데 장애요인이 되지 않았다.[87]

4) 군사안보

2004년의 한반도 안보상황은 과거와는 다른 상황으로 변모하였다. 북한

---

86) http://www.mofal.go.kr/ko/pro/about_aim.mof (검색일, 2015.8.30.).
87) 이병록, 앞의 논문, p.161.

과의 군비경쟁은 탈냉전 이후 대칭적 경쟁에서 비대칭적 경쟁으로 전환하였다. 탈냉전 상황은 북한으로 하여금 재래식의 대칭적 군비경쟁에서 대량살상무기(WMD) 위주의 비대칭적 군비경쟁이외는 생존의 선택이 없는 환경으로 작용하였다.[88) 북한은 두 차례의 핵 위기를 거치면서 핵보유를 기정사실화 하였으며 장거리 탄도 미사일 개발에도 성공하였다. 북한의 경제난과 국제사회의 제재에도 불구하고 내부 혼란이나 붕괴 없이 핵개발과 미사일 개발에 성공한 것이다.

그러나 한국은 자신의 능력을 제한시키려는 미국의 정책 이외에도 국제사회의 규범을 준수해야 하는 한국의 개방화되고 국제화된 체제는 비대칭적 군비경쟁에 대해 동일한 방식으로 대응할 수 없도록 제어하고 있었다.

한국은 비록 재래식 전력에서 크게 앞서지만 북한의 핵·미사일 등 비대칭 군사적 위협에 대한 방어는 미국이 지닌 감시·정찰, 정밀폭격, 핵 보복능력에 의존하는 방식으로 대응할 수밖에 없다. 즉, 2004년도 상황은 한국 정부는 자국의 국방력 강화에도 불구하고, 과거와는 다른 형태로 북한의 군사적 위협에 직면해 있는 상태인 것이다. 본질적으로 미국에 의존해야 한다는 점은 달라지지 않은 상황에서 미국의 파병요청을 거부하기는 쉽지 않은 결정인 것이었다.

다음은 진보 정권으로써 그동안의 보수 정권에서 추진되었던 안보정책의 대전환이다. 진보진영에서는 한국의 안보가 과도하게 미국에 의존하고 종속되어 있다는 생각을 하고 있었다. 노무현 정권의 국방에 있어서의 자율성을 확보하기 위한 '자주국방'은 전시작전통제권(이후 전작권으로 표기)전환[89) 및 국방개혁, 미군 재배치를 망라하여 '협력적 자주국방'으로 표현되었다. 그러나 이 같은 노무현 대통령의 안보정책은 몇 가지 장애에 직면

---

88) 이용준, 『북한 핵 새로운 게임의 법칙』 (서울: 조선일보사, 2004), pp.100-103.
89) 한국군이 전시작전통제권을 행사하는 것으로 최초에는 '환수(還收)'라는 용어를 사용하였으나. 이후 '전환(轉換)'으로 용어를 바꿈.

하였다. 첫째, 보수성향의 정치세력 및 시민단체로부터의 강력한 반발이다. 이들은 전시작전권 환수가 미국의 동맹 약화로 연결되며, 한반도 유사시 미국의 참전을 보장할 수 없는 정책으로 인식하였다. 국내적으로 안보불안 감을 고조시켰으며 보수와 진보세력간의 안보정책을 둘러싼 첨예한 대결 양상을 초래하였다. 둘째, 자주적인 방위 역량을 갖추는데 소요되는 막대한 재원의 조달 문제였다. 국방부는 당시 향후 20년간 약 209조원, 연평균 10조 정도가 소요될 것으로 추산했으며, 주한미군이 지닌 장비 및 물자의 추정가치인 140~150억 달러를 대체하기 위해서는 매년 전력투자비의 절반을 최소 9년 최대 17년 동안 투입해야 할 것으로 분석했다. 셋째, 주한미군 이전 및 감축문제이다. 이라크 전 파병을 둘러싸고 한국에서 찬반 갈등이 벌어지는 상황에서 미국 국방부는 주한미군 일부병력의 이라크 또는 아프간으로의 이동배치계획을 밝혔고, 럼스펠드 미국방장관도 주한미군 감축계획을 시사했다. 롤리스 미 국방부 아태담당 부차관보는 2003년 6월, 주한미군 제2보병사단 2여단 병력 3천 6백 명을 이라크로 차출하는 것을 포함해 1만 2천명을 감축하겠다는 발표를 하였다. 주한미군의 감축계획은 미국 정부의 세계전략 일환이라 하더라도 '파병협상의 민감한 시기'에 표명함으로써 한국의 이라크 파병을 압박하기 위한 것으로 보일 수 있었다.

이처럼 군사안보적 이해는 파병정책결정과정에 중요한 결정요인으로 작용하였다. 노무현 정부는 피상적으로는 미국의 요청을 수용함으로써 전시작전권 환수와 국방개혁에 대한 우려를 해소하고, 미국의 지속적인 한반도 전쟁억제 역할 보장을 위한 포석도 작용하였다. 그러나 이면에는 부시 행정부의 주한미군 감축카드와 북한 핵문제 해결을 위한 대북선제타격을 제지하기 위한 노력이 작용했다. 한국은 이라크 파병을 수용하는 조건으로 북핵문제의 평화적 해결을 위해미국에 적극적 협조하며, 미국은 주한미군 감축을 철회하고 대북한 군사적 행동을 제외해달라는 요구가 제기 되었던 것이다.[90] 그리고 미군 재배치계획(GPR)[91]의 한국적용 일정을 늦추기로 합의할 수 있었던 배경에는 한국의 이라크 파병이 반대급부로 작용하였기 때문이라고 할 수 있다. 북핵 위기의 고조, 국방개혁 추진, 전시작전통제권 환수, 주한미군 재배치 및 감축 등과 맞물린 상황에서 미국의 파병요구에 대한 거부는 한·미 동맹의 균열로 받아들여 질 것이었다. 이는 곧 한반도를 둘러싼 동북아의 안보불안이 한국경제에 악영향을 주고 노무현 정부의 정치기반을 약화시킬 수도 있기 때문이다.

3. 협상행위자 역할과 상호작용

『2004년 국방백서』에 나타난 한국의 이라크 자이툰부대 파병의 이유는 첫째, 파병으로 인해 한국과 이라크 간의 관계를 발전시키고, 중동 및 중앙아시아로 진출하는 여건을 마련하는 것이다. 둘째, 전후 이라크 평화·재건 지원으로 세계평화와 안정을 위한 유엔 회원국으로서의 도리와 책무를 이행하기 위해서이다. 셋째, 한·미동맹을 강화하여 미국과의 현안문제 해결에 유리한 여건을 조성하며 한국의 신뢰를 증진하기 위해서이며, 넷째, 국제평화유지활동을 통한 국가위상을 제고하고 파병국 간의 유대를 강화하여 군부대의 장거리 전개와 재보급 능력 등 군 발전에 기여하기 위해서이다.[92]

전투부대 파병이라는 중요한 군사외교정책결정에서 나타나는 협상의 주요행위자들의 역할에 대하여, 어떻게 그런 정책이 결정되었나를 이해하기

---

90) 이라크 파병은 주한미군 감축을 저지하기 위한 목적과 미국의 대북 강경정책을 전환시키기 위한 목적이 복합적으로 작용하였다. 전자는 청와대 국방보좌관과 국방부를 중심으로 제기된 목적이었고, 후자는 NSC 사무처에서 추진한 목적이었다. 2003년 9월25일 윤영관 외교통상부 장관의 방미 시 파월국방장관에게 이라크 파병과 북핵정책 전환의 거래를 언급했으나 파월 미 국무장관은 외교관례에 어긋나는 행위라며 거부하였다.

91) Global Defence Posture Review : 미국의 신 안보전략과 동맹질서 재편에 따른 해외 주둔 미군의 규모, 위치, 전력 등 재배치계획.

92) 국방부, 『2004 국방백서』.

위해서 필요한 또 하나의 작업은 그 정책결정을 둘러싼 환경과 상호작용을 검토해 보는 것이다.

1) 대통령의 특성과 역할

노무현 대통령의 개인변수로써 파병의 결정요인을 분석해 보면 첫째, 노 대통령의 개인적 특성이다. 노무현 대통령은 원칙과 신뢰를 중요한 정치인의 덕목으로 여겼다. 이러한 가치관이 한·미관계에서도 미국을 가진 자, 기득권 세력이라 보면서 한국이 미국에서 자율권을 확보하는 것이 곧 정의라고 인식을 하게 되었을 것이다. 따라서 노무현 대통령은 미국이 요청한 해외파병을 거절하거나, 파병하더라도 신중히 판단할 수밖에 없었을 것이다. 그리고 노무현 대통령이 파병을 해야 한다고 결심했을 때는 즉각적으로 파병을 결정하지 않고 여론과 국제적 상황 등 추이를 심사숙고하여 신중한 판단을 하되 결심은 본인이 직접 내렸을 것이다. 실제로 노무현 대통령은 2차 파병 시에는 국민여론과, 정부부처 간 갈등을 지켜보면서 민주적 의사결정 과정을 거쳤다.

둘째, 노무현 대통령은 진보적이며 비 권위주의적 가치관을 지닌 대통령으로서 젊은 층의 절대적 지지를 받아 대통령에 당선되었다. 2002년 6월 13일 여중생이 미군 장갑차에 의해 사망하고, 반미정서가 고양되는 상황에서 대통령으로 당선되었다. 후보 시절에는 "미국과 대등한 관계를 수립하겠다.", "미국과 북한 간에 전쟁이 벌어지면 중간에서 만류하겠다."는 발언을 하였고, 당선자 시절에도 "(전쟁 발발)죽는 것 보다는 (한·미관계) 어려운 게 낫다."고 하는 등 미국의 대북 강경정책을 반대하였다. 노무현 대통령은 한·미 관계를 의존관계에서 대등한 상호협력관계로 발전시켜야 한다고 강조하면서도 자주외교를 표방하였다.[93] 따라서 노무현 대통령은 자신이 부

---

93) 김충남,『대통령과 국가경영2 : 노무현과 이명박 리더십의 명암과 교훈』(서울: 오름, 2011), pp.107-108.

당하게 생각했던, 한·미동맹관계 유지에 가치를 둔 이라크 전 파병을 적극
적으로 추진할 이유가 없었다. 그럼에도 노무현 대통령은 개인특성과 상반
되는 결정인 이라크전에 파병을 단행하였다. 명분상으로 전투병파병 임무
를 배제하고 재건지원을 목적으로 하면서, 병력 규모, 지휘권 관계, 파병지
역 선정 등에서 정부의 독자적인 파병안을 관철시킨 것은 노무현 대통령의
개인적인 특성이 영향력을 미친 정책결정이라고 평가할 수 있다.

셋째, 노무현 대통령은 인권변호사, 노동운동가이며 대통령 선거 직선제
쟁취를 위한 민주화운동에 참여하였다. 국군통수권자로서의 군 경력은 군
사작전의 비전문가이다. 그의 군과 민간경력 및 가치관은 전쟁에서 승리를
추구 하는 것 보다는 전쟁을 회피하는 정책을 선호할 것이 예상되었다. 이
와 같은 노무현 대통령의 평소 신념과 정치이념을 기준으로 판단한다면 미
국의 요청을 거부하고 이라크전에 파병을 하지 않았어야 했을 것이다. 노
무현 대통령의 개인적 요인은 대통령이 광범위한 개입을 자제하는 한편,
전체적인 방향 설정과 정책 결정 시스템의 확립에 집중하게 만들었다. 또
한, 구체적인 협상과 정책입안 과정은 기존 체제의 역할과 기능을 존중하
였고, 개입이 필요할 때에는 자신과 인식을 공유하는 정책결정참여자를 통
해서 방향설정에 관여하였다.[94]

이라크전 전투병 파병이 요구되었던 2003년 4월에는 이라크 전 초기 승
리에 힘입어 "대북 외과 수술식 타격"이 논의되는 등 한반도 위기가 고조되
고 있던 시점이었다. 또한 전시작전권 전환추진은 GPR과도 연계되어 주한
미군 재배치 및 감축, 그리고 역할 변경 논란으로 이어졌다. 이러한 상황에
서 노무현 대통령은 북핵문제 해결을 위해 한·미동맹을 강화하여 평화적
으로 해결하는 것을 국익으로 규정하고, 미국으로부터 자율권을 확보하는
것을 병행 추진하였다.

---

94) 국정홍보처, 『참여정부 국정자료집 ⑤ 외교·안보』(서울: 국정홍보처, 2008), p.20.

이라크전의 전투병 파병은 노무현 대통령이 예상한 바와 같이 자신의 지지기반 이탈을 가져왔지만 파병을 통해서 중도 보수까지 국민들의 지지층을 확대하는 정치적 이익도 고려하였다고 할 수 있다. 노무현 대통령은 정치적 이익에서 대북 정책에 대한 변화 등 정부의 자율권을 강화시켜 줄 수 있는 반대급부를 얻었다.[95] 미국의 대북 정책 변경은 정치적 이익인 '자율권을 확보'하면서 국내 보수층의 반감을 격감시키는 효과가 있었기 때문이다. 이라크전 파병 결정은 한반도 안정과 평화를 위한 방편으로 작용했다.[96] 노무현 대통령은 자신의 '자주 노선'과 기존의 '한·미 동맹'을 적절히 조화시킨 외교·안보정책으로 북핵문제와 주한 미군 재배치 등의 문제를 동시에 처리해야했다. 따라서 미국의 요구를 수용함으로써 대통령의 외교적 현안을 해결하기 위한 수단으로 이라크 전투병 파병을 결정하게 된 것이다.[97]

노무현 대통령의 개인적 소신에 반함에도 불구하고 외교·안보적 이익을 추구하는 의지가 잘 반영된 것이 이라크 전투부대파병 결정이다. 노무현 대통령은 "미국정부와 부시 대통령은 대단히 고맙다는 인사를 보내왔다. 자이툰부대의 존재는 그 이후 여러 현안들을 처리할 때마다 우리의 입장을 이해시키는 데서 중요한 정서적 버팀목이 되었다."라고 하였다. 이라크 파병을 통해서 미국의 대한정책의 변화를 유인해 낼 수 있었다. 북핵문제는 8월부터 6자 회담으로 전환되었다. 10월에는 부시 대통령이 한·미정상회담에서 서면으로 북한에 대한 안전보장을 제공할 용의를 밝혔으며, 다자

틀 내에서 대북 안전보장을 제의하는 등 상황이 진전되기 시작한다.

2) 정부관료(외교통상부 · 국방부)

노무현 대통령의 내각은 통일부를 제외한 제1기 외교 · 안보 관련 부처 장관과 청와대 참모에 친미, 보수적 성향의 인사를, 국가안전보장회(NSC)는 진보 성향의 인사를 임명하였다. 노무현 정부의 의사결정체계 중 이전 정부와 구별되는 대표적인 것 중 하나는 국가안전보장회가 대통령에 대한 자문기구의 역할을 넘어 외교정책을 기획 및 조정하는 역할을 수행한 것이다. 통일부 장관이 수행하던 NSC 상임위원장을 대통령이 임명하도록 한 것은 안보정책결정의 통합 및 조정을 대통령이 직접 관장하기 위한 것으로 판단된다.

따라서 기존 안보정책의 주무 부서였던 통일부, 외교통상부, 국방부가 정책결정 과정에서 상대적으로 그 영향력이 줄어들 수도 있음을 나타내는 것이다. 또한 기존에 추가하여 국가안전보장과 관련된 중장기 정책을 수립하고 조정하며, 현안업무 조정기능 등을 추가하면서 사무차장의 권한이 강화되었다. 386의 대표주자인 이종석이 사무차장으로 부임하면서 대부분의 외교 · 안보 현안 문제에 관해 국방 · 안보보좌관 및 외교부, 국방부 등 관료와 의견이 상충하는 상황이 발생하였다. 국가안전보장회의가 외교 · 안보정책을 통합 및 조정하였고, 참여정부의 정책을 일관되게 추진할 수 있었다.

(1) 한국정부의 파병방침

이라크 파병은 2003년 9월 3, 4일 미래 한 · 미동맹 4차 회의에 참석한 리차드 롤리스 미 국방부 부차관보가 청와대를 방문하여 '독자적 안정화작전이 가능한 경보병 부대로써 여단과 사단의 중간 규모 부대의 파병 가능성을 타진'하면서 논의가 시작되었다. 미국이 실무차원에서 요청한 이라크 추가파병의 내용은 다음과 같았다. 병력의 규모와 성격은 '폴란드형사단'이었

으며, 파병지역은 상황이 불안정한 이라크 북부지역 또는 키르쿠크와 술래
마니아였다. 파병 시기는 미군의 교대계획에 맞추어 2004년 2월에서 3월까
지 파병해주기를 원했으며, 임무는 미군 점령지역의 치안을 담당하는 것이
었다.98)

한국정부는 이라크 전투병 파병을 국민여론과 국제적 동향, 현지조사단
의 확인결과, 유엔 결의안 통과 등을 종합해 신중히 결정한다는 기본입장
을 밝혔다. 정부는 9월 16일 국가안보회의 실무조정회의를 열었고, 이후 18
일 국가안전보장 상임위를 개최하여 현지조사단 파견을 승인하여 9월 24일
에서 10월 3일까지의 국방부, 외교통상부, 민간전문가 등 12명으로 구성된
합동조사단을 이라크 현지에 파견하였다. 노 대통령은 외교통상부의 이라
크 파병관련 국제동향 및 향후 대응계획을 보고 받는 등 자체 검토를 시작
하는 한편, 미국의 입장을 정확히 파악하기 위해 9월 24일 차영구 국방부정
책실장을 수석대표로 하는 실무협의단을 미국에 파견하여 파병문제를 협
의하기 시작했다. 그리고 반기문 청와대 외교보좌관이 9월 21일 "만약 유엔
결의안이 통과하게 되면 우리의 이라크 파병 문제는 부담을 상당히 덜게
될 것"이라고 밝힌 바와 같이 결의안 통과여부를 기다리겠다는 자세를 보
였다.

한국정부 내에서 파병에 관한 이견이 나타나기 시작했다. 청와대 국방관
련 참모, 재정경제부, 국방부, 외교통상부 등은 미국의 요구에 보다 신속하
고 적극적으로 응하는 것이 한국의 국익에 유리하다고 주장했다. 윤영관
외교통상부 장관은 유엔총회 참석차 미국을 방문하고 돌아와 미국 측이 준
비해야 할 사항이 있는 만큼 파병결정이 너무 늦어지면 곤란하다는 입장이
었다.99) 특히 외교통상부는 이라크 파병을 통해 조지 W.부시 행정부 등장

---

98) 국회, 국군이라크추가파병동의안, 『제245회 국회본회의 회의록 제5호』(국회사무
처, 2004), p.3.
99) 『동아일보』, 2003.10.1.

이래 대북정책에 대한 이견, 의정부 여중생 사망사건에 따른 대규모 반미
촛불시위 등으로 소원해진 한·미간의 신뢰를 회복할 뿐만 아니라 미국 내
의 반한여론을 잠재우고 싶어 했다. 한승주 주미 대사도 조건 없는 파병이
한국에 도움이 된다는 입장을 보였다. 조영길 국방장관은 럼스펠드 미국방
장관이 한·미연례안보회의(SCM) 참석차 방한하는 일정에 맞춰서 추가파
병의 방향과 원칙이 결정되어야 한다는 입장을 나타냈다.[100]

　노무현 대통령이 2003년 10월 20일 아시아태평양 경제협력체(APEC) 정상
회담에서 부시 대통령을 만날 때에는 한국의 입장을 분명히 밝혀야 하므로
늦어도 10월 중순까지는 이라크 파병에 관한 정부의 입장을 최종 결정해야
한다고 주장했다.[101] 한편, 이종석 국가안전보장회의(NSC) 사무차장은 국
방부와 외교통상부가 빠른 결정을 원하는 것과는 반대로 "10월 중에 결정이
나지 않으면 11월이나 12월 중에 결정 하면 된다."고 시기에 얽매이지 않는
입장을 보였다.[102] 유인태 청와대 정무수석은 청와대 내 국방, 외교라인의
시각이 파병찬성으로 편향되어 있다고 비판하면서 파병불가피론에 반대
입장을 표명하였다. 그는 미국이 민주주의 국가라면 한국도 민주주의 국가
인 만큼 미국의 요청을 국민적 여론 수렴도 하지 않고 그대로 따를 수 없다
며, 파병하지 않는 것이 국익에 도움이 된다는 입장이었다.[103]

　2003년 10월 16일, 유엔 안전보장이사회에서 미국이 이끄는 다국적군을
창설하고 이라크 전후 복구와 재건을 지원하는 군대와 자금을 제공하도록
유엔 회원국들에게 촉구하는 '이라크 지원결의안 1511호'가 만장일치로 통
과되었다. 그러자 국내에서도 이라크 전 파병에 반대가 많던 여론이 유엔
안보리 결의 후인 10월 18일에는 찬성하는 분위기로 전환되었고, 정부에서

100) 『한국일보』, 2003.9.24.
101) 심양섭, "이라크파병 반대운동과 파병결정과정," 『해외파병연구총서 2집』, 국방부
　　 군사편찬연구소, 2007, pp.8-9.
102) 『한겨레신문』, 2003.10.1.
103) 『조선일보』, 2003.10.9.

도 명분 없는 전쟁에 병력을 파병한다는 비판에서 벗어날 수 있었다. 노무현 대통령은 APEC에 참가하기 위하여 출국 전인 10월 18일, 제2차 국가안전보장회의를 열어 '이라크 평화정착과 신속한 전후재건'을 지원하기 위한 추가파병 계획을 공식적으로 발표 하였다. 그러나 파병부대의 성격과 형태, 파병규모와 시기는 한국군의 특성과 역량을 고려하여 독자적으로 결정할 것임을 밝혔다.

미국의 압력에 따른 것이라는 오해가 없도록 정상회담 이전에 결정되었으며, 노무현 대통령은 10월 20일 한 · 미정상회담에서 이를 부시 대통령에게 설명하였다. 그러나 노무현 대통령은 이라크 추가 파병 방침을 분명히 밝히면서도 구체적인 일정에 대해서는 전략적 모호성을 유지하였다.

〈표 4-5〉 한국의 이라크 추가파병 기본원칙

① 무엇보다도 반대하는 국민들의 우려에 대해 충분히 유념하면서 판단할 것임.
② 부대의 임무는 이라크의 평화회복과 안정화, 전후 국가재건의 틀 속에서 이를 성공적으로 수행할 수 있는 부대를 고려할 것임.
③ 이라크는 지역별로 차이가 있으나 여전히 치안 불안상태이므로 파견인원들의 안전보장 문제를 고려할 것임.
④ 파병목적이 이라크 국민과 국가 재건을 돕기 위함인 만큼 서희, 제마 부대 수행사례를 반영해 현지인들이 원하는 것이 무엇인가를 고려할 것임.
⑤ 파병 전력 공백이 우리 국가안보에 미칠 영향을 고려할 것임.
⑥ 한 · 미동맹문제를 고려해 미국의 요청과 희망사항을 고려할 것임.
⑦ 추가파병에 따른 국민적 부담(경비)을 최소화하는 방안을 고려할 것임.

출처 : 국방부 보도자료, 2003.10.18.

정부는 10월 31일부터 11월 9일까지 제2차 정부합동조사단을 이라크 예상 주둔지의 치안상황과 파병에 대한 현지 반응을 조사하였다. 한편, 11월

5일 대미 파병협의한국대표단이 미국 측 당국자들과 현안을 논의하였는데, 미국이 요구해 온 이라크 특정지역의 치안유지를 위한 임무에는 참여하기 어렵다는 입장을 전하자 미국은 매우 불만스러운 반응을 보였던 것으로 전해졌다. 그러나 미국 측은 파병의 구체적인 사안은 한국정부가 결정하되 이라크 상황을 감안하여 '한국군이 특정지역에서 독립작전을 맡을 수 있는 사단급 규모의 안정화 군을 파견해 줄 것을 원한다.'는 입장을 거듭 표명하면서 한국이 적극적으로 응해 주기를 촉구하였다.[104]

(2) 파병 규모와 성격의 결정과정

노무현 대통령은 11월 11일 안보관계 장관회의를 소집하였다. 여기에서 파병규모는 3,000명을 넘지 않고 기능중심과 독자적 지역담당 방안을 함께 검토하되, 미군 등 타군과 연계되지 않고 독자적인 책임지역과 한국군 단독 지휘체계를 설정하며, 파병지역 및 시기는 추후에 정할 것을 결정하였다. 국방부는 11월 14일 대통령에게 두 가지 파병 안(기능중심 파병과 독자적 지역담당 안)을 보고하였다.

세부 파병방안은 국민여론과 이라크 현지상황, 한·미 동맹관계를 고려하여 결정하기로 하고, 국방부는 본격적인 파병준비를 시작하였다. 11월 17일 한·미 연례안보협의회(SCM)에서 '한국은 3,000명 이내의 병력을 2004년 4월에 파견하겠다.'고 하였으며, 미국은 '구체적인 파병은 한국에서 결정할 사항이라면서 빠른 시간 내에 파견해 줄 것'을 요청하였다.

12월 11일 한국정부는 자체적인 파병 최종안을 확정한 후, 12월 14일에는 4당 대표를 청와대에 초청하여 정부의 파병안을 설명하고 국회차원의 협조를 요청하였다. 이어 12월 17일에 통일외교·안보관계 장관회의를 소집하여 추가 파병방안을 채택한 후에 〈표 4-6〉과 같이 언론에 공포하였으며, 12

---

104) 심정창, "한국 외교정책의 미국요인에 관한 연구"(관동대 박사학위논문, 2004), p.168.

월 23일 국무회의에서 파병동의안을 의결하고 12월 24일 국회에 제출하였
다. 국방부는 12월 17일부터 22일까지 이라크 파병 '대미군사실무협의단'을
미국에 파견하여 미 합참과 중부사령부에서 이라크 파병문제를 논의하였
는데, 파병부대의 임무와 편성 등은 별 문제가 없었고, 파병지역과 시기는
이후 많은 논쟁과정을 겪으면서 결정되었다. 미국은 한국군이 독자적인 지
휘권을 행사하여 한 지역을 책임질 수 있는 권한을 부여할 수 있으며, 소규
모 비전투병은 치안유지에 도움이 되지 않음을 분명히 하였다.105)

〈표 4-6〉 한국정부의 이라크 추가파병 안

파병규모	· 추가 파병규모는 3,000명 이내로 한다. (서희, 제마부대 포함 시 3,700명)
파병성격 및 임무	· 파병부대는 이라크의 평화·재건 지원 임무를 수행한다. · 파병부대는 효율적 임무 수행과 부대 안전을 확보하기 위하여 독자적 으로 일정지역을 담당하며, 치안 유지는 원칙적으로 이라크 군·경이 맡 도록 지원한다.
편성	· 파병부대는 재건 지원 및 민사 작전부대, 자체 경계부대 및 이를 지휘 하고 지원할 사단 사령부 및 직할대(2개 민사여단)로 구성한다.
파병지역	· 구체적인 파병지역은 12.17일부터 22일까지 합참 작전본부장을 단장 으로 한『대미 군사실무협의단』의 협의결과 및 현지 협조에 따라 결정 할 예정이다.

출처 : 국방부 보도자료, 2003.12.17.

국방부와 육군은 이라크 파병을 가장 적극적으로 지지하였는데, 소규모
파병으로는 미국의 요구를 충족시킬 수 없다고 보았다. 다만 파병규모에
대해 정부 내에 이견이 있고, 대규모 파병 시 여론의 반작용이 있을 것을
우려하였다.106) 10월 18일 열린 NSC에서는 이라크의 평화정착과 신속한 재
건지원의 기본원칙을 결정하고, 파병부대의 성격, 형태, 규모, 시기는 한국

---

105) 김종대,『노무현시대의 문턱을 넘다』(서울: 나무와 숲, 2010), p.109.
106) 심양섭, 앞의 논문, p.8.;『조선일보』, 2003.11.6.

군의 특성과 역량을 고려하여 독자적으로 결정하기로 하였다.

10월 말로 접어들면서 이라크의 현지 사정이 나빠지기 시작하면서 포르투갈과 방글라데시 등 많은 국가가 파병을 철회하는 결정을 내린 상황에서 한국 정부는 파병 규모, 임무, 시기에 대해서 현지조사 등의 심도 있는 검토와 대책회의가 이루어졌다. 청와대와 국가안전보장회의의 참모들은 '전투병'이라는 용어에 대해 극히 민감하게 반응하였다. 국방부 주장대로 정예병을 파병할 경우 한국군은 '비전투 평화유지군'이라는 이미지를 심을 수 없다고 보았다. 이라크 파병과 같은 중대 사안에 대해서는 심사숙고할 필요가 있으므로, 노무현 대통령으로서는 모호한 입장을 취하면서 시간을 벌 필요가 있다고 조언하였다.[107]

NSC 사무처는 이수혁 외무부 차관보의 도움을 받아 비전투부대 파병논리를 만들었다. 즉, 비전투병과 전투병을 혼합한 3,000명 정도의 규모를 파병한 국가는 극소수로써 미국은 파병에 감사할 것이라는 논리였다. 이는 노무현 대통령에게 보고되고 10월 30일 비공개 안보관계 장관회의에서 3,000명 규모의 파병이 결정되는데 중요한 판단기준이 되었다.[108]

정부합동 2차 조사단은 11월 9일 "치안에 불안한 점이 있지만 이라크 측이 한국군의 파병을 원한다."고 밝혔다. 그리고 '이라크 현지의 정세가 불안하여 자체 방호를 위해 경계병을 포함한 치안병력이 절반가량은 되어야 한다는 점에 의해서 노무현 대통령은 11월 11일 안보관계 장관회의에서 당초 비전투병 2,000명, 전투병 1,000명 선에서 전투병 비율을 1,500명으로 늘리되 '병력은 3천명을 넘지 않는다는 것'과 '성격은 전투 활동 배제'라는 원칙을 제시했다.[109] 즉 '기능중심방안'과 '독자적 지역담당' 두 가지 방안을 고

---

107) 심양섭, 앞의 논문. pp.9-10.
108) 김종대, 앞의 논문, p.69.
109) 김관옥, "한국군파병외교에 대한 양면게임 이론적 분석: 베트남 파병과 이라크 파병사례 비교,"『대한정치학회보』, 제13집 1호(2005), pp.376-377.

려하되 지역담당의 경우에도 '재건지원중심'으로 검토하라는 지침을 준 것
이다. 그리고 다국적군의 지휘를 받지 않고 한국군 단독 지휘체계와 미군
등 다국적군과 공동지역에서 연합작전을 하지 않고 독자적인 책임지역을
맡도록 하였다.

　11월 17일 한·미 국방장관회의에서 한국은 3,000명 규모의 재건부대중
심의 파병안을 제시하였고 미국은 보병중심의 5,000명 규모를 주장하여 의
견이 불일치하였다.110) 미국은 주한미군 재배치 등으로 한국에 압력을 가
하였으나 한국정부는 병력 3,000명 파병의 주요 기준을 바꾸지 않았으며,
이후 미국은 한국에서 결정할 사항이라고 구체적인 언급을 피하면서 조속
한 파병을 요청하였다.

(3) 파병 지역의 결정과정

　한국정부는 파병방침과 파병규모 및 파병성격의 결정이 이루어진 이후
에도 파병지역을 선정하는 문제와 파병일정을 두고 한미 간, 그리고 한국
내에서도 많은 협의와 검토가 진행되었다. 최초 파병 예상지역은 2003년 10
월 6일 이라크합동조사단이 모술지역이 "안정화되고 있고 테러 위험이 점
차 감소 추세"라고 발표하였듯이 이라크 북부 모술지역에서 미국의 101강
습여단을 대체할 예정이었다.

　12월 17일부터 22일까지 '대미군사실무협의단'을 미국 합참과 미국 중부
사령부에 파견하여 파병지역을 논의하였다. 한국은 넓은 지역과 중요 위험
지역 및 모술과 같은 대도시를 제외하고 치안 및 재건이 용이한 지역을 염
두에 두고 자체적으로 10개 지역을 선정하여 검토하였다. 국방부는 나시리
아, 키르쿠크, 탈아파르, 콰야라 등 4개 지역을 최종안으로 선정하여 1개 지
역을 독자적으로 맡는 것을 미국과 협의하였다. 미국은 미군과의 교대일정

---

110) 『세계일보』, 2003.11.18.

및 책임지역 담당을 염두에 두고 모슬, 바스라 등 대도시와 적대행위가 잦
은 티크리트, 폴란드 주둔 지역인 알힐라 등을 염두에 두고 있었다. 서희·
제마부대가 주둔하고 있는 나시리아가 안전도, 파병부대의 능력, 부대의 주
둔여건, 부대 전개 및 재보급 면에서 모두 유리하여 한국에서는 내심 이 지
역을 원하였다.

한국은 키르쿠크, 탈아파르, 콰야라의 3개 지역을 우선순위로 미국과 협
의한 결과, 키르쿠크의 173공정 여단과 대체하는 것에 의견일치를 보았
다.111) 키르쿠크 지역은 군사적으로는 안전도, 파병부대의 능력 면에서 유
리하였고, 주둔여건 및 전개, 재보급 면에서는 다소 불리한 것으로 판단하
였지만 다른 두 곳보다는 다소 유리하였다. 또한 미국의 의도도 충족되며
쿠르드족의 우호적인 성향과 유전지대와 경제 및 교통중심지역으로써 전
후복구 참여시에도 유리할 것으로 판단되었다.

(4) 파병시기의 결정과정

한국군의 파병시기는 준비기간 3개월을 고려하여 2004년 4월말을 전후하
여 가능한 것으로 판단하였는데, 그 시기를 전후하여 3월에는 탈아파르, 콰야
라를 담당하는 101사단이, 4월에는 키르쿠크를 담당하는 173여단의 부대교체
가 계획되어 있었다. 2월 5일에 NSC 이종석 사무차장이 '4월말 파병'을 언급
하고, 국방부도 국회에서 파견동의안이 비준되기 전인 2004년 2월 9일에 "파
병예정지인 키르쿠크의 전반적 치안이 안정적"이라는 대국민 발표를 하였다.

한국정부는 이라크 파병을 위해 자이툰(Zythum)112)부대를 2월 23일 창설
하였으며, KOICA의 초청으로 2.21~3.2일간 이라크 키르쿠크 총리가 방한하
여 창설식에 참석했다. 파병지역은 키르쿠크를 목표에 두고, 4월에 부대 전

---

111) 심정창, 앞의 논문, pp.169-170.
112) Zythum은 아랍어로 평화의 상징인 올리브를 뜻하며, 정식 부대명칭인 '이라크평
    화재건사단'의 별칭임.

개를 계획하고 있었다. 국방부에서는 대미 협의 시 4월에 한국군 파병계획을 고려하여 준비하던 중에 계획을 변경해야 할 상황이 발생하였다.

2월 24일부터 파병 사단장 등 15명으로 '이라크 현지협조단'을 운용하였는데 파병지역을 재협의해야 하는 사유가 발생한 것이다. 미국이 수니 삼각지대에 대하여 공세를 강화하자 저항세력이 키르쿠크로 몰려들면서, 2003년 9월 이후 저항세력의 테러가 증가하였다. 이에 대해 미군은 공세작전을 위해서 일정규모의 미군을 잔류시키고 한국군을 전술통제 하여 한·미간 연합작전을 하자는 의도를 가지고 있었다. 이는 "독자적인 책임지역에서 한국군 단독의 작전지휘체계를 유지하여 평화·재건임무를 수행한다."는 한국정부의 파병 기본원칙에 부합되지 않은 것이었다. 한국 국방부(합참)에서는 한국군이 아타밈주을 전담하는 파병기본 원칙을 강조하였고 파병지역 변경 시 이라크 남부지역을 희망하였다. 미군은 앞에서 설명한 바와 같이 아타 밈 지역의 치안상황 악화로 공세작전이 반드시 필요하여 키르쿠크 및 알 하위자 지역에 미군 1개 대대를 배치시켜 매일 작전을 실시하며, 2여단 본부도 키르쿠크 공항에 주둔시켜 하위자, 투즈, 술래마니아 지역의 통제와 정보·전투근무지원을 실시한다는 것이었다.

한국 측에서는 대통령 탄핵 등 국내정치상황, 국회 동의 내용 및 과정 등을 고려 시 양보가 불가함을 설명하자 미군은 북부지역의 아르 빌과 술래마니아가 전개 및 재보급 거리를 제외하고는 한국군 입장에 부합하다며 두 지역을 추천하였다. 한국 측 입장은 아타 밈이 위험하면 아르빌 지역도 위험할 것으로 판단하였고, 현재 미군 1개 대대의 작전지역이며, 나자프, 카디시야 등 아타 밈보다 남쪽이 재보급, 지역안정도와 대국민 설득이 용이함을 피력하였다. 파병시기는 최초 부대파병 계획보다 3주가 늦어져서 4~5월경에 배치가 가능하고, 타 지역으로 조정 시에는 2주가 더 소요됨을 설명하였다.

3월 30일 미군은 서한을 보내어 남부지역은 폴란드 사단 등 재배치 문제로 배치가 제한된다면서 아르빌, 아타밈주, 술래마니아의 세 가지 방안을

추천하였다. 4월 1일 아르빌과 술래마니아 중 한 개 지역을 선정토록 합의
가 이루어진 후 4월 9일에서 19일까지 합참 작전부장 등 '이라크 현지조사
단'은 아르빌과 술래마니아 주를 비교 검토하였다. 현장 확인 결과 작전지
역, 지도부 성향 및 호응도, 치안 및 안정성, 재건지원 소요, 미국 측의 희망
등 제반요소에서 아르빌이 적합지로 판명되었다.

쿠르드 자치지역은 1991년 걸프전 이후 이라크 남부 및 북부지역에 설정
한 비행금지구역과 미·영국군의 공중 감시 속에서 이라크 중앙정부와 독
립된 안정적인 자치를 시행하고 있었다. 다양한 치안병력을 운용하여 치안
유지 상태는 안정적이었다. 일부 과격 테러단체에 의한 적대행위가 없는
것은 아니었으나 소규모의 부대만 투입되어 있었다.113)

주이라크 한국대사가 쿠르드 자치구 수반 바르자니 당수와 면담한 결과
한국군의 파병성격과 무관하게 반대 입장을 표명하였으며, 쿠르드 자치지
역 파병은 의회 승인절차가 필요함에도 불구하고, 미군 측에서 아무런 사
전협의나 통보를 해오지 않는다는 것이었다. 한국 합참은 미군 측에 "바르
자니의 직접적인 파병요청과 한국군의 공항사용 및 공항 내 주둔문제"를
협조 요청하였다.

2004년 5월 8일 쿠르드 자치정부는 한국군의 파병을 환영한다는 부총리
가 서명한 서한을 보냈다. 5월 18일~20일간 주 이라크 한국대사 등 13명의
'현지협조단'이 아르빌을 방문하여 파병환영서한이 쿠르드 지방정부의 공
식문서임을 확인하였고, 구체적인 작전 책임지역을 협의하였다.114)

---

113) 2004년 3월 18일에 아르빌과 슬레마니아에는 미군 1개 대대 투입(274차 국가안
전보장회의 상임위), 같은 해 4월 12일 이라크 현지조사단 방문시 PUK(쿠르드
양대 정당 중 하나, 술레마니아 지역 집권) 총리 Sali가 슬레마니아 지역에 300명
의 동맹군이 페르시메가와 협조 하에 임무 수행하였으며, 파병부대가 공병과 의
료 및 기업인들로 구성되기를 희망하는 언급을 하였음.; "'이라크 파병규모 축소
방안' 단독입수"『주간동아』 497호 (2005.8).
114) 책임지역은 약 10,000㎢으로써 경기도 지역 면적과 유사하며, 구역 경계선 북부
는 바수르~아크라 북방을 연하는 선에서 국경지역은 제외하고, 남부는 그린 라

한국은 6월 18일 국가안전보장 상임위에서 파병지역 논쟁을 끝내고 파병 전개일정을 결정하였다. 7월 19일부터 3일간 시설준비단 전환 등 준비가 이루어지고, 7월 31일 사단장이 대통령에게 파병신고를 하였으며, 8월 3일부터 9월 3일까지 쿠웨이트로, 9월 22일까지 이라크 아르빌로 부대를 전개하였다. 이라크 추가파병을 요청한지 약 9개월이 경과한 시점이었다. 파병의 대외적 명분은 유엔 안전보장이사회의 '대이라크 다국적군 파병 및 재건에 관한 결의안 1511호(2003.10.16.)'와 '이라크 임시정부 수립 및 다국적군 주둔에 관한 결의안 1546호(2004.6.8.)'에 근거를 두고 있으며 이라크 쿠르드 지방정부의 동의와 요청에 의한 것이다.

3) 국회의 파병동의안 심의

한국의 국회는 여소야대의 구조였으며, 정부는 취약한 국민적 지지기반을 갖고 있었다. 더구나 국회는 헌정사상 최초로 대통령을 탄핵하여 드높여진 위상을 현실로 보여주었다. 이런 상황의 국회에서 세대교체가 일어났는데, 2004년 4월 15일, 17대 총선에서 열린 우리당은 299석 중 과반수가 넘는 152석으로 대승하여 여대야소 국회를 만들어냈다. 17대 총선 결과 중 주목할 현상은 정치권의 세대교체로, 민주화운동에 참여한 이른바 386세대가 국회의원에 대거 진출하였다. 특히 열린 우리당은 152명의 의원 중 102명이 초선이며, 과거 전대협 간부 10여 명을 포함하여 운동권 출신이 상당수 포함되어 있었다. 진보세력이 제도권 정치에 진입함으로써 이념경쟁의 시대로 들어서게 되었다.

인 북방 니나와 주 일부 및 아르빌 주, 서측은 정전선 서측 아르빌 주(코이산작 제외)로 행정구역상 니니와 주 일부를 포함하고 있으나 실질적으로 주 경계 없이 지방행정부(KRG)에서 통제함.

(1) 파병안 심의

이라크 추가파병은 9월 3일 공식적으로 요청을 접수한 이후, 한나라당은 최병열 대표가 9월 18일 미국을 방문 중에 이미 찬성임을 밝혔다.115) 한편, 장영달 국회의장은 이라크에 주둔중인 서희·제마부대를 방문하고 귀국하여 반대의사를 밝혔는데, 그 이유는 이라크에 파병하게 되면, 미국과의 동맹관계 때문에 이라크 주민들의 반미감정이 한국군에게 전이되어 적대감만 증폭될 것이라는 것이었다.116) 이 기간 중에 문화일보가 국방위원회와 통일외교통상위원회 소속 국회의원 39명을 대상으로 설문조사한 결과에 따르면, 18명(46%)이 UN결의 하 전투병 파병에 찬성을 하였으며, 7명(18%)은 반대하고, 14명(36%)은 유보 입장을 밝혔듯이 많은 의원들이 '조건부 찬성'을 하거나 '유보'인 것으로 드러났다.117)

2003년 10월 16일, UN 안보리에서 '이라크 지원결의안'이 통과되자 한국 정부는 추가파병 입장을 공식 발표하였다. 이에 대해 김근태 통합신당118) (열린 우리당의 전신) 원내대표는 "노 대통령이 기다렸다는 듯이 파병을 결정한 것이 '신중한 결정'이라고 할 수 있는지 의문이다."며 정부의 파병결정을 반대하였으며, 임종석 의원은 "정부가 끝내 '대규모 전투병'파병을 결정하고 동의안이 국회를 통과하면 의원직을 사퇴하겠다."는 강력한 반대를 표명하였다. 이와 같이 민주당의 일부 의원은 물론 사실상의 여당인 통합신당의 상당수 의원들이 파병반대운동에 가세했다.

---

115) "한국은 지난 50년 동안 미국으로부터 엄청난 도움을 받았고, 미국은 지금 이라크 문제로 어려운 상황"이라며 "대한민국 대통령은 복잡한 한·미 관계를 생각해 분명한 리더십을 보여야 한다."고 언급하였음.
116) 『한겨레신문』, 2003.9.17.
117) 『문화일보』, 2003.9.18.
118) 2003년 9월 20일 민주당 37명과 한나라당 5명 등 42명으로 '국민참여통합신당'을 창당하였고, 11월 11일 의석 47석으로 '열린 우리당'으로 재 창당하였음.

10월 20~21일 국회의원 216명을 대상으로 설문조사를 실시한 결과 1/3인 (33.3%)인 72명이 전투병 파병에 찬성하였고, 52명(24.1%)이 비전투병 파병에 찬성하였다. 80명(37.1%)이 유보적인 입장을 밝혔고, 반대는 12명(5.5%)으로 많은 의원이 비전투병 파병을 찬성하거나 유보적인 입장으로 나타났다.[119]

한편, 국회는 한나라당 강창희 의원을 단장으로 이라크 현지 조사단을 11월 18일부터 26일까지 파견, 조사를 벌인 뒤 12월 2일에 '지역담당 독립부대의 파병'을 제안했다. 반전평화모임 소속의원들은 이라크 파병을 원점에서 전면 재검토할 것을 주장했으며, 열린 우리당은 비전투병 위주 파병의 당론 속에서도 일부의원들은 파병 전면 재검토와 파병 시기를 연기할 것을 주장했다. 민주당은 당대표가 국가적 약속으로서 파병을 해야 한다는 입장에도 불구하고 당내 반대의견이 높아서 당론을 확정하지 못하였다. 2003년 12월 14일, 4당 대표와 합의를 한 후, 12월 24일 국회에 제출된 이라크 추가 파병안에 대한 국회의 논의는 노무현 대통령의 탄핵정국을 맞이하여 파국에 이르렀다.

국회는 2004년 2월 13일, 59명의 의원들이 시민사회의 낙선운동 등의 영향을 받아 불참한 가운데 개최되었다. 본회의 찬반토론에서 찬성을 지지하는 의원은 한 명도 없었으며, 김영환 의원 등이 이라크전의 명분인 WMD를 발견하지 못한 전쟁이고 전투병 파병이며, 이라크 통치위원회의 요청 절차가 없다는 등 반대토론을 하였다.[120] 국회는 찬성 155명, 반대 50명, 기권 7명으로 추가파병 동의안을 통과시켰다.

(2) 협상에서의 국회의 역할

17대 총선 후 열린 우리당은 2004년 5월 21일 노무현 대통령이 입당함으

---

119) 『세계일보』, 2003.10.22.
120) 국회사무처, 제245회 제5차 국회 본회의회의록. pp.4-13.

로써 정부 정책을 뒷받침하는 공식 여당이 되었다. 5월 24일에 열린 열린우리당 외교·안보 분야 당선자들은 이라크 추가파병에 대해 "현 단계에서 파병 철회나 전면적인 재검토는 어렵다"는 것으로 의견을 모았으나, 6월 10일 시민단체 주관 집회에서 파병재검토를 동의한 의원 90명 중에 열린 우리당 의원이 67명이나 참가하는 등 반대분위기가 강하였다. 한편, 국회에서 비전투병을 파병하자는 주장이 대두되어 6월 14일 열린 우리당과 정부와 청와대는 '고위 안보협의회'를 개최하여 협의한 결과, 추가 파병안을 재검토하지 않고 국회에서 통과한 대로 혼성부대 편성 안을 변경하지 않는 것으로 최종 결정하였다.

6월 16일 노무현 대통령은 파병재검토를 주장해 온 소장의원 12명을 청와대로 초청하였다. 노무현 대통령은 이라크 추가파병이 지난 16대 국회에서 이미 가결되어 추진 중인 사안이고 국제사회의 신뢰를 감안할 때 파병이 불가피하다는 정부 측의 입장을 설명하였다. 이와 같이 국회의원들의 파병반대 활동도 이미 국회에서 통과되었던 파병정책결정을 원점으로 돌릴 수는 없었으나, 〈표 4-7〉에서 보는 바와 같이 많은 의원이 파병을 부정적으로 인식하고 있음을 알 수 있다.

〈표 4-7〉 이라크 전 파병동의안 국회의결 내용

안 건	일자	회차	참가	찬성	반대	기권
국군부대의 이라크 전쟁 파견 동의안(1차 파병)	2003.4.2	238-1차	256	179	68	9
국군부대의 이라크 추가 파병 동의안(2차 파병)	2004.2.13	245-5차	212	155	50	7
국군부대의 이라크 파견 연장 동의안	2004.12.31	251-3차	278	161	63	54

출처 : 국회사무처, 국방본회의 회의록 요약정리.

4) 여론(언론 및 NGO) 활동

당시의 한국사회는 민주화·다원화되면서 정부의 정책결정에 참여하거나 영향을 미치는 행위자들(actors)이 크게 늘어났다. 언론과 시민단체, 전문가 집단들이 주요 행위자로 부상하였고, 일반 국민의 여론도 정책에 영향을 끼쳤으며, 특히 시민단체들(NGOs)의 힘이 커졌다.

(1) 국민 여론

2003년 3월, 미국이 이라크를 침공하자 세계 여론은 미국의 일방주의를 비난했고, 국내 여론도 UN의 동의가 없는 전쟁이라는 세계여론에 편승하여 이를 반대하는 의견이 지배적이었다. 2003년 3월 이라크 전 개시 직후에 전쟁의 지지여부를 조사·정리한 것으로 전쟁 반대가 70%이상으로 압도적임을 알 수 있다. 전쟁에 대한 찬반 여부와 상관없이 이라크전 파병이 국익에 도움이 되는지를 묻는 질문에는 국익에 도움이 된다는 응답이 다수로 나타났다.

그러한 이중적인 인식은 한·미 동맹의 불평등에 대해서는 싫어하지만 주한 미군 철수에 대해서는 거부감을 가지는 것을 나타내며, 이러한 경향은 이라크전이 발발한 시점에서부터 한국에 파병을 요청하여 국내 논란이 격화된 시기에 이르기까지 1, 2차의 비전투병·전투병 파병여부와 언론매체의 성향과 무관하게 일관된 응답 경향을 보여준다. 전쟁에 대한 찬반 여부와 무관하게 '파병이 국익에 도움이 되느냐' 여부를 설문 조사한 것이다. 1차 파병 결정 시에는 북핵문제 해결과 한·미관계가 주요 관심사였으나 2차 파병 결정 시에는 '한·미관계와 경제적 이익'에 관심을 돌린다.[121]

2차 파병 결정 과정 중에는 전투병 파병여부를 둘러싼 논란이 가열되는 속에서 각종 언론매체 및 방송에서는 국민여론조사를 실시하였다. 2003년

---

121) 이병록, 앞의 논문, pp.201-202.

9월 국정홍보처가 '코리아 리서치 센터'에 의뢰하여 실시한 여론조사에서 파병반대가 58.8%로써 찬성 35%보다 월등히 높게 나타난다. 추가파병을 반대하는 이유는 우리 군인들의 희생, 전쟁 명분, 파병비용 분담이었으며, 찬성하는 이유는 한ㆍ미동맹 관계 개선, 경제적 이익, 국제사회 위상 등이었다. 이라크 파병이 한ㆍ미동맹관계에 도움이 될 것이라는 긍정적 평가가 74.5%로 도움이 안 된다는 부정적 평가 23.4% 보다 월등히 높고, 우리 경제에도 긍정적인 영향이 있을 것이라는 예상이 52.7%로, 안 된다는 의견 41.5% 보다도 높게 나타났다. 다만 노무현 대통령이 이라크 파병을 북핵문제에 평화적 해결의 수단으로 이용하려 했던 것에 비해 여론은 이와 관련하여 도움이 안 될 것이라는 부정적 전망이 51.9%로써, 긍정적인 전망 40.6% 보다 높게 나타나 이라크 파병이 대북문제 해결에는 별 영향이 없을 것으로 나타났다.

파병을 찬성하는 사람 중에서 파병규모에 대해서는 사단급 규모 10,000명이 7.9%, 여단급 규모에 지원 병력이 포함된 5,000~7,000명 규모가 21.8%, 여단급 규모의 3,000명이 55.4%, 2,000명 이하가 2.4%로 3,000명의 여단급을 가장 선호했다.[122] 이는 우리 국민들이 이라크 추가 파병이 미국 및 국제사회에서 외교적 관계나 경제상황과는 직접적인 관련이 있다고 생각하지만, 북핵문제와는 관련이 낮은 것으로 인식하고 있다는 것을 보여주는 것이다.

2003년 9월부터 파병 반대에서 찬성으로 조금씩 이동하는 추세를 나타냈다. 미국이 전투병 파병을 요청한 9월 16일부터 10월 중순까지는 파병 반대의견이 계속 높았으나, 10월 18일 미국이 이라크전 종전을 선언 하고, 유엔에서의 이라크 지원 결의안이 통과되면서 파병 지지율이 높아졌다. 12월 23일은 파병 찬성이 79%에 달했는데 이는 후세인 생포 등 이라크 현지상황

---

122) 코리아리서치센터, 『이라크 파병에 대한 국민의식 조사 결과 보고서』
　　 http://www.korea.kr/expdoc/viewDocument.req?id=13913&call_from=admin
　　 (검색일: 2015.8.10.)

변화 등 상황 호전에 따른 국민들의 기대가 반영되었기 때문으로 분석된다. 2차 파병 때 반대여론이 증가한 것은 이라크의 치안이 더욱 악화된 것도 있지만, 전투병 파병이었기 때문이다. 파병 반대의 여론이 대체로 파병부대의 성격에 있다는 점은 〈표 4-7〉에서 알 수 있는데, 파병반대가 약 51% 정도이며, 찬성 여론도 약 45%이고, 파병부대의 성격을 비전투병 파병으로 달리하였을 때 그 지지도가 급격히 증가한다.

그리고 전투병파병에 대한 국민의 인식은 유엔의 동의라는 절차를 거쳤을 때에도 약간의 긍정적인 효과만 있을 뿐 그 변화의 폭은 비전투병으로 가정했을 경우보다 낮았다는 점까지 고려한다면 파병에 반대하는 주요 요인은 전투병으로 구성된 파병부대의 성격에 있었음을 알 수 있다.

시간이 경과하면서 대세론에 밀려 파병찬성여론이 높아지는 가운데 오무전기 직원 사망, 미국의 이라크 포로 학대사건, 김선일 씨 피랍과 살해사건 등에 여론은 민감하게 반응했다. 김선일 씨는 6월 1일 납치된 직후의 MBC 여론조사에서는 반대가 56.5%, 찬성이 40.7%였다. 6월 21일 피랍사실이 방송에 나온 후 압도적으로 반대여론이 높아지고 있었다.

2002년 말의 반미감정 앙금이 남아있던 시기에는 이라크 전쟁이 나쁜 전쟁이라고 생각하는 여론이 훨씬 높았으나, 시간이 흐르면서 북한 핵 위협, 한·미 정상회담, 주한미군 재배치, 무디스사의 신용등급 조정 등을 바라보면서 한·미관계에 현실적인 이해관계를 생각하게 된 것이다. 즉, 파병은 국익에 유리하기 때문에 실제로 파병하는 것에 대해서는 한마디로 단언하기 어렵다고 생각하거나 전쟁에 찬성하는 여론이 높아진 것이다. 국익에 유리한 점은 파병을 통해 한국의 안전보장과 경제적 이익에 대한 희망이다. 그리고 노무현 대통령이 추구하였던 북핵문제의 주도적이며 평화적인 해결과 국제적 지위 향상 등의 이익을 고려하였다고 할 수 있다.

〈표 4-8〉 이라크 전 파병 찬·반여론 추이

구 분		찬성(%)	반대(%)	비고
일 자	방송매체			
03.3.17	네이버	12.3	47.6	−비전투병39.9
3.20	연합뉴스	54.2	37.0	
3.24	한길리서치	38.2	59	
3.26	서울신문	58.3	31.5	
3.31	한겨레	50.6	47.4	
9.16	중앙일보	35.5	56.1	−유엔 결의 시 찬성:58.6,반대:40
9.20	MBC	42.0	55.0	−유엔 승인 시 찬성:46.7,반대:47
9.22	조선일보	36.9	54.0	−유엔 승인 시 찬성:58.9,반대:31.1
10.16	민주평통	48.4	51.6	−유엔 승인 시 찬성 73.9%
10.18	KBS	56.1	42.3	−유엔결의안 채택 이후
10.19	한겨레	56.6	41.6	−비전투병 찬성:77.6, 반대:21.5
11.2	문화일보	45.9	52.0	−비전투병 찬성:81, 반대:16.8
11.13	SBS	46.6	51.0	−비전투병찬성 57.6
11.17	경향신문	35.1	54.4	−비전투병40.4,혼성46.8,전투병12.7
11.20	한겨레	38.0	57.8	−평화재건부대 87 −한국군 안전하지 않을 것 84.3
12.2	MBC	40.8	56.8	−11.30일 오무전기 직원2명 사망
12.23	내일신문	79.4	23.9	−후세인 생포
'04.4.10	동아일보	40.2	53.3	−포로학대 사건
6.7	MBC	40.7	56.5	−김선일 피랍 사건

출처: 제8회 KIDA국방포럼 특별 세미나 발표논문(2003.11.25.)

(2) 언론매체와 시민단체

언론매체는 2002년 1월부터 2004년말 까지 3년 간 430여회 이라크전쟁과 관련된 뉴스를 보도하였다. 파병에 대한 찬반입장에서 방송매체들은 파병에 대하여 비교적 객관적인 입장을 유지하고자 하였으나, 신문매체들은 사설을 통해 찬성과 반대가 확연히 구분되어 찬성 및 반대를 위한 진영의 편에서 보도하였다. 파병찬반에 대한 관점이 언론사마다 차이가 있었는데, 이러한 차이는 방송매체보다는 신문매체에서 크게 나타났다. 보수와 진보를 대표하는 4개 신문사에서 수치상의 차이가 확연한 신문사별 경향은 해당 신문의 사설에 더욱 여실히 나타났다.

이라크 파병 결정과정에서는 국민의 전체 여론과는 다른 주목할 만한 요인인 NGO, 즉 시민단체가 등장하게 된다. 1980년대의 민주화 운동을 통해 시민운동이 합법적인 공간에서 가능하게 되었으며, 1990년대에는 시민단체의 활동이 보다 세분화되어 과거 이데올로기적 지향성이 약화되면서 점차 활동의 폭을 넓힌 시민단체들이 그 활동범위가 넓어지고 다양한 사회적 영역으로 확장되었다.

민주화된 사회에서는 증폭되는 국민의 정치·사회개혁 요구를 정부와 시장이 수행하기에는 벅차기 때문에 시민운동과 NGO 운동이 활발해지는 것은 사회발전 과정상의 당연한 결과이다. 한국도 이러한 배경 속에서 경실련, 참여연대, 환경운동연합, 녹색연합 등의 NGO 등이 출현하였다. 또한 정보매체의 발달로 국민들이 손쉽게 그리고 공평하게 정보에 접속할 수 있는 기회가 늘어났으며, 인터넷과 같은 매체는 양방향성을 통해 광범위한 정보 공유 및 공감대를 형성하여 시민사회 형성과 활동에 큰 기여를 하였다. 여기에 추가하여 민주화 이후 들어선 정부들은 시민단체들에 대한 지원을 시작하였다.[123]

한국의 NGO의 숫자는 『한국민간단체총람 2000』에 따르면 1998년을 기준하여 4,023개, 『한국시민연감 2003』에 따르면 3,997개로 집계되었다. 2004년 10월 시사저널의 여론조사 결과 한국을 움직이는 가장 영향력 있는 집단에 NGO가 28.9%로 1위를 차지했다.[124] 뿐만 아니라 시민운동을 하던 인사들이 국회와 정부에 대거 입성하여 정책을 입안하거나 기획하는 기회가 확대되었다. 15대 국회는 NGO 출신이 59명(17.6%)이었고, 16대에는 78명(24.9%),

123) 이숙종, "한국 시민단체의 정책제안 활동,"『세종정책연구2002-4』(세종연구소, 2002), pp.18-19.
124) 정도생, 앞의 논문, pp.39-40.

17대에는 115명(38%)이 국회에 입성함으로써 영향력이 급속히 확대되었다.

2003년 이라크 파병 결정과정에 영향을 미친 시민단체는 NGO 148개, 시민연대 44개 등 약 450여 개의 시민 단체가 활동을 하였다고 한다. 2차 파병 시에는 진보와 보수진영 시민단체들의 찬반 주장은 더욱 심화되었다. 2003년 9월 15일 '참여연대'와 '전국민중연대'가 반대하는 성명을 발표하고, 예비역 장성모임인 '성우회'와 '바른 사회를 위한 시민회의'는 찬성 성명을 발표하기도 하였다. 미국에서 이라크 추가 파병을 요청한 지 얼마 되지 않은 9월 23일 전국적으로 351개 단체가 참여한 가운데 '파병반대국민행동'을 결성하여 파병반대운동을 주도하였다.

이러한 가운데 이라크 현지상황이 점점 악화되고 이라크 파병 계획을 철회하는 국가가 발생하기 시작하였다. '이라크 파병 반대 국민행동'은 기자회견에서 "정부는 국민의 안전을 위협하는 무책임한 파병결정을 철회해야할 뿐만 아니라, 현재 파견하고 있는 서희·제마부대를 철수하여야 한다."고도 주장하였다. 또한 경실련도 "파병을 결정한 한국에 대한 이라크 저항세력의 공격"이라며 정부의 파병 결정에 대한 전반적인 재검토를 주장하였다.[125]

시민단체의 찬반여론이 비등한 가운데 2월 13일 국회에서 파병동의안이 가결되었다. 17대 국회에서 진보적 성향을 지닌 국회의원이 다수 당선되어 파병반대운동을 점화시켰다. 파병반대와 더불어 기 결정된 파병정책을 변경하기 위한 운동도 활발했다. 특히 정부가 키르쿠크 지역의 치안에 별 문제가 없다고 밝힌 것과 달리 이라크 합동조사단에 민간인 자격으로 참가했던 가톨릭대 박건영 교수는 합동조사단이 모슬 지역에서 미군의 브리핑 받는 시간을 제외하고는 조사시간이 약 45분에 불과했을 뿐만 아니라, 미군이 제공한 차량과 헬기로 미 측이 안내한 지역만을 돌아본 것으로 폭로했다. 파병반대국민행동본부는 이라크에 파견된 유엔사무소 안전대책실이 작성

---

125) 『국민일보』, "한국인 피살 충격/시민단체 등 반응-다시 불거지는 파병논란," 2003.12.2.

한 보고서를 토대로 모술 지역이 바그다드 주변을 제외하고는 이라크에서 가장 위험한 지역이라고 주장했다. 결국 치안상황, 미국과의 작전연계 등으로 인하여 파병지역은 재검토되었다.[126]

이와 같이 파병 반대론의 확산 분위기는 노무현 대통령의 국회설득과 유엔안보리에서 이라크 내 다국적군에 대한 지원을 촉구하는 결의안이 나오는 등 상황이 변하면서 냉각된다.[127] 이후 김선일씨 피살 사건 등이 발생하고 6월 12일을 '이라크 파병철회 범국민 행동의 날'을 정하여 파병반대운동을 전개했음에도 불구하고 국회에서 동의안이 이미 비준된 상황이었다. 국방부에서 파병준비를 진행하고 있는 기정사실을 무효화시킬 수는 없었고, 12월 31일 연장동의안 저지에도 실패하였다.

시민단체의 이라크 추가파병반대활동은 〈표 4-9〉에서 보는 바와 같이 적극적으로 전개되었다. 이들은 2차 파병 시에는 파병자체를 저지하지는 못했지만 파병부대를 '평화재건부대'로 명명하였듯이 명목상으로는 비전투병을 파견하는 것으로 결정하는 데 많은 영향력을 발휘하였다.

〈표 4-9〉 시민단체의 파병반대 활동

활동 내용	직 접				간 접												계
	공식	비공식			정보배포						대중동원						
	면담	질의	방문	세미나	강연	유인물	성명서	세미나	전시회	기자회견	서명운동	집회시위	가두행진	편지발송	투표	단식	
빈도	2	2	6	7	1	33	22	5	2	21	4	25	12	5	7	5	159

출처 : 이병록의 논문, p.213

---

126) 이병록, 앞의 논문, p.212.
127) 심정창, 앞의 논문, p.172.

또한, 파병에 따른 재정 부담을 비판하고, 이라크 현지상황과 파병 예상 지역의 위험성에 대한 지속적인 문제제기를 하였다. 그 결과 미군과 파병 지역을 협의하는 과정에서 파병지역을 이라크 모술 → 키르쿠크 → 아르빌로 조정하는데 일조하였다.128)

2004년의 한국은 국민여론을 중시하여 파병결정에 중요한 요인으로 작용 하였다. 노무현 대통령은 2003년 3월 17일 회의에서 "이라크 파병은 국민의 여론 수렴이 필요하다."고 언급한 바 있으며, 2003년 9월 13일 기자 간담회 에서 문희상 청와대 비서실장은 "상당기간 국민 여론을 수렴한 뒤 검토하 겠다."고 밝힌 것에서 보여주듯이 파병결정에 있어 헌법 절차와 의사결정 과정을 준수하고 국민여론을 중시하겠다는 의지를 보였다. 또한 청와대 국 민참여수석실에서는 2003년 10월 8일부터 '국민 참여마당'에 '이라크 파병 여부 결정시 검토·고려할 점은?'이라는 주제로 토론방을 개설하여 국민들 의 직접적인 여론수렴에도 적극 나섰다.129)

파병에 대하여 시민단체가 국민여론, 국회, 정부에 미친 영향을 세단계로 구분할 수 있다. 첫 단계는, 이라크전이 발발하여 1차 이라크 파병안이 통 과하는 시기로써 이라크 전쟁에 대한 정당성이 주요 문제였다. 격한 논쟁 속에서 3월 25일에 처리예정이었던 파병안이 두 차례나 연기되었고, 이는 이라크 전쟁의 정당성을 국민에게 알리는 기회가 되었다.

두 번째 단계는, 추가파병이 결정될 때까지의 기간이다. 미국이 파병을 요청한 2003년 9월 3일부터 국회 동의안이 통과된 2004년 2월 13일까지 파 병결정에 총 6개월이 소요되었다. 실제로 병력이 파견되기까지는 6개월이 더 소요되어, 1년 여 기간 동안에 추가(전투부대)파병에 대한 찬반논쟁이 진행되었다. 파병 반대의 논리는 이라크 전쟁이 명분이 없는 전쟁이며, 전 투부대의 추가파병이 북한 핵문제를 해결하는 것과 아무런 인과관계가 없

---

128) 이병록, 앞의 논문. p.215
129) 청와대 브리핑 제151호, 2003.10.8.

으며, 북한 핵문제를 평화적으로 해결해 주지 못할뿐더러 미국정부의 소수 네오콘의 입장을 강화시켜 오히려 반대효과가 발생할 수 있다는 것이다. 한편으로는 주한미군 철수를 시사한 미국의 의도가 한·미동맹 약화를 우려하는 보수층의 결집을 이루어내서 파병찬성 운동에 동력을 주기도 했다.

세 번째 단계는, 이라크 추가파병이 공식적으로 결정된 후에 실제로 부대를 파병할 때까지의 기간이다. 이 시기에 논쟁의 방향은 부대의 성격과 규모, 파병지역과 시기문제로 바뀌게 된다. 그리고 이 문제는 정부에 영향을 미쳐서 정부 내에서 논쟁이 일어난다.

이와 같은 3단계의 논쟁을 겪으면서 시민사회 단체는 초기에는 파병반대의 여론을 선도할 수 있었으나, 유엔에서 결의안이 통과된 후에는 찬성 여론이 높아졌으며 정부에서는 파병을 결정하게 되었다. 정부가 독자적 파병안을 결정하면서 특히, 파병 성격도 이라크의 재건으로만 한정했다는 점에서 시민단체의 파병반대활동이 영향력을 미쳤지만 파병결정을 막는 것은 역부족이었다.

파병반대국민행동본부가 자신들이 파병을 저지하지 못한 데 대해 "우리 사회가 미국에 대한 공포와 '한·미동맹 의존성' 때문에 파병을 저지하지는 못했지만, 역사상 최초로 본격적인 반 평화운동을 전개하였다."고 자평[130] 한 것에서 알 수 있듯이 시민단체가 이라크 전 파병결정과정에서 활발한 활동을 전개하였으며, 의사결정 과정에 많은 영향을 끼쳤다.

---

130) 심양섭, 앞의 논문, p.60.

3 파병정책 결정에 대한 평가

1. 윈셋의 확대 및 축소요인

이라크 파병협상은 축소된 윈셋을 통해 국가이익을 확대시킨 좋은 사례이다. 이라크 파병협상에서는 한국과 미국 공히 윈셋이 작았다. 그러나 협상결렬 비용과 국제적 환경을 고려하면 한국의 윈셋이 미국보다 상대적으로 더 작았다. 한국은 행정부 내에서의 다양한 주장과 현지 조사활동 및 미국과의 협상노력을 진행하는 한편 이라크의 추가파병은 국가의 중대사이므로 국민여론을 충분하게 수렴하고 민주적인 의사결정 절차에 의해 시간적인 여유를 가지고 결정한다는 내부적 방침을 정해 놓고 협상을 추진하였다.

이라크 추가파병 협상은 비록 미국의 윈셋을 예측하는 데는 오차가 있었지만 한국의 윈셋의 축소가 합의에 따르는 협상 이익을 확대할 수 있다는 사실을 잘 보여준다. 특히 한국 정부의 협상목표가 북핵문제의 평화적 해결에 대한 미국의 보장을 확보하는 것과 이라크전에서의 인명피해를 최소화하는 것이었다고 한다면, 한국은 축소된 윈셋을 통해 협상에서 두 가지 목표를 달성하였다고 볼 수 있다.

이라크 추가파병 협상에서 한국은 상대적으로 윈셋이 작았으나 국내적인 협상과정에서 윈셋을 축소시키고 협상 시간을 지연시켰다. 이라크 현지와 국제사회의 양면적 압박을 받고 있던 미국이 먼저 최초의 파병요청을 하향조정하고, 다른 사안에 대해 긍정적 상승연계를 제공하는 등 협상타결을 위한 적극적인 태도를 취하였다.

결과적으로 한국은 전투부대파병으로 야기될 인명손실을 최소화함과 동시에 북핵문제 해결과 주한미군의 재배치 등에 대한 미국의 보장을 얻음으로써 협상에서의 이득을 최대화 하였다고 평가할 수 있다. 따라서 이라크 한국군 추가파병에 대한 협상은 한·미 양국이 한국군 파병부대의 성격과 임무, 파병 규모, 파병지역, 파병시기 및 파병기간 등에 대해 조율을 하게 되었는데, 그 중에서 가장 대표적인 사안이었던 파병 규모를 중심으로 한 협상과정의 윈셋을 도식화하면 〈표 4-10〉과 같다.

〈표 4-10〉 한국과 미국의 이라크 파병협상의 윈셋

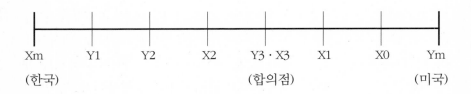

한국은 최초 전투병의 추가파병에 대해 원칙적으로 동의하지 않았으나 미국과의 동맹관계 등을 고려할 때 파병하지 않을 수는 없을 것으로 생각하고 충분한 시간을 갖고 국민여론과 절차를 거쳐 결정(X0)하고자 하였다. 미국은 최초에 1만여 명의 전투부대를 가급적 빠른 시일 내에 파병해 줄 것을 요청(Y1)하였다. 한국정부는 내부적으로 신중하게 접근하면서 X1과 같이 3,500명의 재건지원임무의 파병안을 제시하였고, 미국은 한국의 파병안이 불만족스럽기는 하지만 한국 내 상황을 고려하여 Y2와 같이 5,000명으로 수정 제시하였다.

한국은 극도로 악화된 국내외의 상황과 분위기를 고려하여 다시 X2와 같이 3,000명으로 원셋을 축소하여 협상하였으나, 최종적으로 북핵 문제와 주한미군 문제 등으로 한국과 미국은 X3과 Y3인 점에서 3,200명 규모의 재건지원 및 제한된 치안임무를 수행하는 데 합의하게 된다.

이라크 전쟁의 안정과 재건을 위해 미국은 추가파병에 대한 최초 요구로 1만 명의 전투부대를 요청하였다. 그러나 한국은 동맹의 유지를 위해 이라크에 파병은 하지만, 전투부대에 대해서는 상당한 부담을 가지고 있었다. 그 이유는 이라크 전쟁의 명분과 국제적인 정당성, 그리고 한국군의 인명피해와 중동지역에서의 반한감정에 대한 우려 등은 한국정부를 매우 난처하게 만들었기 때문이었다.

정부가 미국이 요청한 규모의 전투병을 파병하는 결정을 하더라도 국내적 비준을 받는 과정은 매우 어려웠다고 보았다. 따라서 한국은 3,500여 명 규모의 재건지원 임무의 파병안을 미국 측에 제시하였고 양국은 합의에 도달할 수 없었다. 2차 조율과정에서 한국정부는 국내 반전 및 파병반대 여론이 더욱 거세졌고 이라크 현지의 부정적인 정황 등으로 파병인원을 3,200여 명으로 조정하여 원셋을 더욱 축소하였다.

이러한 한국 내 상황을 인지한 미국은 롤리스 부차관보를 통해 파병인원을 5,000명으로 축소하여 제시하였다. 그리고 당시의 또 다른 사회적 이슈였던 용산 기지 이전협상에서 유리한 조건을 제시하여 한국 내 원셋을 확대하고자 노력하였으나, 미국의 이러한 노력에도 불구하고 한국 내 원셋은 확대되지 않았다.

이후 한국은 국내여론과 이라크 현지사정 등을 이유로 파병규모를 3,000명 이내로 더욱 축소였으며, 이러한 한국의 원셋 축소는 오히려 미국의 반감을 일으켜 종전에 제시하였던 용산 기지 관련사항들을 원점으로 되돌리기도 했다. 결국 한국과 미국은 특전사 1,400명을 포함한 3,200여 명 규모의 재건 및 제한된 치안임무를 수행하는 파병안에 합의하게 되었다. 즉 최종 파병안은 파병규모면에서는 미국이 한국정부에 양보한 반면에 파병부대의 구성 및 성격 면에서는 미국에 양보를 함으로써 합의에 이르게 된 것이었다.

2. 파병정책 결정의 특징

전투병에 대한 대규모의 파병인 2차 이라크 파병에 대해서는 국내적으로는 물론 한·미간에도 매우 갈등적인 양상을 보였으며, 최종 파병의 모습도 미국의 요구가 일정부분 수용되지 못하는 결과로 결정되었다. 이러한 파병안의 결과는 한국의 국내정치 제도와 환경의 변화와 국내의 선호정책과 연합의 분배 변화, 그리고 미국압력의 부정적인 효과, 또한 이라크 전쟁과 국제규범의 불일치성이 한국의 윈셋 크기를 축소시킨 결과에 의한 것이라고 할 수 있다.

한국은 이라크 2차 파병을 결정하는 과정에서 많은 국내 주요 행위체들이 참여하였으며, 민간인이 참여하는 이라크정부합동조사단과 국회조사단 등의 현장조사 결과와 국민여론 등이 의사결정에 중요하게 반영되었다. 미국은 협상의 종반에서 미국의 요구조건들이 제대로 수용되지 않고 요청한 파병의 시기가 지연되자 '주한미군의 재배치 문제'를 제기하였으나 이러한 압력은 한국의 윈셋 크기를 확대하는 긍정적인 효과를 초래하지 못했다. 이는 양면게임이론이 주장하는 바와 같이 군사외교정책의 협상과 결정과정에 있어서 국내적인 요인들뿐만 아니라 국제체제적인 요인들이 함께 작용한 결과라고 할 수 있다.

이라크 전투병 파병 결정을 위한 협상과정은 매우 장기간에 걸쳐 치열하게 전개되었으며, 국내적으로도 많은 시민사회단체, 전문가 집단, 정당, 국회의원 등이 파병 반대와 찬성을 위한 논쟁과 대립을 반복하였다. 이런 험난한 파병결정 과정의 배경에는 미국이 이라크 전쟁의 명분으로 내세운 대량살상무기가 발견되지 않았고, 국내적으로 강력한 파병 반대세력이 형성되었음은 물론, 많은 국가들이 이라크 파병을 포기하거나 철수하는 등 이라크 전쟁이 국제 규범적 기준에도 문제시되었기 때문이다. 이런 상황에서 한국정부는 미국의 요구를 곧바로 수용할 수 없었으며, 선택의 폭이 줄어들고 결국 비교적 작은 윈셋 사이즈를 유지한 한국은 한·미간 갈등적인 정책 결정과정을 거칠 수밖에 없었다.[131]

한국의 이라크 파병은 내부협상의 기능이 매우 강하였다. 가장 큰 이유로 내부협상의 주요 구성요소인 국회와 여론, 언론 및 시민단체의 기능과 위상이 그만큼 성장하였기 때문인데, 제16대 제17대 국회에서는 한국 사상 초유의 '대통령 탄핵 가결'을 통해 행정부를 견제하였으며, 파병에 대한 당의 입장표명에서도 과거 당론의 통일성을 중요시 여겨 각 당마다 찬성과 반대가 명확하였던 것과 달리 이라크 파병결정과정에서는 '권고적 찬성'과 같은 국회의원 개인의 입장을 더 중요시 여기는 분위기로 탈바꿈하였다.

이러한 다양성의 인정은 실제 파병협상과정에서 한국의 협상력을 향상시키는 데 큰 기여를 하였다. 한편으로는 정부의 정책을 지지해야 할 여당이 정부의 파병안을 거부하는가 하면, 야당에서 정부의 파병안을 지지하는 '역전현상'도 벌어졌는데 여·야당의 이러한 모습은 오히려 한국의 협상력을 반감시키는 요소가 되기도 하였다. 여론과 언론, 그리고 시민단체 역시 파병에 대하여 적극적인 관심을 가지고 찬·반의 입장을 표명하였는데, 이러한 국내적 갈등과 논쟁은 결과적으로 한국의 협상력에 크게 기여하였다.

2차 이라크 전투병 파병결정은 이러한 갈등적 결정과정과 더불어 예외적인 결과도 보였다. 한국이 전투병 파병을 결정했다는 점에서 미국의 요구를 원칙적으로 수용한 것이지만 최종 파병안에 미국의 요구가 상당부분 수용되지 않았다는 점에서 미국이 원하는 바가 더 많이 반영된 결과로 보기

---

131) 김관옥, 앞의 논문. p.378.

는 어렵다. 이라크 파병결정과정에서 가장 큰 변화는 국내 주요 행위체들의 적극적인 참여가 이루어졌다는 점이다. 파병 찬반을 둘러싸고 노무현 정부지지 세력의 일부를 포함하여 다양한 시민사회단체, 정당, 국회의원, 전문가집단들이 파병에 반대하였다. 특히 정부의 주요 안보결정기관인 NSC 사무처는 파병반대를 주장하는 시민사회단체 출신 등으로 구성되어 있었다는 점은 이런 사회단체들이 정책 결정에 미치는 영향이 커졌다는 것을 의미한다. 이러한 관계는 노무현 정부의 윈셋 크기를 좁히는 압력으로 작용하였다. 이와 함께 국민여론이 파병 결정에 주요 요인으로 등장하였고, 이에 높은 파병반대 여론이 파병결정을 늦추는 역할을 했다.

이와 더불어 미국이 이라크 전쟁의 명분으로 주장했던 대량살상무기가 발견되지 않음으로써 이라크 파병과 국제규범의 부정적 관계가 형성되어 결국 한국의 윈셋 크기는 작아질 수밖에 없었다. 그러나 한국은 여전히 북핵문제의 평화적 해결에 있어 미국의 역할이 가장 중요했고 이는 다른 어떤 요인들 보다 한국의 국가이익에 치명적인 요인이었기 때문에 한국은 비록 미국이 요구한 내용과는 다르지만 전투부대의 파병을 결정할 수밖에 없었다. 즉, 파병 반대세력의 등장과 국내정치제도의 변화, 그리고 국제규범의 불일치성 등 국내외적 요인들에 의해 윈셋 크기가 축소된 상황에서 한국정부는 미국의 요구를 그대로 수용할 수 없었고 결국 국내 행위체들의 불만을 줄이고 국제 규범적으로도 일치성을 갖는 전투부대의 파병안을 결정한 것이다.

이라크 2차 파병에 대한 미국과 한국의 협상은 한·미 양국이 한국군 파병부대의 성격과 임무, 파병 규모, 파병지역, 파병시기 및 파병기간 등에 대해 조율을 하게 되었는데, 그 중에서 가장 대표적인 병력 규모를 중심으로 한 협상과정을 종합하면 〈표 4-11〉와 같다.

〈표 4-11〉 미국과 한국의 이라크 파병협상 경과

구분	미국 측 요구안	협상 조율	한국 측 협상안
최초 협상	·파병규모 1만 명 ·치안임무 　(전투부대)	한국 원셋 축소 - 한국내 반전, 파병반대여론 - 각국의 파병철회 - 이라크 내 상황악화	·파병규모 3천 5백 명 ·재건 및 구호임무
2차 협상	·파병규모 5천명 ·치안임무 　(전투부대) * 상승적 사안연계	한국 원셋 축소 - 한국내 반전, 파병반대여론	·파병규모 3천 2백 명 ·재건 및 구호임무
3차 협상	·파병규모 5천명 ·치안임무 　(전투부대) * 부정적 사안연계	한국 원셋 축소 - 현지조사단의 활동보고 - 시민 사회단체 압력	·파병규모 3천명 이내 ·재건 및 구호임무
최종합의	·파병규모 3천 2백 명(특전사 1,400명 포함) + 서희·제마부대 합류= 　총 3,700명 ·재건 및 구호임무 위주, 자체 경계를 위한 제한된 치안임무 수행 ·파병지역·파병시기는 한·미간 협의 하에 결정하되 한국 주도로 결정 * 북핵문제의 평화적 해결과 주한미군 재배치 문제의 종결		

3. 소결론

이라크 파병은 베트남 파병 이후 최대 규모이며 미국의 요청에 의해 이루어졌다. 국제적으로는 탈냉전을 맞아 세계질서는 미국중심의 판도가 형성되는 시점에서, 9·11테러라는 새로운 위협에 공동대처하고 대량살상무기(WMD)의 확산을 방지하기 위한 국제적인 공조차원에서, 미국이 중심이된 명분이 약한 상태로 전개된 전쟁이었고, 군사작전이 종료된 후 이라크내에서의 치안유지와 재건지원을 위한 파병의 성격이었다.

이에 대한 한국정부의 이라크 전투병 파병결정은 다원화·민주화된 사회분위기 속에서 정부 관료(외교부, 국방부, 국가안정보장회의 등)와 입법부인 국회와 각 정당(여당인 통합신당-열린 우리당, 야당인 한나라당 등)의 역학적인 문제, 사회 전반의 국민여론과 언론의 역할, 그리고 시민사회단체들의 파병지지 및 반대 세력들 간의 심각한 갈등과 논쟁의 과정을 거치면서 형성되었다.

이라크 파병반대운동이 극심하게 작용할 수 있었던 배경요인을 다음과 같이 정리해 볼 수 있다. 먼저 국내정치 상황으로 파병을 둘러싸고 국론이 심각하게 분열되었으며, 한국의 경제성장과 민주화로 자긍심이 높아졌다. 대외적으로는 냉전이 종식되고 남북화해 국면이 도래하면서 반전평화 정서가 확산되었으며, 미국이 이라크에 이어 북한을 공격하지 않게 하려면 남북공조를 해야 한다는 인식이 대두되었다. 또한 미국의 일방 주의적 대외정책의 반작용으로 이라크 전쟁이 정당하지 못하므로 파병도 옳지 못하다는 차원을 넘어 파병의 법적 근거를 문제 삼았다

이라크 전투병 파병결정은 이러한 국내적인 주요 행위체들 간의 갈등과 논쟁을 거듭하는 동시에 국외적으로는 미국과의 갈등적인 협상의 과정을 거쳐야 했다. 또한 북핵문제와 주한미군의 재배치, 그리고 국제사회의 여론과 한국경제와도 관련된 국가의 중대사가 아닐 수 없었다. 결과적으로 한국정부의 최종 파병결정 안은 미국이 요구했던 '특정지역 치안을 담당하는 5천-1만 명 규모의 전투병 파병'이 아니라는 점에서 미국의 요구가 상당부분 반영되지 못한 결과이며, 한국정부의 초기 입장이었던 '3천명 수준의 비전투병 파병 안'과도 다르다는 점에서 양국 간 상호 절충적인 결정이었다고 볼 수 있다.

노무현 정부는 참여정부로서 민주정치의 발전으로 인한 국회와 여론의 성장에도 불구하고 이라크 파병정책 역시 대통령 개인의 요소가 가장 큰 영향을 미친 것으로 나타났다. 이라크 파병에서는 한국은 적극성을 보일 필요가 없었으며, 반대로 미국은 한국군의 파병이 절실한 상황이었다. 이에 따라 국제적 협상에서 한국은 매우 유리한 입장에 있었다. 미국정부는 자신들의 요구를 수용시키기 위해 북핵문제와 주한미군 문제를 이라크 파병

에 연계시켰다. 이로 인해 한국정부의 윈셋(Win-Set)을 확대시킴으로써 자신들이 협상에서 유리한 고지를 점령하고자 했다. 즉, '상승적 사안연계(Synergistic Issue Linkage)'협상전략132)을 사용하였다.

또한 이라크 전쟁에 대한 테러와의 전쟁, 평화유지 등의 목표의식을 통해 이라크 파병의 이미지를 긍정적으로 변화시켜 한국정부의 윈셋을 확대하기 위한 '메아리(Reverberation Effect)'협상전략133)도 함께 사용하였다. 여기에 대해 한국정부는 민주주의와 시민의식 성장으로 발전한 사회변수들을 이유로 들어 한국정부의 윈셋을 축소시키는 것으로 대응했다. 즉, '발목 잡히기'협상전략을 사용하여 협상력을 제고시키고자 하였다.134)

이라크의 파병결정에 있어서 한국의 대미 안보 의존도가 중요한 요인으로 작용하였으며, 국내적인 요인들의 역할이 확대되고 있음을 알 수 있다. 한국의 파병반대세력의 등장과 국내정치체제의 다원화, 그리고 대미 안보 의존도의 완화 등이 한국의 윈셋 크기를 축소시켰다. 그 결과 정책결정과정과 협상과정이 상당히 갈등적이었으며, 그 내용도 미국의 요구사항과 한국이 선호하는 바가 상호 절충적인 것으로 조율되어 최종 결정되었다.

---

132) 외교정책협상이 국내에만 한정되어 있을 경우 불가능한 양자 간의 흥정을 국제적인 협상을 통하여 국내적으로 가능하지 않았던 정책대안을 새로 창출해 냄으로써 가능하게 만드는 측면을 뜻한다.
133) '메아리'가 의미하는 것은 국제적 압력이 국내 윈셋 범위를 확장시켜 합의를 용이하게 해준다는 것이다. ; Robert D. Putnam, op. cit. p.456.
134) 김장흠, 앞의 논문, p.113.

5

이명박 정부의
UAE 아크부대 파병정책

Ⅰ 파병소요의 발생과 추진경과

1. 파병에 대한 국내 · 외적인 환경

1) UAE의 환경과 역사

"아랍에미리트연합국(United Arab Emirates[1]), 이하 UAE)"은 1971년 12월 2일 영국의 보호령에서 독립하여 연방국으로 창립되었다. UAE는 아라비아 반도 남동부 연안에 위치하며 페르시아 만과 호르무즈 해협을 접하고 있는 요충지로 이란과 마주보며, 남동으로는 오만, 남서로 사우디아라비아, 서북으로는 카타르와 국경을 마주하고 있으며, 아시아 및 유럽으로의 접근이 용이한 지리적 이점을 활용하여 중동의 허브를 지향하고 있다. 국토의 면적은 약 8.4만km²으로서, 97% 이상이 사막지대이며 북부 해안을 중심으로 도시와 도로가 발달하였다.[2)]

---

[1] 'Emirate'는 '에미르(Emir)가 지배하는 땅'이라는 뜻으로 이슬람의 수장이나 왕족을 의미하는 7개의 에미리트(아부다비, 두바이, 샤자, 아즈만, 움알콰인, 라스알카이마, 후자이라)로 구성되었다.

[2] 한국수출입은행, 『해외지역정보 아랍에미리트 국가리포트』, 2010.4. p.74.

〈그림 5-1〉 아랍에미리트(UAE) 지도

　인구는 2010년을 기준으로 약 450만 명이며, 수도는 아부다비(Abu Dhabi)
로써 UAE최대의 원유 생산지이고, 두바이는 걸프지역의 무역, 금융, 교통,
관광의 중심지이다. 인종은 남아시인(50%), 아랍인(23%), 에미리아인(19%)
등이며, 종교는 이슬람교 96%(수니파 80%, 시아파 16%), 기독교·힌두교 4%
로 구성되어 있고, 언어는 아랍어를 사용하며 영어도 통용된다.3)

　UAE의 정치는 '연방 대통령중심제'로서 부족체제인 7개의 에미리트
(Emirate, 토후국)가 연합한 국가이며, 각각의 토후국은 절대군주제를 채택
하고 있다. 현재의 대통령은 아부다비의 통치자인 칼리파(Khalifa bin Zayed
Al Nahyan)이며, 의회는 연방평의회(Federal National Council)가 각 토후가
지명하는 40명으로 구성되어 역할을 담당하고 있다. 주요산업은 석유, 가
스, 무역, 건설 및 관광이며 1인당 GDP는 54,531달러(2008년 구매력 기준)로
서, 주요 교역국은 미국, 일본, 중국, 한국, 인도 태국, 독일 등이다.4)

3) 국방대학교 PKO센터, 『UAE 핸드북』, 2011. pp.36-46.
4) 한국수출입은행, 위의 책, p.74-75.

〈표 5-1〉 UAE(아랍에미리트연합국)의 구성

구 분	연합구성의 특징
아부다비 (Abu Dhabi)	가장 큰 면적(67,340km²)과 두 번째로 많은 인구로 '정원도시'로 불림
아즈만(Ajman)	가장 작은 면적(260km²), 아랍어로 '조그만 도시'를 뜻함
두바이(Dubai)	두 번째의 면적과 가장 많은 인구, IT 및 금융업의 자유무역지대
움므 알 꾸와인 (Umm al-Qaiwain)	750km² 면적에 6.2만 명 거주
푸자이라 (Fujairah)	오만 만의 산악지대에 위치, 13만 명 거주
라스·알카이마 (Ras al-Khaimah)	오만과 국경을 마주한 북부에 위치, 30만 명의 인구, 시멘트 생산
샤르자(Sharjah)	2,600km² 면적에 80만의 인구, 문화수도, 국제공항 위치, 국제 경기 유치

출처: 국방대학교 PKO센터, 『UAE 핸드북』, 『아크부대 귀국보고서』, 『UAE 군사협력단 증언록』 등에서 요약 정리하였음.

UAE의 역사로 아라비아반도에 인류가 등장한 것은 BC 5500년경으로 추정하며, BC 2500년경부터 오아시스 지역을 중심으로 정착촌이 형성되고, BC 300년경부터 그리스와 남부 아라비아로부터 갖가지 물품을 수입하였다고 한다. AD 240년 이란의 사산조가 아라비아 동부지역 전체를 점령하였고, 630년경에 이슬람교가 전파되었으며, 인도양을 통한 아시아 및 유럽 간 비단과 향료 중개무역이 발달하였다. 1498년에 포르투갈과 터키가, 1666년에 네덜란드가 UAE 해안까지 진출한 바 있으며, 1720년대에는 걸프지역에 영국의 동인도주식회사가 등장했다. 18세기 초에 걸프지역의 3대 중심세력으로 카와심(Qawasim)부족, 바니야스(Bani Yas)부족, 알 부사이드(Al Busaid)부족이 등장했다. 19세기 초, 바니야스 부족이 아부다비 해안과 두바이로 이동하여 각각 부족국가를 수립하여 아부다비 에미레이트와 두바이 에미레이트로 발전했다.

1818년 영국은 후자이라, 라으스 알 카이마, 움 알콰인, 아즈만, 샤르자, 두바이, 아부다비의 에미리트 통치자들과 '영구해상평화조약'을 체결하고 이 지역을 '걸프지역 영국보호령 연합'으로 명명하였다. 19세기말, 프랑스, 독일, 러시아 등 열강의 걸프지역 진출이 가시화되자, 1892년 각 에미리트 들은 영국과 배타협정(Exclusive Agreement)을 체결하고 영국의 보호령으로 귀속되었다. 1952년, 영국정부 주도하에 7개 부족 통치자들로 구성된 '걸프 지역 영국보호령 연합위원회'를 설립하여 '연합국가'건국을 시도하였다. 1968년, 영국이 1971년까지 군대의 철수를 결정하였고, 1968년 2월, 카타르 와 바레인을 포함한 9개 에미리트 연방 최고회의 결성을 합의함에 따라 1971년 영국이 토후국과의 모든 조약을 종결하였다. 1971년 12월 2일, 라스 알 카이마 에미리트를 제외한 6개 에미리트로 '아랍에미리트연합(United Arab Emirates)'을 창설했고, 알 카이마 에미리트는 1972년 2월 10일 합류했 다. 1981년 UAE는 GCC의 집단안보체제에 가입하였으며, 1996년 연방헌법 을 확정하고 아부다비(Abu Dhabi)를 연방수도로 정하였다.

UAE는 정치적으로 1971년 연방창립 이후 각 에미리트(Emirate)간 화합을 통한 안정적인 정국을 유지하였으며, 원유수익의 기간산업 개발에 집중투 자하고 사회보장제도를 확충하여, 1990년대 후반부터는 중동 및 아프리카 지역의 무역, 금융, 통신, 교통, 관광 중심지로 부상하였다. 2004년 11월 초 대 자이드 대통령이 사망하고 장남인 칼리파가 대통령직을 승계하였으며, 그는 2009년 연임에 성공하였으며 '연방의 통합강화'를 추진하였다.[5]

UAE의 경제는 원유 의존형으로 원유생산이 GDP의 60%를 차지하고 있으 며, 서비스 생산측면에서 두바이의 건설, 금융, 관광산업의 비중이 높다. 2013년 UAE의 GDP는 3,899억 불(세계 29위), 1인당 GDP는 54,531 불(세계 19위)이다. 주요 자원은 석유(약 978억 배럴 매장, 세계 6위), 가스(세계 7위)

---

5) 국방대학교 PKO센터, 『아크부대 1진 귀국보고서』, 2011. p.6.

로써, UAE의 경제를 주도하고 있는 분야는 석유 및 가스 수출(전체의 85% 차지)이다. 상품 수출총액은 1,747억 불, 수입은 1,445억 불로서 노르웨이 경제발전을 모델로 하여 석유의존 경제에서 석유·비석유 분야 균형의 산업다변화 구조로 전환을 추구하고 있다. UAE는 안정된 정치 환경을 바탕으로 Post Oil시대를 대비하여 두바이를 중심으로 무역, 금융, 통신, 교통, 서비스 및 관광산업의 Hub로의 발전전략 프로젝트인 '두바이전략계획 2020'를 시행중이며, 2030년까지 아부다비를 인구 300만 명이 거주하는 국제도시로 개발하기 위한 '아부다비플랜 2030'을 시행중이다.

UAE의 병역제도는 징병제이며 연간 국방예산은 약 300억 불로 추산하고 있다. 총 병력은 70,000명[6]으로 GCC 국가 중 사우디아라비아 다음으로 많은 병력을 유지하고 있으며, UAE군은 1983년 2년제 사관학교를 설립하였고, 2010년에 3년제 군사대학으로 전환하여 장교들의 자질향상에 노력하고 있으나 전반적으로 교육훈련체계가 미비한 상태이다. 또한 병력의 구조상으로 자국민의 비율이 기존의 30%에서 70%로 증가하였으나, 전체 인구 중 자국민이 소수로써 우수한 군 인력확보가 제한되고 있다.

국제정치적으로 UAE는 1892년부터 1971년까지 영국의 보호령 하에 있다가 1971년 12월 2일 독립하여 UN의 회원국이 되었다. UAE는 1981년 5월 25일 창설된 '걸프협력이사회(Gulf Cooperation Council)[7]'에 가입하여 역내 균형자적 역할을 모색하고 경제협력을 강화하고 있다. 한편 외교적으로는 팔레스타인 측의 입장을 지지하여, 예루살렘을 수도로 하는 팔레스타인 독립

---

6) 지상군 47,000, 공군 9,000, 해군 2,500, 대통령 경호사 10,000, 국경수비대 500, 해안경비대 500명으로 추산되고 있다. ; 국방대학교PKO센터,『아크부대 7진 파병성과·교훈집』, p.13.
7) 걸프협력이사회(GCC)는 1979년 이란 혁명, 1980년 이란·이라크 전쟁이 발발하자 지역의 전반적인 정치, 외교적 위기 상황에 공동 대응하고, 회원국간 '연합체적 단일정치구조'구축을 궁극적인 목표로 설립되었다. 회원국은 사우디아라비아, 쿠웨이트, 바레인, 카타르, 오만, UAE 등 6개국이다.; 국방대학교 PKO센터,『아크부대1진 귀국보고서』, 2011. p.6.

국가 창설을 적극 지지하며 중동평화를 위한 국제사회의 지지확보를 위해 노력하고, 중동문제에 대한 미국의 공정한 개입정책을 촉구하고 있다.

UAE는 역내 경제 자유화 및 관세인하를 주도하고 있으며, 완전 개방시장을 지향하여 두바이를 중심으로 중계무역 중심지로서의 역할과 자체 안보역량 강화 및 미국, 영국, 프랑스 등 서방 강대국과의 양자적 군사협력을 강화하고 있다. UAE는 UN, GCC, IAEA, IBRD, OPEC, WTO 등 약 50여개의 국제기구의 회원국으로 가입하여 활동하고 있다. UAE의 안보는 GCC 6개국과 이집트, 시리아를 포함하는 역대 집단안보 체제 구축을 추진하는 동시에, 자체 안보역량을 강화하고 미국, 영국, 프랑스 등 서방 강대국과의 양자적 협력을 강화하고 있다.

2013년 기준, UAE 내 총 9개국 약 2,800여명의 외국군이 주둔하여 군사교류 협력 및 연합훈련, 무기 및 장비판매 후 운영과 정비지원 등을 실시하고 있다. UAE에 주둔중인 외국군 중 미국과 프랑스는 UAE내에서 자체적인 임무수행을 위해 주둔하고 있으며, 이탈리아, 오스트레일리아, 영국, 스웨덴, 뉴질랜드, 독일은 대 아프간 임무수행을 위해 주둔하고 있다. 외국군의 주둔에 대하여 UAE는 국가 전략적으로 이해하고 있다. 미국과 유럽 등 강대국들의 군대 주둔으로 전쟁억지 효과 및 국가안보를 확보하고 있다고 인식하고 있으며, 유사시 군을 주둔시키고 있는 국가들이 Trap Wire 역할을 해줄 것으로 기대하고 있다.

UAE는 걸프전의 교훈 및 이란과의 도서 분쟁 등으로 미국과의 협력관계를 중시하며, 1996년 미국과의 방위협정을 체결하여 UAE내 미군 주둔 및 군사시설을 이용토록 하고 있다. 또한 2000년 3월, 80대의 F-16 전투기 구매계약 체결 등 미국과 군사・방산 분야에서의 협력을 강화하고 있으며, 미국의 대테러 국제연대에 실질적으로 참여하고 있다. 그러나 대미 안보의존을 피하기 위해 영국, 프랑스 등 여타의 서방권과의 협력을 통해 대외관계의 균형을 유지하고 있으며, EU와의 안정적인 관계유지를 추구하고 있다.

2) 한국과 외교관계의 발전

UAE는 1971년 연방수립 이후 한국 및 북한과의 수교를 기피하여 왔으나, 한국은 1971년 12월 10일 UAE를 승인하였고, 1980년 6월 18일 실질적인 경제협력관계 증진을 목적으로 단독 수교하였다. 1980년 12월 5일 주 UAE 한국대사관을 개설하였고, 1987년 3월 6일 주한 UAE 대사관을 개설하였으며, 2005년 4월 1일 주 UAE 국방 무관부를 개설했다. 2007년 11월에는 두바이 총영사관을 개설하였고, 2012년 1월 현재 재외 국민은 약 7,000여 명이 거주하고 있다.

한국과 UAE는 2002년 투자증진보호협정, 2003년 이중과세방지협정, 2005년 항공협정, 2006년 경제무역기술협력협정, 2006년 군사협력협정, 2007년 문화협력협정, 2009년 원자력협력협정 및 경제협력강화협정을 체결하는 등 협력확대를 위한 제도적 기반을 구축하였으며, 2006년 5월 노무현 대통령의 방문을 계기로 양국 간 경제·기술·무역협력 협정이 체결되어 「한·UAE 공동위원회」가 설치되었다.

UAE는 2004년에 원전 건설계획을 발표한 이래 프랑스와 원자력 발전소 건설을 추진하여 왔으나, 2009년 12월에 한국전력공사 컨소시엄과 총 400억 달러 규모의 원자력 발전소 건설공사 계약을 체결하였다. 또한 2010년 1월, 한-UAE 원자력 협력협정이 발효되고 UAE에 연구용 원자로 수출도 추진하는 등 한국은 UAE를 원자력 중동 허브로 만들어 UAE 자본과 동반 원전수출을 추진을 통해 양국 간 협력이 강화될 것으로 전망했다.

2009년 12월 이명박 대통령의 방문과 원전수주[8]를 계기로 양국 간 경제·산업 분야 협력강화를 위해 '강화된 경제 파트너 십 협정(Agreement for

---

[8] UAE 원전사업을 한국전력컨소시엄이 국제공개경쟁에서 최종 사업자로 선정되어 계약 체결(2009.12.27.)하였는데, 140만 KW급 한국 신형원전(APR 1400) 4기를 2020년까지 건설하고, 준공 후 60년간 원전 운영을 지원하는 등 총 400억불(약 47조원)에 해당하는 사업; 국방대학교 PKO센터, 『아크부대 3진 파병성과·교훈집』, 2012, p.30.

an Enhanced Economic Partnership)9)'을 체결하였고 국방·안보, 교육, 보건, 문화 등 제반분야에서 전략적 동반자 관계를 발전시켜 나가고 있다. UAE는 한국의 중동지역 제1위 수출시장이자 제2의 교역 대상국으로서 2005년에 양국의 교역량이 100억불을 돌파하였다.10)

UAE는 한국의 증권시장에 약 31억불을 간접투자하고 있으며, 한국은 전체 원유의 9.4%, 가스의 11.7%를 UAE로부터 구입하여 제2의 원유 공급국이며, 1975년 동아건설이 최초로 UAE 건설시장에 진출한 이후 발전, 담수, 항만 등 주요 프로젝트에 참여하는 등 약 130여개의 기업이 진출하여 활동하고 있다. UAE는 중동과 아시아·유럽을 잇는 지리적인 이점과 친 기업적인 환경, 양질의 인프라 구축 등으로 향후 한국기업들의 진출은 확대될 전망이다.

한국과 UAE는 경제·통상 부문에서의 밀접한 관계에 비해 정치·외교 분야에서 교류가 미진한 편이었으나, 최근 국방 및 비에너지분야에서의 인적교류 및 협력이 증가되고 있는 추세이다. 1980년 수교 이후 UAE는 한국의 UN 안보리 비상임이사국, 반기문 UN사무총장 진출 등을 적극 지원하였으며, 2009년 12월, 이명박 대통령의 UAE방문 및 한전의 UAE 원전사업 수주를 계기로 양국은 '전략적 동반자관계'로 발전하였다. 한국과는 민주주의와 시장경제라는 공통의 가치관을 토대로 교역·투자 등 실질적인 경협증진을 적극희망하고 있으며, 최근에는 경제·통상·IT·방산 등 비에너지분야에서 양국의 협력관계가 증진되고 있다.

또한 UAE는 한반도 문제와 관련하여 한국의 남북화해·협력정책 및 북핵문제의 평화적 해결을 지지하고 한반도 평화유지가 국제정세 안정에 직

---

9) 2009. 12. 27일 자원중심 협력에서 전분야로 협력범위를 확대, 주요내용(원자력, 재생 에너지, ICT, 조선, 반도체, 인력양성 및 기타 양국이 합의하는 분야 협력), 이행방향: 프로젝트별 책임기관 간 합의(MOU 등)에 따라 이행; 국방대학교PKO센터, 『아크부대 3진 파병성과·교훈집』, 2012, p.30.

10) 국방대학교 PKO센터, 『UAE 핸드북』, 2011. pp.36-4

결된다는 인식하에 한반도 긴장완화를 위한 남북한 당사자 간 대화를 지지하고 있다.

3) UAE의 대외정책 및 주변국과의 관계

UAE는 걸프전의 교훈 및 이란과의 도서 분쟁 등으로 미국과의 협력관계를 중시하고 있다. 미국과 UAE는 1996년에 방위협정을 체결하였으며 UAE 내 미군의 주둔 및 군사시설을 이용토록 제공하고 있다. 미국은 중동지역 내 억제력 유지와 역내 미 전력에 대한 군수지원 전진기지 확보를 위해 UAE에 약 1,600여 명의 육해공군을 주둔 시키고 있다. 이중 육군은 UAE 특전사에 대한 훈련 및 교육, 유전지역 방어를 담당하고 있고, 해군은 태평양과 인도양에서 아라비아 해로 진입하여 쿠웨이트, 바레인으로 전개하는 미 함대 병력에 대한 군수지원을 담당하며, 공군은 중동지역 정찰 및 미 전력의 중동지역 중간 경유를 통한 연료보급 등을 지원하고 있다.

UAE는 동시에, 대미 안보의존을 피하기 위해 영국, 프랑스 등 여타 서방권 과의 협력을 통해 대외관계의 균형을 유지하려고 노력하고 있다. 프랑스는 UAE와 역사적으로 긴밀한 관계를 유지해 왔으며 전략적 동반자관계를 추구하였다. 프랑스와 UAE는 1995년 안보협정을 체결한 이후, 사르코지 프랑스 대통령이 매년 UAE를 국빈 방문하여 적극적인 정상외교를 전개하고 있다. 2008년 1월 프랑스는 UAE와의 신 군사조약에 따른 군 수단 개입과 이란의 중동 내 군사력 증강에 다른 걸프역내 안정화 참여를 통한 영향력 확대를 목적으로 700여명의 육해공군이 주둔하고 있는데, 육군은 도시지역 및 사막 환경 적응훈련을, 해군은 UAE에 전개하는 군함에 대한 군수, 물자, 장비 지원을, 공군은 UAE · 카타르 · 프랑스 3개국 연합으로 실시하는 Gulf Shield 훈련을 위해 주둔하고 있다.

대 EU관계로 UAE는 영국과의 긴밀한 관계를 바탕으로 중동평화를 위한 서방측의 지지 및 경제 · 통상차원에서 EU와의 안정적인 관계유지를 추구해 왔다. 특히 2010. 12월, 영국의 엘리자베스 여왕이 UAE를 방문하는 등 최고위 인사방문이 활성화 되고 있다. EU는 GCC의 최대 교역대상국이고, GCC는 EU의 제5위 수출시장으로 부상하였다. UAE는 걸프협력위원회(GCC)와 1981년 5월 설립 이래 적극적으로 참여하고 있으며, 1999년 GCC정상회담에서 안보·군사협력 강화를 합의하였고, GCC내에서 균형자적인 역할[11]을 하고 있다. UAE는 2010년 12월, 제31차 GCC정상회의를 개최한 바 있다. GCC 6개국은 어느 1개국에 대한 침략도 전 회원국에 대한 침략으로 간주한다는 원칙 아래 군사공동조직인 '걸프방패군'을 결성하였으나, 걸프전 이후 상호 입장차이 및 자국 방위가 GCC 집단안보체제 만으로는 부족하다고 판단하여 GCC지원 하에 자체 안보역량에 추가하여 미국, 영국, 프랑스 등 서방 국가들과의 군사협력을 통해 안보체제를 보완하고 있다.

UAE는 팔레스타인 독립국가 창설을 적극 지지하며 중동평화를 위한 국제사회의 지지를 확보하기 위해 노력하고 있으며, 최근 팔레스타인 주민에 대한 지원은 미국 및 EU와 관계없이 계속 지원한다는 입장이다. 중동 국가들과는 막대한 석유수입을 바탕으로 경제적 지원을 통해 이슬람권과의 우호관계를 유지하고 있다. 대 이스라엘관계는 GCC와 아랍연맹을 통해 의견을 조율하고 있으며, 이스라엘의 핵무장에 대하여 유보적인 입장을 보이는 미국 및 서방국가의 정책을 비난하며 중립적인 자세를 요구하고 있다.

이란과의 관계는, 이란과의 3개 도서에 대한 영유권 분쟁 및 대다수의 유전이 이란과 인접한 걸프 만에 위치하여 전략적 이해관계 등으로 인해 이란을 최대의 잠재적인 위협요인으로 간주하고 미국과의 안보협력 등을 통해 대비하는 한편, 점진적인 관계개선에도 나서고 있다. 또한 이란의 핵개

---

11) GCC(Gulf Cooperation Council) 회원국은 같은 이슬람 형제국가라는 인식아래, 역내 안보, 정치, 경제 등 제반 분야에 있어 공동의 입장을 취하고 있으며, GCC국가 간 우호 협력강화를 자국의 최우선 외교목표로 설정; 국방대학교 PKO센터, 『아크부대1진 귀국보고서』, 2011, p.23.

발에 대해 역내 세력균형이 무너질 것을 우려하고 있으며, 이란·북한과의 군사협력 및 이란의 미사일·핵 개발 등 군사동향에 민감하게 반응하면서 위성의 80% 이상을 이란 감시에 투입하고 있다.

UAE는 기본적으로 '국내문제 불간섭 원칙'을 고수하면서도 인도적 지원에는 매우 적극적으로 최근 중동 인근 국가들의 정치적 불안사태에도 불구하고 급격한 정치적 변화 가능성이 매우 낮은 안정된 국가로 평가되고 있다. UAE는 기존의 서방 중심 대외정책에서 다변화·개방화 정책을 기조로 한국 등 아시아권 국가는 물론 남미국가와도 협력을 증대하는 추세이다. 중국과는 2012년 3월, 아부다비 왕세자와 원자바오 총리 간 상호 협력회의가 있었으며, 브라질과는 2012년 2월, 아부다비 왕세자가 브라질 무역부 장관과 경제개발 관련 협의를 추진한 바 있다. 일본은 UAE의 원유 최대수출국(생산량의 62%)이자 최대교역국이며, 자유무역 지대에 대한 최대 투자국으로서 밀접한 경제·통상관계를 유지하고 있다. 기타 인도, 방글라데시, 파키스탄, 스리랑카인 등 아시아 이주 노동자가 UAE 인구의 절반을 차지하고 있다.

북한과는 2007년 9월 18일 대사급 외교관계를 수립[12]하여 교류하고 있으며, 양국의 공식적인 군사협력관계는 없으나, 1988년 5월 세이크 모하메드 국방장관의 방북을 계기로 1989-1994년 사이에 두바이 에미리트가 북한제 야포 및 포탄을 1.2억불 구매한 것으로 알려졌다. UAE는 최대 위협국인 이란에 대한 북한의 미사일 기술지원 및 방산 수출 등으로 우려를 하고 있으나, 북한은 외화획득 차원에서 건설인력 파견 등의 실익을 위해 2010년 현재 약 1,200여 명이 UAE에 체류 중인 것으로 파악되고 있다.

---

12) 북한의 대 GCC 회원국 수교현황으로 오만(1992.5), 카타르(1993.1), 쿠웨이트 (2001.4), 바레인(2001.5), UAE(2007.9); 국방대학교 PKO센터, 『아크부대1진 귀국 보고서』, 2011, p.28.

4) 국제사회의 상황과 역할

2009년의 국제정세는 세계경제위기의 극복, 기후변화 문제 논의 등을 위한 국제공조가 강화되면서 아시아지역의 중요성이 상대적으로 부각되었다. 2009년 1월, 미국 대통령에 취임한 오바마는 G20 정상회의를 통한 국제경제위기 대응, 이슬람 세계와의 관계 재정립, 미·러 관계 재설정 등 다자협력을 통한 문제해결을 강조함으로써 국제사회 내에서 미국에 대한 긍정적인 이미지 회복에 노력하였다. 한편, 아프가니스탄, 이라크, 이란 및 북한의 핵문제, 이스라엘·팔레스타인 분쟁 등 주요 국제문제는 해결을 위한 뚜렷한 전기를 마련하지 못한 채, 여전히 국제사회의 불안요인으로 남아있었다.

세계 경제위기는 2009년 2월, 미국의 경기부양책 등 주요국의 대규모 국제공조를 통해 2009년 후반기부터 진정 국면에 들어섰다. 그러나 경제회복은 불안전한 상태로 여전히 IMF 등 국제 금융제도 개혁, 세계무역 불균형 시정 등 국가 간 협력이 요구되는 상황이 되었다. 2010년도에는 이란과 북한의 핵개발 문제, 중·일간 및 러·일간의 영토문제, 신흥국가들의 역할확대 등이 국제정세의 변화요인으로 작용하였다. 기후변화, 에너지 안보, 환율문제 등 새로운 글로벌 이슈가 부각되는 가운데 G20이 새로운 국제정치 및 경제 질서의 관리체제로 부상하였다.

미국은 다자주의에 입각한 국제협력 기조를 유지하면서 '핵무기 없는 세계'를 위한 반테러·비핵화(전진배치 외교전략(forward- deployed diplomacy)'을 통해 경제통합 및 지역안정 노력에 적극 참여하였다. 중동지역에서는 이스라엘의 2010년 5월, 가자 구호선단 폭격, 10월 정착촌 건설 동결해제 등의 조치로 이스라엘·팔레스타인 평화협상은 난항을 겪었다. 이란의 핵문제는 UN 안보리결의 1929호, 미국의 '포괄적 이란 재제법' 등 국제사회의 압박에도 불구하고 뚜렷한 해결의 가능성이 보이지 않았다. 세계경제는 중국을 비롯한 신흥시장의 약진에도 불구하고 국제 원자재가격 상승, 유럽 재정위기 확산 우려 등으로 매우 불투명하였다. 그러나 경제위기 이후 우려되었던 보호무역주의는 G20을 중심으로 한 국제사회의 적극적 대응으로 우려할만한 수준에 이르지는 않았다.

북한은 2009년 5월 25일, 2차 핵실험을 강행하는 등 도발을 거듭했다. 한국정부는 관련국들과의 긴밀한 공조 하에 UN 안보리결의 1874호 채택 등 국제사회의 단호하고 일치된 대응을 이끌어 냈으나, 6자회담에는 복귀하지 않았다. 대내적으로는 선군정치를 강화하는 한편, 공세일변도의 대외정책으로 '벼랑끝 전술'을 통해 대남 대결국면을 부각시켰다. 2010년에는 천안함 폭침과 연평도 포격도발을 감행하였으며 이러한 무력도발은 유엔헌장, 남북기본합의서, 정전협정을 위반한 것으로, 한반도는 물론 동북아의 평화와 안정을 심각하게 저해하는 것이었다. 한국정부는 국제사회에 단호한 대응을 요청하였으며, 국제사회는 UN 안보리의장성명, G8 정상선언문, ARF 외교장관회담 의장 성명 등을 통해 도발을 규탄하고 재발방지를 촉구하였다.

5) 한국의 상황과 한-UAE 군사협력과정

한국은 한반도의 평화와 안정을 공고히 하기 위해 주변국과의 협력관계를 한층 더 강화하고 북한 핵문제와 관련하여 한국의 입장에 대한 국제사회의 지지를 확보하기 위한 외교적 노력을 강화하였다. 미국의 오바마 신행정부와는 긴밀한 협력관계 및 공동의 가치와 신뢰를 기반으로 한·미 전략동맹을 심화, 발전시켰으며, 일본의 하토야마 정부와도 협력을 강화해 미래지향적 한·일 관계 발전의 기초를 마련했다. 중국과도 전략적 협력동반자 관계를 토대로 제반 분야에서 양국 간 우호 협력관계와 상호 신뢰를 제고했다.

2009년도는 세계경제위기가 심화되고 북핵 문제를 둘러싼 불확실성이 지속되는 대외환경 속에서 경제 살리기 외교 강화, 한·미 전략동맹의 심화 및 발전, 북한 핵문제의 해결의 실질적 진전을 '우선추진 외교과제'로 선정하였다. 이와 함께 주변국과의 협력관계 강화, 글로벌 네트워크 구축, 신 성장 동력 창출을 위한 외교적 지원, 국제사회 내 역할과 위상 제고, 대국민

생활 공감 서비스 향상을 '지속추진 외교과제'로 설정하였다.[13]

2010년도는 '성숙한 세계국가 실현'을 위해 정상외교 지평 확대, G20 정상회의의 성공적 개최, 국제사회 내 역할 확대, 국민과 기업의 해외활동 지원을 '외교 중점추진과제'로 설정하였다. 이와 함께 북한 비핵화의 실질적 진전, 주변국과의 협력관계 공고화, 글로벌 네트워크 지속구축, 경제 활성화 촉진을 '외교지속추진과제'로 선정하여 추진하는 한편, 고유가 시대에 대비하여 걸프협력회의(GCC), 중남미 등 자원부국과의 포괄적 우호협력관계를 강화하고, UAE 원전수주를 계기로 원전수출활동도 적극 전개하였다.

군사 외교적으로 2005년 4월 1일 한국은 주 UAE 무관부를 개설했고, UAE는 2010년 3월 29일 주한 무관부를 개설하였다. UAE는 중동지역에서 방산물자를 다량으로 구매(연간 20억 불 수준)하는 국가로 대 서방 방산수입 다변화[14]를 도모하고 있어 한국의 적극적인 방산협력의 추진이 필요한 것으로 판단하였다. 한국의 대 UAE 군사정책의 방향은 방산·군수협력 및 국가 경제적 진출을 뒷받침하며, 한반도 안보상황과 관련하여 한국의 정책지지를 유도하며, 이라크 파병관련 우호적 여건 및 성공적 임무수행 여건을 조성하는 것으로 설정하였다.

2006년 11월 15일, 한국·UAE 간 군사교류협력 증진 및 대 UAE 방산추술 지원을 위해 한국 국방부차관(황규식)과 UAE 국방차관(Obaid Mohammed Abdulla Al Kaabi 중장)간 '군사협력에 관한 협정'[15]을 체결하였다. 협정은 양국 간의 평등·상호주의·호혜의 원칙에 따라 군사우호 관계의 증진을 목적으로 하고 있으며, 세부적인 협력의 범위와 방식은 〈표 5-2〉와 같다.

---

13) 외교통상부, 『2010 외교백서』(대한민국 외교통상부, 2010), p.19.
14) UAE의 최근 무기도입 실태(1993-1994, 프랑스 : 전차 388대 36억불, 1996-1999, 프랑스 : 미라쥬 전투기 30대, 34억불, 2004-2006, 미국 : F-16 전투기 80대 64억불).
15) 조약번호 제1848호, 「대한민국 정부와 아랍에미리트연합국 정부 간 군사협력에 관한 협정」, 전문 및 12개의 조항으로 구성됨.

⟨표 5-2⟩ 한-UAE 군사협력에 관한 협정(2006.11.15.)

협력 범위	협력 방식
– 방위산업과 군수지원 – 국방·안보 및 군사관련 정보 – 군사 교육 및 훈련 – 연구개발 및 정보교환을 포함한 군사기술 – 군사의학 및 의료지원 – 군사체육 및 문화 활동 – 군사역사·기록 및 발간물 – 재난관리·구호·인도적 지원 및 평화유지 활동을 포함한 국가안보·군사작전에 대한 경험 및 정보교환 등	– 공식방문 및 양자 회의, 실무회담 – 대표단 및 전문가 교류 – 국가안보 및 군사작전 경험을 포함하나 이에 국한되지 아니하는 국방관련 정보의 교환 – 군사기술 및 경험을 포함하나 이에 국한되지 아니하는 군사관련 정보의 교환 – 방산물자의 수입과 수출 및 방산·군사기술 분야에서의 공동연구개발을 포함하나 이에 국한되지 아니하는 방산 및 군수협력 – 현역 군인·생도 및 군사전문가 교류 – 어느 한 쪽 당사자 또는 국제기관이 준비한 세미나·심포지엄·전시회·군사훈련 및 다른 공식 행사에의 참석 – 군 함정 및 군용기의 상호방문

출처: 국방대학교 PKO센터, 『아크부대 3진 파병성과·교훈집』, 2012, pp.28-34.

이후 한국과 UAE는 3차에 걸친 군사협력회의(2008년 12월, 2009년 12월, 2010년 4월)를 실시하여 국방협력의 기본방향을 협의하였다. 또한 2010년 2월 한국의 국방장관과 UAE 총참모장간의 회의를 기점으로 UAE 측에서는 정보 분야, 합동참모대학, 특전사, 육사, 군사교육훈련대표단, 방공실사단, 방산·군수협력단, 호국훈련 참관단, 합참 대표단 등 2010년 12월까지 총 18건에 173명이 방한하였다. 한국은 2010년 7월에 특수전부대 대표단이 UAE를 방문하여 한-UAE 특수전 부대 간 훈련협력회의를 실시한 바 있다. 한편 양국은 2009년 12월 원전수주를 전후로 양국 국방장관 회담, UAE 왕세자 방문 등을 통해 방산협력이 논의되어 방산수출을 본격적으로 추진하게 되었다.

중동지역은 한국의 플랜트 및 기자재의 제1위 수출시장이며, 전체 원유 수입의 85%, 천연가스 수입의 73.4%를 차지하여 경제·통상 분야에서 상당한 비중을 차지하고 있다. 한국정부는 중동국가들과의 고위급 인사교류 및 정부 간 협의체 활성화를 통한 실질협력 관계를 구축하고 주요 에너지 공급원인 중동지역 내 에너지 안보를 강화하는 한편, 원전수출, 건설, 플랜트, 투자, IT 등 다양한 분야의 프로젝트에 적극적으로 참여하는 활동을 전개했다. 2009년 6월, 한승주 국무총리는 UAE를 공식 방문하여 한국 원전의 우수성을 설명하고 '한·UAE 원자력 협력 협정'을 서명하는 등 한국 기업의 UAE 원전 프로젝트 수주를 위한 지원활동을 전개했다.

2009년 12월에는 이명박 대통령이 UAE를 공식 방문해 셰이크 칼리파 빈 자이드 알 나흐얀(Sheikh Khalifa bin Zayed Al Nahyan) 대통령과 정상회담을 갖고 원자력, 통상·에너지, 건설·플랜트, 투자협력 등 제반 분야에서의 실질협력 증진에 대해 논의하였다. UAE 정부는 12월 27일 한전컨소시엄을 UAE 원전사어의 최종 사업자로 선정하였다. 양국 정상은 원전 분야에서의 협력을 계기로 양국과 포괄적인 경제협력 관계를 구축해 나가기로 해 '전략적 동반자관계'로 양국 간의 우호 협력관계를 설정하였다.16)

국방부는 2009년, 중동 국가들과 군사우호관계를 증진하고 방산협력을 강화하기 위해 군 고위급 인사교류를 추진하였다. 1월에는 이라크 국방장관이 최초로 방한하여 국방장관회담에서 방산협력 증진에 대해 논의함으로써 대 이라크 수출의 발판을 마련하였고, 2009년 10월에는 '서울국제항공우주 및 방위산업전시회(SEOUL ADEX 2009)'를 계기로 요르단 군 고위급 인사가 방한하여 「국방협력협정」을 체결하였다. 11월에는 한국 국방부장관이 UAE를 방문하여 국방협력증진 방안을 논의하였고, 2010년 2월 UAE군 총참모장이 서울을 방문하여 국방교류협력, 방산협력 증진, 정례적 군 고위급회담 개최 등에 합의하였다.17)

---

16) 외교통상부, 『2010 외교백서』, pp.88-90.
17) 국방부, 『국방백서 2010』, p.78.

한편, 2010년 5월에는 UAE의 아부다비 왕세자 모하메드 빈 자이드 알 나흐얀(Mohammed bin Zayed Al Nahyan)이 방한하여 이명박 대통령을 예방하고 원전 건설·경제협력, 에너지, 투자 등 주요 관심 사안에 대한 협의를 하였고, 왕세자는 방한기간 중 신고리 원자력 발전소 등 주요 산업시설과 특전사를 방문하기도 하였다. 모하메드 왕세자의 방한은 양국 수교 30주년을 맞아 '전략적 동반자 관계'를 더욱 심화·발전시키는 계기가 되었다.[18]

2. 파병요청 및 한국정부의 입장

1) 한국군 파병요청

2006년 11월 15일, 한국은 UAE와 양국군 간 군사협력증진 기반을 조성할 목적으로 '한-UAE 군사협력에 관한 협정'[19]을 체결하여 군사교류협력을 추진할 수 있는 기반을 마련하였다. 이 협정의 주요한 내용으로 양국 간 군사협력분야에는 총 9가지가 있는데, 그 중 세 번째 항이 "군사교육 및 훈련 분야에서의 협력"을 포함하는 것으로 명시되어 있다.[20] 2009년 12월, 한국은 UAE에서의 원전수주를 계기로 '강화된 경제 동반 관계 협정'을 체결하게 되었으며, 외교관계는 '포괄적·전략적 동반자 관계'로 격상되었다.

이에 따라 국방 분야에서도 방산군수협력, 고위급 인사교류, 교육훈련, 정보의 교류 등 여러 방면에 걸쳐 군사교류협력이 활성화되었다. UAE측은 한국군의 파견, 연합훈련 및 연습 등 다양한 방식의 군사교류협력을 요청하였으나, 한국은 이행이 용이한 군사협력방안부터 우선 추진하고 한국군을 직접 방문할 것을 제의하였다.

---

18) 외교통상부, 『2011 외교백서』, p.105.
19) 조약번호 제1848호, 「대한민국 정부와 아랍에미리트연합국 정부 간 군사협력에 관한 협정」.
20) 국방대학교 PKO센터, 『아크부대 3진 파병성과·교훈집』, 2012, pp.28-30.

2010년 2월에는 UAE군 총참모장이 방한하여 군사 교류협력방안을 폭넓게 논의한 후, 군사협력이 급속도로 발전하였는데 방산·군수협력, 고위급 상호방문, 군사교육훈련, 정보교류 등 모든 군사협력분야로 확대하기로 협의 하였다. 5월에는 UAE 아부다비 왕세자 겸 부총사령관 모하메드 빈 자이드 알 나흐얀(Mohamme d bin Zayed Al Nahyan)이 방한하여 양국 수교 30주년을 맞아 '전략적 동반자 관계'를 더욱 심화시키는 계기가 되었으며, 군사협력을 확대하게 되었다.21) 이때 왕세자는 특전사를 방문하여 한국 특수전부대의 우수성을 매우 높게 평가하였으며, 전면적인 교육·훈련지원 등 세부 협력방안을 요청하였으며, 김태영 장관의 UAE방문을 초청하는 동시에 한국군 예비역자원의 UAE 군내 특정직위 취업을 제안하기도 하였다.

2010년 8월에는 한국의 김태영 국방부장관이 UAE를 방문하여 모하메드 아부다비 왕세자 및 루마이티 총참모장과 회담하였으며, 이때 UAE로부터 한국의 특전부대 파병을 공식적으로 요청받았다. UAE는 한국군 특수전 부대를 모델로 하여 UAE군 특수전 부대를 세계 최정예부대로 육성되기를 희망하였으며, 양국 간의 파병 추진과정은 〈표 5-3〉와 같다.

〈표 5-3〉 한국군의 UAE 파병과정과 상호작용

연월일자		절차 및 과정	내용 및 조치
2005년		주 UAE 한국 무관부 개설	
2006년 11월		'한-UAE 군사협력에 관한 협정' 체결	군사교류협력 추진 기반 마련
2009년	11월	한국 국방장관 UAE 방문	국방협력 증진방안 논의
	12월	한-UAE가 '포괄적·전략적 동반자 관계'로 격상	경제·국방 등 협력증대 (군사협력관계 강화) *한전이 UAE 원자력발전소 건설수주
2010년	2월	UAE군 총참모장 방한	군사협력 방안에 대한 논의 *국방교류협력, 방산협력 증진, 정례적 군 고위급 회담 개최 등

---

21) 외교통상부, 『2011 외교백서』, p.105.

	5월	UAE 왕세자의 방한, 발전적 교류확대 요청	한국 특전사 방문, 한국군의 UAE에 교육훈련 지원 및 세부협력방안
	7월	UAE 각 군 및 총참모부 기능별 대표 방한	한국과 포괄적, 전략적 군사협력 추진
	8월	한국 김태영 국방장관 UAE방문 *특전부대 UAE 파견 공식요청	모하메드 아부다비 왕세자 및 루마이티 총참모장과 회담
	10월	한국 UAE에 현지실사단 파견	UAE는 테러 안전국으로서 군사협력이 가능한 것으로 판단
	11월 9일	국무회의에서 '국군부대의 UAE군 교육훈련 지원 등에 관한 파견 동의안' 의결, * 파견동의안 국회 제출 (11.15)	2011년 1월부터 2012년 12월까지 2년간, 150명 내외의 국군을 UAE에 파견, UAE군 특수전 부대에 대한 교육훈련 지원 및 연합훈련, 유사시 UAE내 한국 국민을 보호하는 임무 제시
	12월 8일	국회 동의안 의결	파병준비계획 하달, 1진 소집교육(합참)
2011년	1월 10일	'UAE 군사협력단' 아크부대 창설 및 환송식	1진 특전사 130명으로 편성
	1월 11일	1진출국 및 현지 도착	UAE 아부다비 주 알아 인 소재 특수전학교
2015년 5월 현재		9진 임무수행 중	파병연장을 위한 국회동의 3회 의결 (2012, 2013, 2014년 12월)

출처: 『국방백서 2010, 2012』, 『외교백서 2010~2012』, 파병관련자료 등을 참조정리.

2) 한국의 파병정책 목표

국제관계는 국가 간의 치열한 경쟁 속에서도 상호 의존성이 증대되고 있다. 어느 국가도 군사는 물론 경제, 사회, 심지어는 문화까지도 영향을 받게되는 상황이 전개되고 있다. 국가경제의 상당부분을 해외무역과 자원에 의존해야 하는 한국으로서는 국제적인 문제에 보다 많은 관심을 가져야 한다. 이러한 맥락에서 이명박 정부는 '성숙한 세계국가'를 지향하는 '글로벌코리아' 정책을 추진하게 된 것이다. 한국은 한반도 및 동북아 지역의 평화와 안정을 증진하기 위해 한미동맹을 기반으로 일본, 중국, 러시아 등 주변국들과의 교류협력을 발전시켜 나가고 있다.

이와 함께 국방외교의 외연을 동북아시아에서 동남아시아, 중동, 유럽,

아프리카, 중남미 등 세계적 차원으로 확대해 나가고 있었다. 뿐만 아니라 다자안보협의체와 국제협력기구에 적극 참여하여 세계평화와 안보에 기여하였다.[22] 중동은 에너지 자원 확보와 주요 방산 수출, 그리고 대형 국책사업이 이루어지는 중요한 지역으로 국방부는 중동국가들과 국방교류 및 방산협력을 강화하고 있었다.

UAE가 요청한 파병은 지금까지의 해외파병의 형태였던 UN 평화유지군이나 다국적군과는 달리 전투위험이 없는 비 분쟁지역에서, 국익창출과 한국 특수전 부대의 임무수행능력 향상 등을 목적으로 하는 '새로운 개념의 파견'이었다. 지금까지 한국의 해외파병 개념은 그 질적인 다양성에도 불구하고 파병의 전제로 분쟁지역을 상정하는 사고에 한정되었었다. 그러나 UAE의 특수전 부대 파견요청은 보다 적극적인 군사외교를 위해 다른 국가들과 부대교류를 확대한다거나 선진 군 운영기법을 교육훈련 시켜줌으로써 국제사회에 기여하는 방안과 동시에 국익창출을 뒷받침하는 군의 해외군사협력의 시발점이라고 할 수 있다.

파견부대의 규모 또한 150명 이내의 특전사 위주의 파병으로써 파견규모가 작아 대북 군사대비태세에 미치는 영향이 미미하며, 유사시 즉각 복귀하여 임무수행이 가능할 것으로 판단하였다. 파견지역 또한 UAE 아부다비의 '알 아인'에 소재한 특수전 학교로서, UAE는 지금까지 알카에다 등 급진세력의 테러가 발생하지 않았고 오만, 카타르 등과 함께 중동지역에서 가장 부유하고 안정된 치안상태를 유지하고 있었다.

한국의 헌법에 명시된 '국군의 사명은 국가 안전보장 및 국토방위에 있으며, 국민의 생명과 재산을 보호하고 나아가 국제평화 유지에 이바지'하는 데 있다. 따라서 한국은 UAE 파병정책의 목표를 'UAE 특전부대에 대한 교육훈련 지원을 통해 UAE군의 안보와 걸프지역의 안정을 도모하고, 유사시

---

22) 국방부, 『국방백서 2012』.

한국 국민을 보호'하는데 두었다. UAE에 대한 특수전 부대의 파견은 큰 틀
에서 국제 평화주의 원칙에 부합되고 국가이익을 위한 것인 만큼 국군의
사명에도 부합된다고 보았으며, 군의 해외 파견을 통한 군사교류협력의 확
대는 유사시 한반도 방위 역량을 강화하는 데 도움이 될 뿐만 아니라, 다양
한 환경 하에서 군의 해외전지훈련은 한국 특수전 부대의 전투력 향상에도
기여할 것[23] 이라고 인식하였다.

UAE 파견부대의 명시된 임무는 ① UAE군 특수전 부대에 대한 교육훈련
지원, ② UAE군 특수전 부대와의 연합훈련 및 연습, ③ 유사시 한국 국민
보호 등 이었다. 한국은 UAE에 특수전 부대 파견을 통해 다음과 같은 파병
의 효과를 기대하였다.[24]

첫째, 양국 간의 안보협력강화이다. 2009년 12월, 양국의 외교관계가 '포
괄적·전략적 동반자 관계'로 격상됨에 따라 국방 분야의 협력도 병행하여
발전시킬 필요가 있었으며, UAE는 한국의 부대 파견을 '백년을 함께할 파트
너'로 지칭하여 전략적 협력 동반 관계 형성에 필요한 신뢰와 협력의 상징
으로 인식하게 되었다. 한국의 입장에서도 군의 해외파견을 통한 군사교류
협력의 확대는 한반도 유사시 방위역량을 강화하는 동시에 우방의 확보에
도 긴요하며, 에너지 안보 및 걸프지역의 안정에 기여할 것으로 판단하였
다.

둘째, 한국군의 전투력 향상에 기여이다. 한국군은 중동 등 다양한 작전
환경에서의 해외 전지훈련을 정례화 할 수 있고, UAE의 첨단 대테러 장비
및 훈련시설을 활용하는 동시에 타국 군과의 연합훈련의 경험을 통해 실전
과 같은 수준 높은 임무수행능력을 배양할 수 있다는 것이다.

셋째, 유사시 우리 국민의 보호이다. 2010년 현재 UAE에 생활하고 있는

---

23) 신경수, "「UAE 군사협력단」 파견에 대한 이해", 『UAE 파병 관련 공개 토론회』, 민
　　주당정책위원회, 2010.12.30. pp.3-6.
24) 신경수, 위의 글, pp.8-9.

한국교민은 약 3,100명 수준이나 향후 경제교류 등이 지속적으로 확대되고 있어 더욱 증가할 것으로 예상된다. 따라서 현지의 유사시 UAE에 진출한 한국 교민의 보호를 위해서도 필요하다는 것이다.

넷째, 국가이익의 증진이다. UAE와 한국은 방산·군수 협력의 소요가 증대되는 추세에 있으므로 UAE는 중동지역 방산수출의 전진기지로 활용될 수 있기에 방산수출시장 확대를 위한 유리한 여건을 조성하며, 군사자문단과 국방시스템 수출의 허브로 활용하고 한국군 예비역 민간 전문 인력의 진출을 지원 하는 등 국가차원의 경제협력 확대에도 긍정적인 역할을 예상하였다.

2 ❙ 파병 협상요인과 정책결정과정

1. 국제수준의 협상

1) 국제체제

국제사회는 군사적 분쟁관계의 해결을 위한 평화활동은 물론 재난이나 군사적 교류 및 교육훈련 등을 목적으로 하는 군사적 파견 등 다양한 형태의 국제적 평화활동의 일환으로서의 군대의 해외파견활동이 점차 확대되고 있다. 탈 냉전기에 접어들면서 국가 간의 전면전 가능성은 낮아진 데 비해 저강도 및 비전통 위협이 증가했다. 이러한 문제를 인식하고 미국에서 준비한 개념이 '전쟁 이외의 군사작전(military operation other than war, MOOTW)'이다.

전쟁이외의 군사작전이란 전쟁이 아닌 저강도 분쟁이나 군의 평시 평화지원활동을 포함하고 있으며, 냉전이 종식된 이후 전면전 가능성이 낮아진 상황에서 군의 새로운 영역으로 주목받았다. 그러나 2000년대에 들어 테러와의 전쟁, 특히 아프간전과 이라크전이라는 전통적인 전쟁을 치르면서 '전쟁이외의 군사작전'은 크게 발전하지 못하게 된다. 그럼에도 불구하고 MOOTW 개념은 현재 미군의 육군교범[25)]에 수록되어 있으며 군의 새로운 파병영역을 발전시키고 있다.[26] 그중에서 특히 평시 군사적전의 개념은 안보지원(security assistance), 국가지원(nation assistance), 수색 및 구조(search and rescue), 민사작전(civil affairs), 비전투원 소개(noncombatants evacuation operation), 평화유지(peace keeping operation), 군대의 현시(shows of force), 대 마약 활동(counter drug operations), 인도적 지원 및 재난구조(humanitarian assistance and disaster relief) 등을 포함하고 있으며, 이상의 개념을 통해 MOOTW는 전쟁이나 무력충돌이 없는 비 분쟁지역에 대한 해외파병의 논리적 기반을 제시하고 있다.

이중에서도 '안보지원'과 '국가지원'은 전통적인 해외파병과는 다른 새로운 영역이라고 할 수 있다. '안보지원'은 다른 국가에 군을 파견하여 그 국가가 자신을 방어할 수 있도록 교육훈련 등을 돕는 것이다. 미국은 이를 MOOTW의 첫 과제로 하여 피지원국들이 스스로 방어할 수 있도록 돕고 있다. 또한 적절한 무기 판매를 통해 그들이 필요한 군사능력을 갖추도록 돕고, 이를 통해 안보우려를 해소하는 것도 '안보지원'의 개념으로 포함시키고 있다. '국가지원'은 군사적인 지원을 넘어 피지원국의 국가건설에 참여하는 것이다. 관련국가에 군을 파견하여 국가의 안정과 질서를 확보하고 재건을 지원함으로써 그 국가 스스로가 분쟁을 예방할 수 있도록 돕는 것을 말한다. 이를 위해 '국가지원'은 사회기반 시설(development-related infrastructure projects)사업을 지원하고, 보건인력을 교육(training health care workers)하며, 군대의 전문화를 돕는(improving the professionalism of national military forces) 역할을 수행한다.

MOOTW에 기반 한 해외파병은 점차 증가하는 추세에 있는데, 미국은 '안보지원, 국가지원' 등의 목적으로 군 요원들을 꾸준히 해외에 파견하고 있

---

25) 미 육군교범 100-7(US Army F. M. 100-7) 제8장(chapter 8)은 MOOTW를 기술하고 있다.
26) 신범철, "파병 패러다임 변화와 UAE", 국회의원 송영선 주최 국방연구개발 정책 토론회 발제문, 2011.11.12. p.30.

으며, 군대의 현시를 통해 미국의 영향력을 유지하고 있다. 세계 유일의 초
강대국이라고 할 수 있는 미국은 아프간전과 이라크전을 수행하면서도 '안
보지원'이나 '국가지원'을 목적으로 많은 지역에 군대를 파견하고 있다. 그
중에서도 가장 활발한 파병양상은 '안보지원'이다.

그 대표적인 사례로 2001년 미국은 콜롬비아에 군을 파견하여 마약재배
및 반정부 활동을 하는 단체를 진압하도록 6,300명의 콜롬비아 군인들을 훈
련시켰다. 또한 2008년에는 파키스탄에 수십 명의 군사고문단을 파견하여
파키스탄 군인들에게 진압작전(counter-insurgency operations) 관련 교육 및
훈련을 제공하였다. 또한 미국은 지난 10년간에 필리핀에 매년 5-6억 달러
상당의 군사원조(장비·무기·기술 등)를 제공해 왔고, 최근 7년간 미국 특
전부대원 300명이 필리핀 남부에서 훈련 및 정보지원 활동을 전개하고 있
다. 한편, '국가지원'의 대표적인 사례로 아이티 지진 이후 미군은 공수부
대·해병대 등 12,500명을 아이티 지진현장에 파견하여 구조 및 구호작업을
주도하는 한편, 도로 등을 건설하여 재건을 지원하였다.

주목할 것은 미국뿐만 아니라 중국과 일본 등도 이러한 개념을 도입하려
는 추세에 있다는 것이다. 중국군은 '평화적 발전(peaceful development)' 개
념 하에 '조화세계(harmonious world)를 달성하기 위해서 주변국은 물론이
고 국제사회와의 평화적 교류를 확대해 나가겠다는 의도로 파악된다. 그
원칙으로는 개방(open), 평화(peace), 협력(cooperation)을 주장하고 있다. 중
국은 '평화적 발전'을 주장하며 타 국가들과의 공동 협력을 강조하고 있는
데 관심을 두어야 할 것은 교육 및 훈련을 위한 군부대 파견을 '평화적 발
전'의 내용으로 하고 있다는 것이다. 이미 중국은 2002년 이후 20개국과 36
차례 국제공동훈련에 참여한 바 있다. 중국 역시 미국의 '안보지원'개념에
서 군의 해외파견을 확대해 나가려는 의사는 확실한 것으로 보인다.[27)]

---

27) 신범철, 위의 글, p.31.

2013년 현재 UAE에 군을 파병하고 있는 국가는 미국, 프랑스, 캐나다, 오스트레일리아, 이탈리아, 네덜란드, 영국, 독일, 뉴질랜드, 스웨덴 등이다. 이들 중 전쟁이나 테러 혹은 분쟁에 대비하기 위한 목적으로 UAE에 파병한 국가는 없으며, 지역안보 차원의 국방교류협력을 목적으로 하는 파병이거나, 중동지역과 북아프리카 분쟁지역에 대한 지원을 용이하게 하기 위한 지역안보의 교두보를 확보하고자 하는 전략적 관점의 파병이라고 할 수 있다.

그 중 대표적인 국가가 미국으로 약 5,000여 명이 주둔하고 있으며[28] 페르시아 만 및 아프간, 이라크의 미군작전을 지원하고 있는 역할을 담당하고 있다. 미군의 UAE 주둔 법적 근거는 미국과 UAE간 체결한 '방위협력협정'(1994.7.25.)인데, 이 협정은 행정협정의 성격을 가지는 것으로 미 연방의회의 동의나 승인을 필요로 하지 않으며 대통령이 직접 체결할 수 있다. 이 협정의 주요 내용은 '주둔군 지위협정(SOFA)'를 포함하며, 미국이 현지 시설을 사용할 권한과 사용조건, 해당 시설의 운영관리 및 유지비용 등으로 구성[29]되어 있는 것으로 알려져 있다.

프랑스도 2013년 현재 UAE에 약 700명의 육해공군을 배치하고 있다. 프랑스의 UAE 파병의 법적 근거는 양국 정부간 2009년에 체결한 협정을 근거로 하고 있다. UAE에 있어서 프랑스군의 주요 임무는 ① 양국 간의 군사적 협력을 증진시키며, ② UAE에 방어의 범주 내에서 군사적 영향력을 보장하며, ③ 걸프 만 및 인도양 북부에서 전개되는 군사적 능력을 뒷받침하며, ④ 걸프 만 및 인도양 북부 지역의 통행선박을 뒷받침하는 것 등이다.[30]

28) Kenneth Katzman, "*The United Arab Emirates(UAE): Issues for U. S. Policy*", Congressional Research Service, March 18, 2013.
29) Sami Hajjar, "*U. S. Military Presence in the Gulf: Challenges and Prospects*", U. S Army War College: Strategic Studies Institute, March 2002, p.41.
30) 강현철, "국방협력과 국익증진 지원을 위한 파병의 법적 타당성 연구", 한국법제연구원, 2013. p.65.

그 외에 캐나다, 오스트레일리아, 영국 등도 UAE 정부 간의 협정을 근거
로 파병이 이뤄지고 있다. 이는 UAE가 비 분쟁지역이고 파병의 주된 목적
이 전투나 분쟁해결이 아니라, 지역안보지원, 또는 군사적 협력증진이라는
점에서 상호간의 협의된 범위 안에서의 군사적 교류가 이루어지고 있음을
알 수 있다.

2) 지역체제

지역체제는 지정학적으로 인접하고 긴밀한 이해관계를 갖는 국가들 간
에 형성된 국제체제를 의미한다. 중동에서의 국지분쟁을 해결하기 위한 국
제사회의 노력도 지속되고 있다. 이스라엘과 팔레스타인은 2007년 11월 미
국 아나폴리스에서 개최된 '중동평화회의'를 통해 평화협정체결에 대한 논
의를 본격적으로 시작했다. 2010년 9월에도 미국의 중재로 이스라엘과 팔
레스타인 양국 정상들이 워싱턴에서 분쟁의 평화적 해결방안에 대해 협의
하였다. 레바논의 치안 안정을 위해 2010년 3월 기준, 29개국 1만 2천여 명
의 유엔평화유지군이 주둔하고 있으며 한국도 2007년에 동명부대를 파병하
였다.

한편 튀니지에서 시작된 중동의 민주화 운동은 튀니지뿐만 아니라 예멘,
이집트, 리비아의 독재정권을 무너뜨렸다. 특히 리비아 카다피 정권의 붕괴
는 리비아 국민들의 저항뿐만 아니라 유엔 안보리의 군사개입 결의와 NATO
의 정치·군사적 지원으로 이루어진 것이었다. 또한 2010년 3월 시작된 시
리아 사태를 해결하기 위하여 UN과 아랍연맹, 러시아, 중국, 유럽연합 등
주요 국가와 국제기구들이 함께 노력했다. 유엔 안보리는 특사를 파견하여
유혈사태 해결방안의 이행을 촉구하였다. 국제사회는 외교적 노력과 병행
하여 군사적 개입 가능성을 제기하면서 시리아에 평화적인 해결을 강력히
요구하고 있다.

UAE와 이란은 1960년대 말부터 걸프지역의 아부 무사(Abu Musa)섬과 턴

브(Greater Tunb와 Lesser Tunb)섬 등 3개의 도서를 놓고 영유권 분쟁을 벌여왔다. 이 분쟁은 1968년 영국이 걸프지역에서 군대를 철수 시키면서 이란이 자신의 영유권을 주장하면서 표면화 되었다. 이란은 경제적, 전략적 가치 때문에 이 도서들에 대해 많은 관심을 가지고 있었다. 이란은 1969년부터 영유권을 주장하였고, 1971년 11월에 아부무사 섬에 대해 협상이 실패하자 그 섬들을 무력으로 점령하였다.

1992년 9월에는 이란과 UAE가 협상을 벌였으나 실패하였고, 한 달 후 이란은 아부무사 섬에 미사일기지 건설을 추진하였다. 이후 1998년 양측이 도서 분쟁의 평화적 해결에 합의하였으나, 1999년 2월, 이란이 다시 아부무사 섬 인근에서 전쟁모의 연습을 실시하고 UAE가 이를 강력히 비난하여 긴장이 고조되기도 하였다.

이란은 중동지역의 강국으로서 패권을 추구하며 이 섬들을 거점으로 무력 수단에 의해 걸프 만의 통행을 전략적으로 통제할 수 있게 될 경우 국제사회에 대한 안정적 원유공급에 심대한 영향을 미칠 가능성이 있다. 그러한 사태가 발생할 경우 한국은 원유의 안정적 확보에 큰 타격을 받게 될 것이며, 국제사회의 분쟁 해결노력에 동참하지 않을 수 없게 될 것으로 전망된다.[31] UAE로서는 이란과의 직접적 무력대결에 나서기가 어려우며 유엔에의 제소 등 국제사회의 외교적 중재와 지원에 호소할 수밖에 없을 것이며, 이란은 계속해서 영유권을 행사하면서 잠재적 분쟁 성격을 지속할 것으로 예상된다.[32]

3) 국가 간의 관계

탈냉전 이후 선진국 중심으로 국제사회가 파병의 기회를 전반적으로 증

---

31) 부형욱·이근수·탁성한,『한국군 해외파병활동 성과평가』, 한국국방연구원, 2012. pp.145-149.
32) 부형욱외 위의 책. p.146.

대하고 있는 가운데, 한국도 국제평화유지활동에 참여하고자 해외파병을 보다 적극적으로 검토하면서 정치 및 사회적으로 심화된 남남갈등이 파병 찬반에 인화되어 국가적으로 정책결정 비용을 증대시키는 요인이 되기도 하였다.33) 특히 2010년 8월, UAE가 파병을 요청한 '군사훈련협력단'은 '분쟁이 없는 곳'에 한국군을 파견하는 첫 사례로서, 지금까지 UN 결의 하에 세계 곳곳의 분쟁지역에 나가 분쟁을 잠재우고 평화를 일궈나가는 UN PKO 파병이나 다국적군 평화활동(MNF PO)와는 전혀 다른 개념의 파병이라는 점이 눈길을 끌었다.

2009년 12월 UAE 원전수주를 계기로 한국과 UAE 관계는 '다원적이고 미래지향적인 전략적 동반자관계'로 격상되었다. 이에 따라 국방 분야에서도 다방면에서의 교류와 협력이 활성화되었으며, '군사훈련협력단'의 파견도 그 일환으로 추진되었다34)고 보았다. 한국군의 UAE 파견은 과거 유엔이나 다국적군을 주도하는 미국 등 강대국이 제의했던 파병요청의 경우와는 완전히 다르게 UAE의 요청으로 한국이 독자적으로 파병정책을 결정하는 새로운 파병의 유형이다.

UAE는 세계 6위의 원유·가스 매장량을 보유한 자원부국이기는 하지만, 지정학적으로 한반도와 비슷하게 주변에 사우디아라비아, 이란, 오만 등 군사강국들에게 둘러싸여 있고, 전략적으로도 종심이 짧아 적의 기습공격에 취약한 편이다. 또한 중동지역 내 전략적 요충지이기 때문에 각종 비군사적·초국가적 위협에 노출되기 쉽다는 취약점이 있다. 특히 인접해 있는 이란과의 도서영유권 분쟁이 남아있을 뿐만 아니라, 이란의 핵·미사일 개발과 확산 등에 따른 안보불안감이 잠재되어 있다.

---

33) 전경만, "해외파병과 민관군 공감대 강화방안", 『한국군 해외파병을 위한 새로운 접근법 모색』, 국회 동북아평화안보포럼(2010.12.20.), 발제문. p.1.
34) 전제국, "UAE 파병의 전략적 함의", 『합참』 제46호, 2011. p.23.

이러한 배경 하에 UAE 측은 한국군을 본받아 자국의 방위역량을 증강할 목적으로 양국 간의 국방교류협력의 방안에 대해 심도 있게 논의해 왔다. 한국은 지난 60년간 남북대치상태 속에서 민주화와 경제적으로 선진국의 대열에 올랐을 뿐 아니라, 강군으로 발전하고 있는 모델이 되기에 충분했기 때문이다. 특히 2010년 5월 방한한 UAE 왕세자는 특전사를 방문하여 훈련시범을 참관하고 크게 감명을 받아 특수전부대의 교육훈련 지원 등을 요청하였다. 2010년 8월, 한국 국방장관의 UAE 방문 시 왕세자와 총참모장은 'UAE의 특수전부대도 한국군 특전사처럼 세계적 수준의 최정예부대로 육성하고 싶다.'는 의지를 피력하면서 한국 특전부대의 파견을 공식적으로 요청했다.

한국의 입장에서도 UAE는 경제와 산업의 필수요소인 에너지안보에 매우 중요한 전략적 파트너로써 한국의 중동지역 2대 교역대상국이었다. 뿐만 아니라 2010년 기준으로 UAE에는 약 3,100여명의 교민이 살고 있으며, 240여개의 기업체가 진출해 있었다. 이와 같은 면에서 UAE의 안정과 평화, 나아가서는 걸프·중동지역의 안정은 현지에 진출해 있는 한국 국민들의 안전과 장기적인 경제안보에 중요한 변수로 작용하고 있다고 볼 수 있다. 한국은 정치적으로 민주주의를 발전시키고 안정을 유지하고 있으며, 경제면에서는 성공국가, 개방국가, 통상국가임과 동시에, 군사외교 면에서도 평화애호 및 수호를 위한 역량 보유국가로서 국제평화유지에 기여하기 위한 활동에 적극적으로 참여해 왔다.

이와 같은 한국 군사협력단의 UAE 파견은 양국 모두의 국익에 도움이 되는 win-win 효과를 창출하며 양국관계를 포괄적·전략적 동반자 관계로 진화, 발전시키는 주춧돌이 될 것으로 전망했다. UAE의 특수전부대 파견의 효과는 다음과 같이 세 가지로 요약 정리해 볼 수 있다.[35]

---

35) 전제국, 위의 글, p.24-25.

첫째, 한국 외교안보지평의 확장이다. UAE의 파병은 지금까지 한국군 파병의 영역을 비 분쟁지역으로 확대하여 한국의 안보외교가 전 중동지역으로 확산되어 외교안보의 외연을 글로벌 차원으로 넓혀주는 계기가 될 것으로 전망했다. 또한 UAE에 파견되어 있는 외국군들과의 '군사외교사절단'으로서의 교류협력을 통해 첨단의 선진 교육훈련 기법과 노하우를 공유하고 군사적 유대관계 구축을 기대할 수 있다.

둘째, 장기적인 경제안보에 대한 기여이다. 양국 간 방산군수협력의 활성화는 물론 한국의 방산수출 시장을 전 중동지역으로 확대하는 계기가 될 것이며, UAE는 한국군의 선진화된 동원·병역제도 등 국방시스템의 전수를 희망하고 있어 향후 국방 소프트웨어와 군사자문단이 진출하는 허브가 될 것으로 기대하였다. 또한 현지 주민 및 정부와의 우호관계를 돈독히 하여 한국기업들의 진출과 지속가능한 경제발전에 기여하고 에너지 공급원의 안정적인 확보에 도움 될 것이다. UAE는 한국군의 도움으로 군의 대테러 및 방위역량이 향상되면 UAE의 안보증진은 물론, 걸프지역의 안보 불안의 해소와 중동지역 전체의 안정으로 이어져 결과적으로 세계평화에도 기여하게 될 것이다.

셋째, 한반도의 안보증진 효과이다. 한국군의 도움으로 UAE의 안보역량이 증진되면 중동지역의 15,000여명의 한국교민들의 안전과 진출한 기업, 여행하는 국민들도 보호하게 될 것이다. 파견된 한국군은 UAE에서 제공하는 첨단의 대테러 장비와 훈련시설을 활용하여 해외전지 연합훈련을 축적함으로써 한국군의 전투력 증강에도 도움이 될 것이며, 한반도 유사시 UAE를 비롯한 중동의 여러 나라들이 한국을 적극적으로 지지하고 지원하는 우방국으로 확보할 수 있다고 보았다.

2. 국내수준의 협상

1) 정치구조

이명박 정부는 출범과 함께 '선진화를 통한 세계 일류국가'를 국가비전으로 설정하고, '성숙한 세계국가 건설'[36)]을 지향하고 있으며, 이를 안보분야에서 구현하기 위해「국가안보전략지침」을 제시하고 있다. 이명박 정부는 국가안보전략지침(대통령훈령 제226호, 2008.8.18.)상에서 국가 안보목표를 세 가지로 제시하였다.[37)]

첫째, '한반도의 안정과 평화유지'는 한국의 방위역량과 한미동맹을 바탕으로 한반도의 안정을 유지하고, 남북 간 교류협력과 주변국과의 다양한 협력을 통해 한반도의 평화를 보장하는 것이다. 둘째, '국민 안전보장 및 국가번영 기반 구축'은 다양한 안보위협으로부터 국민생활의 안전을 보장하고, 국가번영의 기반이 되는 경제 · 사회적 안전을 확보하는 것이다. 셋째, '국제적 역량 및 위상 제고'는 세계평화, 자유민주주의와 공동번영에 적극적으로 기여하고, 국제사회와 협력을 강화하여 연성강국으로 도약하는 것이다.

이를 달성하기 위한 국가안보전략기조를 세 가지로 정했다. 첫째, '새로운 평화구조 창출'은 남북관계를 상호 이익이 될 수 있도록 미래지향적으로 발전시키고, 한미 간에는 한반도의 평화정착과 지역안정 및 세계평화에 기여하는 '21세기 전략동맹[38)]'을 추진하며, 주변국들과는 긴밀한 협력관계를

---

36) 이명박 정부의 국정지표중의 하나이며, 국가안보 분야에서 정부가 지향하는 비전으로 북한중심, 한반도 중심의 외교안보전략에서 벗어나, 경제 · 문화 · 환경 등 다양한 글로벌 이슈까지 포함하여 전 세계 국가들과 교류 협력하는 적극적 · 개방적 대외전략을 추진함으로써 세계의 평화와 공동발전에 기여한다는 개념을 말함: 국방부,『2012 국방백서』, p.34.

37) 국방부,『2012 국방백서』, p.35.

38) 한미양국이 ① 자유민주주의, 시장경제, 인도주의의 가치를 공유하면서 이를 한반도 · 동북아 · 세계 차원에서 구현해 나가며, ② 전통적 군사동맹을 기반으로 양

구축하는 것이었다. 둘째, '실용적 외교 및 능동적 개방 추진'은 경제 살리기에 기여하는 실리외교와 경제성장 기반을 확보하기 위한 에너지외교를 강화하며, 한국의 경제규모와 외교역량에 상응하는 국제협력과 기여외교를 적극 추진하는 것이다. 셋째, '세계로 나가는 선진안보 추구'는 안보환경 변화와 미래 전에 능동적으로 대응할 수 있는 군사능력과 선진 국방운영체제를 구비하고, 다양한 안보위협에 대응할 수 있도록 포괄안보 분야에서의 역량을 구축하며, 국제평화 유지와 재건 활동에 적극적으로 참여하는 것이다.

성숙한 세계국가는 대한민국을 아시아 지역차원 뿐 아니라 지구촌의 공동 관심사에 적극 협력하고 기여하겠다는 목표를 지니고 있다. 공동 관심사를 함께함으로써 국제협력 네트워크의 외연을 확대하고 다양성을 더해 나가며, 연성국력(soft power)을 키우고 국가의 브랜드를 질적으로 변환시키는 노력을 기울이고 있다.[39] 정부는 '세계로 나가는 선진안보 추구'가 바로 '대한민국의 위상을 제고하고 국익 창출에 기여할 수 있도록 국제평화유지와 재건활동에 적극적으로 참여'하는 것을 의미하며, 따라서 UAE 파병은 국가안보와 국익증진에 기여하는 합법적이요, 합헌적인 행위라고 해석하였다.

이명박 대통령은 2009년 9월 제64차 UN총회에서 '세계에 기여하는 대한민국, 글로벌 코리아와 녹색성장'을 주제로 연설을 하였으며, '성숙한 세계국가를 지향하는 한국정부는 국제평화와 공동번영을 위한 국제협력 체제구축과 개발도상국 지원에 적극 기여해 나갈 것임을 밝혔다. 한국은 2009년도, UN에 대한 평화유지활동 분담금 10대 기여 국이며, 인적참여는 116개국

국 협력의 범위를 경제·사회·문화 등에 걸쳐 폭넓고 심층적인 상호의존관계를 구축하고, ③ 역내의 이웃 국가들과 전략적 협력을 강화하는 가운데 세계 차원의 평화정착과 신뢰구축에 기여하는 동맹관계로 발전시키고자 하는 비전.: 국방부, 『2012 국방백서』, p.35.
39) 청와대, 「이명박 정부 외교안보의 비전과 전략: 성숙한 세계국가」(2009.3). p.22.

중 39위 수준이다. 특히 2009년도에는 UN PKO의 법률적 근거를 제공하는 「유엔 평화유지활동 참여에 관한 법률」을 제정하였다.[40]

2) 경제구조

한국은 세계경제위기가 심화되고 북핵문제를 둘러싼 불확실성이 지속되는 대외환경 속에서 경제 살리기 외교 강화를 '2009년 우선추진 외교과제'로 설정하였다. 이를 달성하기 위해 주변국과의 협력관계 강화, 글로벌 네트워크 구축, 신 성장 동력 창출을 위한 외교적 지원, 국제사회 내 역할과 위상 제고 등을 '지속추진 외교과제'로 설정하였다. 한국은 세계경제위기에 대응하기 위해 경제·통상외교에 주력하였다. 한국 기업의 해외시장 진출 확대를 위한 글로벌 FTA 네트워크 구축을 확대하고, 자원부국과의 호혜적 협력을 강화하였다.

그 결과 한·EU FTA 타결 및 한·인도 CEPA(포괄적 경제동반자 협정) 체결, 한전의 UAE 원전 수주 등을 통해 한국 기업의 해외시장 진출과 신 성장 동력 창출을 외교적으로 지원하였다. 한국의 국력에 상응하는 기여외교와 품격 높은 문화외교, 그리고 공적개발원조(ODA)의 선진화와 국제평화유지 활동에 대한 확대를 추진하였다.

중동지역은 한국의 플랜트 및 기자재의 제1위 수출시장이며, 전체 원유 수입의 85%, 천연가스 수입의 73.4%를 차지하여 경제, 통상 분야에서 상당한 비중을 차지하고 있다. 아프리카 또한 정세안정과 경제개혁·개방 정책

---

40) 법률 제11690호 「국제연합 평화유지활동 참여에 관한 법률」, 제6조(국군부대 파견의 국회 동의) ③ 정부는 병력규모 1천명 범위(이미 파견한 병력규모를 포함한다)에서 다음 각 호의 요건을 모두 충족하는 평화유지활동에 국군부대를 파견하기 위하여 제2항 각 호의 사항에 대하여 국제연합과 잠정적으로 합의할 수 있다. 1. 해당 평화유지활동이 접수국의 동의를 받은 경우, 2. 파견기간이 1년 이내인 경우, 3. 인도적 지원, 재건지원 등 비군사적 임무를 수행하거나 임무 수행 중 전투행위와의 직접적인 연계 또는 무력사용의 가능성이 낮다고 판단하는 경우, 4. 국제연합이 신속한 파견을 요청하는 경우.

을 바탕으로 매년 5% 이상의 경제성장률을 보이고 있으며, 새로운 자원·
에너지 공급원으로 부각되면서 국제적 관심이 집중되고 있다. 따라서 한국
은 아·중동 국가들과의 고위급 인사교류, 정부 간 협의체 활성화 등 실질
적인 협력관계를 구축하고 주요 에너지 공급원인 이들과 에너지 안보를 강
화하는 한편, 원전 수출, 건설·플랜트, 투자, IT 등 다양한 분야의 프로젝트
에 적극적으로 참여하는 활동을 전개하였다.

이명박 대통령은 2009년 2월 방한한 이라크 잘랄 탈라바니(Jalal Talabani)
대통령과 정상회담을 개최하고 유전개발, 방산협력, SOC 건설연계 사업 관
련 포괄적 협력, 전력협력 및 재건사업 등 분야에서 양국 간 경제협력 증진
에 합의한 바 있다. 한편 2009년 12월, 이명박 대통령은 UAE를 공식 방문하
여 셰이크 칼리파 빈 자이드 알 나흐얀(Sheikh Khalifa bin Zayed Al Nahyan)
UAE 대통령과 정상회담을 갖고 원자력, 통상·에너지, 건설·플랜트, 투자
협력 등 제반 분야에서의 실질적 협력증진 방안에 대해 논의하였다. UAE는
2009년 12월 27일, 한전 컨소시엄을 UAE 원전사업의 최종 사업자로 선정하
였다. 양국 정상은 원전 분야에서의 협력을 계기로 양국 간 포괄적인 경제
협력 관계를 구축해 나가기로 했다.

한국은 에너지 소비량의 97%를 수입하고 있으며, 원유수입의 82%를 중
동지역에 의존하는 등 취약한 에너지 안보 구조를 갖고 있다. 이에 따라 국
제 에너지시장의 불안정성 및 불확실성은 항상 경제성장의 취약요인으로
작용하여 왔다. 에너지, 자원의 안정적인 확보가 지속가능한 성장의 필수요
소임을 세계 어느 나라보다도 절감하고 있는 상황에서 에너지 안보를 제고
하기 위한 에너지협력외교가 국가의 생존성과 경제성장을 좌우하는 국가
적 과제로 부각되었다.

한국은 2009년도에 정상급 에너지협력 외교의 활발한 전개, 한국 기업의
해외 자원개발사업 지원 확대, 자원부국과의 우호협력 및 국제 에너지 협
력강화 등 적극적인 에너지 협력외교를 추진하였다. 이명박 대통령은 2009

년 2월 이라크 대통령의 방한을 계기로 한·이라크 에너지·경제 상호지원 MOU를 체결하여 양국 간 에너지 협력을 강화하였다. 5월에는 중앙아시아의 카자흐스탄에서 발하쉬 화력발전소 건설 수주 및 우즈베키스탄 수르길 가스전사업추진 등 에너지 협력을 강화하였다.

자원부국과의 포괄적 우호협력관계를 강화하기 위해 아랍문화축전을 개최하는 등 한·아랍 소사이어티를 활성화하고 아랍 8개국과 한·아랍 우호친선 특급 카라반, 멕시코·베네수엘라·볼리비아·에콰도르를 대상으로 중남미 경제협력 카라반 등을 통해 경제·문화 등 포괄적 협력을 강화하였다. 한편 G20 정상회의, G8 에너지장관회의, ASEM 에너지안보장관회의, 재생에너지 국제협력 등 국제 에너지협력 추진에 있어 관계부처 및 기업과의 협력을 강화했다. 한국은 에너지안보와 기후온난화에 대한 가장 효율적인 대처수단으로서 원자력에너지에 대한 관심이 고조되는 상황에서 원자력의 평화적인 이용을 목적으로 하는 총 23개국(발효 20개국, 미 발효 3개국, 2009.12월 현재)과 협정을 체결하여 원전수주가 성사될 수 있는 법적기반을 마련하였다.

3) 외교능력

성숙한 세계국가의 대표적인 정책이 '글로벌 파트너 십 확대'였다. 한반도와 동북아시아 지역의 평화와 안정을 증진하기 위해 한미동맹을 기반으로 일본, 러시아, 중국 등 주변국들과의 교류협력을 발전시키되 지역 범주의 사고를 탈피하여 네트워크 범위를 확대하는 것이다. 국방외교의 외연을 동북아에서 동남아, 중앙아, 중동, 유럽, 아프리카, 중남미 등 세계적 차원으로 확대함은 물론 전통적 안보 협력에 국한하지 않고 경제협력, 기여외교 확대 및 평화정착 지원, 방산협력 강화 등을 추진하는 것이었다. 특히 기여외교의 확대와 방산협력의 강화를 주목할 필요가 있는데, 정부는 대한민국의 국제적 책임과 기여를 확대하겠다는 분명한 목표를 지녔다.

눈앞의 실익을 극대화 하는 노력도 중요하지만 지구촌의 양극화 문제를 인도적 차원에서 접근하고 약자에 대해 조건 없는 배려를 확대해 나가야 한다. 이를 위해 신장된 경제력에 부합하는 공적개발원조(ODA) 등의 물질적 기여를 확대하는 것이다.[41] 기여외교는 외교부문에 한정되는 것이 아니라, 국방부문 역시 그 한 축을 담당하고 있다. 특히 그동안의 UN PKO 참여는 대한민국의 중점적 기여외교의 하나로 인식되었다. 세계수준의 정예군대를 보유하고 있고, 인종, 종교, 문화적으로도 유연하며, 민주주의와 경제성장을 동시에 달성한 성공사례로 평가받는 한국이 평화정착과 경제재건을 돕기 위해 세계로 나갈 경우 많은 환영과 존중을 받을 수 있을 것으로 보기 때문이다.

UAE 파병을 두고 새로운 국익 창출의 모델에 의한 '신 개념의 파병'이라고 말한다. UAE 원전수출의 한 축으로 기능한 '한-UAE 군사협력'을 통한 관계증진, 예비역 군인들의 일자리 창출 등 보다 실질적인 국가이익을 지향하는 UAE 파병은 분명 과거 분쟁지역 파병과는 다른 성격을 갖고 있다. 이명박 정부는 출범 초기부터 '자원외교'를 표방하였고 정부 진용도 이에 맞게 구성한 바 있다. 그러한 자원외교의 일환으로 중동지역에 대한 새로운 관심과 접근이 강조되었고 정상외교도 이에 맞추어 전개되었다고 볼 수 있다.

2009년 12월말의 이명박 대통령의 UAE 방문과 원전수주 발표는 바로 '자원외교'의 맥락에서 파악된다고 할 수 있다. UAE 원전수주 발표 전후에 한국 국방부장관을 비롯한 주요 군사지도자가 UAE에서 양국 간의 군사협력에 대한 협의를 진행하였고, 그 결과 UAE 파병안이 탄생한 것이라 할 수 있다. 결국 UAE 파병안은 '자원외교'와 '군사외교'가 유기적으로 연계된 가운데 실질적 국가이익 증진이라는 국가정책 목표를 창출하는 새로운 모델을

---

41) 신범철, 앞의 글, p.33.

구체화한 것이라고 할 수 있다.42) 여기서 보는 바와 같이 '자원외교'를 촉진하는 '군사외교' 또는 '군사협력'의 역할을 보여주는 새로운 현상은 매우 의미심장하게 볼 수 있다. 대한민국은 자원의 높은 해외의존도와 함께 세계 7위권의 군사대국으로서 미래 국가 생존과 번영을 위해 전략적인 세계경영을 준비해야 한다.

이를 위해 우리의 자원외교를 촉진하는 동시에 세계평화에 기여하기 위해 국가의 종합국력을 적절히 활용해야만 할 처지에 놓여있는 것이다. 따라서 한국의 우수한 군사역량을 국가이익을 위해 어떻게 활용할 것인지에 대한 새로운 통찰과 비전이 준비될 필요가 있다. 군사외교, 나아가 방산협력이나 해외파병 등은 현재 자원 확보를 둘러싼 국가이익이 첨예하고 역동적으로 전개되는 상황에서 한국의 군사력을 융통성 있고 신속·유연하게 투입할 수 있는 방침이나 지침, 또는 법규범이 준비되어 있지 않은 상황에서 '세계평화유지'나 '국익창출'이라는 개념이 너무 포괄적이어서 확대해석할 경우 국군통수권자의 권한이 무한대로 확장된다는 문제점도 예상해 볼 수 있다. 무엇이 세계평화이고 무엇이 국익창출이냐는 해석의 차이로 극심한 논란과 대립이 출현할 가능성이 농후한 것이다.43)

4) 군사안보

전통적인 군사위협 외에 초국가적·비군사적 위협이 증대되면서 위협의 양상이 복잡하고 다양해지고 있다. 대량살상무기(WMD) 확산, 테러, 해적, 사이버 공격 등 초국가적인 위협이 증대되고 전염성 질병, 자연 재해, 지구온난화, 환경오염 등 비군사적인 위협도 주요한 안보위협으로 부상했다. 탈냉전 이후 대규모 전쟁의 가능성은 감소하였으나 세계 도처에서는 영토·

42) 김종대, 민주당정책위원회 주관 "UAE 파병관련 공개 토론회"(2010.12.30.) 토론 내용 중.
43) 김종대, 위 토론내용 중(2010).

자원 분쟁, 종교·인종 갈등, 분리·독립 운동과 같은 복합적인 요인들에 의한 다양한 형태의 국지분쟁이 지속되고 있다. 에너지 자원을 둘러싼 국가 간 경쟁도 국제질서의 새로운 변수로 등장하고 있다. 강대국들이 중동은 물론 중앙아시아, 남미, 아프리카, 카스피 해 등지에서 새로운 에너지원을 찾아 각축을 벌이고 있어 해당 지역 정세의 유동성이 증대되고 있다.

국제사회의 안보위협이 복잡 다양해짐에 따라 그 대응도 과거의 방식과는 달리 초국가적·비군사적 성격의 대응으로는 한계가 있어 동맹국과 우호국을 비롯한 국제사회와의 협력이 필수적이 되었다. 군사적 수단위주의 대응 보다는 외교·사법·경제 등 비군사적 수단을 포함한 종합적인 대응이 절실해 졌다. 한국이 위치한 동북아의 안보정세는 북핵문제, 양안문제, 역사문제, 영토분쟁, 해양경계선 확정문제 같은 갈등요인들과 함께 이를 둘러싼 주변국들의 경쟁적인 군사력 증강은 여전히 역내 안보불안 요인으로 작용하였다.

북한은 1990년대 이후 사회주의의 구조적 문제, 경제난 악화, 국제적 고립 등으로 체제 불안정이 가중됨으로써 북한 정권은 선군정치 노선을 강화하고 총 역량을 결집하고 있었다. 북한은 2차 핵실험을 실시했던 2009년 상반기까지 전면대결태세 선언(2009.1.17.), 정치·군사 합의 무효화 선언(2009.1.30.), 서울 불바다 발언(2010. 6.12.) 등 대남 위협과 강경조치를 지속했다. 북한은 2009년 하반기에 국제사회의 대북제재로 인한 경제난을 해소하고 고립을 탈피하기 위해 유화적인 태도를 보이기도 했으나, 소기의 목적을 이루지 못하자 대남 강경책으로 선회하여 대청해전(2009.11.10.), 서해 NLL 항행금지구역 설정 및 해안포 사격(2010.1월), 금강산 남측 자산 동결(2010.4.8.) 등의 도발과 강경정책을 자행하였다.

북한은 핵을 포함한 대량살상무기를 체제 생존수단으로 인식하여, 2009년 5월 2차 핵실험에 따른 UN 안보리 결의안 1874호[44] 채택과 대북제재에도 불구하고 국제사회를 대상으로 '벼랑끝 전술'을 구사하면서 체제유지에 주력하였다. 그러나 국제사회의 경제지원 중단으로 북한의 경제난은 가중되었으며, 6자회담은 2008년 이후 중단상태에 있다.

국방부는 급변하는 안보환경 속에서 '정예화 된 선진강군'을 비전으로 8개의 국방정책 기조를 추진하였는데, 그 중 두 번째가 '한미 군사동맹의 발전과 국방외교·협력의 외연 확대'였다. 한미 양국은 공동의 가치와 신뢰, 동맹의 정통성을 바탕으로 미래 지향적 동맹관계를 창조적으로 발전시킨다. 한미동맹은 군사안보협력뿐만 아니라 정치, 경제, 사회, 문화 협력까지 포괄하도록 협력의 범위를 확대·심화하며, 지역과 세계 차원의 평화와 번영에도 기여하는 방향으로 발전시키는 것이다. 정부는 주변국들과 협력적 군사관계를 증진하고 군사외교를 글로벌 차원으로 확대하며 국제평화유지 활동을 강화하여 국익창출에 기여하는 실용적이고 미래 지향적인 국방외교를 추진하는 한편, 분쟁국가에 대한 국제사회의 안정화작전과 재건지원에 적극 동참했다.

이명박 정부는 '성숙한 세계 일류국가'라는 국정지표를 표방하고 있고, 2010년 6월에 수립한 〈국방개혁 기본계획〉에서는 '세계 속의 당당한 군'을 국방개혁의 기조로 천명하고 있는데, 여기에서부터 전통적인 군사력의 한반도 방위 및 해외 '분쟁개입'을 초월하는 보다 확장된 의미의 군사력 사용은 어느 정도 예고된 측면이 있는 것으로 본다.

이러한 새로운 정책기조의 출현에도 불구하고 UAE 파병 결정이 논란이 되는 것은 군사력의 해외활동에 대한 보다 구체적인 규범과 기준, 정책이 미흡하기 때문이다. 국가이익을 위한 군의 역할을 '전쟁 이외의 군사활동 (MOOTW)'의 관점에서 합리화 되는 경향이 있다. 왜냐하면 MOOTW 활동을 촉진하는 가장 유력한 동기는 '자원외교'일 것으로 전제되고 있는 것이다. 정부의 설명에 의하면 UAE의 특전사 파병은 구체적으로 헌법 제5조의 "세

---

44) 북한의 2차 핵실험에 대해 유엔 안전보장이사회가 2009년 6월 12일 만장일치로 채택한 결의안을 말한다.

계평화유지를 위해 노력한다."는 데서 그 파병의 당위성을 찾고 있다.

또한 대통령 훈령인 〈국가안보전략지침서〉에서 국가안보 목표를 '한반도 안정과 평화유지 및 국제적 역량과 위상제고'에 두는 것과 〈국가안보전략 3대 기조〉 중 '세계로 나가는 선진안보 추구'에 대해 '대한민국의 위상을 제고하고 국익창출에 기여하도록 적극 참여하는 것'을 의미하는 것으로 파병의 근거를 설명하고 있다.[45]

3. 협상행위자 역할과 상호작용

2010년도에 정책결정이 된 UAE 군사협력단 파견은 지금까지 한국이 추진했던 해외파병의 명분이 되었던 한미동맹 파트너로서의 역할 수행, 국제평화유지활동을 통한 현지 주둔국의 정치군사적 안정화 등과는 다른 의미의 '새로운 유형의 파병'이었기에 더욱 의미가 크다고 할 수 있다. UAE의 군사협력단 파견은 당사국인 UAE의 파병요청에 의해 한국이 독자적으로 파병정책을 결정한 사례이기 때문에 퍼트남의 양면게임에서 말하는 국제적인 협상(1수준의 협상)은 갈등이 없이 진행되었다고 볼 수 있다.

그러나 국내수준(2수준)의 협상은 '새로운 개념과 유형에 의한 파병'이라는 점으로 인해 파병의 명분과 관련하여 많은 논란이 있었으며, 국회의 동의안 처리에 있어서도 여·야합의 없이 여당 단독으로 처리되는 파행을 거쳤다는 비난을 면하기 어렵다. 따라서 본 논문의 UAE 파병정책결정 사례의 분석에서는 새로운 형태의 파병에 대한 명분과 국내수준의 협상과정을 중점적으로 검토하고자 한다.

---

45) 국방부 정책홍보 http://mnd-policy.tistory.com/453(검색일: 2015.5.20.).

1) 대통령의 특성과 역할

2008년 2월 25일 출범한 이명박 대통령의 정부는 국가 안보목표를 '한반도의 안정과 평화유지, 국민안전 보장 및 국가번영 기반구축, 국제적 역량 및 위상제고'로 정하였다. 첫째, 한반도의 안정과 평화유지는 자체의 방위역량과 한미동맹을 바탕으로 한반도의 안정을 유지하고, 남북 간 교류협력과 주변국과의 다양한 협력을 통해 한반도의 평화를 보장하는 것이었다. 둘째, 국민안전 보장 및 국가번영의 기반구축은 다양한 안보위협으로부터 국민생활의 안전을 보장하고, 동시에 국가번영의 기반이 되는 경제·사회적 안전을 확보하는 것이었다. 셋째, 국제적 역량 및 위상제고는 세계평화, 자유민주주의와 공동번영에 적극적으로 기여하고, 국제사회와 협력을 강화하여 '연성강국'으로 도약하는 것이었다.[46]

현대의 국제관계는 국가 간 치열한 경쟁 속에서도 상호 의존성이 증대되는 경향을 보이고 있다. 특히 한국은 지정학적으로 동북아의 대륙과 해양의 요충지에서 강대국들에 의해 둘러싸여 있으며, 지경학적으로는 부존자원이 부족하고 인구밀집도가 높아 경제의 상당부분을 해외 무역과 자원의 공급을 받는 입장에서 국제문제에 보다 민감하게 관심을 가져야 할 것이며, 이러한 맥락에서 이명박 정부의 '성숙한 세계국가'를 지향하는 글로벌 코리아'정책은 의미가 있다고 볼 수 있다.

그러나 한국의 2010년 이전까지의 파병은 분쟁의 해결을 전제로 하는 UN PKO활동과 다국적군의 파병(MNF PO)에 한정되어 있었다. 국력의 향상과 국가의 위상이 제고됨에 따라 보다 적극적인 군사외교를 위해 주요 국가들과 부대 교류를 확대한다거나 개발도상국들에게 군의 선진운영기법을 전수하고 훈련시켜 주는 등의 활동을 통한 국제사회에 기여하는 방안은 새롭게 다가왔던 것이다.

---

46) 국방부, 『국방백서 2010』, p.70.

한국군의 UAE 파병의 정책결정 및 파병협상과정에 이명박 대통령은 실질적으로 역할이 아직까지는 드러나지 않았으므로 파병명분의 찬·반 논쟁을 정리하고자 한다. 한국 정부는 '국군부대의 UAE군 지원 파견' 목적을 'UAE 측의 요청과 협의에 따라, 국익창출과 다양한 지역에서의 우리 특전부대 임무수행능력 향상 등[47])'으로 정리하였다. 다음의 논지는 UAE에 한국의 군사훈련협력단 파병을 옹호하는 주장을 정리한 것이다.

한국군의 UAE 파견은 평상시 분쟁(conflict)이 없는 지역에 군을 파견하여 파견을 요청한 국가의 군대에 대해 교육훈련을 도와주는 것으로서 이는 미국의 MOOTW 개념 하에서의 안정지원 개념을 도입하는 것을 의미한다. 안정지원 개념을 도입해 추진할 경우 기여외교 실현이나 군사외교 지평을 확대하는 데 도움을 줄 것이다. 국가 간 이익이 상충되는 분쟁에 참여하는 것이 아니고 평시에 교류와 지원을 확대하는 것으로 국제 관계에서 갈등요인으로 작용하지 않을 것이다. 오히려 국제사회에서 한국의 기여를 확대하고 우방국을 확보하여 장기적으로는 경제교류 및 방산수출에도 기여할 수 있을 것으로 보았다.[48])

한국이 진정으로 성숙한 세계국가를 지향한다면 한국군의 해외파병에 대한 패러다임을 변화시킬 필요가 있다고 보았다. 지금까지 한국의 군사외교활동은 북한문제와 한미동맹을 고려한 범위를 벗어나지 못했었다. 세계 속의 한국을 지향하면서도 기여외교나 국방외교 차원으로의 접근으로 시각을 전환해야 한다. 군은 분쟁지역에만 파견되는 것이 아니라, 국제사회에 대한 기여와 한국의 국익창출을 위해 세계를 향해 적극적으로 나아가야 한다.[49])

---

47) 의안번호 9897, 「국군부대의 아랍에미리트(UAE)군 교육훈련 지원 등에 관한 파견 동의안」, 2010.11.15., 국방부 국제평화협력과.
48) 신범철, "해외파병 패러다임 변화 모색", 『국방저널』, 제444호, 국방부, 2012. p.30.
49) 신범철, 위의 글, 31.

반면에 헌법의 위배를 포함한 파병 명분론의 반대 논지는 다음과 같았다. 그 첫 번째로 대한민국 헌법의 '평화주의50)'를 지향하고 있는데, UAE에 대한 파병은 경제주의, 시장주의, 대가주의, 계약관계에 의한 파병이 아닌가 하는 측면으로 비판을 가하고 있다. '국가의 안전보장과 국토방위의 신성한 의무'는 지구적인 방위를 의미하는 것이 아니라, 한반도라는 영토고권의 보장임무를 의미한다고 주장하였다. 또한 정부는 UAE 파병의 법적 근거를 헌법 제5조의 '국제평화의 유지 노력'의 일환이라고 하였으나, 헌법의 자의적 해석은 경계되어야 한다는 것이다. 또한 엄격한 헌법적 해석이 있어야 하고 국회에서 충분한 토론과 심의와 표결이 있어야만 한다고 반박했다.51)

둘째, 'UAE 파병은 원전수주에 대한 대가로 이루어진 전례가 없는 '비즈니스 파병'으로서 국군을 경제적 목적을 위해 파병하는 것은 국군의 임무를 국가안보와 국토방위로 규정하고 있는 헌법에 대한 명백한 위반이다.'라고 비판하면서, 이처럼 경제논리에 의한 '용병식 파병'이 가능하려면 헌법을 개정하거나, 아니면 적어도 국군의 임무와 역할, 성격의 변경에 대한 국민적 합의가 전제되어야 했다고 주장했다.

셋째, 파병된 한국군이 교육훈련한 부대가 UAE의 경호부대로 쓰이거나 쿠데타의 저지 등 정권안보를 지원하는 가능성이 있을 경우 파병의 도덕성 또한 문제가 될 수 있다. UAE 파병이 중동 평화에 기여하기 보다는 중동지역의 분쟁에 휘말려들게 하여 한국의 이미지를 훼손하고 국민들을 테러의 표적이 되게 할 수도 있다는 점을 경계해야 한다고 주장하기도 했다.52)

---

50) 헌법 제5조, ① 대한민국은 국제평화의 유지에 노력하고 침략적 전쟁을 부인한다. ② 국군은 국가의 안전보장과 국토방위의 신성한 의무를 수행함을 사명으로 하며, 그 정치적 중립성은 준수된다. 로 규정함.
51) 최재천, "UAE 파병, 헌법의 위기다", 『UAE 파병관련 공개토론회』, 민주당정책위원회, 2010.12.30. p.10.
52) 이철기, "국군이 끼워 팔기 상품인가?", 『UAE 파병관련 공개토론회』, 민주당정책위

 UAE에 파병은 새로운 국익창출의 모델에 의한 '신 개념의 파병'이라고 보았다. 분명히 과거의 분쟁지역 파병과는 다른 성격의 생소한 새로운 방식의 파병은 국회와 시민사회에서 많은 논란을 유발하기에 충분하다. 그러나 이러한 논란은 대한민국의 국가이익과 군사력에 대한 새로운 통찰과 규범적 기준 마련의 필요성을 부각시키는 계기가 되었다고 본다. 군사력에 대한 전통적 관점에 기초하여 분쟁지역이 아닌 비 분쟁지역에서 군사력을 통해 달성하고자 하는 목적과는 다소 상이한 국익의 창출 목적으로 군사력이 전용될 수 있는가 하는 문제에 대한 심층적인 고민이 필요했다고 본다. 당시 정부의 이른바 '자원외교'와 연관지어 '군사외교'가 유기적으로 연계된 가운데 실질적 국익 증진이라는 국가정책 목표를 창출하는 새로운 모델이 될 수 있는가에 대한 새로운 통찰과 준비가 필요했다.

 반대 및 신중론자들은 방산협력이나 해외파병 등은 현재 자원 확보를 둘러싼 국가이익이 첨예하고 역동적으로 전개되는 상황에서 한국의 군사력을 '세계평화유지'나 '국익창출'을 너무 포괄적으로 확대해석할 경우 통수권자의 권한이 과도하게 확장된다는 점도 지적하였다. 향후 다변화된 군사외교를 추진하면서 부딪히게 될 이러한 논쟁을 해소하기 위해서는 국군의 해외활동 범위와 역할, 방향에 대한 연구와 체계를 준비해야 할 필요성이 제기되었다.[53)]

2) 정부관료(외교통상부·국방부)

 정부는 2010년 11월 9일, 국무회의에서 「국군부대의 아랍에미리트(UAE)군 교육훈련 지원 등에 관한 파견 동의안」을 심의·의결했다. 파견경위 및 경과를 정리해 보면 다음과 같다. 2009년 12월, 한국과 UAE는 이명박 대통령의 방문과 정상회담 등으로 '포괄적·전략적 동반자 관계'로 격상되었고

군사협력관계도 강화되기 시작하였다. 2010년 5월에는 UAE 왕세자의 국빈방한으로 군사협력을 심화하고 확대하는 계기를 마련하였다. 2010년 8월에는 한국의 김태영 국방장관이 UAE를 방문하였는데, UAE측이 한국군 특전부대의 파견과 긴밀한 군사훈련 협력을 한국 측에 공식적으로 요청하였다. 한국정부는 2010년 10월 군 현지실사단을 파견하여 부대의 파견 여건(파견지역, 생활여건, 훈련시설 등)을 확인 점검한 결과 즉각적인 파병에 문제가 없는 것으로 판단하였고, 관련부서인 외교통상부·기획재정부 등과 파병안을 검토하고 협조했다.

한국군의 UAE 파견 목적은 UAE측 요청에 따라 '국익창출과 다양한 지역에서의 한국 특전부대 임무수행능력 향상 등'이었다. 이를 위한 파견규모는 특수전 교육훈련지원 및 연합훈련을 위한 최소 규모의 단위부대로 편성한 150명 이내로 결정54)하였다. 이는 파견규모가 작아 대북 군사대비태세에 미치는 영향이 미미하며, 특전부대의 성격상 유사시 즉각 복귀하여 임무수행이 가능한 것으로서 문제가 없는 것으로 판단하였다.

파견지역은 UAE 아부다비 '알아 인' 소재 특수전학교로서 써 매우 안전할 뿐만 아니라, 파병을 위한 추가적인 주둔시설을 설치할 필요가 없었다. UAE는 알카에다 등 급진세력들로 부터의 테러가 발생하지 않았으며, 오만·카타르 등과 함께 중동지역에서 가장 안정된 정치와 치안, 부유한 경제생활수준을 유지하고 있다. 특히 파견부대 주둔지 '알 아인'은 안전한 도시이다.

파견기간은 2011년 1월 1일부터 2012년 12월 31일까지로 2년으로 했다. 정부는 부대파견 시기와 원전착공 시기는 아무런 관련이 없으며, 가급적 빠른 시일 내에 파견해 달라는 UAE측의 공식 요청을 감안하여 2011년 1월

---

54) 파견부대는 본부, 참모부, 대테러팀, 특수전팀, 고공팀, 지원중대 등으로 구성되어 1진은 130명으로, 지휘관은 중령, 기타 인원으로 군의관, 수사관, 총포관리요원 2명, 정보운용병, 통역병 등으로 구성되었다.; 국방대학교, 『아크부대 1진 귀국보고서』(서울: 국방대학교 PKO 센터, 2011.8).

에 파견해야 UAE군의 2011년도 교육훈련 일정에 맞추어 교육훈련 지원과 연합훈련 등을 순조롭게 진행할 수 있을 것으로 판단하였다고 밝혔다. 특히 UAE 파견은 특전사 자체병력만으로 편성이 되어 파병임무와 국내의 평상시 임무수행이 동일하여 최소의 준비만으로 파견이 가능할 뿐 아니라, UAE측에서 주둔지와 경계 및 훈련시설 일체를 제공하므로 파병일정을 조기에 시행할 수 있다고 보았다.

부대파견 및 임무수행 경비는 한국정부가 부담하는데, 2011년도 소요예산은 약 137억 원으로 산출되었으며 집행예산의 대부분의 파견 장병들의 의·식·주와 편익증진(30%), 임무수행에 필요한 장비·물자 구입(40%), 지휘통신체계 유지와 수송 등에 사용될 것으로 판단하여, 예산조치는 파병안의 국회 동의 후에 2011년도 예산안에 대한 국회 심의과정에서 '정부 목적 예비비'에서 반영을 추진하는 것으로 관련부서(외교통상부·기획재정부)와 합의했다.

UAE 파병과 관련하여 정부 부처 내에서 충분한 검토가 이루어졌는지에 대해서도 짚어 봐야할 문제이다. '신개념 파병'이라고 하면서 법제처나 법무부와는 헌법과 법률의 유권해석과 법률적 검토는 충분히 이루어 졌는지, 지식경제부와 외교통상부, 국방부와의 국가이익의 창출과 증진(방산수출협력 확대, 경제협력 확대, 유사시 교민보호 등)에 대해서는 충분한 논의가 있었는지는 아직 밝혀지지 않고 있다.

또 한 가지 문제를 제기한 것은 '국방부 장관은 2009년 12월 원전 수주를 앞둔 시점에서 UAE측과의 파병에 대한 구두 약속 및 양해각서 체결은 일체 없었다고 일관되게 강조해 왔다. 그리고 2010년 8월 국방부장관의 UAE 방문 시 UAE측의 파병요청이 있었으며, 구두 합의만 있었다고 설명해 왔다.[55] 이에 대해 헌법 제82조는 '대통령의 국법상 행위는 문서로써 하며 이

---

55) 『연합뉴스』, 2010.11.11.

문서에는 국무총리와 관계 국무위원이 부서한다. 군사에 관한 것도 또한 같다.'고 규정하고 있는데, 해외파병이라는 중차대한 헌법상의 행위를, 국 가대 국가 간에 추진하는 중대한 조약 문제를 어떻게 구두 합의 수준으로 처리할 수 있겠는가하는 의문을 갖게 하는 부분인데 이는 외교관행을 이유 로 밀행주의에 의한 업무처리로 시민의 알권리를 침해했다는 주장에 빌미 를 제공했다고 볼 수 있다.

한편, UAE 파병의 정책결정 과정이 밀실에서 이루어졌다고 의혹을 제기 하였다. 2009년 12월, 원전수주의 시 양국이 포괄적 군사교류협정(MOU)을 맺으면서도 정부가 그 구체적인 내용은 공개하지 않고 밀실에서 파병을 추 진해 왔다는 것이다.56) 정부는 뒤늦게 2010년 10월부터 12월까지 전문가의 의견을 수렴하고 정책적인 공감대를 형성하기 위해 노력했다. 10월 29일에 는 KIDA 주관으로 정책발전세미나 개최했고, 11월 12일에는 송영선 의원 주관으로 정책토론회57)을 실시하여 '파병 패러다임 변화와 UAE' 등의 주제 를 공감대를 형성하고 군의 해외파병에 대한 인식을 새롭게 하는 노력을 하였다.

3) 국회의 파병동의안 심의

정부는 2010년 11월 9일, 국무회의에서 「국군부대의 아랍에미리트(UAE) 군 교육훈련 지원 등에 관한 파견 동의안」을 심의·의결한 후 2011년 11월 15일 국회에 제출58)하였다. 주요내용은 〈표 5-4〉과 같다.

제안 이유로 '첫째, UAE측 요청과 협의에 따라, 국익창출과 다양한 지역 에서의 한국 특전부대 임무수행능력 향상 등을 목적으로 국군부대를 UAE

---

56) 정욱식, "UAE 파병, 원전 수주할 때마다 파병할 텐가?",『UAE 파병관련 공개토론 회』, 민주당정책위원회, 2010.12.30. pp.30~32.
57) 국회의원 송영선 정책토론회, "소말리아 해적피해, 어떻게 막을 것인가?", 2010.11.12.
58) 의안번호 9897, 「국군부대의 아랍에미리트(UAE)군 교육훈련 지원 등에 관한 파견 동의안」, 2011.11.15.

에 파견하려는 것임. 둘째, 국군부대 파견을 계기로 한국 특전부대의 전투력 향상은 물론, UAE에 대한 방산수출협력 확대, 국방운영체계 수출, 예비역 및 민간 전문 인력 진출, 양국 간 경제협력 확대 등이 기대'된다고 했다.

〈표 5-4〉 국군부대의 UAE군 파견 동의안

> 가. 국군부대의 임무는 UAE군 특수전 부대에 대한 교육훈련 지원, UAE군 특수전 부대와 연합훈련 및 연습, 유사시 한국 국민 보호임.
> 나. 파견규모는 150명 이내이며, 파견지역은 UAE 아부다비주 알아 인 소재 특수전학교임.
> 다. 파견기간은 2011년 1월 1일부터 2012년 12월 31일까지임.
> 라. 부대 지휘권은 한국군이 보유하며 한국 합동참모의장이 작전 지휘함.
> 마. 국군부대의 파견경비는 한국 정부의 부담으로 함.

출처: 의안번호 9897 「국군부대의 아랍에미리트(UAE)군 교육훈련 지원 등에 관한 파견 동의안」 2011.11.15. 에서 재정리하였음.

UAE에 국군 파병을 두고 첫 번째의 논쟁은 '평화주의'에 대한 것이 있었다. 대한민국의 헌법은 '평화주의'를 그 바탕으로 삼고 있는데, 헌법 전문과 제5조가 대표적인 표현이다. 헌법 제5조는 '① 대한민국은 국제평화의 유지에 노력하고 침략적 전쟁을 부인한다. ② 국군은 국가의 안전보장과 국토방위의 신성한 의무를 수행함을 사명으로 하며, 그 정치적 중립성은 준수된다.'로 구성된다. 한국은 국제연합(UN)의 회원국으로서 UN헌장에 규정된 무력행사 금지원칙을 받아들여 이를 헌법에서 명문화했다. 참고적으로 대통령령 제21750호(2009.9.29.)인 「군인복무규율」 제4조에는 '국군의 사명은 국가의 안전보장 및 국토방위에 있으며, 국민의 생명과 재산을 보호하고 나아가 국제평화의 유지에 이바지하는 데에 있다.'라고 명시되어 있다.

그러나 한국은 침략전쟁을 부인할 뿐, 자위수단으로서의 방어전쟁까지 부인하는 것은 아니기 때문에 국군의 조직이나 존재 그 자체를 포기하지는 않고 있다. 그 대신에 '국가의 안전보장과 국토방위의 신성한 의무'에 대한 해석을 두고 일부 논쟁이 있었는데, 일각의 주장으로는 '국군의 국토방위는 지구방위를 의미하는 것이 아니고 한반도라는 영토고권의 보장임무를 의미'하며, '국가의 안전보장이란 국가 존립에 대한 중대한 위험에 대응하는 것으로 한정되어야 하며, 국군은 국토방위의 수행을 사명으로 하는 방위적인 군대'여야 한다고 했다.59)

한편, 정부 측에서는 이에 대해 '국군의 사명은 국가 안전보장 및 국토방위에 있으며, 국민의 생명과 재산을 보호하고 나아가 국제평화 유지에 이바지 하는 데 있다.'고 보았으며, 이번 파병의 목적은 'UAE 특전부대에 대한 교육훈련 지원을 통해 UAE 군의 안보와 걸프지역의 안정을 도모하고, 유사시 한국 국민을 보호하는 데 있다,'고 했다. 따라서 한국군의 UAE 파견은 큰 틀에서 '국제평화주의 원칙에 부합'되고 국가이익을 위한 것인 만큼 '국군의 사명'에도 부합하는 것으로 주장하였다. 또한 국군의 해외파견을 통한 군사교류협력의 확대는 유사시 한반도 방위 역량을 강화하는 데도 도움이 될 뿐만 아니라, 다양한 작전 환경 하에서의 해외 전지 연합훈련은 한국 특전부대의 전투력 향상에도 기여할 것으로 설명하였다.

두 번째의 논쟁은 UAE파병과 관련된 '경제논리'였다. 대형 원전수주와의 연관성으로 '진정한 평화주의'를 구현하기 위한 해외 파병이 아닌 이른바 '경제주의, 시장주의, 대가주의, 계약관계' 등에 의한 주장으로 경제적 이득을 획득하기 위한 파병론의 경계에 있었다. 이러한 주장을 하는 국회의원들은 2010년에 발효된 「국제연합 평화유지활동 참여에 관한 법률」이 제정됨으로써 국회의 해외파병에 대한 동의권을 심각하게 제한함과 동시에 사실상 해외파병의 일상화를 도모하는 상비군 방식의 '경제적 이익을 획득하기 위한 파병론'이 싹트게 되었다고 주장했다.

---

59) 최재천, 앞의 글, p.10.

그러나 2009년도「국제연합 평화유지활동 참여에 관한 법률」제정 당시 외교부의 대표적 논리중 하나가 바로 '돈 논리'였는데, 한국이 내는 UN 분담금(10위)에 비해 PKO 파견 병력(39위)이 너무 적어서 '돈은 잔뜩 내고 받아오는 돈은 조금밖에 안 된다.'는 주장을 했고 신문[60]들이 이를 중계하기도 했다. 이는 지나친 경제적 논리로서, 경제우선주의, 시장만능주의, 무엇이든지 수출해서 돈을 벌어 와야 한다는 '극단적 수출지상주의'는 헌법의 평화주의 이상과 권력 분립론에 대한 심각한 침해로 이어졌다고 보았다. 그때의 논리가 UAE 파병으로 이어져서, 평화유지군을 보내서 돈을 되찾아오는 일이나 원전수주에 비공식적으로 이해관계를 일치시키면서 경제적 파병을 하는 일이 무슨 차이가 있겠냐고 주장하기도 했다.

정부는 이 문제에 대해 UAE에 부대를 파견하는 것은 원전수주의 전제조건도 아니었고, 부대파견에 대한 어떠한 이면합의도 없었으며, 파견부대의 임무 또한 원전공사의 현장 경계와는 무관하며, 파견기간도 원전 건설기간과 무관하다고 설명했다. 다만 양국의 관계가 '포괄적·전략적 동반자 관계'로 격상됨에 따라 국방 분야의 협력도 병행하여 발전할 필요성에 따라 국군의 해외파견을 통한 군사교류협력을 확대하여, ① 안보 협력의 강화, ② 한국군의 전투력 향상에 기여, ③ 유사시 한국 국민보호, ④ 국가이익 증진 등을 기대하고 있었다.

국회는 2010년 12월 8일 개의된, 제294회 정기회 본회의를 통해 2011년도 예산안 의결과 함께 '의사일정 25호인「국군부대의 아랍에미리트(UAE)군 교육훈련 지원 등에 관한 파견 동의안」은 재석 157인 중 찬성 149인, 반대 2인, 기권 6인으로 가결되어 선포되었다.[61] 당시 정의화 국회 부의장이 진행하는 국회 현장의 소란 등으로 인하여 안건에 대한 제안 설명 및 심사보

---

60)『조선일보』, 2009.12.24., 4면, "파키스탄, 방글라데시 등 개도국들은 분담금은 거의 없지만, 1만 명이상 병력을 보내 주요한 '외화벌이' 수단으로 삼고 있다.…"
61) 국회 본회의 회의록, 제294회-제15차(2010.12.8).

고가 불가능하여 단말기의 자료를 참고토록 하였으며 전자투표로 의결이 진행되자 일부 의원들은 "이 거짓말쟁이 사기꾼들이야! 패키지로 안한다고 해 놓고 국민들을 팔아먹어! 남의 자식들만 군대 보내서 어디에서 군인을 팔아먹어!"하는 의원이 있었다.[62]고 한다.

2010년 12월 15일, 박지원·권영길·조승수의원이 발의하고 89명이 찬성한 「국군부대의 아랍에미리트(UAE)군 교육훈련 지원 등에 관한 파견 동의안」 철회 촉구 결의안이 채택되었다. 이들은 결의안에서 '2010년 12월 8일 날치기 통과된 「국군부대의 아랍에미리트(UAE)군 교육훈련 지원 등에 관한 파견 동의안」은 국민적 여론 수렴과 심도 있는 논의는커녕 소관 상임위원회인 국방위원회에 상정조차 되지 않은 상태에서 심사기일을 지정하여 국회의장 직권으로 본회에서 상정 처리되었다. 또한 동의안의 파견목적을 "UAE측 요청과 협의에 따라 국익창출과 다양한 지역에서의 한국 특전부대 임무수행능력 향상 등으로 목적으로 국군부대를 UAE에 파견하려는 것임"으로 밝히고 있다. 이는 헌법 제5조 제1항이 규정하고 있는 "대한민국은 국제평화의 유지에 노력하고 침략적 전쟁을 부인한다."는 국제 평화유지 노력과 전혀 관계가 없다는 점을 분명히 하고 있을 뿐만 아니라, 헌법 제5조 제2항 "국군은 국가의 안전보장과 국토방위의 신성한 의무를 수행함을 사명으로 하며, 그 정치적 중립성을 준수된다."는 국군의 사명조항은 정면으로 위반하고 있다.'고 주장했다.

또한 동의안 제안이유 에서 "국군부대의 파견을 계기로 한국 특전부대의 전투력 향상은 물론, UAE에 대한 방산수출 협력확대, 국방운영체계 수출, 예비역 및 민간 전문 인력진출, 양국 간 경제협력 확대 등이 기대됨"을 밝히고 있는 바와 같이 파병의 기대효과의 대부분이 경제적·상업적 이익이라는 점에서 2009년 12월 UAE 원전수주에 따른 국군부대의 파병이라는 이

---

62) 민주당정책위원회 제2 정조위원회,『UAE 파병 관련 공개 토론회』, 2010.12.30. p.50.

면합의가 현실로 드러났다고 주장했다. 따라서 이들은 UAE에 국군은 파병하는 것이 헌법과 국회법을 위반하여 국군을 상업적 거래의 대가로 이용하는 선례를 남긴다는 점에서 원천적으로 반대하며, 파병결정을 철회할 것을 촉구했다.

절차상의 문제을 제기하기도 했는데 그 내용은 다음과 같다. 국방부는 "UAE 파견은 UN PKO나 MNF PO와 달리, 전투위험이 없는 비 분쟁지역에서 국익창출과 한국 특전부대의 임무수행능력 향상 등을 목적으로 하는 새로운 개념의 부대 파견[63]"이라고 전제했다. 이에 대해 국회는 지금까지 선례가 없는 새로운 형식의 파병에 대해 엄격한 헌법적 해석이 가해져야 하고, 국회에서 심각한 토론과 심의와 표결이 있어야만 했다'고 주장했다.[64]

국방부는 UAE 파병의 개념이 새롭다는 것을 시인했다. 그럼에도 UAE 파병은 헌법 제5조의 국제평화의 유지 노력의 일환이라고 했다. '평화주의'에 대한 해석이 행정부와 시민(국회)간에 크다는 점을 시사한다. 정부는 2006년도에 체결된 조약인 「대한민국정부와 아랍에미리트연합국 정부 간의 군사협력에 관한 협정」을 들고 나와 조약 제2조와 조약의 법원성에 대한 헌법 제6조 1항에 따른 파병임을 설명하기도 하였으나, 조약 제2조의 협력범위는 매우 광범위하였으며, 이 조약에 대해 국회의 동의를 받은 적도 없다는 점에 대해 '행정부의 입법권에 대한 침해'를 문제 삼기도 하였다. UAE 파병 동의안 처리는 소속 상임위원회인 국방위원회의 심사조차 거치지 않았다. 질의와 토론조차 없었고, 제대로 된 표결도 없었다. 예산안 처리와는 특별히 관련성도 떨어지는 데 날치기에 함께 포함되어 처리된 것으로 "헌법과 국회법을 위반하여 국군을 상업적 거래의 대가로 이용하는 선례를 남겼다.[65]"고 비판받기도 하였다.

---

63) 신경수, 앞의 글, p.3.
64) 최재천, 앞의 글, p.14.
65) 의안번호 10318, 박지원, 권영길, 조승우의원이 발의한 「국군부대의 아랍에미리

한편, 국회의 파병 동의안이 통과된 이후인 2010년 12월 20일에는 국회 동북아평화안보포럼(랜드코리아포럼 · 한국국방안보포럼 · 세종연구소가 공동 주최)하고 국회 황진하의원이 후원하는 '한국군 해외파병을 위한 새로운 접근법 모색'을 주제로 한 세미나[66]에 국방부 장관과 실무차장이 참석하여 UAE 파병에 대한 국민적 지지를 호소하기도 했다. 반면에 민주당은 2010년 12월 30일, 'UAE 파병관련 공개토론회'를 개최[67]하여 이명박 정부의 UAE파병에 대한 이면합의의 진실을 밝히고 모든 의혹을 해소해야 하며, 파병에 대한 전면적인 재검토를 촉구하기도 했다. 민주당 손학규 대표는 '12.8일 일방적으로 처리된 UAE 파병 동의안은 국민적 합의는커녕 국방위원회에서 조차 전혀 논의되지 못한 것으로 불법적인 것이며, 원전수주의 대가 의혹과 중동지역의 특수한 역학관계 등을 고려할 때 마땅히 철회되어야 한다.'고 했다.

4) 여론(언론 및 NGO) 활동

방송 3사에서는 11월 3일 관련 소식을 다뤘다. 정부의 UAE 파병이 내용과 절차에서 어떤 문제가 있는지 제대로 지적하지 않고 KBS와 MBC는 단신으로 국방부의 발표를 단순 전달하는 데 그쳤다. 그나마 MBC는 보도의 말미에 '파병의 장기화와 테러의 표적이 될 수 있다는 우려'를 덧붙였으며 세부내용은 〈표 5-5〉와 같다.

트(UAE)군 교육훈련지원 등에 관한 파견 동의안」 철회 촉구 결의안(2010.12.15.).
66) 국회 동북아평화안보포럼 등, "한국군 해외파병을 위한 새로운 접근법 모색", 2010.12.20.
67) 민주당정책위원회, "UAE 파병관련 공개 토론회", 2010.12.30.

〈표 5-5〉 방송 3사의 UAE 파병관련 보도

구분	보도 내용
MBC	-지난 5월 방한한 UAE 왕세자는 특전사 훈련을 지켜 본 뒤 한국정부에 파병을 요청해 왔다. -국방부는 UAE에 원전 건설을 감안해 특전사 130여 명을 6개월 교대 형식으로 2년간 파병하기로 했다. -이들이 유사시 원전 기술진 등 한국국민 보호를 위해 투입될 수 있다. *원전공사가 2020년 완공예정이므로 파병이 장기화 될 수 있고 테러의 표적이 될 수 있다는 우려도 나오고 있다.
KBS	-한국형 원전을 도입하는 UAE의 요청으로 특전사 130여 명을 국회 동의를 받아 연말까지 파병할 계획이다. -파병부대 임무는 현지 특수전부대에 대한 교육과 유사시 한국 국민 보호 등이다.
SBS	-국방부는 한국형 원전을 도입하는 UAE의 요청으로 130여 명 규모의 특전사부대를 파병할 계획이다. -피 분쟁지역이 아닌 곳에 전투병을 파병하는 것은 처음이며, 파병 시기는 국회 동의절차가 순조로울 경우 올 연말쯤이 될 것으로 예상된다.

출처: 민주언론시민연합 방송 3사 저녁종합뉴스 일일 모니터 브리핑(2010.11.4.)

　한편 2010년 12월 8일, 국회에서 동의안이 통과된 직후인 12월 13일 다음과 같이 보도 내용을 정리하였다. '지난 12일 국방부는 다음달 12일에 'UAE 군사훈련협력단'을 파견하겠다고 밝혔다. UAE 국군 파견동의안은 지난 12월 8일 내년도 예산안과 함께 국회본회의 에서 날치기 처리됐다. 정부는 이번 파병의 명분을 '국익창출'로 내세우고 있으나, '원전수주를 위해 군을 팔았다'는 비난이 거세다. 뿐만 아니라 '경제적 이익'을 위한 파병은 헌법에도 어긋난다는 비판이 나온다.' 방송 3사의 주요 보도내용은 MBC 는 '졸속처리하면서 이상한 게 한두 가지가 아니다.'라며 파병안의 절차와 내용상의 문제를 지적했고, SBS는 다른 파병과는 달리 UAE 파병이 이례적으로 신속히 진행되고 있다며, 그 배경에 대한 국방부와 민주당의 주장을 다뤘다. KBS는 UAE의 파병일정과 준비상황, 주 임무에 대한 국방부의 홍보내용이 전부였으며, 세부내용은 〈표 5-6〉과 같다.

〈표 5-6〉 파병안 통과 후 UAE 파병관련 보도

구분	보도 내용
MBC	* 예산안과 함께 처리된 법안에는 특전사 요원 130명을 내년 1월 2일 UAE에 파병하는 것도 있다면서 졸속 처리하면서 이상한 게 한 두가지가 아니다. * 12월 8일 한나라당은 예산안 등 40개 의안과 함께 파병 동의안도 단독 처리했다. 한국은 당장 3주 뒤 무장한 특전사 130명을 UAE에 2년간 파병한다. 파병안의 여당 단독처리는 1965년 베트남 파병 이후 사상 처음이고, 국회에서는 단 한 차례도 토론이 없었다며 절차상의 문제를 제기했다. * 파병비용 271억 원은 전액 한국이 내야 하지만 서두르다 보니 예산에도 반영되지 않았다. 과거 13차례의 파병은 모두 헌법 제5조 '국제평화'가 근거였지만, 이번에는 헌법에도 없는 '국익창출'이 명분으로 등장했다며 파병이 사실상 원전수출의 대가임을 시사한 것이라며 내용상의 문제를 지적했다. * 신성한 국방의 의무와 안보를 상품 끼워 팔기 식으로 외국에다 수출한다는 것은 있을 수 없는 일이며, 원전 수주를 할 때마다 파병할 것인가?, 직권상정 자체를 본 회의장에 가서 처음 알았다 는 등 파병에 반대하는 목소리를 전함. - 상당수 여당 의원들은 국익을 위해서라면 파병카드 이상의 카드도 쓸 수 있는 것 아니냐는 입장을 전하기도 하였다.
KBS	- UAE로 보내는 한국군의 특전사 병력은 130명으로 중령급지휘관을 단장으로, 본부와 참모부, 지원중대 등으로 구성되며, 대테러팀과 특수전팀, 고공팀으로 세분화돼 각각 해당 분야에 관해 UAE군의 교육을 맡게 된다며 파병일정과 준비사항을 자세하게 전했다. - UAE 파병부대가 생활하게 될 아부다비주의 알 아인은 치안상황이 좋다고 알려진 곳이라면서, 시설은 세계에서도 손꼽히는 최신식이라는 게 군 당국의 설명이다. - 최첨단 대테러지휘통제차량과 각종 테러대비 훈련장을 갖췄고, 자체 비행장까지 갖고 있다. 파병부대는 이곳 막사와 훈련장은 물론 항공기와 의료지원 시설도 무료로 쓸 수 있다며 파병 지를 홍보하였다. - 파병부대가 UAE 원전 경비를 맡을 가능성은 없다. 파병부대가 주둔할 특수전학교와 원전 건설지역은 정반대에 있고 거리도 멀다며 원전수주 대가성 파병의혹에 대한 반론을 폈다.
SBS	* 국방부가 UAE 파병일정을 발표했다. 몇 달씩 걸렸던 다른 파병과는 달리, 바로 다음 달에 파병하겠다며 서두르는 모습이다. * 국회 처리 후 4일 만인 오늘(12일) 국방부가 파병일정을 확정·발표했다. 레바논 파병은 국회통과 후 7개월, 아프간은 4개월이 걸렸던 것에 비하면 이례적으로 신속한 파병이다. 모든 편의시설을 UAE 측에서 제공했기 때문에 주둔지 건설이 필요 없기 때문이기도 하다는 국방부의 설명이 있지만, 정부가 이렇게 파병을 서두르는 것은 2009년 12월 UAE '원전수주에 대한 대가성 이면합의' 때문이라는 민주당의 반대주장을 덧붙였다.

출처: 민주언론시민연합 방송 3사 저녁종합뉴스 일일 모니터 브리핑 내용정리(2010.12.10~12).

　사단법인 민주언론시민연합은 2010년 11월 4일, 각 언론사 미디어 및 NGO 담당기자와 사회부 기자들에게 '용병식 파병' 추진에 대해 논란을 제기 하였다. 국방부는 2009년 12월 '한국형 원전'을 수출한 UAE에 특수전 부대 130여 명을 2010년 연말에 파병할 계획이라고 11월 3일 밝혔다. 장광일 국방부 정책실장은 "원전수주 과정에서 UAE가 한국군 파병 등 다양한 형식의 군사 협력을 요청해 이행이 용이한 것은 시행하고 부대 파병은 추후 논의하기로 했다."며 "다양한 지역에서의 특수전 부대 임무수행능력 향상과 국익창출 등을 고려해 파병을 결정했다."고 말했다.

　하지만 민주당과 민주노동당은 즉각 '파병 반대'의 뜻을 밝혔다. 불안한 중동지역의 정세 속에 한국군이 테러의 대상이 될 수 있다는 점, 원전수주 같은 경제활동의 대가로 군 병력을 해외에 파견한 선례가 없어 파병의 명분이 약하다는 점 등에서 비판이 쏟아져 나왔다. 뿐만 아니라 UAE 원전수주 과정에서 파병약속이 있었다는 의혹을 줄곧 부인해 오던 정부가 원전착공 시기를 두 달 앞두고 파병을 밝힌 것도 논란거리가 됐다. '이명박 정부는 '원전수출'을 정권의 공으로 대대적으로 선전해왔는데, 그 이면에 파병 외에 어떤 '밀약'이 있었는지 우려'를 나타내었다.

　참여연대 평화군축센터는 '이번 파병비용은 전적으로 한국 정부의 몫이다. 이를 전지훈련으로 표현한 언론도 있었다. 우리 돈 내고 우리가 UAE가서 훈련하는 꼴이라는 것이다. 파병 자체가 가져오는 국익은 애당초 없었다고 주장했다. 물론 정부 입장은 다르다. 그래서 참여연대가 국방부에게 파병을 통해 '국익창출'할 수 있다고 든 사례에 대해 정보공개를 요청했다. 정부는 모두 비공개 결정을 통보해 왔다. 그 중 국방부가 '경비용 장비, 탄약, 차량, 장구류 등 방산물자 2,006만 달러 수출 계약' 관련 문서는 해당 관련 기업의 해외 영업내용이 포함되어 있고, 당사국과 외교마찰을 우려가 있어서 비공개 결정을 내렸다. 한편 방위사업청은 "2,006만 달러 상당의 UAE 수출 실적은 개별 기업의 영업활동에 따른 통상적인 수출로 UAE 파병

사안과 관련이 없다."고 밝힌 바 있다.[68]

한편 2010년 12월 30일, 평화네트워크 정욱식 대표는 "한나라당이 12월 8일 예산안과 함께 날치기 통과시킨 UAE 파병안은 많은 논란에도 불구하고 강행되고 있다. 정부는 이번 특전부대의 파견은 안전한 비 분쟁 지역에서 군사협력을 강화하고 국익을 창출하는 데 기여하는 '새로운 개념의 부대파견'이라고 주장한다. 그러나 이러한 성격의 파병은 그 선례가 없을뿐더러 이명박 정부가 원전 수주의 대가로 처음부터 파병을 계획하고 있던 것 아니냐는 의혹을 낳고 있다."고 주장했다. 이는 2009년 12월 원전 수주 때 두 나라가 '포괄적 군사교류협정(MOU)'을 맺으면서도 정부가 그 구체적인 내용은 공개하지 않으면서 '파병설'을 줄곧 부인하다가 갑자기 국회에 파병동의를 요청하고 나선 것은 이러한 의혹을 뒷받침하고 있다고 했다.

정부가 '새로운 개념의 파병'이라고 강변하는 UAE 파병의 문제점은 우선 헌법에도 있는 것처럼 '대한민국 국군은 국토방위를 본연의 임무'로 하면서도, '해외파병은 시급한 인도적 지원 사안이 발생하거나 국제평화유지의 필요성이 제기될 때' 검토하게 되어있다는 것이다. 그러나 안전한 비 분쟁 지역에 파병하는 것은 이러한 취지에 전혀 부합하지 않는다고 했다. 또한 원전수주의 대가로 파병한다는 것은 돈벌이 명목으로 군대를 해외에 보내는 것이라는 점에서 위헌 소지가 크고, 한국군을 '용병'취급하는 것이나 마찬가지라고 보았다.

더구나 이명박 정부가 여러 나라에 원전 수출을 타진하고 있는 상황에서 이는 대단히 나쁜 선례를 남기게 되며, UAE 사례를 본 다른 나라들이 한국의 원전이나 무기 구매를 조건으로 파병을 요청할 때마다 이를 들어줄 수는 없지 않겠는가? 아울러 이미 한국도 반미테러집단으로부터 여러 차례 공격을 당한 상황에서 중도의 대표적인 친미성향의 국가인 UAE 파병은 이

---

68) 최재천, 앞의 글, p.18.

러한 테러 위협을 높일 소지도 크다고 우려했다.[69]

　시민사회단체들의 UAE 파병에 대한 결론적인 주장은 '위헌적이고 불법
적인 UAE 파병은 명분도 실리도 없다. 더구나 한국에 대한 테러위협과 이
란 전쟁 발발 시 한국도 휘말릴 위험을 높이는 결과를 초래할 수 있다. 또
한 이명박 정부가 UAE 원전 수출 대가로 파병을 강행한다면 '국군최고통수
권자가 국군을 정권의 이익에 이용하고 있다.'는 의구심을 더욱 증폭시키게
될 것이다.'라고 했다.[70]

---

69) http://peacekorea.org/zbxe/63213(검색일: 2015.5.25.일).
70) 정욱식, "UAE 파병과 최악, 그러나 가능한 시나리오", 평화네트워크, 2011.1.3.

3 파병정책 결정에 대한 평가

　2010년도 한국군의 UAE에 군사훈련협력단의 파병은 국방외교·협력의 외연을 확대하여, 비 분쟁지역에 대해 한국-UAE 양국 간의 군사교류협력에 의한 새로운 개념의 파병으로서 기원을 마련하였다. 한국은 1991년 UN에 가입한 이래, 1993년 소말리아 상록수부대를 시작으로 국제평화유지활동에 참여하여 왔으며, 2000년대 들어 테러 등의 국제적 공조에 의한 대처가 필요하게 되어 다국적군 위주의 국제평화활동에도 지속적으로 참여하였다.

　2010년에 들어 '다른 성격의 전투부대 파병정책이 결정'되었는데 아직까지 이에 대한 연구가 전혀 없을뿐더러, 2015년 현재도 계속 파병임무를 수행하고 있는 중이라 연구에 많은 제한점이 있었다. 다만 큰 특징은 양국 간 국가이익 측면에서의 요청과 파병의 관계였기 때문에 파병이 협상과정에서 1수준인 국제관계의 협상은 큰 어려움이 없이 순조롭게 진행된 반면, 2수준인 국내협상에서는 새로운 개념의 파병에 대한 명분론, 파병정책 결정의 절차 등에 있어서 국회와 사회시민단체를 비롯한 여론의 뜨거운 찬반논쟁이 있었다.

1. 윈셋의 확대 및 축소요인

퍼트남의 양면게임이론은 외교정책의 결정이 국가와 국가 간의 협상과 정에서, 국가외적인 요소와 국내정치의 영향력간의 상호작용에 의해 결정된다는 것이다.

한국군의 UAE 특전부대 파병은 1991년 유엔 가입 후에 추진한 UN PKO 파병 및 MNF PO과는 달리 근본적인 차이가 있었다. 과거의 해외파병이 분쟁 해결 지원을 전제로 했다면, UAE 군사협력단의 파병은 비분쟁 국가의 군사교류협력 요청에 부응하고, 국가이익의 증진과 국방협력의 지평을 넓히는 차원의 파병으로서, 단순히 군사적 지원에 머무르지 않고 자국의 국가안보와 국익창출에 기여하는 방향으로의 패러다임 변화를 시도한 파병이라고 하였다.

이는 헌법의 '평화주의'와 국군의 사명인 '국가의 안전보장과 국토방위'의 위헌 이라는 명분상의 반대가 있었으나[71], 정부는 국군의 사명이 '국가의 안전보장과 국토방위에 있으며, 국민의 생명과 재산을 보호하고, 나아가 국제평화 유지에 이바지'하는 데 있으므로 큰 틀에서 UAE 파병은 국제평화주의 원칙에 부합되고 국가이익을 위한 것인 만큼 국군의 사명에도 부합[72]'한다고 해석하였다.

국제수준의 협상에 있어 한국의 협상대상은 UAE로써, 1980년 6월 18일 정식 수교하였으며, 2006년 11월 '군사협력에 관한 협정'을 체결하여 군사교류협력의 추진기반이 마련된 상태였다. UAE 측은 2010년 8월, 한국군의 파견을 통한 자국 군에 대한 교육과 훈련을 시키기 위해 파병을 공식적으로 요청하였다. 한국은 2009년 12월의 UAE에서의 한전수주를 계기로 양국의 관계를 '포괄적 · 전략적 동반자관계'로 격상시켜 경제 · 사회 · 문화 등 다양

---

71) 민주당 정책위원회, 「UAE 파병관련 공개 토론회」, 2010.12.30.
72) 신경수, 앞의 글, p.6.

한 교류협력을 확대하여 추진하고 있었다.

파병 요청을 받은 한국정부 당국은 현지실사를 한 후 관련부서와의 협의와 전문가 의견 수렴 및 정책적 공감대를 위한 세미나 등을 개최하는 등 파병을 추진하게 되었다.

UAE 한국군 파병 협상에 대한 윈셋을 도식화하면 〈표 5-7〉과 같다. 한국은 UAE의 파병 요청을 받아 협상을 주도(X1)하였으며, 당사국인 UAE는 별다른 조건 없이 한국군의 파병결정을 수용(Y1)하고 환영하였다. 반면 한국은 내부적으로 '새로운 개념의 파병'에 대한 야당과 시민사회단체의 반대와 파병정책결정 과정상의 절차문제 등으로 인하여 최초의 윈셋으로부터 좁아(X2)지기는 했으나 파병인원에 대한 안전의 확보와 경제적인 이익 등으로 협상에는 큰 문제가 되지 않았다.

윈셋의 결정요인에서 보면 국내 협상자의 국내적 입지는 강하였다고 볼 수 있어 윈셋이 큰 상태였다. 파병정책결정 및 협상의 과정에서 한국과 UAE의 윈셋이 모두 큰 사이즈를 가지게 되어 파병외교정책 결정과정이 협력적인(cooperative) 양상을 띠게 되었으며, 파병정책의 결정결과 또한 우호형으로 균형적 이익분배의 형태였다고 볼 수 있다.

〈표 5-7〉 한국과 UAE의 윈셋(Win-set)에 따른 협상

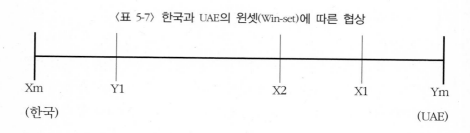

양면게임 측면에서 UAE 파병정책결정은 UAE와 한국정부가 협상내용에 대한 다른 요소의 압력이나 개입 없이 자발적으로 결정할 수 있는 정책적 환경과 여건이 형성되어 있었다. 따라서 UAE 파병을 결정함에 있어서

국내적 비준을 얻기 위한 수준, 즉 윈셋(win-set)을 특정수준에서 설정하거나 축소, 또는 확대하는 등 협상전략이 긴밀히 요구되지 않았다.

2. 파병정책 결정의 특징

UAE 파병결정 한국의 군사력을 해외에 새롭게 투사한 최초의 사례이다. 지금까지의 파병과는 달리 전투 위험이 없는 비 분쟁지역에서 국익창출과 양국 특전부대의 임무수행능력 향상 등을 목적으로 한 새로운 개념의 부대 파견이었다. 2011년 1월 11일, 이명박 대통령은 환송사에서 "아크부대 파병은 기존의 유엔평화유지군 및 다국적군 파병과는 다른 새로운 유형의 파병입니다. 이러한 군사협력을 통해 한국과 UAE는 '포괄적·전략적 동반자관계'를 더욱 두텁게 할 수 있을 것입니다. 나아가 한국의 에너지 안보를 튼튼하게 하고 중동지역에서 우리의 무역기반을 확대하는데도 큰 도움이 될 것입니다."[73]라고 그 성격을 규정하였다.

그러나 최초 UAE의 파병은 그 요청이나 한국의 파병제안 수용과정에서 2009년 원전의 수주가 영향을 주었을 것이고, 이 시점에서 모종의 파병관련 논의가 있지 않았나 하는 의혹을 갖게 하였다. 또한 파병의 명분을 두고 헌법의 평화주의와 국군의 사명에 대한 해석을 국민적인 공감대와 전문적인 자문의 과정 없이 정부의 자의적인 판단으로 헌법 제5조의 평화주의와 국가이익을 포괄적으로 해석하여 적용한 점이 지적되어 논란의 중심이 되었었다.

뿐만 아니라 위의 두 가지 이유 때문이었는지는 아직 규명할 수 없으나, 파병정책의 진행은 비교적 비밀리에 신속하게 추진되었다. 2010년 8월에 공식요청을 받은 사안을 가지고 10월에 현지실사를 거치고, 11월에 관계부

---

73) 대한민국 국방부, 「United Arab Emirates 아랍에미리트연방 UAE」, 보도자료, 2011. pp.1-26.

처의 협의를 한 후, 11월 9일에 국무회의에서 심의·의결을 하였고, 11월 15일 국회에 제출되었다. 국회에서는 소관 상임위원회의 심사와 질의, 토론, 제대로 된 표결도 없이 여당 단독의 일방적인 이른바 '날치기 처리'는 국민적인 공감대를 얻는데 소홀했다고 볼 수 있다.

당시에 반대론자들이 주장했던 UAE 파병의 명분에 대한 '원전수주 대가 의혹, 용병 파병론, 안보 수출론, 비즈니스 파병' 등에 대해서 국민들에게 이해시키고 공감을 얻었어야 하는 점이 아쉽다. 또한 절차상의 문제로, '새로운 개념의 파병'에 대한 헌법 및 법률상의 법리적 해석을 구하고, 파병에 문제를 제기하고 여론을 주도하며 반대운동을 전개했던 시민사회단체에 대한 설득과 국민을 대표한 국회의 정상적인 절차에 의한 충분한 논의와 검토가 생략되어 기한에 쫓기듯이 파병의 공식적인 요청으로부터 5개월 만에 파병을 서두르게 되어 국민적인 공감이 약하였다는 점을 지적하고 싶다.

그러나 분명한 것은 과거의 해외파병이 모두 국제기구 또는 강대국의 요청에 의한 파병이었다면, UAE에 군사협력단의 파병은 한국정부가 국정기조와 외교 국방 정책의 목표 하에 독자적으로 결정하고 능동적으로 추진한 파병이었으며, 국익증진과 국방협력의 지평을 넓힐 수 있는 계기가 마련되었다는 점이다.

한국의 UAE 파병은 UAE의 요청에 의해 UAE군의 교육과 훈련을 위한 국방외교의 일환으로 이루어지는 활동으로 한국과 UAE 정부 간의 양해각서에 따라 이루어지는 활동으로 볼 수 있다. 따라서 한국군의 UAE 파견활동이 군과 직접적인 관련성이 적은 특정한 경제적 교류과정에 논의된 것이라 할지라도 군의 해외파견 자체는 정부 간의 확대된 외교활동의 일환으로 이루어 졌다고 본다. 정부의 주장대로 '아크부대가 UAE군의 방위역량을 향상시켜 중동지역의 전쟁 억지를 통해 세계평화와 군사적인 안정에 기여하므로 헌법정신인 국제평화의 유지에 기여'하고 있다고 볼 수도 있다.

그러나 '군사협력단'의 파병 즉, 비 분쟁지역에 대한 파병은 군대의 '실전

경험'을 축적할 수 없다는 내재적 한계가 있다. 그런 면에서 앞으로는 군사협력단과 국제평화활동이 상호 보완적으로 기능할 수 있도록 '전략적 역할분담'을 재정립할 필요가 있다. 군사협력단은 비 분쟁지역에서의 국방교류협력과 군사외교활동을 전개하여 포괄적 국가안보 증진에 기여하고, 국제평화활동은 다양한 세계 각 지역의 분쟁 현장에서 반군 격멸-안정화 작전-평화재건지원 활동 등을 통한 다양한 실전경험을 쌓는 데 주력하는 방향으로 파병정책을 조정할 필요성이 있다.[74]고 볼 수 있다.

3. 소결론

냉전기 동안 군사안보를 중시하고 군사적 대립과 충돌에 치중했던 안보개념이 희석된 반면, 안보의 영역이 확대되어 소위 '포괄적 안보(comprehensive security)'의 개념이 국제질서를 주도하게 된 것이다. 포괄안보 환경 하에서는 외교, 경제, 군사 등 다양한 방어 영역이 상승작용을 하여 시너지효과를 낼 때 해당국의 안전 보장을 배가할 수 있다는 것이다. 말하자면 경제력과 군사력이 융합적으로 국가이익의 보위와 증진의 수단으로 기능함으로써 경제와 군사, 안보의 양대 영역이 시너지 효과를 거둘 수 있다.

한국은 지정학적 측면은 물론 지경학적 측면에서도 대외 의존도가 매우 높기 때문에 동맹국 및 우방국들과의 선린관계를 유지하고 평화와 안정을 도모하는 것이 한국의 생존과 번영, 통일전략에 절대적으로 필요하다고 본다. 더욱이 탈 냉전기 안보 질서는 더 이상 이데올로기가 아닌 경제 중심적 국가전략에 의해 주도되고 있다.[75]

이러한 측면에서 2010년이 파병정책이 결정된 'UAE 군사협력단'은 국익

---

74) 전제국, "UAE 파병의 전략적 함의", 『합참』 제46호, 2011. p.27.
75) 심경욱, "포괄안보시대 한국 안보전략 기조의 재 정향", 『군사평론』 제389호, 2007.10. pp.54-57.

의 보위에 있어 공간적·시간적 영역을 확대 했다고 볼 수 있다. 이와 같이 UAE 전투병 파병이라는 외교정책을 결정하였던 과정의 특징을 요약하면, 먼저 국제적인 수준에서의 협상은 한국정부와 협상의 상대인 UAE는 양쪽 모두 윈셋의 크기가 큰 상태에서 '가장 협력적(most cooperative)'로 협상을 진행하였다. 그 협상의 결과 면에서도 양개 협상 상대에게 모두 유리한 '절충형'의 결과를 산출하여 '균형적 이익이 분배'되었다고 판단할 수 있다.

다음으로 국내적 수준의 협상과 주요 행위자의 역할과 상호작용 및 특징을 분석해 보면, 첫째, 비 분쟁지역에서 양국 간의 국가 이익을 위해 군사협력의 차원에서 실시한 최초의 파병유형이라는 점에서 매우 의미가 큰 파병이었다. 둘째, 파병정책을 추진하고 결정하는 과정과 절차상에 있어서 비밀주의, 단기 속결주의를 강행함에 따른 국민적 공감대 형성과 지지획득에 실패하였다. 셋째, 파병의 명분에 대해 적극적으로 국민들과 국회, *여론*을 대상으로 설명하지 못하여 많은 불필요한 의혹과 반대를 불러일으켰다. 넷째, 국방부가 주도적으로 업무를 추진하고 외교통상부와 재정경재부 등이 협조하여 비교적 단기간에 파병안이 추진되어 관료집단의 역할이 제한되었다. 다섯째, 국회는 정부의 정책을 보완하고 견제하면서 의결과정에서 국민적 통합을 이루어야 하나, 해당 상임위원회의 검토나 의결도 없이 본회의에 상정되어 2011년의 예산안과 함께 여당 단독 표결로 파행 처리됨으로써 국회의 역할을 제대로 하지 못하는 결과를 가져왔다. 다섯째, 여론과 사회단체들은 정부에서 추진하는 새로운 파병정책에 대해 경제주의, 원전수주에 의한 용병 파병 등의 논리를 전개했으나, 파병 규모가 작고, 비 분쟁지역에서 교육훈련의 노하우를 전수하고 연합훈련을 하는 임무 수행 등으로 인한 파병장병의 안전 확보 등으로 그다지 절대적인 반대는 없었다고 본다.

21세기 주요 선진국들은 더 많은 에너지 자원의 지분을 확보하기 위해 외교, 안보, 경제, 군사 영역에 있어서 '지속가능한 발전(sustainable development)'를 위한 인프라를 구축[76)중에 있다. 국제질서는 필연적으로 경제안보와 군사안보가 한층 더 융합된 포괄안보 개념에 의해 주도되어가는 양태를 보이고 있다. 한국은 석유 소비량 세계 7위, 석유 수입은 세계 4위, 에너지 소비량은 세계 10위, 에너지 소비 증가율은 세계 8위에 올라있는 '에너지 대국'으로서 에너지 문제에 관한 한 대외적 민감성이 매우 큰 국가이다.

이제 한국도 포괄안보시대를 맞아 국방목표와 군의 임무영역을 더 이상 단순한 영토방위와 전쟁억제나 이미 확보한 국부의 보전에만 국한시키지 말고 국익의 보전은 물론, 새로운 영역에서의 국가이익 창출에도 적극적으로 기여하도록 정립할 필요가 있다.

한국군은 2010년의 UAE에 군사협력단을 파병하여 포괄안보의 새로운 지평을 열었다. 물론 파병을 위한 법적·제도적 절차가 제대로 정비되지 않아 파병의 필요성이 대두된 이후에야 서둘러 준비하다 보니 소모적이고 불필요한 반대와 논쟁으로 갈등을 불러 오기도 했다. 군사외교라 함은 '국가이익의 확보와 향상에 기여하는 군사부문의 대외적 노력'이다. 군사외교는 국방목표를 달성하기 위한 비군사적인 수단으로서 '해외'로 지향된 수단이다. 세계 각 국은 경제안보와 에너지 안보, 그리고 환경안보까지 논의되는 포괄안보 시대에 이르러서도 어떤 국가들이든지 그들 관계를 이해하기 위해서는 군사교류 및 방산협력의 수준이 가장 중요한 척도가 되고 있음은 부인할 수 없다.

한국은 통일시대에 대비하고 핵심적 국익 보호를 위해서 독자적인 영향력과 위상을 확보할 필요성이 증대되고 있다. 이에 대비하여 국제무대에서 한국의 입장을 지지해 줄 수 있는 '친구 국가군[77)]'을 만들고 관리해 나갈 필

---

76) 1992년 UN은 '리우선언'에 근거해 각 국에 국가지속가능발전위원회(NCSA) 설치를 권고하였고, 주요 국가들이 그 권고를 받아들였다. 한국은 2000년 대통령 자문 지속가능발전위원회(Presidential Commission on Sustainable Development)를 발족시켰으며, 참여정부에 들어와서 그 권한과 직능이 대폭 확대되었다.

77) 우즈베키스탄 등 중앙아시아 국가들(만주-몽골-중앙아시아-남부 러시아-헝가리로 이어지는 나라들), 카스피 해-중동-중앙아시아로 연결되는 유라시아 남부에 위치

요가 있다. 전략적 잠재가치를 내포하고 있으며, 선 투자외교가 필요한 국가군에 대해서는 협력관계를 창출하고 숙성시키는 데 가장 효과적인 대안인 군사교류·협력의 본격적인 개시와 발전이 요구된다.

한 자원 부국들은 단기적으로 한국의 국가(군사) 안보와 직접적 이해정도가 낮지만, 중·장기적으로 경제 번영과 국제위상 제고를 위해 '선투자 외교'가 절실하다고 판단되는 국가군을 말한다.

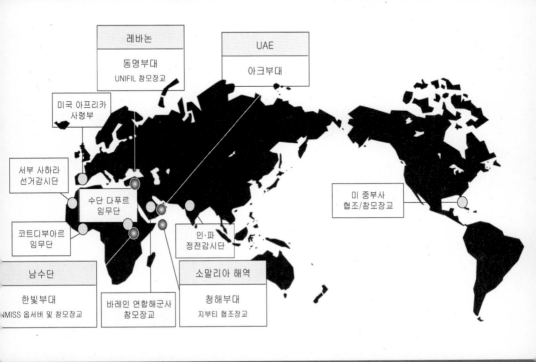

| 레바논 |
| 동명부대 |
| UNIFIL 참모장교 |

| UAE |
| 아크부대 |

미국 아프리카
사령부

서부 사하라
선거감시단

수단 다푸르
임무단

코트디부아르
임무단

인·파
정전감시단

미 중부사
협조/참모장교

| 남수단 |
| 한빛부대 |
| NMISS 옵서버 및 참모장교 |

바레인 연합해군사
참모장교

| 소말리아 해역 |
| 청해부대 |
| 지부티 협조장교 |

6

한국군 전투부대 파병정책결정
사례 비교 · 분석

▎ 파병정책의 환경

　한 국가의 외교정책을 이해하기 위해서는 정책결정에 관련된 제반 요인을 종합적이고 체계적으로 분석해야한다. 외교정책을 결정하는 요인은 국제정치체계나 지역 세력균형 등 국가가 처한 외적인 요인과 국내의 정치체계, 경제 · 사회적 상황 등과 같은 국내적 요인, 그리고 정책결정 참여자들의 인식체계 등을 들 수 있다.[1) 한국의 경우 외교정책결정에 대한 상대적 자율성이 낮은 상태 즉, 외부적 환경요소 특히 북한의 안보위협과 한미동맹으로 인한 영향이 지배적인 경향을 보여 왔다.

　그러나 냉전 이후 새로운 국제질서가 형성되면서 국가들은 상호의존성의 증가와 함께 외교정책결정에 범세계적 · 초국가주의 운동이 주도되는 등의 추세를 보이고 있다. 냉전시대에는 국가 간 분쟁(inter-state conflicts)이 주요 글로벌 안보 이슈였지만, 냉전 이후에는 국가 간 충돌보다는 인종 · 종교적 갈등, 반군의 도전, 정치적 파벌투쟁 등에 의한 국내분쟁(intra-state conflicts), 또는 내전이 주종을 이루고 있다. 냉전은 종식되었지만 국제안보 환경의 변화로 인해 국제평화활동의 중요성과 수요는 오히려 증가하였다.

---

1) 이정희, "한국외교정책 결정기구와 행위자", 『한국외교정책론: 이론과 실제』(서울: 법문사, 1995), pp.147-148.

1. 파병의 배경

탈냉전에 따라 국제평화활동은 종래의 유엔 평화유지활동 뿐만 아니라 평화강제를 포함하는 다국적군 평화활동을 포함하여 그 범위가 확장되었다. 또한 각 국가들은 국제화·세계화시대를 맞아 비 분쟁 지역의 국가들과 다양한 군사협력과 국익창출을 지원하기 위해 새로운 유형의 군을 파견하는 국방교류협력활동(DCA: Defense Cooperation Activities)에도 참여를 확대하고 있다. 본 연구에서 분석한 세 가지의 전투부대 파병사례는 약 5년의 시간적 차이를 두고, 세 정부에서 파병정책을 결정한 다소 상이한 배경과 특성을 보이고 있다.

동티모르는 1975년 포르투갈의 식민통치를 벗어나면서 인도네시아에게 강제 편입되었다. 인도네시아가 동티모르에 대해 미국과 오스트레일리아의 지원(또는 묵인)하에 '좌파성향의 혁명세력(FRETILIN)에 의해 독립된 국가 수립을 용납할 수 없다'는 논리로 강제편입시킴으로써 분쟁이 시작된 점에서 냉전시대의 대립구도와 관련이 있다. 동티모르에서는 인도네시아와의 강제합병에 반대하는 무장 세력들이 25년여 간의 독립투쟁 과정에서 동티모르 주민의 1/4에 해당하는 20여만 명이 인도네시아의 군·경·민병대에 의해 학살당하는 최악의 인권유린 사태가 발생하였다.

그럼에도 불구하고 인도네시아의 국제적 지위와 냉전구도 등의 이유로 UN을 비롯한 국제사회로부터 관심을 끌지 못하였다. 그러다가1991년 인도네시아군·경에 의해 살해된 고메즈(Gomez)를 추모하는 군중을 대량 학살하는 '산따끄루스(Santa Crus)사건'이 발생하였다. 1996년에는 동티모르의 독립운동을 주도해 왔던 벨로(Belo)주교 등이 노벨평화상을 수상함으로써 국제사회에 널리 알려지게 되어 본격적으로 UN이 이 문제에 개입하게 된 것이다. 국제사회는 동티모르의 인권상황을 개선하기 위하여 인도네시아-포르투갈-UN간의 협정을 체결하고 이를 감독하기 위하여 개입하였다. 이는 주민학살 등 극심한 인권유린과 기아사태에 대한 인도주의적 차원에서 이루어졌고, 특히 냉전구도 이후 새로운 국제질서 하에서 스스로 자국을 보호할 수 없는 상황이었기 때문에 불가피한 조치였다고 볼 수 있다.

2001년 발생한 9 · 11테러사건은 국제테러리즘의 확산과 함께 초국가적 · 비전통적 위협이 늘어나고 있으며, 최강국 미국을 비롯한 세계는 엄청난 심리적 충격과 분노에 휩싸였다. 미국의 부시(George W. Bush) 대통령은 2001년 10월 7일, 아프가니스탄에서 활동하던 알카에다 조직을 소탕하고 빈 라덴을 체포하기 위해 '항구적 자유 작전(Operation Enduring Freedom)'을 전개하여, 탈레반정권의 지지 기반인 칸다하르를 함락시키고 아프가니스탄에서의 전투를 종식시켰다.

이어서 미국은 대량살상무기(Weapon of Mass Destruction, WMD) 문제에 대한 해결 의지를 보이지 않는 이라크를 압박했다. 부시 미 대통령은 테러와의 전쟁을 천명하면서 '선제공격론'을 강조하였고, 네오콘(NEOCON)[2]이 전면에 나선 미 행정부는 이라크 정책에서 '봉쇄 또는 억지'가 아니라 '정권교체'를 추진했다. 2002년 11월 8일, '유엔 안보리 결의안 1441호'는 이라크가 이전의 유엔 안보리 결의안을 무시하고 대량살상무기와 탄도미사일을 개발하고 있다고 지적하면서, 유엔 사찰에 협력하지 않으며 거짓 보고를 한다는 내용이 포함되었다. 미국은 2003년, 이라크를 대상으로 대량살상무기 위협을 사전에 제거하고, 후세인의 독재정치로부터 이라크 국민들을 해방시킨다는 명분으로 2003년 3월 19일 '이라크 자유 작전'(Operation Iraqi Freedom)을 전개하였다.

2) neo-conservatives의 줄임말로, 2000년 9 · 11테러 이후 등장한 미국의 신보수주의자들을 일컫는 말로 딕 체니 부통령, 럼스펠드 국방장관, 울프 위츠 국방부부장관, 리비 부통령비서실장 등을 비롯한 보수 강경주의자들로서 이들은 부시 대통령의 대 테러전쟁 과정에서 아프가니스탄과 이라크 전쟁을 수행하게 하였다. (http://m.terms.naver.com/ 검색일: 2015.8.14.).

4월 10일, 연합군의 바그다드 입성으로 대규모 군사작전을 종료하였으며, 5월 1일, "이라크에서 주요 전투의 종료"를 선언하였다. 하지만 이라크에서 '새로운 형태의 전쟁'이 시작되었는데, 사담 후세인 정권의 몰락으로 이라크는 걷잡을 수 없는 혼란에 빠져들었다. 미군은 이런 상황에 대비한 훈련과 준비가 부족하였으며, 이를 해결하기 위해 유엔의 결의를 받아 국제적인 협조를 요청하게 된 것이다.

한국이 2010년 추진한 UAE의 아크부대 파병은 비 분쟁지역에 양국 간의 군사협력을 통한 국익창출을 목적으로 파병한 최초의 사례이다. 외교적으로 UAE는 1971년 연방수립이후 한국과 1980년 6월 18일 수교하였으며, 이후 2000년대 들어 지속적으로 협력확대를 위한 제도적 기반을 구축하였다.

경제적으로는 2009년 12월에 한국전력공사 컨소시엄과 총 400억 달러 규모의 원자력 발전소 건설공사 계약을 체결하였으며, 2009년 12월 이명박 대통령의 방문과 원전수주[3]을 계기로 양국 간 경제·산업 분야 협력강화를 위해 '강화된 경제 동반 관계 협정(Agreement for an Enhanced Economic Partnership)[4]'을 체결하였고 국방·안보, 교육, 보건, 문화 등 제반분야에서 '전략적 동반자 관계'를 발전시켰다.

UAE는 한국의 중동지역 제1위 수출시장이자 제2의 교역 대상국이며, 한국은 전체 원유의 9.4%, 가스의 11.7%를 UAE로부터 구입하여 제2의 원유 공급국이며, 1975년 동아건설이 최초로 UAE 건설시장에 진출한 이후 발전, 담

---

3) UAE 원전사업을 한국전력 컨소시엄이 국제공개경쟁에서 최종 사업자로 선정되어 계약 체결(2009.12.27.)하였는데, 140만 KW급 한국 신형원전(APR 1400) 4기를 2020년까지 건설하고, 준공 후 60년간 원전 운영을 지원하는 등 총 400억불(약 47조원)에 해당하는 사업; 국방대학교 PKO센터, 『아크부대 3진 파병성과 및 교훈집』, 2012, p.30.
4) 2009.12.27. 자원중심 협력에서 전분야로 협력범위를 확대, 주요내용(원자력, 재생 에너지, ICT, 조선, 반도체, 인력양성 및 기타 양국이 합의하는 분야 협력), 이행방향: 프로젝트별 책임기관 간 합의(MOU 등)에 따라 이행; 국방대학교 PKO센터, 『아크부대 3진 파병성과 및 교훈집』, 2012, p.30.

수, 항만 등 주요 프로젝트에 참여하는 등 약 130여 개의 기업이 진출하여 활동하고 있었다.

군사외교 분야에서는 한국은 2005년 4월 1일, UAE는 2010년 3월 29일 각각 무관부를 개설하였으며, 2006년 11월 15일, 한·UAE 간 군사교류협력 증진 및 대 UAE 방산추술 지원을 위해 '군사협력에 관한 협정'을 체결하였다. 이후 UAE는 2009년 12월부터 2010년 8월 어간의 교류협력을 통해, 한국군의 정예화 된 훈련 상태와 국방시스템을 도입하여 군을 발전시키고 중동지역의 군사적 안정을 꾀하기 위하여 한국과 적극적인 군사협력을 필요로 하게 되었다. 한국은 에너지원의 장기적·안정적인 확보와 원전, 건설, 방산수출 등의 경제적 국익 등을 위하여 협력을 확대하기 위해 한국군 특전부대의 파견요청을 수락하게 되었다.

위의 세 가지 파병사례는 배경 면에서의 공통적인 특징은 탈 냉전기 이후의 파병이면서 논란이 많은 전투부대의 파병이었다는 것이었지만 크게 보면 국제평화와 안정의 유지를 위한 파병사례였다고 볼 수 있다. 파병정책을 추진했던 당시 한국 정부의 입장을 정리해 보면 다음과 같다. 동티모르파병은 UN이 주도한 김대중 정부는 국제인권 개선과 평화유지활동 참여를 통해 국가위상 제고를 그 목적으로 하였다. 2004년, 노무현정부에서 추진한 이라크전 파병은 국제테러와 WMD 확산 방지에 대한 공조를 통해 한미 동맹체제유지 및 당시 한국의 최대 현안이었던 북핵문제의 바람직한 해결을 위해 동맹인 미국이 주도하는 다국적군으로 파병한 사례이다. 마지막으로 이명박 정부에서 2011년의 UAE 파병은 한국의 부존자원인 에너지에 대한 안정적 확보와 원전 및 방산수출 등 경제적·안보적 국익과 양국 간의 군사협력 증진을 각각의 파병 배경과 특징으로 요약할 수 있다.

2. 국제적 환경

냉전체제가 해체된 이후 대규모 전쟁가능성은 줄어들었으나, 국지적인 분쟁은 증가하고 그 양상도 다양해지면서 강대국들의 영향력은 감소되고, 국제기구인 UN의 역할이 강화되었다. 미국은 유일의 초강대국이라는 단극적지배의 이미지를 완화하기 위해 전략적·경제적 이익을 수호하면서 지역분쟁에 대한 선택적 개입을 하는 '개입과 확대정책(Engagement and Enlargement)'[5]을 추진하였다. 1999년 동티모르의 파병은 오스트레일리아가 중심이 되어 총 7,000여명으로 다국적군을 구성하였는데 미국은 144명이라는 소규모 병력만 파병하였다.[6] 그러나 2001년 발생한 9·11테러에 대한 국제적 공동조치 차원으로 실시한 '이라크 자유 작전'은 유엔의 결의도 얻지 못했지만 대규모의 군사력을 동원하여 작전을 전개하는 등 미국의 대외정책에 큰 변화를 나타냈다.

1) 동티모르 파병

1975년 11월 28일, 동티모르에서 포르투갈의 식민정권이 붕괴되면서 '혁명전선(FRETILIN)'은 '동티모르민주공화국(Democratic Republic of East Timor)'의 수립을 선포하였으나, 인도네시아는 '미국의 방조와 오스트레일리아의 지원'에 힘입어 1975년 12월 7일, 동티모르를 침공하여 강압통치를 시작하였다.

---

5) 개입과 확대전략은 미국이 전 세계에 걸쳐 자유시장경제의 확대와 민주주의 제도의 정착을 목표로 하는 정책으로서, 개입(Engagement)전략이란 미국이 냉전에서 승리를 선언하고 철수하는 것이 아니라, 동아시아에서 일본과 한국 등에 전진배치하고 이 지역의 안보 문제에 지속적으로 관여하는 것을 말하며, 확대(Enlargement)전략이란 비동맹국가 및 러시아, 중국, 베트남 등 구 적성국가들을 국제사회로 순치시켜 미국의 국익과 상충하지 않는 체제로 전환하려는 것을 의미함.
6) 정도생, "한국의 해외파병정책 결정과정에 관한 연구,"(단국대 박사학위논문, 2006). p.186.

UN은 1975년 12월 11일, '인도네시아군의 철수와 동티모르인의 자결권을 촉구하는 내용 등'을 비롯해 1982년 까지 총 8회에 걸쳐 결의안을 채택했지 만 어떠한 재제조치도 없이 방관하였다. 미국은 공식적으로 인도네시아의 동티모르 침공과 지배를 지지하지는 않았으나, 인도네시아의 행위를 제재 하기 위한 어떤 조치도 취하지 않았다. 오스트레일리아는 인접국으로서 동 티모르를 자국의 본토방위를 위한 전초기지로 중요시하였고, 인도네시아의 동티모르 지배를 공식적으로 인정한 국가였다.

동티모르는 독립을 위한 투쟁과 조직적인 저항을 계속하였고, 인권문제 를 국제적으로 부각시키면서 국제 인권단체들의 관심과 지지를 유도하여 '동티모르 인권보호'를 위한 각종 지원조직이 결성되었다. 과거 냉전기간 중에는 인권문제가 제기되더라도 내정불간섭이라는 명분에 의해 국제사회 의 개입이 어려웠다. 그러나 분위기가 바뀌어 "대량학살과 난민발생 등 인 권과 관련된 분쟁이 발생할 경우 그것이 비록 국내정치적 성격을 지닌 쟁 점이라 하더라도 국제사회의 인도적 개입이 가능하다."는 쪽으로 바뀌었다.

UN 안보리는 1999년 6월 11일, 포르투갈의 적극적인 역할 등으로 동티모 르의 인권 및 안전문제를 더 이상 방치할 수 없게 되자, 동티모르의 주민투 표 및 과도기간 중 감독임무를 수행하기 위한 '유엔파견단(UNAMET)'을 설 치했다. 동티모르의 독립에 대한 주민투표는 1999년 8월 30일 시행되어 9월 4일 결과가 발표되었는데, 예상외로 동티모르의 독립이 결정되었다. 이에 대해 친 인도네시아 계 민병대가 독립파에 대한 보복과 살인방화 및 약탈 을 대대적으로 자행하여 동티모르 독립을 지지했던 1천여 명 이상의 주민 이 고통을 받게 되는 최악의 긴박한 사태가 발생했다.

9월 15일, UN은 '동티모르 다국적군(INTERFET) 파병을 위한 안보리 결의 안 제1264호'를 채택하여, 오스트레일리아를 주축으로 동티모르 치안을 다 국적군이 이양 받았으며, 인도네시아군은 9월 27일부로 동티모르에서 철수 완료했다. UN은 1999년 10월 25일, '안보리 결의안 제1272호'의 근거에 따라

'유엔과도행정기구(UNTAET)'를 설치하였으며, 다국적군은 2000년 2월 28일 부로 유엔평화유지군(UN PKO)체제로 전환됐다.[7]

2000년 8월 7일, 제1차 '동티모르 과도정부 연립내각(ETTA)'이 출범했으며, 2002년 5월 20일 '띠모르레스떼 독립정부'가 출범했다. 한편 유엔행정기구는 '안보리 결의안 제1410호'에 따라 동티모르 독립과 동시에 '유엔동티모르지원단(UNMIEST)'으로 개편해 2003년 5월 20일까지 정부의 기능발휘를 지원했다.[8]

2) 이라크 파병

2003년의 국제환경은 미국과 이라크에 대해 냉담했다. UN 안보리 상임이사국들도 미국의 정책에 동조하지 않거나 소극적인 태도를 보였다. 이라크 주변 국가들은 이라크와 정치·경제 분야 교류에 관심을 기울이고 있었으나, 이라크 안정화에 대해서는 자국 이익의 입장에 기초한 시각을 견지한 가운데 안정화에는 소극적이거나 경제교류를 위한 관계 강화에만 적극적인 모습을 보였다.

터키는 쿠르드자치정부(KRG)에 대한 영향 확대를 노력 중이었으며, 이란은 시아파 중심의 정부를 유지하고 있으며, 미국과 대립관계를 보이는 가운데 핵 재처리 계획중단 요구 거부 및 지속적인 핵 개발의지를 표명하고 있었다. 시리아는 적대세력이 국경을 경유하여 이라크로 유입되는 상황에 대해 방관 및 방조하고 있으면서도, 이라크에 대한 지원 의사를 표명하는 등 이중적인 태도로 이라크 안정의 핵심은 동맹군의 조기철수라고 주장하는 했다. 사우디아라비아와 쿠웨이트는 친미 노선을 유지한 가운데 에너지 및 대외정책을 펴고 있었다.

---

7) 권행근외, 『2001 UN PKF 참모귀국보고서』, 국방대학교 합동참모대학, 2001, p.43.
8) UN Security Council, *"Resolution 1410"*, 17 May 2002: http://www.un.org/Docs/scres/2002/sc2002.htm.

미국은 2003년 5월 1일, 군사작전의 종료를 선언한 후, 동맹군은 임시 군
정체제를 적용하여 '재건 및 인도적지원국(The Office of Reconstruction and
Humanitarian Accistance ORHA)'을 설치하고, 6월 1일부로 '연합군임시행정
처(Coalition Provisional Authority CPA)'로 명칭을 변경하였다. CPA는 UN 안
보리결의안에 의거 이라크 내 제반 권한을 보유하였으며, 2004년 6월 1일,
이라크 임시정부에게 주권을 이양하고 해체되었다.

3) UAE 파병

2009년의 국제정세는 세계경제위기의 극복, 기후변화 문제 논의 등을 위
한 국제사회의 공조가 강화되었고, 2010년도에는 이란과 북한의 핵개발 문
제, 중 · 일 및 러 · 일간의 영토문제, 신흥국가들의 역할확대 등이 국제정세
의 변화요인으로 작용하였다. 기후변화, 에너지 안보, 환율문제 등 새로운
글로벌 이슈가 부각되는 가운데 G20이 새로운 국제정치 및 경제 질서의 관
리체제로 부상하였다. 미국은 다자주의에 입각한 국제협력 기조를 유지하
면서 경제통합 및 지역안정 노력에 적극 참여하였다. 중동지역에서는 이스
라엘의 5월 가자 구호선단 폭격, 10월 정착촌 건설 동결해제 등의 조치로
이스라엘 · 팔레스타인 평화협상은 난항을 겪었으며, 이란의 핵문제는 'UN
안보리결의 1929호', 미국의 '포괄적 이란 제재법' 등 국제사회의 압박에도
불구하고 뚜렷한 해결의 가능성이 보이지 않았다.

세계경제는 국제 원자재가격 상승, 유럽 재정위기 확산 우려 등으로 매
우 불투명하였다. 그러나 경제위기 이후 우려되었던 보호무역주의는 G20을
중심으로 한 국제사회의 적극적 대응으로 우려 수준에 이르지는 않았다.
북한은 2009년 5월 25일, 2차 핵실험을 강행하는 등 심각한 도발을 거듭했
으며, 한국정부는 관련국들과의 긴밀한 공조 하에 'UN 안보리 결의 1874호
채택' 등 국제사회의 단호하고 일치된 대응을 이끌어 냈으나, 6자회담에는
복귀시키지는 못했다.

3. 국내적 환경

한국의 전투부대 파병정책을 결정한 세 정부의 성격과 국정방향은 〈표 6-1〉과 같이 요약할 수 있다.

〈표 6-1〉 전투부대 파병 정부별 성격과 국정방향

구 분	성격	국정기조	외교·안보·통일 국정목표
김대중 정부	국민의 정부	– 참여민주주의 – 민주주의와 시장경제의 병행 발전 – 생산적 복지 – 화해 협력(햇볕정책)	– 국익중심의 경제·문화·외교 의 강화 – 남북한 화해협력의 실현 – 냉전구조의 해체와 자주적 집 단안보의 구축
노무현 정부	참여정부	– 국민과 함께하는 민주주의 – 더불어 사는 균형사회 발전 – 평화와 번영의 동북아 시대	– 균형적 실용외교 – 협력적 자주국방 – 신뢰와 포용의 대북정책
이명박 정부	실용정부	– 섬기는 정부 – 활기찬 시장경제 – 능동적 복지 – 인재대국 – 성숙한 세계국가	– 원칙 있는 대북정책과 튼튼한 안보 – 정상외교를 기반으로 한 글로벌 네트워크 구축 – 선진강군으로 가지 위한 국방 개혁의 추진

출처: 한국행정연구원, 『대한민국 역대정부 주요정책과 국정운영, 6권 김대중 정부 (문정인), 7권 노무현 정부(주재현), 8권 이명박 정부(김성배)』, 서울: 대영문화 사, 2014.

1) 동티모르 파병

1998년 한국은 김대중 대통령이 이끄는 '국민의 정부'가 출범하였다. 당시 정치상황은 '여소야대'의 정국으로 여·야간 정쟁이 가열된 상황 하에 있었고, 각종 정부시책을 결정하는 데도 국가의 이익을 떠나 정쟁으로 일관하는 상태에 있었다. 당시 한국정부의 외교정책은 민주주의, 시장경제, 인권, 환경 등 인류 보편적 가치의 신장과 범세계적 문제해결에 우선을 두었다.

정부는 대북포용정책을 기조로 남북한이 주체가 되고 주변 4강이 지원하는 평화체제 구축에 주력하였다. 이러한 여건을 조성하기 위해 취임 이후 활발한 정상외교를 통해 주변국가의 협조를 얻어내고자 하였다. 김대중 대통령은 1998년, 1999년 두 차례의 방미를 통해 한·미 동맹관계와 안보협력을 재확인하였고, 한국의 경제위기 극복을 위해 미국의 지원과 협조를 약속받기도 하였다. 또한 대북 포용정책에 대한 미국의 지지를 유도하면서 한·미 안보동맹관계를 공고히 하고 북한의 핵 의혹시설과 미사일 등 대량살상무기의 확산에 대해 공동 대처하는 데 주력하였다.

경제적으로는 IMF위기로 인해 한국경제의 총체적 위기라는 최악의 상태였으나, 1999년을 기점으로 다시 성장률이 회복되기 시작하였고, 동티모르 파병결정은 한국의 경제가 회복 되어가는 시기에 이루어졌다. 군사·안보적으로는, 통일 문제에 대해 상당한 관심과 식견을 쌓아온 김대중 대통은 취임 후 일관된 '햇볕정책'으로 이어졌다. 한편 북한은 경제난을 비롯한 총체적 위기상황에 직면하여 군부 중심의 위기관리체제를 운용하면서 정치적으로는 비교적 안정적으로 체제를 유지한 것으로 평가되고 있다.[9]

2) 이라크 파병

2003년의 노무현 정부는 탈권위주의와 탈지역주의 속에서 대화와 타협을 통한 '참여정부'로의 변화를 보였다. 노무현 정부의 의사결정체계 중 이전 정부와 구별되는 대표적인 것 중 하나는 국가안전보장회의인데, 대통령에 대한 자문기구의 역할을 넘어 정책을 기획 및 조정하는 역할을 수행한 것이다. 국가안전보장회의가 외교·안보정책을 통합 및 조정하였고, 참여정부의 외교·안보정책을 일관되게 추진할 수 있었다.[10] 진보성향의 이종석

---

9) 정진위 외 공저, 『새로운 동북아질서와 한반도』(서울: 법문사, 1998), p.11.
10) 곽동진, 『노무현 정부의 정책결정과정과 관료정치에 관한 연구』(성균관대학교 박사학위논문, 2011), p.160.

이 사무차장으로 부임하면서 대부분의 외교·안보 현안 문제에 관해 청와
대의 국방·안보보좌관 및 외교부, 국방부 등 관료와 의견이 상충하는 상황
이 발생하였다.

정부 출범 당시의 국회는 여소야대의 구조 속에 놓여 있었으며, 대통령
의 당내 위상은 여전히 소수파 비주류였다. 국회는 헌정사상 최초로 대통
령을 탄핵하여 높아진 국회의 위상을 보여주었다. 2004년 4월, 17대 총선에
서 열린우리당이 승리하여 여대야소 국회를 만들어낼 수 있었으며, 이른
바 386세대가 국회의원에 대거 당선되어 원내로 진출하였는데, 진보세력이
제도권 정치에 진입하게 되었다.

3) UAE 파병

이명박 정부는 2010년도는 '성숙한 세계국가 실현'을 위해 정상외교 지평
확대, G20 정상회의의 성공적 개최, 국제사회 내 역할 확대, 국민과 기업의
해외활동 지원을 '외교 중점추진과제'로 추진하였다. 이와 함께 고유가 시
대에 대비하여 걸프협력회의(GCC), 중남미 등 자원부국과의 포괄적 우호협
력관계를 강화하고, UAE 원전수주를 계기로 원전수출활동도 적극 전개하
였다. UAE는 중동지역에서 방산물자를 다량으로 구매(연간 20억 불 수준)
하는 국가로 대 서방 방산수입 다변화를 도모하고 있어 한국의 적극적인
방산협력의 추진이 필요한 것으로 판단하였다.

한국의 대 UAE 군사정책의 방향은 방산·군수협력 및 국가 경제적 진출
을 뒷받침하며, 한반도 안보상황과 관련하여 한국의 정책지지를 유도하며,
이라크 파병관련 우호적 여건 및 성공적 임무수행 여건을 조성하는 것으로
설정하였다. 이후 한국과 UAE는 3차에 걸친 군사협력회의(2008년 12월, 2009
년 12월, 2010년 4월)를 실시하여 국방협력의 기본방향을 협의하였다. 2010
년 2월 한국의 국방장관과 UAE 총참모장간의 회의를 기점으로 UAE 측에서
는 2010년 12월 까지 총 18건, 173명이 방한하였으며, 한국의 특전사 대표단

이 2010년 7월 UAE를 방문하여 특전부대 간 훈련협력회의를 하였다.

UAE와의 경제협력 분야에서 2009년 12월 27일, 한전컨소시엄을 UAE 원전사업 최종 사업자로 선정하였으며, 양국은 포괄적인 경제협력 관계를 구축해 나가기로 해 '포괄적·전략적 동반자관계'로 양국 간의 우호 협력관계를 설정하였다.[11] 2010년 5월, UAE 아부다비 왕세자 모하메드 빈 자이드 알 나흐얀(Mohammed bin Zayed Al Nahyan)이 방한하여 이 대통령을 예방하고 원전 건설·경제협력, 에너지, 투자 등 관심 사안에 대한 협의 하였다. 원자력 발전소시설과 특전사를 방문하였으며, 수교 30주년을 맞아 '전략적 동반자 관계'를 심화·발전시키는 계기가 되었다.[12]

4. 파병의 요청과 한국의 정책목표

1) 동티모르 파병

김대중 대통령은 UN총회, UN인권위원회 등 주요 국제회의에서 인권증진 분야에 관심을 집중하였다. 1999년 9월초, 동티모르 독립관련 주민투표 결과가 발표되면서 유혈 사태가 발생하자 국제사회 여론은 유엔을 비난하기 시작했다. 유엔은 '유엔 평화유지군'을 동티모르에 파병시키기 위해 인도네시아 정부에게 '국제평화유지군 파병제안'을 수용할 것과 사태의 긴박성에 따라 '유엔 평화유지군' 파병 전까지 한시적으로 '다국적군'을 구성하여 동티모르에 전개시키는 방안을 마련했다. 유엔은 9월 6일, 세계 각국에 동티모르 다국적군 구성방침을 통보하면서 참가여부를 비공식적으로 문의했으며, 한국정부도 동티모르 파병에 관한 문제를 검토하기 시작했다.

9월 12일, 제7차 '아시아·태평양경제협력체(APEC)' 정상회의에서 한국의 김대중 대통령이 동티모르의 인권개선과 치안유지의 필요성에 대해 주도

11) 외교통상부, 『2010 외교백서』, pp.88-90.
12) 외교통상부, 위의 책, p.105.

적으로 관심과 지원을 유도하는 역할을 수행하였다. 9월 12일, 인도네시아 하비비 대통령은 유엔사무총장에게 다국적 평화유지군의 파병을 수용하고 공식 요청하였다. 유엔 안보리는 9월 15일, 동티모르 평화와 안정을 회복하기 위해 다국적군 파병과 무력사용을 승인하는 '결의안 제1264호'를 만장일치로 통과시켰다. 같은 날 유엔사무총장은 안보리 결의를 근거로 한국군의 파병을 공식적으로 요청하면서, 파병부대의 성격, 규모, 시기 등에 대해 조속한 시일 내에 통보해 줄 것을 희망해 왔다.[13]

김대중 대통령은 APEC 기간 중 '한국은 인권국가로써 동티모르의 인권개선을 위해 국제적인 활동에 적극 동참할 것임'을 천명하여 파병의사를 분명히 했다. 한국정부는 "UN 회원국으로서 UN의 국제평화유지 노력에 적극 참여하고, 동티모르의 평화와 안전의 회복과 아시아·태평양지역의 안정, 인권보호 및 민주화에 기여하기 위하여 동티모르 다국적군에 국군부대를 파병키로 하였다."면서 파병 정책목표를 세 가지로 설명하였다.[14]

첫째, UN의 평화유지군활동에 참여하여 지역평화와 안정, 민주주의의 신장을 위한 국제사회의 노력에 적극적으로 동참할 때 우리의 국제적 위상을 높일 수 있다. 둘째, 우리가 아시아 평화를 위한 평화유지활동에 참여함으로써 앞으로 있을지도 모르는 한반도 긴장상황 때 국제적 여론을 우리 쪽으로 유리하게 이끄는 것은 물론 구체적인 지원을 얻기 위한 명분을 확보할 수 있을 것이다. 셋째, 동티모르에 평화가 정착되고 안정이 회복된 뒤 경제복구 및 자원개발에 참여할 수 있는 유리한 여건을 조성 할 수 있다는 점 등을 들었다.[15]

13) 국회사무처, "제208회 국회 통일외교통상위원회 회의록" 제1호, (1999.9.17.). p.2.
14) 국회사무처, 위 회의록, 제2호 (1999.9.27), p.5.
15) 정도생, 앞의 논문, p.149.

2) 이라크 파병

2003년 당시 참여정부는 외교안보 정책에서 5가지로 국가이익을 정의했다. 국가안전보장, 자유민주주의와 인권신장, 경제발전과 복리증진, 한반도의 평화적 통일, 세계평화와 인류공영에 기여 등이었으며, 이에 따라 국가안보의 전략기조로 '평화번영정책의 추진, 균형적 실용외교 추구, 협력적 자주국방 추진, 포괄안보 지향'을 꼽고 있었다.

이라크에 전투 병력을 파병하는 한국정부의 최종 방침은 '이라크 평화정착 및 신속한 재건지원'이라는 명목 이면에, '주한미군 일부 병력의 이라크 차출'이라는 미국의 최후 통첩성격의 압력으로 인하여 정부와 여당 내에 '파병불가피론'이 대세를 형성하였기 때문이라고 할 수 있다. 또한 당시 이슈가 되었던 '북한 핵문제의 평화적 해결'과 '한반도 평화체제구축을 위한 한미동맹'을 고려한 국익차원의 추가파병 결정이었다. 또한 이라크 다국적군 평화활동에 참여하여 지역의 평화와 안정, 국제사회의 기대에 부응하고 대한민국의 위상을 제고시키며, 아울러 이라크에 평화가 정착된 이후에는 재건 및 경제개발에 참여할 수 있는 유리한 여건으로 국가이익을 도모할 수 있는 정책목표 달성도 가능하다는 내부적인 명분을 표명하였다.[16]

한국정부가 파병을 결정한 정책목표를 정리하면 다음과 같다. 첫째, 헌법에 명시된 국제평화유지에 이바지하고, 유엔 안보리에서 채택된 '대(對)이라크 다국적군 파병 및 재건에 관한 결의안'에서 의결한 세계 및 중동지역의 평화와 안정에 기여하기 위함이었다. 둘째는 이라크 국가재건과 국민에 대한 인도적 구호의 필요성 때문이었다. 셋째는 대외적 국가 위상제고와 국익증진에 기여하기 위함이었다. 넷째, 파병부대 임무완수를 통해 향후 이라크 전후 복구사업에서 경제적 이익의 창출 여건을 보장해 주는 역할 등을 기대할 수 있기 때문이었다.

---

16) 조현행, "한국군 국제평화활동에 관한 연구"(건국대 박사학위논문, 2013) pp.158-159.

3) UAE 파병

이명박 정부는 '성숙한 세계국가'를 지향하는 '글로벌 코리아'정책을 추진하였고, 중동은 에너지 자원 확보와 주요 방산 수출, 그리고 대형 국책사업이 이루어지는 중요한 지역으로 국방부는 중동국가들과 국방교류 및 방산협력을 강화하고 있었다.

2006년 11월 15일, 한국은 UAE와 양국군 간 군사협력증진 기반을 조성할 목적으로 '한-UAE 군사협력에 관한 협정[17)]'을 체결하여 군사교류협력을 추진할 수 있는 기반을 마련하였다. 이 협정의 주요한 내용으로 양국 간 군사협력분야에는 총 9가지가 있는데, 그 중 세 번째 항이 "군사교육 및 훈련 분야에서의 협력"을 포함하는 것으로 명시되어 있다.[18)]

2009년 12월, 한국은 UAE에서의 원전수주를 계기로 '강화된 경제 파트너십 협정'을 체결하게 되었으며, 양국의 외교관계는 '포괄적·전략적 동반자 관계'로 격상되었다. 2010년 2월에는 UAE군 총참모장이 방한하여 군사 교류협력방안을 폭넓게 논의한 후, 모든 군사협력분야로 확대하기로 협의 하였다. UAE가 요청한 파병은 UN 평화유지군이나 다국적군과는 달리 비 분쟁지역에서, 국익창출과 특수전부대의 임무수행능력 향상 등을 목적으로 하는 '새로운 개념의 부대파견'이었다.

한국은 파병정책의 목표를 'UAE 특전부대에 대한 교육훈련 지원을 통해 UAE군의 안보와 걸프지역의 안정을 도모하고, 유사시 한국 국민을 보호'하는데 두었다. 군의 해외 파견을 통한 군사교류협력의 확대는 유사시 한반도 방위 역량을 강화하는 데 도움이 될 뿐만 아니라, 다양한 환경 하에서의 해외전지훈련은 한국 특수전 부대의 전투력 향상에도 기여할 것[19)] 이라고

17) 조약번호 제1848호, 「대한민국 정부와 아랍에미리트연합국 정부 간 군사협력에 관한 협정」.
18) 국방대학교 PKO센터, 『아크부대 3진 파병성과·교훈집』, 2012, pp.28-30.
19) 신경수, "「UAE 군사협력단」 파견에 대한 이해", 『UAE 파병 관련 공개 토론회』, 민주당 정책위원회, 2010.12.30. pp.3-6.

인식하였다.

한국은 UAE에 파견을 통한 정책 목표는 다음과 같다.[20] 첫째, 양국 간의 안보협력강화이다. 군의 해외파견을 통한 군사교류협력의 확대는 한반도 유사시 방위역량을 강화하는 동시에 우방의 확보에도 긴요하며, 에너지 안보 및 걸프지역의 안정에 기여할 것으로 판단하였다. 둘째, 한국군의 전투력 향상에 기여이다. 다양한 작전환경에서 첨단 대테러 장비 및 시설을 활용하는 동시에 타국 군과의 연합훈련을 통해 임무수행능력을 배양할 수 있다는 것이다. 셋째, 유사시 우리 국민의 보호이다. 2010년 현재 UAE의 한국 교민은 약 3,100명 수준이나 향후 지속적으로 증가할 것이며, 교민의 보호를 위해서도 필요하다는 것이다. 넷째, 국가이익의 증진이다. UAE와 한국은 방산·군수 협력의 소요가 증대되는 추세이므로 UAE는 중동지역 방산수출의 전진기지로 활용될 수 있어 경제협력 확대에도 긍정적인 역할을 예상되었다.

〈표 6-2〉 한국군 전투부대 파병 정책목표

구분	파병 임무	파병정책 목표
동티모르 상록수 부대	동티모르 치안유지 및 안전회복	- UN 평화활동 참여로 국제적 위상제고 - 인권 및 민주화 등 국가의 도덕성 제고 - 유사시 한반도 평화와 통일의 국제적 지지기반 확보 - 경제복구 및 자원개발 참여여건 기대
이라크 자이툰 부대	이라크 평화정착 및 재건 지원	- 국제 평화유지에 기여 - 이라크의 국가재건 및 국민의 인도적 구호 - 한국의 대외적 국가위상 제고 - 향후 전후복구 참여 등 경제적 국익 증대
UAE 아크부대	양국 간 군사훈련 협력	- 양국 간 안보협력 강화 - 한국군의 전투력 향상 기여 - 유사시 현지 한국 교민의 보호 - 국가이익의 증진

20) 신경수, 위의 글, pp.8-9.

2 파병정책의 결정요인 및 과정

1. 국제수준의 협상

1) 동티모르 파병

한국의 동티모르 파병 국제협상 대상은 UN과 인도네시아, 그리고 다국적군을 주도한 오스트레일리아였다. 미국은 탈냉전 이후 여러 분쟁지역에 개입해 왔으나 동티모르에서는 적극적인 개입을 회피하였다. 이는 인도네시아의 전략적 중요성 때문인데, 인도네시아는 냉전 당시 사회주의의 팽창을 막는 중요한 지역이었고, 석유를 포함한 풍부한 자연자원과 2억이 넘는 저렴한 인력 등은 서방국가들로 하여금 인도네시아의 손을 들어주게 만드는 주요한 요인이 되었다. 그러나 1991년 발생한 동티모르 '산타크루즈(Santa Cruz) 대학살사건'은 전 세계의 분노와 규탄을 불러왔고, 동티모르의 외교대표위원장 라모스 오르타(Ramos-Horta)와 정신적 지도자인 벨로(Belo)주교에게 1996년 노벨평화상이 수여되면서 동티모르의 학살과 인권 탄압문제는 더 이상 묵과할 수 없게 되었다.

한국의 동티모르 파병은 지역체제의 관점에서 볼 때, 다국적군을 주도한 오스트레일리아 군을 견제하기 위한 인도네시아의 적극적인 요구도 작용하였다고 볼 수 있다. 오스트레일리아는 인도네시아와 티모르 섬을 가운데 둔 인접국가로서 이 지역에 대한 영향력을 강화하고 동티모르의 자원에 대한 국가이익의 차원에서 다국적군을 주도하게 되었기에 이를 견제할 필요가 있었으며, 그런 측면에서 가급적 아시아 국가들의 파병을 선호하는 입장을 보였다. 인도네시아정부는 유엔평화유지군을 수락할 수밖에 없는 상황에서 다국적군을 주도하는 오스트레일리아를 견제하는 차원에서도 한국을 비롯한 아시아 국가들의 파병을 오히려 환영하였다고 본다.

한국의 동티모르 파병에 대한 국제협상은 김대중 대통령의 적극적인 외교활동으로 선제적, 주도적으로 이루어졌다. 1999년 9월 11일, 제7차 APEC 정상회의에 참석한 김대중 대통령은 중국 장쩌민 주석과 정상회담과 한·미·일 3개국 정상회담에서 동티모르 유혈사태에 대해 우려를 표명하면서 인도네시아 정부의 즉각적인 조치를 촉구했다.

뿐만 아니라 인도네시아 재무장관과 여러 외신과의 인터뷰에서 동티모르 사태에 대한 우려와 한국군의 파병방침을 표명하는 등 적극적으로 나섰다.[21] 9월 12일 저녁 인도네시아 대통령은 유엔의 제안을 수용하였는데, 이같은 인도네시아의 태도변화는 국제사회의 압력과 함께 동티모르의 인권문제 해결에 대한 김대중 대통령의 역할이 상당한 것으로 평가됐다.

한국의 동티모르 파병은 1964년 베트남 파병 이후 26년 만의 전투부대 파병인 동시에, 특히 1991년 유엔가입 후 첫 전투부대 파병이라는 역사적 의의를 갖고 있다.

2) 이라크 추가파병

2001년 9·11테러는 미국의 외교정책 및 군사전략에 전반적인 변화를 가져왔는데, 군사력 우선주의, 정권교체, 선제공격 등 신보수주의자들의 주장이 전면에 나타났다. 2003년 3월 20일 미국과 영국 연합국은 이라크를 침공

---

21) 『조선일보』, chosun.com=199909110408; 『동아일보』, 1999.9.12. p.5.

하였다. 미국은 유엔안보리의 동의 없이 국제사회 대다수 국가가 이라크전에 반대함에도 불구하고 9·11 이후 전쟁을 감행하였다. 2003년 3월 20일 미국이 개전을 선포할 당시, 전투 병력을 파견한 나라는 영국, 호주, 폴란드의 3개 국가였으며, 공병, 의무 등 비전투병력을 파견한 국가는 한국 등 15개 국가, 쿠웨이트는 군수물자 수송을 위한 주요 플랫폼 기지를 제공하였다.

2003년 5월 1일, 이라크 전쟁은 부시 대통령의 종전선언 후에 오히려 미국에게 불리하게 전개되었다. 미국은 부족한 병력으로 말미암아 독자적으로 이라크의 질서회복과 정부수립까지 모두 감당하기 어려운 상황에 직면했으며, 특히 '후세인 압제로부터 이라크 국민의 해방'이라는 정의의 전쟁임을 부각시키기 위해 '이라크의 안정화' 임무를 명분으로 파병 및 지원을 요청하게 되었다. 한국에 대한 2차 이라크 파병의 요청은 2003년 9월 3일, 리차드 롤리스 미 국방부 부차관보가 청와대를 방문하여 독자적인 안정화 작전 수행 가능한 여단과 사단의 중간 규모 부대의 파병 가능성을 타진해 왔고, 9월 7일 부시 대통령이 공식적으로 한국 등 29개국에게 파병을 요청하였다.

한국정부는 이라크 전투병 파병을 국민여론과 국제적 동향, 현지조사단의 확인결과, 유엔 결의안 통과 등을 종합해 신중히 결정한다는 기본입장을 밝히고 구체적인 활동에 착수했다. 2003년 10월 16일, UN 안보리에서 미국이 이끄는 다국적군을 창설하고 이라크 전후 복구와 재건을 지원하도록 촉구하는 '이라크 지원결의안 1511호'가 통과되었으며, 정부에서도 명분 없는 전쟁에 병력을 파병한다는 비판에서 벗어날 수 있었다. 11월 17일 한·미 연례안보협의회(SCM)에서 한국은 3,000명 이내의 병력을 4월에 파견하겠다고 미국 측에 통보하였으며, 미국은 구체적인 파병은 한국에서 결정할 사항이라면서 빠른 시간 내에 파견해 줄 것을 요청하였다.

한국은 자체적으로 10개 지역을 검토하여 4개 지역을 선정한 후 1개 지역을 독자적으로 맡는 것을 미국과 협의한 결과, 키르쿠크의 173공정 여단과 대체하는 것에 합의했다. 파병시기는 준비기간 3개월을 고려하여 4월말을 전후하여 가능한 것으로 판단하였는데, 부대의 전개는 미국이 추가파병을 요청한지 약 9개월이 경과한 시점이었다. 파병의 대외적 명분은 유엔 안전보장이사회의 '대이라크 다국적군 파병 및 재건에 관한 결의안 1511호(2003.10.16.)'와 '이라크 임시정부 수립 및 다국적군 주둔에 관한 결의안 1546호(2004.6.8.)'에 근거를 두었으며 쿠르드 지방정부의 동의와 요청에 의한 것이었다.

이라크 파병은 미국의 최초 요청과는 파병의 규모 · 임무 · 파병지역 · 파병 시기 면에서 많이 다른 최종상태에 이른 것은 양면게임이론에 의한 협상과정의 영향이 크게 작용한 결과였다.

3) UAE 파병

UAE는 분쟁이 발생하고 있는 지역은 아니다. 2013년 현재, UAE에 군을 파병하고 있는 국가는 미국, 프랑스, 캐나다, 오스트레일리아, 이탈리아, 네덜란드, 영국, 독일, 뉴질랜드, 스웨덴 등이다. 이들 국가 중에는 전쟁이나 테러 혹은 분쟁에 대비하기 위한 목적으로 UAE에 파병한 국가는 없으며, 지역안보 차원의 국방교류협력을 목적으로 하는 파병이거나, 전략적 관점의 파병이 주를 이루로 있다.

그러나 UAE가 현재는 정치적으로 안정된 비 분쟁지역이라고 하지만, 이란과의 도서 영유권분쟁이 언제든 가시화 될 수 있고, 시리아 등 주변 아랍 국가들과의 지역안보문제는 중시하지 않을 수 없는 것이다. 그러한 사태가 발생할 경우 한국은 원유의 안정적 확보에 큰 타격을 받게 될 것이며, 국제사회의 분쟁 해결노력에 동참하지 않을 수 없게 될 것으로 전망된다.[22]

---

22) 부형욱 · 이근수 · 탁성한,『한국군 해외파병활동 성과평가』, 한국국방연구원, 2012. pp.145-149.

2010년 8월, UAE가 파병을 요청한 '군사훈련협력단'은 '분쟁이 없는 곳'에 한국군을 파견하는 첫 사례로서, 지금까지의 국제평화활동과는 전혀 다른 개념의 파병이었다. 한국군의 UAE 파견은 양 당사국인 UAE측의 요청으로 비롯되어 한국이 독자적으로 파병정책을 결정한 새로운 파병의 유형이다. 2009년 12월 UAE 원전수주를 계기로 한국과 UAE는 '다원적이고 미래지향적인 전략적 동반자관계'로 격상되었고, 이에 따라 국방 분야에서도 다방면의 교류·협력이 활성화되었으며, '군사훈련협력단'의 파견도 그 일환으로 이해할 수 있다.[23] .

2010년 8월, 한국 국방장관의 UAE 방문 시 왕세자와 총참모장은 'UAE의 특수전부대도 한국군 특전사처럼 세계적 수준의 최정예부대로 육성하고 싶다.'는 의지를 피력하면서 한국 특전부대의 파견을 공식적으로 요청했다. 한국의 입장에서도 UAE는 에너지안보에 매우 중요한 전략적 파트너로써 UAE의 안정과 평화, 나아가서는 걸프·중동지역의 안정에 기여할 수 있다고 볼 수 있다.

이와 같은 한국-UAE의 입장을 고려해 볼 때, 군사협력단의 UAE 파견은 양국 모두의 국익에 도움이 되는 win-win 효과를 창출하며 양국관계를 포괄적·전략적 동반자 관계로 진화, 발전시키는 주춧돌이 될 것으로 전망했다. 한국의 안보지평을 글로벌 차원으로 확장하고, 방산수출의 활성화와 기업의 해외 진출 및 에너지 공급원의 안정적 확보 등 '경제안보'에 일조하며, 해외국민 보호와 한국군의 전비태세를 강화하여 한반도 유사시 전쟁지원국 확보 등 한반도 안보증진에 기여할 것으로 기대했다.

4) 파병정책결정사례의 공통점과 상이점

세 파병사례를 비교분석한 결과 국제적 수준 협상의 공통점은 다음과 같다.

---

23) 전제국, "UAE 파병의 전략적 함의", 『합참』 제46호, 2011. p.23.

첫째, 한국은 파병으로 인해 국제평화의 유지와 안정에 기여한다는 명분으로 정책이 결정되었다. 동티모르는 특히 주민학살과 피난사태로 부터의 인권개선을, 이라크는 후세인의 압제로부터 국민들을 해방시키고 세계적인 위협이 되는 대량살상무기를 색출하여 처리하며, 무차별적인 테러의 위협을 공동의 노력으로 해소시키자는 명분에 동참한 것이다. UAE 파병도 양국 간의 교류에서 출발하여 UAE 군의 군사력이 강화되어 중동지역이 정치 · 군사적으로 안정되는 데 장기 전략적으로 기여할 수 있다고 볼 수 있다.

둘째, 향후 한국 정부 및 기업들에게 기대되는 경제적 이익이 고려되었다. 동티모르의 파병은 결정함에 있어 인도네시아와의 자원 교역관계 교민들의 안전문제, 티모르 섬 주변의 대량 매장되어 있을 것으로 예상되는 원유 및 가스 등의 장기적인 에너지 자원 확보 등을 염두에 두었다. 이라크 파병도 전후의 중동지역 재건과 질서 재편에 있어 한국의 입지를 공고히 하고 세계 최 강대국인 미국과의 안보적인 신뢰를 쌓는 것도 작용했다고 본다. UAE 파병은 원유 및 가스의 장기적인 자원 확보와 원전, 건설 등의 산업진출에 직접적으로 기여할 것으로 보았다.

셋째, 한국의 국제적 위상에 걸 맞는 역할을 감당함으로써 국가위상의 제고를 기대하였다. 한국은 경제발전과 민주화를 동시에 이룩한 국가로서 1999년 APEC 회의 간 대통령의 적극적인 활동으로 국제적인 관심과 지지를 획득했으며, 2000년에는 노벨 평화상수상하기도 하였다. 이라크 파병을 통해 사단급의 전투부대를 파병하여 독자적인 지휘체계로 일정한 지역에서 임무를 수행할 수 있는 국가로 인정을 받았으며, UAE 파병은 세계최강의 특전부대로 자국의 군대를 양성하기 위한 모델로 교육훈련을 전수해 주는 한국군의 위상을 말해주는 요소라고 할 수 있다.

세 파병사례의 상이점은 다음과 같다. 첫째, 냉전기 이후 전투부대의 파병임에도 불구하고 그 성격이 모두 다르다는 것이다. 동티모르 파병은 UN

안보리의 결의에 의해 최초에는 오스트레일리아가 주도하는 다국적군으로 파병되었다가 나중에 UN PKO로 전환되어 치안유지를 주 임무로 하였다. 이라크 파병은 미국이 주도하는 다국적군의 일원으로 파병하여 평화유지 및 재건지원임무를 수행하였다. UAE 파병은 양국 간의 요청과 협의에 의해 특수전부대가 파병되어 '군사훈련협력'의 임무를 수행하고 있는 점에서 각각 상이한 점을 보인다.

둘째, 국제적 수준의 파병 협상과정이 상이하게 진행되었다. 동티모르 파병은 김대중 대통령이 주도적인 역할을 하였다. APEC 회의 참석차 적극적인 활동으로 인하여 공식적인 파병 요청이 있기도 전에 파병의 방침을 공표하였고 충분한 논의나 검토의 과정이 없이 20여일 만에 파병을 하였다. 이라크 추가파병은 파병방침은 조기에 결정하였으나, 파병부대의 성격, 수행임무, 파병규모, 파병지역, 파병시기 등에 있어서 국내적으로 충분한 여론과 논의를 거쳐, 미국과 국제수준의 협상을 통해 최초 요청안과는 많은 부분에서 상이한 파병정책의 결정을 가져왔다. 한편, UAE 파병은 UAE의 요청에 대해 한국군 측의 실사를 통해 폭넓게 수용하여 5개월 만에 파병을 실행하게 되었다.

셋째, 파병정책결정에 영향을 미친 주변요소들이 각각 상이하였다. 동티모르 파병시 한국은 IMF로 부터의 경제위기 극복과 '햇볕정책'으로 불리는 남북화해 협력과제가, 이라크 파병 시에는 9.11테러에 대한 국제적인 공조와 북한핵문제의 평화적 해결 및 주한 미군 전력의 유지 등이 중요한 관심사였으며, 다양한 국민적 관심과 의견이 협상에 반영되었다. 한편 UAE 파병 시에는 '글로벌 코리아'를 지향한 자원외교와 녹색성장, G-20세계정상회의 등 선진일류국가 건설을 내세우고 있었다.

2. 국내수준의 협상

1) 동티모르 파병

동티모르 파병정책은 결정과정에서 김대중 대통령의 파병의지가 강하게 작용하였다. 1999년 9월 11일, 제7차 APEC 정상회의에서 김대중 대통령이 동티모르 문제의 평화적 해결에 적극적인 관심을 표명하면서 동티모르의 평화유지활동의 필요성을 주도적으로 거론한 데 따른 것이다. 해외에서 귀국한 김 대통령은 파병에 대한 국민적 공감대 형성을 위해 전직 대통령들을 청와대로 초청하여 파병의 목적을 설명하였고, 박준규 국회의장에게도 여·야가 초당적 입장에서 파병 안에 동의해 주기를 당부했다. 한편, 국회의 반대 여론도 있었지만 결국 동티모르 평화유지군 파병결정은 인권을 중요시하는 김대중 대통령의 적극적인 의지가 작용한 것이었다.

전투부대 파병은 물론 파병 자체를 부정적으로 판단했던 국방부와 외교부 등도 외부 여건의 변화에 따라 전투부대 파병에 대해 보다 적극적인 입장을 제기하기 시작했다. UN 안보리가 다국적군 파병결의안을 만장일치로 통과시킨 직후인 9월 16일, 한국정부는 제71차 국가안전보장회의 상임위원회를 열어 "보병 1개 대대 규모(400명 내외)의 국군부대를 동티모르 다국적군 통합지휘체제에 파견할 것"을 의결하여 9월 20일, 대통령에게 보고하였고, 9월 21일에는 국무회의 의결을 거쳐 정부안을 확정하였으며, 같은 날 국회에 동의를 요청했다.[24] 정부 부처 주도의 평화유지활동 파병결정은 충분한 검토 없이 불과 2주 만에 확정짓는 과정을 보여주었다. 이러한 과정에서 동티모르의 평화유지활동에 대한 파병결정은 다른 대안들에 대한 충분한 검토와 이를 위한 전문가들의 조언, 여론의 구체적인 분석 없이 정부 주도의 일방적인 정책결정이 이루어졌다고 볼 수 있다.

---

24) 대한민국정부, "국군부대의 동티모르 다국적군 파견동의안", 1999.9. 국회홈페이지 의안정보(동티모르 검색), p.337; 『조선일보』, chosun.com=199909210505.

국회는 정부의 파병안이 언론에 발표되자 여당과 야당의 시각차가 확연하게 노출되었다. 여당은 유엔에서의 위상과 책임 있는 국제사회의 일원으로서, 그리고 민주주의 및 인권보호 차원에서 동참한다는 '명분'과 국익증진의 기회로 활용할 수 있다는 '실리'의 양측 면을 동시에 고려한 결정임을 강조하였다. 야당인 한나라당은 평화유지군 참여 자체에 대해서는 반대하지 않으나, 실 전투병력 파병은 신중을 기해야 한다는 입장과 함께 정부의 일방적인 파병 결정에 대해 불만을 나타냈다. 9월 27일, 제208회 국회 통일외교통상위원회 제2호 회의에서 정부가 제출한 '국군부대의 동티모르파견 동의안'을 심의했는데, 상임위원회 의결을 거치지 못한 상태로 본회의에 상정되었다. 1999년 9월 28일 17시, 제208회 국회 제1차 회의에서 야당은 파병 반대의사를 명확히 표명한 후 표결에는 참가하지 않고 퇴장함으로써 표결에는 파행적으로 통과되었다.

여론면에서 정치개혁시민연대 등 38개 시민단체는 1999년 9월 13일 '동티모르 독립을 위한 시민연대'를 구성해 기자회견을 갖고 이례적으로 정부에 대해 유엔 평화유지군 파병을 촉구하는 한편 동티모르 독립지원을 위한 범국민운동을 선언했다. 시민단체들이 외국의 인권문제에 대해 한 목소리로 파병을 주장하고 나선 것은 전례가 드문 일이었다.[25] 한편 인도네시아 교민들은 "전투 병력의 파병을 반대한다."는 내용의 탄원서를 각 정당에 제출했으며, 9월 20일자 조선일보에 "한국군의 파병을 반대한다."는 광고를 게재함으로써 파병논의는 국회에서 더욱 심각하게 충돌했다.[26]

2) 이라크 파병

노무현 대통령의 개인적 요인은 대통령이 광범위한 개입을 자제하는 한

---

25) 『조선일보』, 1999.9.13-14일자.
26) 최용호, 『한국군 동티모르 파병과 띠모르레스떼 탄생』(국방부 군사편찬연구소, 2006), pp.109-110.

편, 전체적인 방향의 설정과 정책 결정 시스템의 확립에 집중하게 만들었다. 또한, 구체적인 협상과 정책입안 과정은 기존 체제의 역할과 기능을 존중하였고, 개입이 필요할 때에는 자신과 인식을 공유하는 정책결정참여자를 통해서 방향설정에 관여하였다.[27] 이라크 전 파병은 갈등을 조절한 리더십과 파병을 단행하되, 독자적 파병안을 결정한 것은 노 대통령의 개인변수가 작용하였고, 개인변수가 역할변수와 정부변수에 영향을 미친 것으로 평가할 수 있다.

노무현 대통령은 북핵문제 해결을 한·미동맹을 강화하여 평화적으로 해결하는 것을 국익으로 규정하고, 미국으로부터 자율권을 확보하는 것을 병행하여 추진하였다. 이라크 전 파병 결정은 한반도 안정과 평화를 위한 방편으로 작용했으며, 대통령은 개인적인 소신에 반함에도 불구하고 외교·안보적 이익을 추구하는 의지가 잘 반영된 것이 이라크 추가파병정책 결정이다.

한국정부는 이라크 전투병 파병을 국민여론과 현지조사단의 확인결과 등을 종합해 신중히 결정한다는 입장을 가지고 구체적인 활동에 착수했다. 이 과정에서 정부 내 이견이 나타나기 시작했으며, 청와대 국방관련 참모, 재경부, 국방부, 외교통상부 등은 미국의 요구에 보다 신속하고 적극적으로 응하는 것이 한국의 국익에 유리하다고 주장했다. 청와대 내 국방, 외교라인의 시각이 파병찬성으로 편향되어 있다고 비판하면서 파병불가피론에 반대 입장을 표명하는 등의 정부 내에서도 군 및 관료 측과 민간인 측의 의견에 차이가 있었다. 마침 2003년 10월 16일, UN 안보리에서 이라크 전후 복구와 재건을 지원하도록 촉구하는 '이라크 지원결의안 1511호'가 통과되었으며, 한국도 파병의 명분을 얻게 되었다. 이라크 추가 파병은 2003년 10월 16일, 유엔 안보리에서 '이라크 지원결의안'이 통과되자 한국 정부는 추

---

27) 국정홍보처, 『참여정부 국정자료집 ⑤: 외교·안보』(서울: 국정홍보처, 2008), p.20.

가파병 입장을 공식적으로 발표하였다.

그러나 이러한 정부의 발표에 대하여 상당수 의원들이 파병반대운동에 가세했다. 국회 이라크 현지 조사단은 11월 18일부터 26일까지 조사를 벌인 뒤 12월 2일, 지역담당 독립부대의 파병을 제안하기도 했다. 2003년 12월 14일 4당 대표와 합의를 한 후, 12월 24일 국회에 제출된 이라크 추가 파병안에 대한 국회의 논의는 노무현 대통령의 탄핵정국을 맞이하여 결국 해를 넘겨 2004년 2월 13일, 59명의 의원들이 시민사회의 낙선운동 등의 영향을 받아 불참한 가운데 재적 212명 중 찬성 155명, 반대 50명, 기권 7명으로 이라크 추가파병 동의안을 통과시켰다.

이라크 파병 당시의 한국사회는 민주화·다원화하면서 정부의 정책결정에 참여하거나 영향을 미치는 행위자들(actors)이 크게 증가했다. 언론과 시민단체, 전문가 집단들이 중요 행위자로 부상하였으며, 특히 국민여론을 주도한 언론과 시민단체들(NGOs)의 영향이 커졌다. 2003년 3월, 미국이 이라크를 침공하자 국제 여론은 미국의 일방주의를 비난했고, 국내의 여론은 'UN의 동의가 없는 전쟁'이라는 의견이 지배적이었다. 2차 파병 때 반대여론이 증가한 것은 이라크의 치안이 종전 후 더욱 악화된 것도 있지만, 전투병 파병이었기 때문이었다.

이라크 파병 결정과정에서는 NGO, 즉 시민단체가 등장하게 되는데, 이들은 광범위한 정보 공유 및 공감대를 형성하여 시민사회 형성과 활동에 큰 기여를 하였다. 그뿐 아니라 시민운동을 하던 사람들이 국회와 정부에 대거 입성하여 직접 정책을 입안하거나 기획하는 기회가 급속히 증가하여 NGO의 영향력이 급속히 확대되었다. 반면에 '대한민국재향군인회' 등 115개 단체로 구성된 '범국민구국협의회'는 파병을 지지하고 나섰으나, 보수성향의 시민단체 운동은 진보계열의 시민단체 운동에 비해 비조직적이고 소극적이었다.[28]

2004년의 한국의 국민여론은 이라크 전투부대 파병결정에 중요한 요인으로 작용하였다. 이처럼 많은 논쟁을 겪으면서 시민단체가 이라크 전 파병 결정과정에서 활발한 활동을 전개하였으며, 의사결정 과정에 많은 참여를 하였고, 정부는 여론의 힘을 얻어 미국과의 협상에서 유리한 파병안을 이 끌어냈다.

3) UAE 파병

2010년도에 한국의 이명박 정부는 '선진화를 통한 세계 일류국가'를 국가 비전으로 설정하고, '성숙한 세계국가' 구현을 국정목표로 외교안보 정책을 추진하였다. 한국은 지정학적(地政學的)으로 동북아의 대륙과 해양의 요충 지에서, 지경학적(地經學的)으로는 자원이 부족하고 인구밀도가 높아 국제 문제에 보다 민감하게 관심을 가져야 하는 맥락에서 '성숙한 세계국가를 지 향하는 글로벌 코리아' 정책은 의미가 있다고 볼 수 있다.

한국 정부는 '국군부대의 UAE군 지원 파견' 목적을 'UAE 측의 요청과 협 의에 따라, 국익창출과 다양한 지역에서의 우리 특전부대 임무수행능력 향 상 등[29]'으로 정리하였다. 그러나 파병 명분론의 반대 논지는 UAE에 대한 파병은 경제주의, 시장주의, 대가주의, 계약관계에 의한 파병이 아닌가 하 는 측면으로 비판을 가하였다.

정부는 UAE에 파병은 새로운 국익창출의 모델에 의한 '신 개념의 파병'이 라고 했다. 분명히 과거의 분쟁지역 파병과는 다른 성격의 새로운 방식의 파병은 국회와 시민사회에서 많은 논란을 불러 일으켰다. 한편, UAE 파병 의 정책결정 과정이 밀실에서 이루어졌다고 의혹을 제기하였는데, 2009년 12월, 원전수주의 대가로 양국이 포괄적 군사교류협정(MOU)을 맺으면서도

---

28) 심정창, "한국 외교정책의 미국요인에 관한 연구"(관동대 박사학위논문, 2004),
    p.165.
29) 의안번호 9897, 「국군부대의 아랍에미리트(UAE)군 교육훈련 지원 등에 관한 파견
    동의안」, 2010.11.15.

정부가 그 구체적인 내용은 공개하지 않고 1년 가까이 밀실에서 파병을 추진해 오다가 갑자기 국회에 동의를 요청하여, 소관 상임위원회 심의도 거치지 않고 국회 본회의에서 새해 예산안에 끼워 날치기 통과시켰다고 주장하기도 했다.30)

2010년 8월에는 한국의 김태영 국방장관이 UAE를 방문하였는데, UAE측이 한국군 특전부대의 UAE 파견과 긴밀한 군사훈련 협력을 한국 측에 공식적으로 요청하였다. 한국 정부는 2010년 11월 9일, 국무회의에서 「국군부대의 아랍에미리트(UAE)군 교육훈련 지원 등에 관한 파견 동의안」을 심의 · 의결한 후 2011년 11월 15일 국회에 제출31)하였다.

UAE 파병과 관련하여 정부 부처 내에서 충분한 검토가 이루어졌는지에 대해서도 짚어 봐야할 문제이다. 또 하나의 논쟁은 UAE파병과 대형 원전수주와의 연관성으로 '경제주의, 대가주의, 계약관계'등에 의한 주장으로 경제적 이득을 획득하기 위한 파병론의 경계에 있었다.

국회는 2010년 12월 8일 제294회 정기회 본회의를 통해 2011년도 예산안 의결과 함께 「국군부대의 아랍에미리트(UAE)군 교육훈련 지원 등에 관한 파견 동의안」은 재석 157인 중 찬성 149인, 반대 2인, 기권 6인으로 가결되어 선포되었다.32) 그러나 일부의원들은 본회에서 처리된 파병안에 대해 철회를 촉구하기도 했는데, 선례가 없는 새로운 형식의 파병에 대해 '평화주의' 및 '국군의 사명'에 대한 헌법적 해석과 절차상의 문제로 국회에서 토론과 심의와 표결이 있어야만 했다'고 주장했다.33)

언론에서의 주요 보도내용은 MBC 는 파병안의 절차와 내용상의 문제를 지적했고, 사) 민주언론시민연합은 각 언론사 미디어 및 NGO 담당기자와

---

30) 정욱식, "UAE 파병, 원전 수주할 때마다 파병할 텐가?",『UAE 파병관련 공개토론회』, 민주당정책위원회, 2010.12.30. pp.30~32.
31) 의안번호 9897, 앞의 동의안(2011.11.15.).
32) 국회 본회의 회의록, 제294회-제15차(2010.12.8.)
33) 최재천, 앞의 글, p.14.

사회부 기자들에게 '용병식 파병' 추진에 대해 논란을 제기 하였다. 참여연
대 평화군축센터는 파병비용을 한국 정부에서 전부 부담하는 데 대해 파병
자체가 가져오는 국익은 애당초 없었다는 점을 부각 시켰다. 평화네트워크
는 이명박 정부가 원전 수주의 대가로 처음부터 파병을 계획하고 있던 것
아니냐는 의혹을 제기 하였으며, UAE 파병은 중동의 한국교민에 대한 테러
위협을 높일 소지도 크다고 우려했다.[34] 시민사회단체들은 '위헌적인 UAE
파병은 명분과 실리가 없을뿐더러, 한국에 대한 테러위협과 중동 분쟁 시
휘말릴 수 있다는 단초가 되며, 또한 정부가 원전 수출 대가로 파병을 강행
한다면 '국군이 정권의 이익에 이용'된다는 의구심을 받을 수 있다고 했다.

4) 국내수준의 협상에서의 공통점과 상이점

동티모르, 이라크, UAE 파병의 국내수준의 협상에 있어서 공통점은 다음
과 같다.

첫째, 파병에 대한 명분론에 항상 휩싸이게 되었다. 동티모르 파병은 미
국과 일본도 파병을 안 하는 데, 왜 전투부대를 파병하느냐, 자원대국인 인
도네시아와의 관계에 대한 문제, 파병장병들의 안전문제 등을 집중 거론
하였다. 이라크 파병은 최초 유엔 안보리의 결의가 없어 동맹인 미국의 강
요에 의한 파병이라는 외교상의 부정적인 측면이 부각되었다. UAE 파병은
원전수출과의 연계의혹과 헌법상의 평화주의에 대한 해석 등이 논란의 대
상이었다.

둘째, 파병정책결정과정에 대한 절차상의 문제가 대두되었다. 동티모르
는 정부의 일방적인 정책추진에 대해, UAE는 행정 밀행주의 등으로 인한
국민여론 무시한 파병이 되었다는 것이다.

셋째, 파병정책의 결정의 주도적인 역할은 대통령의 역할이었다. 동티모

---

34) http://peacekorea.org/zbxe/63213(검색일: 2015.5.25.).

르는 대통령의 APEC에서의 활동을 비롯하여 선도적으로 정책을 추진하였고, 이라크는 여론과 검토는 충분하게 하되 중요한 결정과 지침은 대통령이 역할을 하였으며, UAE는 대통령의 정상외교가 파병을 잉태하는 역할을 하였을 것으로 추측할 수 있으며, 국회의 통과를 위해 대통령이 적극 설명과 설득의 활동을 한 것을 들 수 있다.

상이점으로는, 첫째, 해외파병에 대한 장기 전략적인 목표가 없이 정권의 치적에 이용될 수 있다는 여지를 남겼다. 동티모르-인권개선, 이라크-한미동맹을 활용한 북핵문제의 해결, UAE-경제적 국익 등을 명분으로 하여 국가의 중대사인 군대의 해외파견을 추진할 수 있다는 것이다. 둘째, 국민여론 및 언론, 시민단체의 역할이 점차 확대되고 있다. 한국은 민주화와 경제선진화를 동시에 이룩한 나라로써 이에 따라 사회도 다양화되어 이들의 목소리와 역할이 정책결정에 미치는 영향력이 지대하다고 할 수 있다. 셋째, 동티모르와 UAE 파병은 특별한 협상의 과정 없이 단시일 내에 파병정책이 결정되었으나, 이라크파병은 요청기한에 구애받지 않고 충분하게 국내적인 여론과 검토의 과정을 거쳐 최초의 요청과는 규모 및 성격, 파병 지역 및 시기, 임무수행 등이 변화된 파병정책을 결정하게 되었다.

3. 협상참여자의 역할과 상호작용

1) 대통령의 특성과 역할

한국의 전투부대 파병정책을 결정함에 있어 대통령의 역할은 다른 변수들에 비해 큰 영향을 미쳤다고 볼 수 있다. 이는 한국이 전통적인 대통령중심제를 채택하고 있으며 국회의 기능이 지역주의와 당리당략에 치우쳐 올바른 국민의사의 대변과 행정부의 견제역할을 하지 못하였다는 데서도 그 이유를 찾을 수 있다.

〈표 6-3〉 파병정책결정 간 대통령의 역할과 상호작용

구 분	대통령의 역할		협상의 상호작용
	공 통 점	상 이 점	
동티모르 파병 (김대중)	-파병의 명분으로 국제평화주의와 국가이익 제시	-인권대통령, 인권국가의 이미지 -파병정책결정과 추진의 주도적 역할	-국제적 위상의 제고 -정부와 국회의 설득 -시민사회단체의 지지
이라크 파병 (노무현)	-파병장병 및 교민 등 국민의 안전 우선시	-한·미 동맹과의 자주적 외교의 표방 -파병정책결정의 절차와 국민 여론수렴 중시	-국제적 요구에 미흡 -정부·국회·여론의 충분한 논의와 검토여건 조성 -파병요구에 구애받지 않고 독자적 파병 안
UAE 파병 (이명박)	-한국의 국제사회에서의 역할과 위상 제고	-실용적·글로벌 노선 -파병정책결정과정에서 개인·역할 변수로서의 미약한 활동	-정상회담 등을 통해 파병정책의 여건 조성 -외교·경제·국방 분야의 새로운 교류협력 개척

(1) 동티모르 파병

동티모르에 상록수부대 파병을 결정하는 과정에서, 인권을 중시해 왔던 당시 한국의 김대중 대통령은 제7차 APEC 정상회의에서 동티모르의 인권문제에 대한 국제사회의 역할을 강조하여 분위기를 주도하여 인도네시아로 하여금 유엔의 다국적군 파병을 수용하도록 하는 한편, 9월 13일에는 '한국의 동티모르 다국적군 참여'를 선언[35]하였다.

이에 대해 국내에서는 파병의 찬반에 대한 논란이 발생하였고, 파병을 반대하는 측에서는 위험지역에 대한 전투병의 파병에 대해 국민의 여론수렴과정도 없이 대통령이 일방적으로 결정한 데 대해 파병의 명분과 국민의 안전 등을 들어 정치쟁점화 하였다. 그러나 김대중 대통령은 전직 대통령들을 초청하여 파병의 필요성과 당위성을 설명하였고, 국회의장에게도 메시지를 보내 여야가 초당적인 협조를 당부했다.

35)『조선일보』, 1999.9.14.

정부의 파병정책 결정은 UN안보리의 결의와 UN 및 오스트레일리아의 파병요청이 있은 9월 15일보다 2일이나 앞선 9월 13일이었는데, 이는 이미 김대중 대통령이 파병을 결심해 놓은 상태에서 수순을 밟아나간 게 아닌가 생각해볼 수 있다.36)

이것은 1999년의 외교정책과제 중의 하나가 '인류 보편적 가치신장 및 범세계적 문제해결에 기여하는 외교'라는 목표를 달성하면서, 김대중 대통령 자신이 '인권대통령' 한국을 '인권국가'라는 이미지를 제고하기 위한 목적도 있었다고 보며, 내면적으로는 햇볕정책과 노벨평화상 수상을 염두에 둔 것이라는 추측도 가능하다. 따라서 동티모르의 파병결정은 김대중 정부의 인권외교 목표와 대통령의 '인권대통령 김대중'을 인식시키는 계기가 되었다고 분석할 수 있다.

(2) 이라크 파병

노무현 대통령은 자주적인 외교정책을 주장하였다. 이라크 추가파병정책 결정에서 파병의 명분이 있는 파병은 하고 그렇지 않은 파병은 하지 않겠다는 것이 개인적인 생각일 수는 있으나, 당시 북한 핵문제의 평화적인 해결과 주한미군의 재배치로 인한 한반도 안정의 와해 등을 고려하여 파병은 하되 국민적인 여론을 충분하게 수렴하여 파병의 규모와 성격, 시기, 지역 등을 결정하겠다는 입장으로 상당기간 '전략적모호성'을 유지하였다.

노무현 대통령은 다양성을 인정하고 민주적인 의사결정과정을 거쳤으며, 파병정책을 결정할 때는 신중하게 판단하되 결심은 대통령이 직접 하고나서는 국정연설을 통해 국회를 설득하여 파병을 이끌어 내었다. 정부 내에서도 NSC와 외교부·국방부 간의 이견의 조율이 필요했고, 여·야간에도 파병의 명분과 국민의 안전, 파병이 미치게 될 영향 등에 대한 논의가 엇갈

---

36) 정도생, 앞의 논문. p.155.

렸다.

여론에서도 시민단체와 언론이 파병에 대한 논란의 중간에서 찬반운동을 주도하는 등의 많은 조율과 검토의 과정이 필요했다. 노무현 대통령의 파병정책결정은 개인적인 명분이나 소신과는 달리 역할변수의 영향이 크게 작용하였다고 볼 수 있으며, 이러한 특성과 과정들이 국제수준의 협상과정에 투영되어 미국의 요구조건을 충족시키지 않고 한·미간 다소의 갈등을 겪어가면서도 한국의 독자적인 파병안을 이끌어냈던 것이다.

(3) UAE 파병

2010년의 이명박 정부는 '선진일류국가 건설'을 비전으로 설정했는데, 이는 당시의 사회경제적 문제들을 극복하고 발전과 통합의 시대정신을 구현하려는 의지였다. 대외적으로는 국제사회에서 목소리를 분명히 낼 수 있고 선진국과 신흥국의 가교역할을 할 수 있는 신진 선진국으로써의 위상을 위한 것이다. 이명박 정부의 외교정책은 '정상외교를 기반으로 한 글로벌 협력 네트워크의 구축'으로 요약할 수 있다.

UAE 파병을 두고 새로운 국익 창출의 모델에 의한 '신 개념의 파병'이라고 말한다. 이는 경제적인 협력과 '한-UAE 군사협력'을 통한 관계증진 등 보다 실질적인 국가이익을 지향하는 UAE 파병은 분명 과거 분쟁지역 파병과는 다른 성격을 갖고 있다. 이명박 정부는 출범 초기부터 '자원외교'를 표방하였고 자원외교의 일환으로 중동지역에 대한 새로운 관심과 접근이 강조되었고 정상외교도 이에 맞추어 전개되었다고 볼 수 있다. 결국 UAE 파병안은 '자원외교'와 '군사외교'가 유기적으로 연계된 가운데 실질적 국가이익 증진이라는 국가정책 목표를 창출하는 새로운 모델을 구체화한 것이라고 할 수 있다.[37] UAE 파병정책의 결정과정에 있어서 이명박 대통령의 구체적

---

37) 김종대, 민주당정책위원회 주관 "UAE 파병관련 공개 토론회"(2010.12.30.) 토론 내용 중.

인 역할은 2009년 12월의 방문을 통해 '전략적·포괄적 동맹관계'로 양국의
관계를 격상 시켰으며, 양국의 군사·경제협력관계를 공고히 하였다.

2) 정부 관료의 역할

국가의 정부 및 정책결정구조의 특징은 기본적으로 법률적인 정부형태
에 따라 다른 양상을 보일 수도 있지만, 실제로는 대통령의 리더십 형태나
사회문화적 분위기 등에 따라 다양한 권력구조의 양상을 보일 수 있다. 국
가의 외교정책결정 권한은 헌법이나 법률에 명시되어 있고 한국은 행정부
내부의 임무와 기능이 정부조직법에 명시되어 있으나 정부의 특성에 따라
다소 차이를 보일 수도 있다.

〈표 6-4〉 파병정책결정 간 정부의 역할과 상호작용

구분	정부의 역할		협상의 상호작용
	공 통 점	상 이 점	
동티모르 파병 (국민정부)	-관련부서간의 파병에 관한 의 견차이 발생	-대통령의 파병의지를 뒷 받침하는 역할 -외교·국방부가 주도	-파병요구안 전부 수용 -대통령의 정책주도와 파병기일의 촉박으로 정부역할 미흡
이라크 파병 (참여정부)	-국민적 이해와 공감대 형성을 위한 노력 미흡	-파병협상의 주도적 역할 수행(부대 성격, 규모, 시 기, 지역 등) 결정 -NSC가 주도하고 외교· 국방부가 보조적 역할	-충분한 여론수렴과정과 국제협상을 통해 독자 적 파병 안 결정
UAE 파병 (실용정부)	-파병의 명분획 득과 국민안전 에 대한 노력	-군사협정을 근거로 국민 공감대 형성 및 절차상 밀행주의 논란 -국방부가 주도적 역할	-파병요구안 전부 수용 -새로운 개념의 파병에 대한 공감형성 미흡

(1) 동티모르 파병

1999년 한국 '국민의 정부'의 동티모르 파병정책결정에 대한 역할은 대통령이 정책을 주도하고, 행정부는 이를 뒤쫓아 가면서 업무를 추진한 사례이다. 1999년 9월 7일, 유엔으로부터 평화유지군 참가여부에 대한 문의를 접수한 외교통상부는 즉각적인 언질을 줄 수 없어 '신중론'의 입장을 취하였다.

유엔의 평화유지군 참여는 외교부를 협상 창구로 하여 이루어지며, 관련 부처 간 협의를 통해 정부의 파병안이 결정되면 국방부가 주도적인 역할을 수행하였는데, 국방부는 처음에는 전투병 파병에 부정적이었다. 그러나 APEC에 참석한 김대중 대통령이 동티모르 문제를 적극 제기한 사실과, 인도네시아가 유엔의 평화유지군 파병 수용, 김 대통령의 파병시사 발언이 알려지면서 신중론과 부정론은 반전되었다.

외교부는 성명을 통해 "유엔의 요청을 적극 수용하겠다."는 발표를 했고, 외부 여건의 변화에 따라 전투부대 파병에 대해 보다 적극적인 입장을 제기하기 시작했다. 유엔 안보리가 다국적군 파병결의안을 통과시킨 9월 16일, 한국정부는 동티모르 다국적군 통합지휘체제에 파견할 것"을 확정하고 9월 21일에 국회에 동의를 요청했다.38)

파병 정책안은 외교통상부와 국방부의 검토결과를 토대로 국가안전보장회의(NSC) 상임위원회의 논의와 대통령이 확정하였다. 정부는 평화유지활동 업무를 총괄하는 부서가 없이 파병정책결정까지는 외교통상부, 파병과 관련한 세부절차나 준비는 국방부로 이원화 체제하에 있었으며, 정부 부처 주도의 충분한 검토 없이 불과 2주 만에 확정짓는 과정을 보여주었다. 동티모르의 평화유지활동에 대한 파병정책결정은 다른 대안들에 대한 충분한 검토와 이를 위한 전문가들의 조언, 여론의 구체적인 분석 없이 대통령과

---

38) 대한민국정부, "국군부대의 동티모르 다국적군 파견동의안", 1999.9. 국회홈페이지 의안정보(동티모르 검색), p.337; 『조선일보』, chosun.com=199909210505.

정부 주도의 일방적인 정책결정이 이루어졌다고 볼 수 있다.

(2) 이라크 파병

노무현 대통령의 '참여정부' 의사결정체계 중 특징적인 것은 국가안전보장회가 대통령에 대한 자문기구의 역할을 넘어 정책을 기획 및 조정하는 역할을 수행한 것이다. 국가안전보장과 관련된 중장기 정책을 수립하고 조정하며, 현안업무 조정기능 등을 추가하는 사무차장의 권한이 강화되어 대부분의 외교 · 안보 현안 문제에 관해 국방 · 안보보좌관 및 외교부, 국방부 등 관료와 의견이 상충하는 상황이 발생하였다.

한국정부는 이라크 전투병 파병을 국민여론과 국제적 동향, 현지조사단의 확인결과, 유엔 결의안 통과 등을 종합해 신중히 결정한다는 기본입장을 밝혔다. 정부 내에서의 파병에 관한 의견은 청와대 국방관련 참모, 재경부, 국방부, 외교통상부 등은 미국의 요구에 보다 신속하고 적극적으로 응하는 것이 한국의 국익에 유리하다고 주장했으며, 정부 내에서도 군 및 관료 측과 민간인 측의 의견 차이가 있었다.

2003년 10월 16일, 유엔 안보리에서 '이라크 지원결의안 1511호'가 만장일치로 통과되자, 국내에서도 파병 찬성의 분위기로 전환되었고 정부도 파병의 명분을 확보하였다. 노무현 정부는 10월 31일 제2차 정부합동조사단을 이라크에 파견하여 예상 주둔지의 치안상황과 파병에 대한 이라크의 현지 반응을 조사한 후, 11월 5일 대미 파병협의를 하였다.

한국정부는 12월 11일 정부는 파병 최종안을 확정하고 12월 24일 국회에 제출하였다. 파병 규모와 관련하여 11월 17일, 한 · 미 국방장관회의에서 한국은 3,000명 규모의 재건부대중심의 파병안을 제시하였고 미국은 보병중심의 5,000명 규모를 주장하여 의견이 불일치하였다.[39] 미국은 주한미군 재

---

39) 『세계일보』, 2003.11.18.

배치 등으로 한국에 압력을 가하였으나 한국정부는 파병의 기준을 바꾸지 않았다.

2004년 6월 18일, 국가안전보장 상임위에서는 파병 전개일정을 결정하여 8월 3일부터 9월 3일까지 쿠웨이트로, 다시 9월 22일 까지 아르빌로 부대 전개가 이루어짐으로써 미국이 이라크 추가파병을 요청한지 약 9개월이 경과한 시점에 파병이 추진되었다.

(3) UAE 파병

이명박 정부는 자원외교, 통상정책, 한미동맹의 강화 등에서 자신의 정치적 자산을 극대화 한 외교안보정책을 추진하였다. 2009년 12월, 한-UAE 양국은 이명박 대통령의 방문과 정상회담 등으로 '포괄적 · 전략적 동반자 관계'로 격상되었고 군사협력관계도 강화되기 시작하였다. 2010년 5월에는 UAE 왕세자의 방한으로 군사협력을 심화 · 확대하는 계기를 마련하였으며, 특히 기간 중 특전사를 방문하여 교육훈련 지원 등 세부협력 방안의 발전을 요청하였다. 8월, 한국의 국방장관이 UAE를 방문하였을 때, UAE측이 한국 특전부대의 파견을 공식적으로 요청하였다. 한국정부는 10월, 군 현지실사단을 파견하여 파병 여건(파견지역, 생활여건, 훈련시설 등)을 확인한 결과, 관련부서인 외교통상부 · 기획재정부 등과 파병안을 검토 · 협조했다.

한국군의 UAE 파견 목적은 UAE측 요청에 따라 '국익창출과 다양한 지역에서의 임무수행능력 향상 등'이었으며, 파견규모는 교육훈련지원 및 연합훈련을 위한 최소 규모의 단위부대(150명 이내)로 결정⁴⁰⁾하였다.

---

40) 파견부대는 본부, 참모부, 대테러팀, 특수전팀, 고공팀, 지원중대 등으로 구성되어 1진은 130명으로, 지휘관은 중령, 기타 인원으로 군의관, 수사관, 총포관리요원 2명, 정보운용병, 통역병 등으로 구성되었다. ; 「아크부대 1진 귀국보고서」(국방대학교 PKO 센터, 2011.8)

　파견기간은 2011년 1월부터 2년으로 결정하여 UAE군의 2011년도 교육훈련 일정에 맞추어 교육훈련 지원과 연합훈련 등을 순조롭게 진행할 수 있을 것으로 판단하였다. 부대파견 및 임무수행 경비는 한국정부의 부담으로 '정부 목적 예비비'에서 반영하는 것으로 관련부서(외교통상부·기획재정부)와 합의했다. 정부는 2010년 11월 9일, 「국군부대의 아랍에미리트(UAE)군 교육훈련 지원 등에 관한 파견 동의안」을 의결한 후 11월 15일 국회에 제출41)하였다.

　정부는 UAE 파병을 '신개념 파병'이라고 하면서 법제처나 법무부와는 헌법과 법률의 유권해석과 법률적 검토는 충분히 이루어졌는지, 지식경제부와 외교통상부, 국방부와의 국가이익의 창출과 증진(방산수출, 경제협력, 교민보호 등)에 대해서 정부 부처 내에서 충분한 검토가 이루어졌는지에 대해서도 짚어 봐야할 문제이다. 중요한 외교정책의 결정을 하는 과정에서 외교관행을 이유로 철저한 밀행주의에 의한 업무처리로 국민의 알권리를 침해했다는 주장에 근거를 제공했다고 볼 수 있다.

3) 국회의 파병동의안 심의

　한국의 헌법 제60조 제2항42)은 국군 파병 안에 대한 국회의 심의와 동의를 규정하고 있다. 정부가 파병동의안을 제출하면 국회는 본회의를 거쳐 소관 상임위에서 동의안을 심의 의결하고, 본회의에 상정하면 재적의원 과반수 출석과 출석의원 과반수 찬성으로 가결된다. 본 논문에서 파병정책결정 사례로 선정하여 분석한 동티모르, 이라크 추가파병, UAE파병에 대한 국회 의결현황은 〈표 6-5〉와 같다.

---

41) 의안번호 9897, 「국군부대의 아랍에미리트(UAE)군 교육훈련 지원 등에 관한 파견 동의안」, 2011.11.15.
42) 헌법 제60조 제2항 국회는 선전포고, 국군의 외국에의 파견 또는 외국군대의 대한민국 영역 안에서의 주류(駐留)에 대한 동의권을 가진다.

〈표 6-5〉 파병정책결정 간 국회의 역할과 상호작용

구분	국회의 역할		협상의 상호작용
	공 통 점	상 이 점	
동티모르 파병 (15대)		-대통령 일방적 정책 결정상의 문제 제기 -상임위 역할 못함. (시일 촉박 등)	-야당 수정동의안 제출 -파행적 의결처리(야당의 퇴장 후 여당 단독표결)
이라크 파병 (16대)	-전투부대 파병 반대 -파병 명분에 대한 논란 -파병의 명분 획득과 국민 안전에 대한 노력	-당리당략을 떠나 개인 의 정치적 소신 발휘 -탄핵정국과 17대 총 선 등 외부요소 영향	-대통령의 적극적인 설득 -국민·시민단체 등에 대한 민의 대변 역할 충실 -정부의 협상력을 높임
UAE 파병 (18대)		-파병에 대한 헌법적 해석과 정부의 일방적 인 정책결정상의 문제 제기 -상임위 역할 못함. (시일 촉박 등)	-파병요구안 전부 수용 -파행적 의결처리(예산안 과 일괄처리: 날치기)

(1) 동티모르 파병

정부는 1999년 9월 27일, '국군부대 동티모르 다국적군 파병동의안'을 제208차 통일외교통상위원회에 상정하였다.[43] 여당의 입장은 유엔에서의 위상과 책임 있는 국제사회의 일원으로서, 그리고 민주주의 및 인권보호 차원에서 동참한다는 '명분'과 국익증진의 기회로 활용할 수 있다는 '실리'의 양측 면을 동시에 고려한 결정임을 강조하였다. 야당의 입장은 평화유지군 참여 자체에 대해서는 반대하지 않으나, 실 전투병력 파병은 신중을 기해야 한다는 입장과 함께 정부의 일방적인 파병 결정에 대해 불만을 나타냈다.

파병을 반대하는 한나라당의 분위기는 국회로 옮겨져 국회 통일외교통상위원회에서 여당의원들은 대체적으로 정부의 파병안을 찬성하는 입장이

---

43)『조선일보』, 1999. 9. 27일자, 8면.

었으나 야당의원들은 강력히 반대를 했다. 정부의 전투부대 파병안에 대해 여·야의 대립은 첨예한 정쟁으로 점화되었는데, 야당은 파병결정의 절차 상의 문제점, 외교상의 불균형문제, 전투부대 파병에 대한 부 적절성을 지 적하였다.

결국 동티모르 파병동의안은 상임위원회 의결을 거치지 못하고 상정되 어 1999년 9월 28일, 제208회 국회 제1차 본회의에서 토론에 부쳐졌으며, 주 요 쟁점은 김 대통령의 일방적인 파병정책 결정과정과 인도네시아와 동티 모르에 대한 외교적 불균형성 등이 제기되었으며, 표결에는 야당의원의 퇴 장한 가운데 160명의 의원이 참석해 찬성 158, 반대 1, 기권 1로 가결되었 다.

동티모르 전투병 파병문제는 '한나라당의 묵인 하에 여당 단독처리'로 문 제를 매듭짓게 되었는데, 여당은 파병 동의안 처리를 더 이상 늦출 수 없었 고, 전투병 파병저지를 호언하던 야당은 막판에 물러설 수밖에 없었다. 이 와 같이 국회 내에서의 동티모르 파병정책에 대한 논의와 결정은 파행적으 로 진행되었다.

(2) 이라크 파병

2003년 당시 한국의 국회는 여소야대의 구조였으며, 헌정사상 최초로 대 통령을 탄핵하기도 하였다. 2004년 4월 15일, 17대 총선에서 여대야소의 국 회가 되었으며, 세대교체가 이루어져 전후세대가 정치의 전면에 나섰고, 진 보세력이 제도권 정치에 진입하게 되었다.

이라크 추가파병을 결정하기 위한 국회는 17대 총선을 거쳐 열린 우리당 에 노무현 대통령이 입당함으로써 공식적인 여당이 되었다. 5월 24일, 열린 우리당의 외교·안보 분야 당선자들은 이라크 추가파병에 대해 "현 단계에 서 파병 철회나 전면적인 재검토는 어렵다"는 의견을 모았으나, 반대 분위 기가 강하였다. 2003년 10월 16일, 유엔 안보리에서 '이라크 지원결의안'이 통과되고 한국 정부는 추가파병 입장을 공식 발표하자, 한나라당은 신중한 자세를 보였다. 한편, 국회에서 파견한 강창희 의원을 단장으로 이라크 현지에서 11월 18일부터 26일까지 조사를 벌인 뒤 12월 2일에 지역담당 독립부대의 파병을 제안했다.

2003년 12월 24일 국회에 제출된 이라크 추가 파병안에 대한 국회의 논의는 노무현 대통령의 탄핵정국을 맞이하여 파국에 이르렀다. 국회는 2004년 2월 13일, 59명의 의원들이 시민사회의 낙선운동 등의 영향을 받아 불참한 가운데 개최되었다. 결국 국회는 재적 212명 중 찬성 155명, 반대 50명, 기권 7명으로 이라크 추가파병 동의안을 통과시켰다.

(3) UAE 파병

UAE에 국군 파병을 두고 대한민국 헌법의 기본 원리인 '평화주의'와 '국군의 사명'과 관련하여 논쟁이 있었다. 정부 측에서는 한국군의 UAE 파견은 큰 틀에서 '국제평화주의 원칙에 부합'되고 국가이익을 위한 것인 만큼 '국군의 사명'에도 부합하는 것으로 설명하였다. 또 하나의 논쟁은 이른바 '경제주의, 대가주의, 계약관계'등에 의한 주장으로 경제적 이득을 획득하기 위한 파병론의 경계에 있었다. 그러나 정부는 양국 관계가 '포괄적·전략적 동반자 관계'로 격상됨에 따라 국방 분야의 협력도 병행하여 발전할 필요성에 따라 국군의 해외파견을 통한 군사교류협력을 확대하여, 국가차원의 경제협력 확대에도 긍정적인 역할을 할 것으로 내다보았다. 정부는 2010년 11월 15일, 「국군부대의 아랍에미리트(UAE)군 교육훈련 지원 등에 관한 파견 동의안」을 국회에 제출했다.

국회는 2010년 12월 8일, 제294회 정기 본회의를 통해 2011년도 예산안 의결과 함께 파견 동의안을 재석 157인 중 찬성 149인, 반대 2인, 기권 6인으로 가결되어 선포하였다.[44] 이른바 '날치기' 통과된 파견 동의안은 국민적 여론 수렴과 심도 있는 논의는커녕 소관 상임위원회인 국방위원회에 상정조차 되지 않은 상태에서 심사기일을 지정하여 국회의장 직권으로 본회에서 상정 처리되었다. 또한 절차상의 문제[45]로 헌법적 해석과 국회에서의 토론과 심의·표결의 정상적 절차를 생략하고 강행처리하는 것은 문민통제의 원칙을 심각하게 침해하는 것이라고 주장하기도 했다.

〈표 6-6〉 한국군 전투부대 파병의 국회의결 현황비교

구분	국회구성	연월일	재적인원	찬성	반대	기권
동티모르	15대	1999. 9. 28	160	158	1	1
이라크	16대	2004. 2. 13	212	155	50	7
UAE	18대	2010. 12. 8	157	147	2	6

4. 여론(언론 및 NGO) 활동

각 파병사례의 협상과 정책결정과정에 영향을 미친 언론과 시민단체의 역할과 상호작용에 대한 요약은 〈표 6-7〉과 같다.

---

44) 국회 본회의 회의록, 제294회-제15차(2010년 12월 8일).
45) 국회법 제93조(안건 심의)에는 "본회의는 안건을 심의함에 있어서 그 안건을 심사한 위원장의 심사보고를 듣고 질의·토론을 거쳐 표결한다. 다만, 위원회의 심사를 거치지 아니한 안건에 대하여는 제안자가 그 취지를 설명하여야 하고, 위원회 심사를 거친 안건에 대하여는 의결로 질의와 토론 또는 그중의 하나를 생략할 수 있다."고 규정하고 있다.

〈표 6-7〉 파병정책결정 간 여론의 역할과 상호작용

구분	여론(언론/NGO)의 역할		협상의 상호작용
	공 통 점	상 이 점	
동티모르 파병 (1999)	-언론의 역할 미약	-대통령 정책결정에 대한 NGO의 적극 옹호 -현지 교민들의 파병에 대한 의사표시(탄원서, 신문광고 등)	-정부파병 안 추진에 도움 -협상에는 크게 기여한 바가 없음(시일촉박 등)
이라크 파병 (2003)	-시민단체의 역할 증대 -찬반양론에 대한 균형과 조화의 부재	-조직적 · 적극적인 역할 (전쟁반대, 추가파병 반대, 세부 파병에 영향) -국내외 여건과 정책결정의 진행에 따라 입장의 변화로 지속적 영향	-정부의 파병협상에 단계별로 큰 영향을 줌 -국민·시민단체 등에 대한 민의 대변 역할 충실 -정부의 협상력을 높임
UAE 파병 (2010)		-파병에 대한 헌법적 해석과 정부의 일방적인 정책결정상의 문제 제기	-특별한 영향을 미치지 못함 (시일촉박 등).

(1) 동티모르 파병

1999년 9월 13일, 정치개혁시민연대 등 38개 시민단체는 '동티모르 독립을 위한 시민연대'를 구성하여 범국민운동을 선언했다. 시민단체들이 외국의 인권문제에 대해 한 목소리로 파병을 주장하고 나선 것은 이례적인 일이었다. 한편 인도네시아 교민들은 9월 17일, 비상대책회의를 열고 청와대와 국민회의, 한나라당 등에 '전투 병력의 파병을 반대한다.'는 탄원서를 제출했으며, 9월 20일자 조선일보에 '파병을 반대한다.'는 내용의 광고를 게재하기도 했다.

동티모르 전투부대 파병과 관련하여 9월 20일을 전후해 조사된 국민여론은 찬성 50~70%, 반대 20~40% 내외인 것으로 확인됐다.[46]

---

46) 최용호, 앞의 책(2006), p.119.

(2) 이라크 파병

2003년 당시의 한국사회는 언론과 시민단체, 전문가 집단들이 중요 행위자로 부상하였으며, 일반 국민의 여론도 정책에 영향을 끼쳤다. 전쟁에 대한 찬반과 무관하게 이라크 파병이 국익에 도움이 되는지를 묻는 질문에는 국익에 도움이 된다는 응답이 다수로 나타났는데, 그러한 이중적인 한국 국민들의 인식은 한·미 동맹의 불평등은 싫어하지만 주한 미군 철수에 대해서는 반대의사를 나타내며, 이러한 경향은 일관된 응답 경향을 보여주었다. 추가파병을 반대하는 이유는 우리 군인들의 희생, 전쟁 명분, 파병비용 분담이었으며, 찬성하는 이유는 한·미동맹 관계 개선, 경제적 이익, 국제사회 위상 등이었다.

2003년 10월 18일 미국이 이라크 전 종전을 선언 하고, 유엔에서의 이라크 지원 결의안이 통과되면서 파병 지지율이 높아졌다. 2차 파병 때 반대여론이 증가한 것은 이라크의 치안이 종전 후 더욱 악화된 것도 있지만, 파병에 반대하는 주요 요인은 전투병으로 구성된 파병부대의 성격에 있었음을 알 수 있다. 그러나 시간이 흐르면서 북한 핵 위협, 주한미군 재배치 등을 바라보면서 한·미관계에 현실적인 이해관계를 생각하게 되어 파병은 국익에 유리하기 때문에 실제로 파병하는 것에 대해서는 한마디로 단언하기 어렵다고 생각하거나 전쟁에 찬성하는 여론이 높아졌다.

언론매체는 파병에 대한 찬반입장에서 방송매체들은 파병에 대하여 비교적 객관적인 입장을 유지하고자 노력한 반면, 신문매체들은 사설을 통해 찬성과 반대가 확연히 구분되어 찬성 및 반대를 위한 진영의 편에서 보도를 한 것으로 분석되었다. 파병찬반에 대한 관점이 언론사마다 큰 차이가 있었는데, 이러한 차이는 방송매체보다는 신문매체에서 크게 나타났다.

이라크 파병 결정과정에서 주목할 만한 요인으로 NGO의 역할을 들 수 있다. 이들은 정보매체의 발달로 인터넷과 같은 매체는 특유의 양방향성을 통해 광범위한 정보 공유 및 공감대를 형성하여 시민사회 형성과 활동에 큰 기여를 하였다. 2003년 이라크 파병 결정과정에서 참여한 시민단체는 NGO 148개 등 약 450여 개의 시민 단체가 활동을 하였다. 이라크 추가 파병을 요청한 지 얼마 되지 않아 전국적으로 351개 단체가 참여한 가운데 '파병반대국민행동'을 결성하여 파병반대운동을 주도하였다. 시민단체의 파병반대활동은 파병자체를 저지하지는 못했지만 파병부대를 '평화재건부대'로 명명하였듯이 많은 영향력을 발휘하였으며, 이라크 현지상황과 파병 예상지역의 위험성에 대한 지속적인 문제제기를 하여 파병정책의 협상에 일조하였다.[47]

2004년의 한국은 국민여론을 중시하여 파병결정에 중요한 요인으로 작용하였다. 파병에 대하여 시민단체가 국민여론, 국회, 정부에 미친 영향은 이라크 전쟁에 대한 정당성 문제, 추가파병에 대한 찬반논쟁, 파병부대의 성격과 규모, 파병지역과 시기문제 등에 대해 영향을 미쳤다고 볼 수 있다.

(3) UAE 파병

2010년 11월, 한국정부는 UAE에 대한 파병안을 확정하자, 방송 3사에서는 단신으로 정부의 발표를 전했으며, MBC는 보도의 말미에 파병의 장기화와 테러의 표적이 될 수 있다는 우려를 덧붙이는 수준이었다. 12월 8일, 국회에서 동의안이 통과된 직후인 12월 13일에 본격적으로 파병의 명분문제와 국회에서의 날치기 처리, 원전수주와의 이면계약 의혹 등과 이례적으로 서둘러 파병정책을 결정하고 곧바로 2011년 초에 파병을 추진하고 있는 정부를 비난하는 내용을 보도하였다.

사) 민주언론시민연합은 2010년 11월 4일, 각 언론사 미디어 및 NGO 담당기자와 사회부 기자들에게 '용병식 파병' 추진에 대해 논란을 제기 하였다. 참여연대 평화군축센터는 '파병비용의 한국 부담 등, 파병 자체가 가져

---

47) 이병록, 앞의 논문. p.215.

오는 국익이 없음'을 주장하였고, 평화네트워크 정욱식 대표는 '이번 파병은 이명박 정부가 원전 수주의 대가로 처음부터 파병을 계획하고 있던 것 아니냐는 의혹'을 제기하기도 했다. 또한 원전수주의 대가로 파병한다는 것은 돈벌이 명목으로 군대를 해외에 보내는 것이라는 점에서 위헌 소지가 크고, 한국군을 '용병'취급하는 것이나 마찬가지라고 보았다.

시민사회단체들의 주장은 '위헌적이고 불법적인 파병으로 명분도 실리도 없을뿐더러, '국군최고통수권자가 국군을 정권의 이익에 이용하고 있다,'는 의구심을 더욱 증폭시키게 될 것이다.'라고 전했다.[48]

48) 정욱식, "UAE 파병과 최악, 그러나 가능한 시나리오", 평화네트워크, 2011.1.3.

3 전투부대파병결정의 양면게임: 이론적 분석과 평가

파병정책을 결정하기 위한 외교협상은 두 가지 수준에서 이루어진다. 첫째 단계(Level Ⅰ)는 국제수준협상(international level)으로서, 양 당사국의 선호하는 정책은 물론 다른 국내 행위체들의 이익을 확대하고 손해를 최소화하려는 당사국 정부 간의 협상이 이루어진다.[49] 국내수준협상인 두 번째 단계(Level Ⅱ)는, 국가의 선호정책과 이미 상대국과 협상된 합의안에 대하여 국내적 승인인 '비준(ratification)'에 영향을 미쳐 이익을 최대화하려는 정부와 그 국가 내부 행위체들과의 협상을 뜻한다. 전투부대 파병협상간 양면게임의 평가를 요약하면 〈표 6-8〉과 같다.

양면게임 이론은 외교협상 및 국제협력에서의 '메아리효과(Reverberation Effect)', '상승적 사안연계(Synergistic Issue Linkage)', 또는 국내적인 분열이 국제협력 가능성을 제한하는 역할뿐만 아니라, 국제협력 가능성을 증가시키는 역할도 한다는 것이다.

---

49) Robert D. Putnam, op. cit, p.434.

〈표 6-8〉 전투부대파병협상 간 양면게임의 평가(요약)

구분	윈셋의 크기		협상의 평가	
	국내협상	국제협상	결정과정	결정결과
동티모르 파병	큼	큼	협력적	절충형
이라크 파병	작음	작음→확대	온건적	한국에 유리
UAE 파병	큼	큼	협력적	우호형

1. 동티모르 파병 협상

한국군의 동티모르 전투부대 파병은 1991년 유엔 가입 후 최초의 전투 (보병)부대이면서 현지 사태의 심각성과 다급성 등으로 다국적군으로 파병되어 차후에 UN PKO로 전환을 전제로 한 파병이었다. 이는 탈 냉전기를 맞아 처음 하는 전투부대 파병으로서 한국국민 중 다수는 베트남전 파병에 대한 부정적인 인식을 연상시키게 되었다. 또한 국제기구인 유엔이 주도하는 평화유지군이 아니라 최초 파병단계에서 오스트레일리아가 주도하는 다국적군으로 파병이었으며, 미국도 매우 소극적이었을 뿐만 아니라, 자원과 인구의 대국인 인도네시아를 상대로 동티모르의 치안유지를 해야 하는 문제 등 파병의 명분과 파병장병과 교민들의 안전문제, 파병비용 부담 등도 파병의 부정적인 요인으로 작용하게 되었다.

한국정부의 Ⅰ수준의 협상대상은 UN과 인도네시아, 그리고 다국적군을 주도하는 오스트레일리아로 볼 수 있다. 먼저 UN과 한국은 6·25전쟁 시 수혜국이었으며, 1991년 9월 유엔 가입 UN PKO에 활발하게 참여하였으며, 1996년 UN 안보리 비상임이사국 진출 등 국제적인 위상이 향상되었다. 한편, 한국은 인도네시아와의 우호관계를 고려하여 파병 신중론을 견지하고 양국 관계를 해치지 않는 방향으로 파병문제를 해결해야 했다. 따라서 9월 12일, 인도네시아의 평화유지군 수용발표 이후에 관련부서는 파병안을 작성에 착수하였다.

Ⅱ 수준의 협상으로 9월 15일, UN 안보리 결의안이 통과되고 공식적인 파병요청을 접수받았으며, 9월 21일 정부의 파병안을 확정하고, 9월 28일 국회심의를 통과시켰다. 국내수준의 협상과정에서 전투병파병의 명분과 안전문제 등에 대한 찬·반 논란이 국회와 언론, 그리고 인도네시아의 교민들 사회에서 가열되었는데, 이에 대해 국제적으로는 당사국인 인도네시아가 인접국인 오스트레일리아를 견제를 위해서라도 한국의 파병을 유도하기 위한 환영의 메시지를 보내왔으며, 보스위즈 주한 미국대사도 한국의 파병 결정을 전폭 지지한다는 의사를 표명하였다.

국내적으로 국민적 공감대의 형성은 사태의 긴박성 등으로 충분하지는 않았지만 김대중 대통령이 전직 대통령과 국회인사들에게 파병의 당위성과 명분에 대해 설명을 하였으며, UN으로부터 받은 임무의 성격과 현지의 상황 등을 고려해 볼 때 오히려 전투부대의 파병이 안전할 뿐 아니라 타당하다고 설득하였다.

따라서 동티모르 한국군 파병정책 협상은 김대중 대통령이 선도적으로 국제 협상을 주도하였으며, UN과 당사국인 인도네시아는 한국군의 파병을 환영하였다. 국내적으로 전투병 파병명분과 파병정책결정 과정상의 절차문제 등으로 야당과 언론 등의 반대가 있었지만 이를 논의하고 검토할 시간적인 여유가 없어 국내적 비준은 파행적으로 처리되었다. 윈셋의 결정요인에서 보면 국내 협상자의 윈셋이 큰 상태였으며, 정책결정과정에서 한국과 UN·인도네시아는 파병외교정책 결정과정이 '협력적인(cooperative)'로 진행되었으며, 파병정책의 결정결과는 '절충형'으로 균형적 이익분배의 형태였다고 할 수 있다.

결국 양면게임 측면에서 동티모르 파병정책결정은 국제적으로 UN·인도네시아와 한국정부가 협상내용에 대한 특별한 고민 없이 스스로 결정할 수 있는 정책적 환경과 여건이 형성되었다. 국내적으로도 비준을 얻기 위한 수준, 즉 윈셋(win-set)을 특정수준에서 설정하거나 축소, 또는 확대하는 등 협상전략이 긴밀히 요구되지 않았다. 이로써 비공식 파병요청을 접수(9월7일)한 날로부터 정부의 파병 안 의결(9월21일)까지 2주 만에, UN의 공식요청이 접수(9월15일)된 날로부터 국회 비준(9월28일)까지 2주 만에 추진된 사례로 판단할 수 있다.

2. 이라크 파병 협상

이라크 파병정책결정협상은 한국정부의 윈셋을 축소시켜 강대국인 미국과의 파병협상에서 성공적인 결실을 획득한 사례라고 볼 수 있다. 최초 이라크 2차 파병협상에서 미국과 한국은 공히 작은 윈셋을 가지고 협상을 시작했다. 미국은 부시정부의 일방주의와 테러대응 및 WMD의 확산 방지를 명분으로 성급하게 전쟁을 시작하였다. 유엔을 비롯한 서방국 들의 국제적인 명분과 지지가 적었으며, 더구나 충분한 준비와 치밀한 계획의 부재로 인하여 군사작전의 종료와 함께 더 깊고 어려운 수렁으로 빠져 들어가고 있었다.

한국은 한·미동맹을 유지하면서도 자주·균형외교를 추진하고, 현실적인 위협인 북한의 핵문제를 평화적으로 해결해야 했고 국내적으로도 사회가 다원화되어 정당과 언론과 시민단체 등 국민들의 목소리가 커졌다. 그러나 미국의 대규모 전투부대에 대한 파병의 요구는 강력하고도 시급했고, 한국의 입장에서는 국민여론을 충분하게 수렴하고 민주적인 의사결정 절차에 의해 시간적인 여유를 가지고 결정한다는 내부적 방침을 정해 놓고 어려운 협상을 추진하였다.

이라크 파병 협상에서 한국 정부의 협상목표가 한국 안보에서 가장 시급하고 중요한 북핵문제의 평화적 해결에 대한 미국의 보장을 확보하는 것과 이라크전에서의 파병장병들의 인명피해를 최소화하는 것으로 볼 수 있다. 협상과정에서 한국은 미국에 비해 상대적으로 윈셋이 작았으나, 국내적인 협상과정에서 윈셋이 축소되었다. 뿐만 아니라 협상의 시간을 지연함으로써 협상 대상인 미국은 국내적인 여론과 이라크 현지상황의 악화, 그리고 국제사회로 부터의 비난과 비협조 등 3중적인 압박을 받는 입장이 되었다. 미국은 이 문제 때문에 최초의 파병요청을 하향하고 '긍정적 상승연계'를 제공하는 등 협상타결을 위해 유연하고 적극적인 태도를 보였다.

결과적으로 한국은 파병부대의 성격과 임무, 파병 규모, 파병지역, 파병 시기 및 파병기간 등에 대해 조율을 할 수 있게 되었다. 전투병파병으로 야기될 인명손실을 최소화함과 동시에 북핵문제 해결과 주한미군의 재배치 등에 대한 미국의 보장을 얻음으로써 협상에서의 이득을 최대화 하였다고 볼 수 있다.

미국은 최초 이라크 전쟁의 안정과 재건을 위해 1만 명의 전투부대를 요청하였다. 그러나 한국은 동맹의 유지를 위해 이라크에 파병은 하지만, 전쟁의 명분과 국제적인 정당성, 그리고 파병장병의 인명피해와 중동지역에서의 반한감정에 대한 우려 등 전투부대에 대해서는 상당한 부담을 가지고 있었다. 한국정부가 미국이 요청한 규모의 전투병을 파병하는 결정을 하더라도 국민적 공감과 국회의 비준을 받는 과정에서 국론은 분열되고 갈등과 혼란에 빠질 것으로 예측하고 일단은 파병원칙만을 천명한 채 '전략적모호성'을 유지하였다. 이라크 현지의 사정은 악화되고 미국은 한국의 파병이 긴요한 상태였기에 파병규모와 파병부대의 성격 등에 있어서 '한국정부의 결정을 존중하되 가급적 빠른 시일 내에 파병'을 요청하는 쪽으로 협상에 임하였다.

한국은 정부 내에서의 이견, 국회에서의 찬반론과 비전투병 파병주장, 시민사회단체들의 촛불시위 및 낙선운동 등에다 사상 초유의 국회의 '대통령 탄핵'이라는 사태까지 겹치게 되어 윈셋을 더욱 축소시키게 되었다. 미국은 주한미군의 재배치 카드와 당시 이슈였던 용산 기지 이전협상에서 유리한 조건 등을 제시하여 한국의 내 윈셋을 확대하고자 했지만 효과가 없었다.

한국은 파병정책의 결정에 있어 시간적으로 충분히 논의를 하고자 하였고 미국은 조속한 시일 내에 협상을 결말지어야 했다. 이 과정에서 UN 안보리의 이라크 재건지원에 대한 결의안은 긍정적으로 작용을 하기도 했지만, 파병지원국들의 철수와 이라크 현지에서 발생한 테러와 포로학대 사건 등은 국내 협상에 부정적인 영향을 미쳤다.

이라크 추가파병 협상에서 한국은 작은 사이즈의 윈셋을 가지고 협상에 임하였고, 미국은 최초에는 윈셋이 작았으나 협상을 진행하면서 시간과 국제적·국내적 압력 등으로 인해 윈셋을 확대하여 결과적으로는 '온건적(moderate)'인 정도의 과정을 거쳐 파병정책이 결정되었다고 볼 수 있다. 또한 파병정책의 결과를 고려할 때, 한국은 미국에 비해 상대적으로 윈셋이 작은 상태로 협상에 임하였기 때문에 협상과정에서 한국의 요구가 더 많이 반영되면서 정책이 결정되었다. 즉 파병정책 결정의 협상과정에서 한국이 미국보다 더 유리한 합의안을 이끌어 냈다고 볼 수 있다.

3. UAE 파병 협상

UAE 군사협력단의 파병은 비 분쟁 국가의 군사교류협력 요청에 부응하고, 국가이익의 증진과 국방협력의 지평을 넓히는 차원의 파병으로서, 국가안보와 국익창출에 기여하는 패러다임 변화를 시도한 파병이라 할 수 있다. 국제수준에 있어 한국의 협상대상은 UAE로써, UAE 측이 파병을 요청하고 한국 측이 파병에 응한 단순한 파병사례였다.

국제적 수준의 파병 협상에서 한국은 UAE의 파병 요청을 받아 협상을 주도하였으며, UAE도 우호적인 입장에서 별다른 조건 없이 한국군의 파병결정을 수용하였다. Ⅰ수준의 협상에서 파병부대의 성격과 임무, 파병규모, 파병지역, 비용부담에 대한 문제 등을 실무적으로 협의하여 한국정부의 '파병 안'을 발표하게 되었다.

국내적 수준의 협상과정에서 한국은 '새로운 개념의 파병'에 대한 야당과 시민사회단체의 반대, 파병정책결정 과정상의 절차문제 등으로 인하여 최초의 윈셋에서 축소되는 듯 했으나, 비 분쟁지역에 대한 파병으로 인원에 대한 안전의 확보와 경제적인 이익, 적은 파병의 규모로 인한 안보적 영향이 미미함 등으로 협상에는 큰 문제가 되지 않았다.

윈셋의 결정요인에서 보면 국내 협상자의 입지는 강하였다고 볼 수 있어 윈셋이 큰 상태였으며, 정책결정과정에서 한국과 UAE의 윈셋이 모두 큰 사이즈를 가지게 되어 파병외교정책 결정과정이 '협력적인(cooperative)' 양상을 띠게 되었으며, 파병정책의 결정결과 또한 '우호형'으로 파병 협상과정에서 균형적 이익분배의 형태였다고 판단할 수 있다.

양면게임 측면에서 UAE 파병정책결정은 UAE와 한국이 협상내용에 대한 다른 요소의 압력이나 개입 없이 자발적으로 결정할 수 있는 환경과 여건이 형성되었다. 국내적으로 정당과 시민사회단체, 여론의 반대가 있었으나, 소규모의 파병인 점과 장병의 안전이 보장된 점, 물밑작업을 충분하게 진행한 다음에 표면화하여 시간적으로 촉박하게 추진된 점 등의 국내외적 협상환경으로 인해 윈셋(win-set)을 특정수준에서 설정하거나 축소, 또는 확대하는 등 협상전략이 긴밀히 요구되지 않았다.

4. 한국 전투부대 파병정책결정에 대한 평가

연구사례로 선정한 한국군 주요 전투부대의 파병협상 환경을 비교해 보면 다음과 같이 요약할 수 있다. 이 중 이라크 파병의 환경이 국내외적으로 가장 어려웠으며, UAE 파병은 비교적 양호한 환경 하에서 파병협상이 진행되었음을 알 수 있다.

<표 6-9> 한국군 전투부대 파병협상 환경의 비교

구 분	국제수준			국내수준				가용시간
	국제 체제	지역 체제	한국의 상황	정치 구조	경제적 이익	외교 능력	군사 안보	
동티모르 파병 (김대중 정부)	○	×	△	○	×	○	○	×
이라크 파병 (노무현 정부)	×	△	×	×	△	△	×	△→○
UAE 파병 (이명박 정부)	○	○	○	△	○	○	△	○

범례 : 수준의 표시 (우호적 ○, 중간 △, 어려움 ×)

1) 동티모르 파병정책 결정

동티모르 전투부대파병은 평소 인권문제에 깊은 관심을 갖고 있던 김대중 대통령이 주도하였다. 동티모르의 인권침해 사태해결을 주도적으로 문제 제기하고 지원함으로써 국제적 위상을 제고하는 한편, 인권국가로서의 한국의 면모를 국제사회에 널리 알리는 외교목표를 달성하기 위해 대통령이 전면에 나섰다. 이로 인해 동티모르파병의 경우 '대통령의 파병결정 → UN 요청 → 정부의 파병안 결정 → 국회의 파행적인 동의'가 이루어진 것이다.

김대중 대통령은 한국의 최초 전투부대 파병인 동시에 시급한 시일 내에 파병요청에 응해야 하는 정책의 결정에 있어서 충분한 검토와 전문가들의 조언이나 여론의 구체적인 분석 등이 없이 일방적인 정책결정을 하였다.

UN가입 이후 이루어진 소말리아(공병) 등의 파병에서 정책 결정은 평균 6개월이 소요되었으나, 동티모르는 전투부대의 파병은 요청으로부터 정책결정, 국회 심의 및 파병까지 걸린 기간은 20여일에 불과 한 시간에 제한을 받은 것도 대통령을 제외한 각 기능들이 제 고유의 역할을 하지 발휘하지 못하게 된 이유라고 생각한다. 결과적으로 동티모르 전투병 파병정책결정에 핵심적인 역할은 대통령과 여론이었다고 평가할 수 있다.

2) 이라크 파병

이라크의 추가파병은 동맹국인 미국의 요청에 의해 국제적 명분을 얻지 못한 위험한 전장에 대규모의 한국 전투부대를 파병해야 한다는 국가의 중대사였다. 노무현 대통령은 개인적인 변수보다는 국익을 위한 역할적인 변수에 의해 파병을 하겠다는 방침은 세웠으나, 구체적인 내용은 충분하게 여론을 수렴하고 민주적인 절차를 통해서 결정하겠다는 입장을 유지했다.

한국은 이라크 파병을 결정하는 과정에서 많은 국내 주요 행위체들이 참여하였으며, 민간인이 참여하는 이라크정부합동조사단과 국회조사단 등의 현장조사 결과와 국민여론 등이 의사결정에 중요하게 반영되었다. 미국은 협상의 종반에서 미국의 요구조건들이 제대로 수용되지 않고 요청한 파병의 시기가 지연되자 '주한미군의 재배치 문제'를 제기하였으나 이러한 압력은 한국의 윈셋 크기를 확대하는 긍정적인 효과를 초래하지 못했다.

당시의 한국정부는 NSC를 중심으로 외교안보 · 통일정책이 통합되었으며, 국회 내에도 종전의 당리당략보다는 개인적인 정치소신에 의해 정부정책에 찬반을 표시할 수 있는 분위기였다. 정부와 국회에는 진보성향의 목소리들이 높아져 파병의 구체적인 내용인 규모, 성격, 지역, 시기 등의 협상에서 매우 유리하게 작용하였다. 또한 사회가 다변화되어 언론과 시민단체들이 활동적으로 사회분위기를 조성하고 국민적인 의사에 영향을 끼치게 되었는데, 이러한 역할 또한 정부의 파병협상에 큰 영향을 미쳤다고 볼 수 있다. 또한 이들은 국내외적인 환경과 한미동맹의 관계, 북한핵문제의 평화적 해결 및 주한미군의 재배치 등이 연관되어 파병이 불가피한 쪽으로 진행되자 파병장병들의 안전문제를 집중 부각하여 파병지역을 선정하는 협상에 도움을 주었다.

이라크 전투병 파병결정은 이러한 갈등적 결정과정과 더불어 예외적인 결과도 보였다. 한국이 전투병 파병을 결정했다는 점에서 미국의 요구를 원칙적으로 수용한 것이지만 최종 파병안에 미국의 요구가 상당부분 수용되지 않았다는 점이다. 즉, 파병 반대세력의 등장과 국내정치제도의 변화, 그리고 국제규범의 불일치성 등 국내외적 요인들에 의해 윈셋 크기가 축소된 상황에서 한국정부는 미국의 요구를 그대로 수용할 수 없었고, 결국 국내 행위체들의 불만을 줄이고 국제 규범적으로도 일치성을 갖는 전투부대의 파병안을 결정한 것이다.

이라크 추가파병의 협상에 있어 주도적인 역할은 여론에 힘입은 대통령의 탈권위주의적인 리더십과 정부의 활동, 그리고 당리당략에 얽매이지 않고 소신을 가지고 정부를 견제하고 국민을 대변했던 국회, 여론 등 모든 역할들이 주효했다고 판단할 수 있다.

3) UAE 파병정책 결정

UAE 파병결정은 지금까지의 파병과는 달리 전투 위험이 없는 비 분쟁지역에서 국익창출과 양국 특전부대의 임무수행능력 향상 등을 목적으로 한 새로운 개념의 부대 파견이었다. 파병의 명분을 두고 국민적인 공감대와 전문적인 자문의 과정 없이 정부의 자의적인 판단으로 헌법 제5조의 평화주의와 국가이익을 포괄적으로 해석하여 적용한 점에서 논란이 되었었다.

UAE의 파병은 그 요청이나 한국의 파병제안 수용과정에서 2009년 원전의 수주가 영향을 주었을 것이고, 이 시점에서 모종의 파병관련 논의가 있지 않았나 하는 의혹을 갖게 하였다. 파병의 명분에 대한 '원전수주 대가 의혹, 용병 파병론, 안보 수출론, 비즈니스 파병' 등에 대해서 공감을 얻었어야 하는 점이 아쉬운 부분이다. 또한 절차상의 문제로, '새로운 개념의 파병'에 대한 헌법 및 법률상의 법리적 해석을 구하고, 파병에 문제를 제기하고 여론을 주도하며 반대운동을 전개했던 시민사회단체에 대한 설득과 국민을 대표한 국회의 정상적인 절차에 의한 충분한 논의와 검토가 생략되어 기한에 쫓기듯이 파병의 공식적인 요청으로부터 5개월 만에 파병을 서두르게 된 점을 지적하고 싶다.

   그러나 분명한 것은 과거의 해외파병이 모두 국제기구 또는 강대국의 요청에 의한 파병이었다면, UAE에 군사협력단의 파병은 한국정부가 국정기조와 외교 국방 정책의 목표 하에 독자적으로 결정하고 능동적으로 추진한 파병이었으며, 국익증진과 국방협력의 지평을 넓힐 수 있는 새로운 계기가 마련되었다는 점이다. 한국군의 UAE 파견활동이 군과 직접적인 관련성이 적은 특정한 경제적 교류과정에 논의된 것이라 할지라도 군의 해외파견 자체는 정부 간의 확대된 외교활동의 일환으로 이루어졌다고 본다.

   이상에서와 같이 한국군의 탈냉전 이후 주요 전투부대의 파병정책 결정에 대한 내용을 분석 · 비교해 보았는데 요약하면 〈표 6-10〉에서 보는 바와 같다. 파병정책결정의 과정에서 주요 협상행위자인 대통령, 관료, 국회, 여론의 역할이 때로는 독립적으로, 그러나 대부분은 상호 복합적으로 작용하면서 의사결정에 직 · 간접적으로 영향을 미쳤음을 도출해 낼 수 있다.

〈표 6-10〉 한국군 전투부대 파병협상의 행위자 역할 비교

구분	대통령의 역할	관료의 역할	국회의 역할	여론의 역할
동티모르 파병 (김대중 정부)	-국제회의에서 인권문제 거론 -파병방침 선 결정 후 정책추진 주도	-정책결정에 대한 검토와 판단, 협상 등의 역할 미약	-여 · 야 합의 실패 (여당 단독처리) -정부 견제기능 미약	-언론의 반대와, NGO의 지지
이라크 파병 (노무현 정부)	-국익차원에서의 대통령 역할 충실 -전 기능의 효율적 활용	-NSC 중심의 파병 정책 협상 주도 -부서 간 내부적으로 이견노정	-개인적 소신에 따른 찬반 주장 전개 -정부 견제기능과 대안 제시 활발	-개방화 · 민주화로의 주장과 활동다양 -적극적 활동으로 정부 압박
UAE 파병 (이명박 정부)	-UAE 방문 및 정상회담으로 기초마련	-국방부가 주도하여 군사훈련협력 추진	-상임위검토 등 정부견제역할 미흡 -파행적 처리	-파병 명분과 정책 추진의 절차상의 문제 제기

7

맺음말

▋ 연구결과의 요약

해외파병은 국제적인 협력을 전제로 하는 특수한 외교활동으로서 국제 안보환경의 변화로 그 중요성이 점차 증가하고 있다. 그 중에서도 UN PKO 는 2015년 10월 현재 193개 유엔회원국이 인원·장비·자금을 지원하고 있 으며, 120여 국가에서 파견한 군인·경찰·민간인 등 12만 여명이 16개 지 역에서 임무수행 중이다.[1]

이 연구는 한국의 김대중·노무현·이명박 정부에서 추진하였던 전투부 대의 해외파병에 대한 정책결정과정을 국제정치학적 이론과 연계하여 탐 구한 것으로, 세 가지 사례의 파병정책을 종합적으로 요약 정리하면 다음 과 같다.

첫째, 1999년 김대중 정부에서 파병한 동티모르의 상록수부대는 한국이 파병한 유엔 주도하에서의 최초 전투부대였다. 둘째, 2004년 노무현 정부에 서 이라크에 파병한 자이툰부대는, 한국이 미국과의 동맹유지와 북핵문제 의 평화적 해결을 주요 국가이익으로 파병 협상을 하여, '독자적인 파병안' 을 도출해 낸 사례였다. 셋째, UAE의 아크부대는 비 분쟁지역에 양 국가 간

---

1) UNDPKO 홈페이지, http://www.un.org/en/peacekeeping/operations/partnerships. shtml (2015.10.6. 검색).; 2015년 3월 31일부 PKO 인원 중 군인은 93,743명, 경찰 은 13,122명, 옵서버는 1,846명이며 나머지는 민간인이다.

의 군사협력과 국익창출 차원의 '새로운 개념의 파병'사례로, 한국정부가 독자적·능동적으로 추진한 파병이었으며, 국익증진과 국방협력의 지평을 넓히는 계기가 되었다.

위의 사례는 파병협상과정에서 명분과 안전, 외교문제 등에서 반대와 논란이 많았던 전투부대의 파병이라는 공통점을 가지고 있다. 또한 이들은 국제적인 외교·안보 환경과 국내적인 파병결정요인들의 복합적인 상호작용 하에 결정된 산물이라는 점에서 향후 한국의 군사외교정책에 대해 커다란 의미가 있을 것으로 판단되며, 다음과 같은 특징을 도출할 수 있다.

첫째, 파병배경 면에서 탈 냉전기 이후의 파병으로서, 논란이 많은 전투부대의 파병이었다는 것이었지만 크게 보면 국제평화와 안정의 유지를 위한 파병사례였다. 둘째, 국제적 환경면에서는 냉전체제가 해체되어 국지적 분쟁이 증가하고 양상도 다양해지면서 국제기구의 역할이 강화되었다. 셋째, 국내요인과 파병목표로 한국의 각 정부는 '국민의 정부', '참여정부', '실용정부'로 그 성격을 명명하고 약간의 차이를 두는 파병정책목표를 두었으나, 공통적으로 한국의 국제적인 지위 확보를 통한 위상의 강화를 염두에 두었다. 그러나 상이한 점으로 동티모르 파병은 인권 및 민주화 등 국가의 이미지 제고에, 이라크 파병은 한·미동맹유지와 북핵문제 해결에, UAE 파병은 양국의 군사적 발전과 방산수출 등 경제적 이익에 비중을 두었다고 볼 수 있다.

본 논문의 핵심적인 부분은 세 가지 사례의 전투부대 파병협상이 국제적인 수준과 국내적인 수준에서 어떤 요인들에 의해, 어떻게 상호작용을 거치면서 정책결정이 되었는가를 분석·비교한 것이다. 먼저, 국제수준의 협상에서는 다음과 같은 공통점을 찾을 수 있었다. 첫째, 파병의 명분은 국제평화의 유지와 안정에 기여한다는 것이 결정되었다. 둘째, 향후 한국 정부 및 기업들에게 기대되는 경제적 이익이 고려되었다. 셋째, 한국의 국제적 위상에 걸 맞는 역할을 감당함으로써 국가위상의 제고를 기대하였다.

　세 파병사례의 상이점은 다음과 같다. 첫째, 파병의 요청 주체인 동시에 협상의 대상, 그리고 성격이 모두 다르다는 것이다. 동티모르 파병은 UN 결의에 의해 최초 다국적군으로 파병되었다가 나중에 UN PKO로 전환되었으며, 이라크는 미국 주도의 다국적군으로 파병하여 평화유지 및 재건지원 임무를 수행하였다. UAE는 양국 간의 요청과 협의에 의해 '군사훈련협력'을 주 임무로 하고 있는 점이다.

　둘째, 국제적 수준의 파병 협상과정이 상이하게 진행되었다. 동티모르 파병은 김대중 대통령의 적극적인 활동으로 신속하게 충분한 논의나 협상의 과정이 없이 파병정책이 결정되었으며, 자이툰부대는 파병방침을 조기에 결정한 상태에서 충분한 여론과 논의를 거쳐 협상함으로써, 요청안에 비해 상이한 파병정책의 결정을 가져왔다. 아크부대는 UAE의 요청에 대해 양국 간 특이한 협상과정이 없이 수용되어 파병하게 되었다.

　셋째, 파병정책결정에 영향을 미친 주변요소들이 각각 상이하였는데, 동티모르 파병 시 한국은 경제위기 극복과 남북화해 협력이, 이라크 파병 시에는 테러에 대한 국제적인 공조와 북핵문제의 평화적 해결 등이, UAE 파병 시에는 글로벌 리더십을 발휘한 선진일류국가 건설을 내세우고 있었던 점 등을 꼽을 수 있다.

　국내수준 협상의 공통점은 다음과 같다. 첫째, 파병에 대한 명분론에 항상 휩싸이게 되었다. 동티모르 파병은 인도네시아와의 외교관계, 장병들의 안전문제 등이, 이라크는 파병명분 없이 미국의 강요에 의한 파병이라는 면이 부각되었으며, UAE는 원전수출과의 연계 및 헌법상 평화주의에 대한 해석 등이 논란이었다. 둘째, 파병정책결정에 대한 절차상의 문제로, 정부의 일방적인 정책추진과 행정 밀행주의 등으로 인한 국민여론을 무시한 파병이 추진되었다는 것이다. 셋째, 파병정책 결정의 주도적인 역할은 대통령이었다.

　상이점으로는, 첫째, 해외파병에 대한 전략적인 목표 없이 정권의 치적에 이용될 수 있다는 여지를 남겼는데, 동티모르파병은 인권개선, 이라크파병은 한미동맹을 활용한 북핵문제의 해결, UAE파병은 경제적 국익 등을 각각 상이한 명분으로 해외파병을 추진하였다. 둘째, 협상과 정책결정에 국민여론(언론 및 시민단체)의 역할이 점차 확대되고 있다. 동티모르는 적극지지, 이라크는 적극 반대, UAE는 반대 등의 모습을 보여주었다. 셋째, 동티모르와 UAE 파병은 특별한 협상의 과정 없이 단시일 내에 파병정책이 결정되었으나, 이라크파병은 기한에 구애 없이 충분하게 국내적으로 검토의 과정을 거쳐 최초의 요청과는 변화된 파병정책을 결정하게 되었다.

다음은 파병정책을 결정하였던 협상참여자들의 역할과 상호작용이다.

첫째, 대통령은 국정의 최고 책임자로써 군의 해외파견이라는 외교정책을 결정하는데 있어서 핵심적인 역할을 수행했다. 동티모르 파병은 김대중 대통령이 APEC 회의에서 직접 한국의 파병을 천명 하였고, 일사천리로 추진하였다. 노무현 대통령은 자주적 외교를 표방하고 파병정책결정과정에서 여론과 절차를 중시하여 독자적인 파병안을 이끌어냈다. 이명박 대통령은 파병정책과 관련하여 UAE와의 방문 정상외교 외에는 특별한 역할과 상호작용은 없었던 것으로 추측된다.

둘째, 정부 관료의 역할은 당시의 정부특성이나 대통령의 리더십에 따라 다소 달라질 수도 있다. 동티모르 파병은 대통령이 주도적으로 추진함에 따라 정부는 특별한 역할이 없었으나, 이라크 파병은 진보성향의 NSC가 정책의 조율을 주도하여 협상하여 유리한 파병안을 결정하게 되었다. UAE 파병은 군사협정을 근거로 밀행주의로 추진하여 공감대 형성과 절차상의 논란을 불러왔다.

셋째, 국회는 파병외교정책을 결정함에 있어 헌법에 보장된 역할인 '국군의 외국에의 파병에 대한 동의권'을 행사하는 외에 특별한 역할을 하지 못했다. 동티모르와 UAE는 시간적인 제약이 있었지만, 국회차원의 검토가 없이 정부의 안을 추인하는 정도였으나, 이라크 파병 시에는 개인적 소신에 따라 찬반논란을 활발하게 진행하였고, 국회차원의 현지조사단 파견 등을 통해 협상력을 높이기도 했다.

넷째, 여론은 정책결정에 직접적인 관여는 하지 못하더라도 파병정책결정에 지대한 영향과 상당한 역할을 미쳤다. 김대중 대통령은 NGO들의 후원을 바탕으로 파병을 주도했으며, 이라크 파병시에는 조직적·적극적으로 파병반대 활동을 전개하여 정부의 협상력을 높였다. UAE 파병은 명분과 절차상의 문제를 집중 거론하였으나 당시의 관심사였던 '글로벌 코리아'와 경제협력 등으로 거센 반대활동은 별로 없었다.

파병정책결정과정에서의 상호작용에 대해 요약해 보면, 3개의 파병사례에서 대통령은 국정의 최고 책임자로써 정책결정에 핵심적인 역할을 하였고, 관료집단은 대통령의 의지를 기초로 정책의 방향에 따라 실질적인 역할을 하였으며, 국회는 헌법에 보장된 역할인 '동의권'을 행사하는 외에 특별한 역할을 하지 못하였다. 여론은 그 추이에 따라 정책의 추진을 변경하거나, 지연 또는 강행하는데 영향을 행사함으로써 사실상 파병정책협상과 결정과정에 지대한 영향을 끼쳤다고 할 수 있다.

〈표 7-1〉 전투부대 파병정책결정 참여자 역할 비교

구분	대통령	정부관료	국회	여론
동티모르 파병	1	4	3	2
이라크 추가파병	2	3	4	1
UAE 파병	2	1	4	3

*숫자가 낮은 요소가 영향을 많이 미친 것으로 표시하였음.

Putnam의 양면게임 이론에서 주장한 대로, 외교정책은 국제적인 수준의 협상과 국내적인 수준의 협상에서 정책결정 참여자인 대통령, 관료, 국회, 여론 등의 요소들이 정책결정의 과정에서 어떠한 역할을 하였고 상호적으로 어떤 영향을 어떻게 얼마만큼 미쳤는지가 중요하다. 한국군 주요 전투부대의 파병협상에 대한 양면게임 측면에서의 평가를 요약해 보면, 동티모르와 UAE 파병은 한국과 파병요청 상대가 모두 큰 사이즈의 윈셋을 가지고 협상에 임하여 '협력적'인 협상과정을 거쳤으며, 정책결정은 '절충형' 협상 결과를 가져왔다. 그러나 이라크 추가파병협상의 경우 최초 국내·국제 수준의 윈셋 사이즈는 작음에서 출발하였으나, 협상을 진행하는 과정에서 국제협상의 윈셋이 확대된 반면, 한국의 윈셋은 상대적으로 작아졌다. 결과적으로 파병협상은 '온건적'인 결정과정을 거쳐 비교적 한국에게 유리한 협상 결과를 가져온 것으로 분석할 수 있다.

이 연구를 통해 퍼트남의 양면게임측면에서 얻은 이론적 기여는 다음과 같다. 첫째, 국내협상자의 정치적 입지가 강할수록 윈셋의 크기는 커진다는 것이다. 동티모르의 파병사례와 UAE의 파병협상은 정책결정자인 김대중 대통령과 이명박 대통령의 국내정치적 입지가 이라크 파병 당시의 노무현 대통령에 비해 상대적으로 강하다고 볼 수 있는 상태(윈셋이 큼)에서 적극적으로 국제적인 협상에 임하여 '협력적·온건적'으로 파병협상을 진행하였다고 볼 수 있다.

둘째, 국내의 정치제도와 관행으로 집권당의 영향력이 클수록 윈셋은 커진다는 것이다. 김대중 정부의 동티모르와 이명박 정부의 UAE파병은 국회의 충분한 토론과 심의, 표결의 과정이 없이 파행적으로 통과되었다. 그러나 노무현 정부의 이라크 파병은 당리당략과는 달리 의원 개인의 소신과 판단에 의해 충분한 영향력을 발휘하였고 협상에 순기능적인 역할을 하였다고 할 수 있다.

셋째, 대외의존도가 큰 국가일수록 윈셋은 커지고, 사안이 정치쟁점화 될수록 윈셋은 작아진다. 노무현정부의 이라크 파병협상은 북핵문제의 평화적 해결과 한미동맹의 연루로 인해 한국의 윈셋이 큰 협상이라고 볼 수도 있으나, 사안이 국내정치의 쟁점화 되면서 오히려 한국의 윈셋이 작아져서 협상이 장기화되고 파병의 성격과 규모, 시기, 장소 등에 대해 한국의 요구사항이 협상에서 더 많이 받아들여지는 결과를 가져온 사례이다.

넷째, 국제규범과 제도의 역할 등 국제체제적인 요인들이 외교정책의 협상에 중요한 역할을 하고 있다는 것을 확인할 수 있었다. 김대중 정부의 동티모르 파병은 '인권문제가 국제적 관심사로 부각'하였으며, 노무현 정부의 이라크 파병은 '9 · 11테러의 국제적 대응이라는 명분'으로 파병하게 되었다. 또한 NGO들이 국제 · 국내적으로 연계하여 사안을 이슈화하기도 하고 협상에 영향력을 증대시키고 있음을 알 수 있었다.

다섯째, 퍼트남의 양면게임이론을 적용하는데 있어서 국제체제적인 요소보다는 국내적인 요소를 더 비중 있게 강조하고 있는 점에 대해 동의하나, 이들 국제 · 국내적인 요소들이 협상의 과정에서 끊임없이 상호작용을 하면서 협상안이 다듬어지고 협상이 진행된다는 점을 부각해야 할 것이다.

2 정책적 함의와 차후 연구과제

최근에 들어 국제적 분쟁이나 대형 재해가 발생하는 경우와 같이 UN의 역할이 더욱 강조되고 있으나, 한편으로는 미국과 같은 강대국이나 지역안 보기구 등에 의에 주도되는 파병이 증대되고 있다. 또한 새로운 파병의 유 형으로 비 분쟁지역에서 양국 간의 순수한 국방군사교류차원에서의 파병 도 더욱 확대될 전망이다. 한국군의 해외파병에 대해 국민적 관심과 쟁점 은 다음과 같았다. 개인파병보다는 부대파병에, 지원 병력 보다는 전투병력 파병에, 그리고 유엔 주도의 파병보다는 미국 등 다국적군이 주도하여 파 병 등으로 집중되었다.

본 논문의 연구결과를 토대로 향후 한국의 해외파병정책에 일조할 수 있 는 몇 가지 사항을 제시하면 다음과 같다. 첫째, 파병에 대한 패러다임의 전환이다. 한국은 지금까지의 소극적 파병의 관례를 벗어나 보다 전향적인 파병정책이 필요하다. 파병의 규모도 한 책임지역을 담당할 수 있는 대대 급 이상으로, 파병의 성격도 치안유지를 위한 전투부대의 파병으로, 파병지 역 또한 안전이 확보된 지역보다는 분쟁의 핵심지역에서 임무를 수행해야 파병의 효과를 극대화 할 수 있다고 본다. 한편 안보정책은 장기 전략적으 로 국정의 최종책임자인 대통령의 신념에 의해 검토하고 발의되어야 하며, 국회는 당쟁을 떠나 국가전략과 국가이익의 관점에서 검토해야 할 것이다.

둘째, 범국민적으로 충분한 공감대 형성이다. 정부가 파병정책을 추진하기 위해서는 사전에 국민과의 충분한 소통을 하여 지지기반을 확보해야 한다. 해외파병에 대한 부정적인 인식을 개선하고, 파병의 당위성과 기대효과를 충분히 설명하고 파병장병의 안전에 대해서도 최대한 고려하여 국민들의 우려를 불식시켜야 한다. 한국은 국제적 위상에 따른 해외파병을 적극적으로 이해하기보다는 오히려 금기시하거나 부정적인 수단으로 인식하기도 했다. 해외파병은 분쟁을 유발하거나, 제국주의적 의도를 추구하는 것이 아니라, 국제평화와 안정을 증진함에 있으므로 이를 긍정적으로 인식할 수 있도록 정부가 국민들에게 기회를 제공해야 할 것이다.

셋째, 해외파병에 관한 법적·제도적 정비이다. 2010년에 제정된 '유엔 PKO 참여법'은 최근 증가추세인 다국적군 파병과 국방교류협력에 의한 파병의 법적 근거를 제공해 주지 못하고 있다. 따라서 이러한 모든 유형의 파병을 포괄할 수 있는 포괄적인 입법이 뒷받침되어야 할 것이다. 또한 파병 상비부대의 유지와 파병센터의 정예화, 파병업무의 효율화를 위한 컨트롤 타워의 기능을 보강할 필요가 있다.

연구의 제한점으로 동티모르 파병과 이라크 파병사례는 이미 파병활동이 종료되었음은 물론, 시간적으로도 10여년 이상이 경과하여 이에 대한 선행연구가 이루어져 자료가 축적되고 있었다. 그러나 UAE의 아크부대는 가장 최근(2011년)의 파병사례로서, 이에 대한 연구가 전혀 없는 상태에서 정책결정에 관한 문서들은 접근이 자유롭지 못한 상태에서 한정된 자료를 가지고 연구할 수밖에 없었다. 향후 다양한 자료가 확보되는 대로 심도 있는 추가 연구가 필요하다고 생각한다.

본 연구에서 한국의 국제평화활동 20여년을 전반적으로 정리하고 해외파병의 유형이 변화하고 영역이 확대되고 있음을 정리해 볼 수 있었다. 또한 5년여의 시간차를 두고 김대중·노무현·이명박 정부에서 추진한 전투부대의 해외파병정책 결정과정에 대해 퍼트남의 양면게임이론측면에서 분석 · 비교하여 정책결정의 공통점과 차이점들을 규명해 보았다. 특히 제5장의 '새로운 파병의 유형'이라고 일컫는 '국방교류협력'에 의한 UAE 아크부대 파병정책결정에 대해 최초로 연구였다.

향후 해외파병에 대한 연구는, 지금까지의 정책결정요인과 과정의 규명에 집중되었던 데서 탈피하여 파병현지의 임무수행과 그 성과 및 후속조치와 영향 등에 대해 다양하고 심도 깊은 연구가 이어져야 한다고 생각된다. 특히 군사작전 이후의 국가재건 및 안정화작전 문제와 지방재건팀(PRT) 운용, 그리고 민 · 관 · 군 · 경 패키지형 평화활동, 그리고 해외파병의 성과를 측정하여 정책수립에 feed-back할 수 있는 연구가 활발하게 이루어지기를 기대한다.

참고문헌

1. 국내문헌

〈단행본〉

김계동 외, 『현대외교정책론』, 서울: 명인, 2007.

김근식, 『통일전략포럼 보고서 29』, 서울: 극동문제연구소, 2003.

김충남, 『대통령과 국가경영 2 : 노무현과 이명박 리더십의 명암과 교훈』, 서울: 오름, 2011.

김태현 · 유석진 · 정진영(편), 『외교와 정치: 세계화시대의 국제협상논리와 전략』, 서울: 오름, 1995.

고성윤, 『국제평화유지활동의 미래구상』, 서울: 한국국방연구원, 2009.

_____, 『대한민국, 세계국가로 나아가는 길』, 서울: 한국국방연구원, 2011.

김열수, 『국제기구를 통한 분쟁관리: 국제연합의 평화유지활동(PKO)』, 서울: 오름, 2000.

_____, 『국가안보 위협과 취약성의 딜레마』, 서울: 법문사, 2015.

동북아평화연구회, 『국민의정부 대북포용정책』, 서울: 밀레니엄북스, 1999.

박복영 · 배희연, 『이라크의 전후 복구 동향과 향후 전망』, 서울: 대외경제정책연구원, 2003.

박수길, 『21세기 유엔과 한국, 새로운 도전과 과제』, 서울: 오름, 2002.

박재영, 『국제정치 패러다임』, 서울 : 법문사, 2001.

부형욱 · 이근수 · 탁성한, 『한국군 해외파병활동 성과평가』, 한국국방연구원, 2012.

손봉숙, 『동티모르의 탄생』, 나는 한편의 휴먼드라마를 보고 왔다. 도서출판 답게, 2002,

손석현, 『이라크 전쟁과 안정화작전』, 서울: 국방부 군사편찬연구소, 2014.

송승종, 『유엔 평화유지활동의 이해』, 서울: 연경문화사, 2006.

양승윤, 『인도네시아 현대정치론』, 서울: 한국외국어대학교 출판부, 1998

윤영미, 『21세기 세계정치와 상생의 외교전략』, 서울: 도서출판 두남, 2010.

이근수,『이라크파병의 성과와 향후 과제』, 서울: 한국국방연구원, 2007.
이근욱,『이라크 전쟁』, 서울: 한울아카데미, 2011.
이왕휘 외,『국제정치학 방법론의 다원성』, 서울: 서울대국제문제연구소, 2014.
전제국,『글로벌 평화활동』, 서울: 한국국방연구원, 2011.
정진위 외 공저,『새로운 동북아질서와 한반도』, 서울: 법문사, 1998.
조지 W. 부시(안진환, 구계원 공역),『결정의 순간』, YBM Sisa, 2011.
조지프 나이, 양준희·이종삼 역,『국제분쟁의 이해, 이론과 역사』, 서울: 한울아카데미,
       2009. 최용호,『한국군 동티모르 파병과 띠모르레스떼 탄생』, 국방부군사편찬연
       구소, 2006.
함택영·박영준,『안전보장의 국제정치학』, 국제관계학 총서 6, 서울; 사회평론, 2010.
Andrew Heywood저, 김계동 역,『국제관계와 세계정치』, 서울; 명인문화사, 2014.
Barry Buzan, Lene Hansen, 신욱희 외 역,『국제안보론』, 서울: 을유문화사, 2010.
Helen Ware 외, 이광수 역,『국제분쟁, 재앙인가, 평화를 위한 갈등인가?』, 서울: 도서출판
       이후, 2012.
J. G. Merrills, 김재원 역,『국제분쟁의 해결방법』, 서울: 교육과학사, 1998.
Margaret P. Karns & Karen A. Mingst, 김계동외 역,『국제기구의 이해』, 서울: 명인문화사,
       2013.
Patrick M. Morgan, 민병오 역,『국제안보 : 쟁점과 해결』, 서울: 명인문화사, 2011.
Paul F. Diehl, 권구순·박순향 역,『국제평화활동 개론』, 서울: 도서출판 현우사, 2013.
경남대 극동문제 연구소,『통일전략포럼 보고서 29』2003.『통일전략포럼 보고서 31』2004.
국방부,『해외파병사연구총서 1, 2집』, 서울: 군사편찬연구소, 2006, 2007.
하이델베르크 국제분쟁연구소, 육군군사연구소 역,『2012 세계분쟁동향』, 2013.
한국행정연구원,『대한민국 역대 정부 주요 정책과 국정운영, 6 김대중 정부, 7 노무현
       정부, 8 이명박 정부』, 서울: 대영문화사, 2014.
합동참모본부,『한국군 평화유지활동(PKO) 파병사』, 서울: 합동참모본부, 1998.

〈학술논문〉
고성윤, "평화유지활동의 활성화 어떻게 접근할 것인가?", 주간국방논단 제1249호(09-13),
       2009.
고성윤·부형욱 "신속파병을 위한 시스템 발전방안",『국방연구』제53권 제3호. 2010.
高井鎭, "UN 평화유지기능의 이념",『신 방위 논집』(1992년 2월) ; 김덕현(역),『군사과학자
       료』제24호(육군대학, 1993).
김기정, "전환기의 한·미동맹: 이론과 현상",『한국과 국제정치』제24권 1호, 서울: 극동문

제연구소, 2008.

김관옥, "한국파병외교에 대한 양면게임 이론적 분석",『대한정치학회보』제13집 1호, 2005.

김사진, "동티모르 상록수부대의 파병활동 성과와 파병부대의 활동방향",『해외파병사연구총서』제1집, 국방부 군사편찬연구소, 2006.

김성한, "이라크 파병과 국가이익",『21세기 한국외교 대전략』서울: 동아시아연구원, 2006.

　　　김열수, "해외파병 정책결정의 변수와 협상전략",『전략연구』제36호, 전략문제연구소, 2006.

_____, "유엔 평화유지활동(PKO)에 관한 연구",『합동군사연구』제5호, 국방참모대학, 1999.

_____, "평화유지활동 : 문제점과 대안의 선택",『국제문제』10월호, 1996.

_____, "유엔 평화유지활동의 부침",『국제정치논총』제39-1호, 1999.

_____, "동티모르 재식민지화와 독립: 서방권 국가들의 구성주의적 행위를 중심으로",『한국과 국제정치』제19권 제1호, 경남대학교 극동문제연구소, 2003.

_____, "국가건설에 대한 패턴 비교 : 동티모르, 아프간, 이라크",『합참』제23호, 2004.

_____, "해외파병 정책결정의 변수와 협상전략",『전략연구』제13권 1호, 2006.

_____, "유엔 평화강제활동 실패원인과 실패의 유산",『신 아세아』제13권 1호, 2006.

_____, "탈냉전 후 유엔안보리의 위상변화: 군사력사용을 중심으로",『국제정치논총』제48집 1호, 2008년 봄.

김열수 · 윤종호, "탈냉전시대의 PKO 추세와 한국의 대응방향",『국방연구』제40권 2호, 1997.

김재두, "한국의 파병과 한반도 안보질서,"『이라크 파병: 한국의 안보, 그리고 평화연구』, 서울: 한국정치학회, 2004.

_____, "한국군의 해외파병과 국가전략,"『군사논단』제37호, 서울: 한국군사학회, 2004.

김충남, "한국 외교안보정책 결정체계 연구", 정책연구 96-1, 서울: 외교안보연구원, 1997.

김태현, "이라크전 이후 미국과 세계질서: 세력균형이론의 관점에서",『국가전략』제9권 2호, 서울: 세종연구소, 2003.

_____, "이라크 파병: 각국의 입장과 반응",『정세와 정책 2003-2』, 서울: 세종연구소, 2003.

김태현 · 한태준, "양면게임의 논리와 세계화시대의 국제적 전략,"『외교와 정치』, 서울: 오름, 1998.

나웅하, "양면게임이론에 입각한 파병정책결정 연구",『한국군사학논집』제70집 1권, 2014.

마상윤 "전쟁의 그늘: 베트남전쟁과 미국의 동아시아 정책"『한국과 국제정치』제21권 3호, 서울: 극동문제연구소, 2005.

박순향, "유엔 평화활동 분석과 한국 평화활동의 방향",『군사』제90호 2014.

박영효, "미 부시정부의 동북아전략과 한반도",『월례연구회 발표논문』, 한국동아시아문명연구회, 2002,

박원곤, "국가의 자율성과 동맹관계,"『국방정책연구』제64호, 서울: 국방연구원, 2004.

박홍순, "한국과 UN 외교 20년: 현황과 주요과제," 외교통상부 국제토론회(서울: 2011.12.2)

배종윤, "노무현 정부의 외교정책과 한·미 동맹," 함택영·남궁곤 외,『한국의 외교정책 역사와 쟁점』서울: 사회평론, 2010.

송영선, "PKO 정책방향 연구", 국방연구원보고서, 1996.

_____, "포괄안보시대 한국 안보전략 기조의 재 정향",『군사평론』제389호, 2007.

신경수, "「UAE 군사협력단」파견에 대한 이해",『UAE 파병 관련 공개 토론회』, 민주당정 책위원회, 2010.12.30.

신범철, "파병 패러다임 변화와 UAE", 국회의원 송영선 주최 국방연구개발 정책토론회 발 제문, 2011.11.12.

_____, "해외파병 패러다임 변화 모색",『국방저널』제444호, 국방부, 2012.

심경욱, "대외 국방협력 패러다임 쇄신해야",『국방저널』, 2011.

심양섭, "이라크 파병반대운동과 파병결정과정",『해외파병연구총서 2집』, 국방부 군사편 찬연구소, 2007

유재익, "대한민국 평화유지활동 20년의 성과와 향후과제"『제8회 PKO 발전세미나』, 국방 대학교 PKO 센터, 2012.

윤상호, "이라크 추가파병의 성공요소,"『자유366호』, 2004.

이대우, "21세기 세계질서와 한반도",「정세와 정책」, 서울: 세종연구소, 2000.

이동휘, "9·11 테러사태 이후 국제환경의 변화와 한반도", 외교안보연구원, 정책연구과제 001-12.

이상환, "미국의 인권외교정책: 코소보와 동티모르의 사례 비교",『국제정치연구』제4집 2호, 동아시아국제정치학회, 2001.

이성훈 "이라크 추가파병 정책결정과정 분석",『군사논단』제39호, 한국군사학회, 2004.

이수형, "중추적 중견국가와 한국의 새로운 외교안보 전략 모색",『외교안보연구』제7권 제2호, 국가안보전략연구소, 2011.

_____, "동맹의 안보 딜레마와 포기 -연루의 순환: 북핵문제를 둘러싼 한·미 갈등관계 를 중심으로,"『국제정치논집』제39집 1호 1999.

이수훈, "21세기 동북아 전략,『통일전략포럼보고서 31』, 서울: 극동문제연구소, 2004.

이숙종, "한국 시민단체의 정책제안 활동",「세종정책연구 2002-4」, 서울: 세종연구소, 2002.

이신화, "한국 국제평화활동 양분화 고찰",『아세아연구』제56권 2호, 2013.

이삼성, "한·미동맹의 유연화를 위한 제언,"『국가전략』제9권 3호 서울: 세종연구소, 2003.

이상환, "미국의 인권외교정책: 코소보와 동티모르의 사례 비교",『국제정치연구』제4집 2호, 동아시아국제정치학회, 2001.

이상현, "한·미동맹과 전략적 유연성: 쟁점과 전망,"『국제정치논총』제46집 4호, 2006.

_____, "한·미동맹의 성찰과 한·미관계의 미래,"『국가전략』제9권 1호, 서울: 세종연구

소, 2003.

이정희, "한국외교정책 결정기구와 행위자", 『한국외교정책론: 이론과 실제』, 서울: 법문사, 1995.

이철기, "국군이 끼워 팔기 상품인가?", 『UAE 파병관련 공개토론회』, 민주당정책위원회, 2010.

장삼열, "한국군 국제평화유지활동 준비 및 실시", 『제9회 PKO 발전세미나』, 국방대, 2013.

전경만, "새로운 유형의 군사협력과 아랍에미리트 파병" 한국국방연구원(KIDA), 2010.

_____, "국제평화유지활동기여외교 정책적 평가와 발전방안", 국방연구원보고서, 2010.

_____, "이라크 추가파병 결정과정에 관한 분석", 국방연구원보고서, 2010.

_____, "해외파병과 민관군 공감대 강화방안", 「한국군 해외파병을 위한 새로운 접근법 모색」, 국회 동북아평화안보포럼, 2010.

전재성, "외교정책 결정체계와 이론," 『현대외교정책론』, 서울: 명인, 2009.

전제국, "글로벌 평화활동과 파병반대운동", 『국방정책연구』 제26권 제3호, 2010년 통권 제89호.

_____, "한국군의 해외파병과 한반도 안보", 『국가전략』 2011년 제17권 2호

_____, "UAE 파병의 전략적 함의" 『합참』, 2011.

정욱식, "UAE 파병, 원전 수주할 때마다 파병 할 텐가?", 『UAE 파병관련 공개토론회』, 민주당정책위원회, 2010.12.30.

_____, "UAE 파병과 최악, 그러나 가능한 시나리오", 평화네트워크, 2011.1.3.

정재관·정성윤, "유엔평화유지활동에 대한 이론적 논쟁", 『국방연구』 제55권 제2호, 2012.

조민, "이라크 파병: 논점과 대책", 『통일전략포럼 보고서 29』, 서울: 경남대극동문제연구소, 2003. 조윤영, "유엔의 평화유지활동과 한국", 국방안보학술회의 자료, 국제정치학회, 2008.

주미영, "한국 PKO활동의 필요성과 활성화를 위한 개선방안", 아태평화재단, 2000.

최재천, "UAE 파병, 헌법의 위기다", 『파병관련 공개토론회』, 민주당정책위원회, 2010.12.30.

홍규덕, "군 전문성 높일 PKO 확대방안 모색", 『국방저널』 제421호, 2009.

홍현익, "21세기 한국의 국가안보전략과 한·미동맹", 『세종정책연구』 제4권 1호, 서울: 세종연구소, 2008.

〈학위논문〉

곽동진, "노무현 정부의 정책결정과정과 관료정치에 관한 연구"(성균관대 박사학위논문, 2011).

계운봉, "한국의 해외파병에 나타난 국가이익구조에 관한 연구"(경기대 박사논문, 2011).

김병오, "노무현 정부의 '북한핵문제 대응 정책결정에 관한 연구"(경남대 박사학위논문,

2014).

김열수, "UN 평화유지활동에 관한 연구: 증감원인과 성패분석"(서강대 박사학위논문, 1999).

김장흠, "한국군 해외파병 정책결정에 관한 연구"(한성대 박사학위논문, 2010).

김정두, "한국 군사외교정책 결정요인에 관한 비교 연구"(경남대 박사학위논문, 2011).

박순향, "평화활동에 관한 민군협력 연구: 아프간 PRT 사례 중심으로"(전남대 박사학위논문, 2012).

심정창, "한국 외교정책의 미국요인에 관한 연구"(관동대 박사학위논문, 2004).

이병록, "한국의 베트남·이라크전 파병정책 결정요인에 관한 연구"(경남대 박사학위논문, 2014).

안충준, "캐시미르 분쟁과 한반도에서의 UN PKO 역할에 관한 연구"(경기대 박사학위논문, 2002).

유병선, "한국군 파병결정에 관한 연구: 베트남전, 걸프전, PKO 사례"(충남대 박사학위논문, 2001).

이윤주, "해외파병결정에 관한 경험적 연구: 전문가집단 이익 중심"(충북대 박사학위논문, 2009).

조현행, "한국군 국제평화유지활동에 관한 연구"(건국대 박사학위논문, 2013).

정도생, "한국의 해외파병정책 결정과정에 관한 연구"(단국대 박사학위논문, 2006).

(기관발행 논문)

동아시아연구원, "이라크 파병과 국가이익,"『국가안보패널 정책보고서 2』, 2004.

대외경제정책연구소, "이라크의 전후복구 동향과 향후 전망", 2003.

부산외국어대지중해연구소, "이라크 파병이 '한국이미지'에 미친 영향에 관한 연구 -중동지역 5개국을 중심으로",『지중해지역연구』제8권 2호, 2006.

한국국방연구원, "한국의 유엔 평화유지활동 참여방안", 연구보고서, 2008.

_____, "한국의 PKO 정책발전을 위한 법적·제도적 연구", 연구보고서, 1996.

_____, "해외파병의 국가 전략적 접근 및 발전방안", 해외파병정책토론회, 2015.

〈기타 자료〉

정부백서 : 외교부,『외교백서』, 국방부,『국방백서』

국방부,『국군의 해외파병업무훈령(제1368호, 2011.12.26.)』

_____, 군사편찬연구소,『상록수부대·자이툰부대·아크부대 파병장병 증언록』

_____, 조약번호 제1848호, 「대한민국 정부와 아랍에미리트연합국 정부 간 군사협력에

관한 협정」, 2006.

국방대학교, 『상록수부대 · 자이툰부대 · 아크부대 귀국보고서, 파병성과 및 교훈집, 파병
   길라잡이』

국회사무처, "제208회 국회 통일외교통상위원회 회의록" 제1호(1999.9.17.), 제2호(1999.9.21.),
   제3호(1999.9.28.)

_____, 『제237회 국회 본회의 회의록 제1호』 2003.3.28.

_____, 『제245회 국회 본회의 회의록 제5호』2004. "국군이라크추가파병동의안".,

_____, 의안번호 9897, 「국군부대의 아랍에미리트(UAE)군 교육훈련 지원 등에 관한
   파견 동의안」, 2010.11.15.

_____, 국회 본회의 회의록, 제294회-제15차 2010.12.8.

_____, 의안번호 10318, 「국군부대의 아랍에미리트(UAE)군 교육훈련지원 등에 관한
   파견 동의안」 철회 촉구 결의안 2010.12.15.

국회국방위, 『국군부대의 이라크 파견연장 및 임무종결계획 동의안 심사보고서』, 2007.

한국법제연구원, "국방협력과 국익증진 지원을 위한 파병의 법적 타당성 연구", 2013.

김종대, 민주당정책위원회 주관 "UAE 파병관련 공개 토론회" 2010.12.30.

한국수출입은행, 『해외지역정보 아랍에미리트 국가리포트』, 2010.4.

전경련, 『이라크 파병의 경제적 효과』(2004). 청와대 브리핑 제151호, 2003.10.8.

청와대, 「이명박 정부 외교안보의 비전과 전략: 성숙한 세계국가」, 2009.3.

코리아리서치센터, 『이라크 파병에 대한 국민의식 조사 결과 보고서』, 2003.

일간지 : 조선일보, 중앙일보, 동아일보, 한겨레신문, 경향신문, 세계일보, 문화일보, 국방
   일보.

주요 방송매체: KBS, MBC, SBS, YTN.

미 육군교범 100-7, 미 합동교범 5-1 『합동작전계획』.

2. 외국 문헌

Aliison, Graham T. Zelikow, Philip. *Essence of Decision; Explaining the Cuban Missile Crisis*,
   2nd edition (Pearson Education Publishing,1999).

Bush, George W. "*Decision Points*" (New York: Crown Publishers, 2010).

Bob, Woodward, "*Bush At War*" (Washington: Simon & Schuster, Rockefeller Center, 2002).

Bob, Woodward, "*The Commanders*" (Washington: Simon & Schuster, Rockefeller Center, 1991).

Boutros Boutros-Ghali, *An Agenda for Peace : Preventive Diplomacy, Peacemaking and
   Peacekeeping* (New York : UN, 1992).

Boutros Boutros-Ghali, *Supplement to An Agenda for Peace : Position Paper of the Secretary General on the Occasion of the 50th Anniversary of the UN* (A/50/60, Jan. 1995).

C. R. Mitchell, *The Structure of International Conflict* (London Macmillan, 1981).

Danial Cortright and George A. Lopez, *"Economic Sanctions"* (Boulder CO: Westview Press, 1995).

Dunn. N. William. *An Introduction Public Policy Analysis* (Englewood Cliffs, N. J.: Prentics-Hall, Inc, 1981.

Gene M. Lyons and Michael Mastanduno, *Beyond Westphalia?: State Sovereignty and International Intervention* (Baltimore and London: The Johns Hopkins University Press, 1995)

Glaster, Chales L. *"Why NATO is Still Best: Future Security Arrangement for Europe"*, International Security (Winter 1993/1994).

Harrelson, Max, *Fires All Around the Horizon: The UN's Uphill Battle to Preserve the Pease* (New York: Praeger, 1989).

Harrod, J. and N. Schrijver, *The UN Under Attack* (Aldershot: Gower, 1988)

James D. Morrow, *"Alliance and Asymmetry: An Alternative to the Capability Agregation Model of Alliance"* American Journal of Political Science Vol 35, No. 4 (Nov, 1991).

James M. Goldfeier and Michael McFaul, *"A Tale of Two Worlds: Core and Periphery in the Post-Cold War Era"* International Organization, Vol. 46, No. 2 (Spring 1992).

James N. Rosenau, *"The Scientific Study of Foreign Policy"* (New York: Nicholas Publishing Company, 1980).

Linda J. Bilmes and J. E. Stiglitz, *The Three Trillion Dollar War : The True Cost of the Iraq Conflict* (New York : Norton, 2008).

Joint Publication(JP) 5-0, *Joint Operation Planning* (Washington, DC: U. S. Government Printing Office, 26 December 2006).

Kenneth Katzman, *"The United Arab Emirates(UAE): Issues for U. S. Policy"*, Congressional Research Service, March 18, 2013.

Margareta Sollenberg and Peter Wallensteen, *"Major Armed Conflicts"* SIPRI Yearbook 1997.

Memorandum of Conversation, November 14, 1961, *"Korean-United States Tourd'Hotizon,"* FRUS, 1961~1963, Vol. XXII (Northeast Asia,1966).

Mersheimer, John J. *"The Tragedy of Great Power Politics"* (Norton Company LTD: University of Chicago Press, 2001).

Mersheimer, John J. *"Back to the Future: Instability in Europe After the Cold War,"* International Security (Summer, 1990).

Mesquitta, Bueno de, *The Logic of Political Survival*, New York (NY: Hoover Institution, 2001).

Michael F. Altfeld, "*The Decision to Ally: A Theory and Test*" Western Political Quarterly, Vol 37, No.4 (Dec. 1984).

Military Division, *Department of Peacekeeping Operations, UN, UN Stand-by Arrangements System*, Military Handbook, edition 2003.

Michael Howard & Wm. Roger Louis, "*The Oxford History of the Twentieth Century*" (Oxford University Press, London,1998).

Nora Bensahel, *The Counterterror Coalitions: Cooperation with Europe, NATO and the European Union* (Santa Monica: Rand, 2003).

NSC, Report, 9 May 1964; Guy J. Pauker, "*Indonesia's Grand Design for Southeast Asia*" May 1964, Box 246, LBJ.

Per Ame Five, "*Current UN Peacekeeping Operations, Trends and Their Policy Implications*", 외교부주관 세미나, 「United Nations Peacekeeping Operations」 (서울: 6.23~24.2008)

R. A. Coate and D. J. Puchala, "*Global Policies and the United Nations System : a Current Assessment*", *Journal of Peace Research* Vol. 27, No. 2(1990)

Robert D. Putnam, "*Diplomacy and domestic Politics: The Logic of Two-Level Games*", *International Organization* Vol. 42, No. 3 (Summer 1988).

Robert M. Perito, "*U. S. Police in Peace and Stability Operations*", USIP Special Reper 191(August 2007).

Rosenau, James N. 『*Linkage Politics: Essays on the Convergence of National and International Ststem*』 (New York: Free Press, 1969).

R. A. Coate and D. J. Puchala, "*Global Policies and the United Nations System : a Current Assessment*", Journal of Peace Research, Vol. 27, No. 2(1990).

Snyder, Glenn H. "*Alliance Politics*" (Ithaca and London: Cornell University Press, 1997).

United Nations, *The Blue Helmet : A Review of United Nations Peace-Keeping* (New York : UN Department of Public Information, 1990).

UN Capstone Doctrine (2008).

UN Peacekeeping Operations Principles and Guidelines (2008).

UN, The Blue Helmets: A Reviews of UN Peacekeeping Forces (New York: UN, 1996).

Waltz, Kenneth N. "*Theory of International Politics*" (New York: McGraw Hill, 1979).

William D. Coplin, *Introduction to International Politics* (Englewood Cliffs, New jersey: Prentice-Hall, Inv. 1980)

William M, Arkin, "*Code Names*" (Hanover, New Hampshire: Steerforth Press, 2005).

3. 인터넷 자료

http://www.korea.kr/expdoc/viewDocument.req?id=13913&call_from=admin(검색일, 2015.10.10.)

http://info.nec.go.kr/main/showDocument.xhtml?electionId=0000000000(검색일, 2015.10.15.)

http://costsofwar.org/sites/default/files/Costs%20of%20War%20Executive%20Summary.pdf(검색일, 2015.10.5.)

http://ko.wikipedia.org/wiki/441(검색일, 2015.10.5.)

http://www.un.org (검색일, 2015.5.15.)

http://www.un.org/en/peacekeeping/about/dpko/(검색일: 2015.5.15.)

www.un.org/Depts/dpko/milad/fgs2/statusreport15april05.pdf.pdf.(검색일, 2015.5.15.)

찾아보기

박 동 순 (朴 東 淳)

학력 : 경남대학교 정치외교학 박사(서울)
약력 : 군사편찬연구소 국제분쟁사부장(육군 대령)
　　　· 한국국방연구원(KIDA) 회원
　　　· 한국 국제정치학회 회원
　　　· 한국 군사학회 회원
　　　· 한국 보훈학회 회원
　　　· 경남대 극동문제연구소(IFES) 회원
　　　· 육군 발전협회 회원

연구실적
· 『개인-조직 특성의 일치가 조직성과에 미치는 영향에 관한 연구』
· 『탈 냉전기 한국군 전투부대 파병정책 결정에 관한 연구』
· 『국군의 아프가니스탄 국제평화활동』(공저)
· 『군사학 개론』(공저)
· "김대중 정부의 동티모르 전투부대 파병정책 결정에 관한 연구"
· "새로운 군사외교와 청해·아크부대 파병의 성격에 관한 연구"
· "이명박 정부의 실용주의 외교와 UAE 파병정책 결정에 관한 연구" 등